Bernhard Gill

Schule in der Wissensgesellschaft

Bernhard Gill

Schule in der Wissens-gesellschaft

Ein soziologisches Studienbuch
für Lehrerinnen und Lehrer

VS VERLAG FÜR SOZIALWISSENSCHAFTEN

VS Verlag für Sozialwissenschaften
Entstanden mit Beginn des Jahres 2004 aus den beiden Häusern
Leske+Budrich und Westdeutscher Verlag.
Die breite Basis für sozialwissenschaftliches Publizieren

Bibliografische Information Der Deutschen Bibliothek
Die Deutsche Bibliothek verzeichnet diese Publikation in der Deutschen Nationalbibliografie;
detaillierte bibliografische Daten sind im Internet über <http://dnb.ddb.de> abrufbar.

1. Auflage Januar 2005

Alle Rechte vorbehalten
© VS Verlag für Sozialwissenschaften/GWV Fachverlage GmbH, Wiesbaden 2005

Lektorat: Frank Engelhardt

Der VS Verlag für Sozialwissenschaften ist ein Unternehmen von Springer Science+Business Media.
www.vs-verlag.de

Umschlaggestaltung: KünkelLopka Medienentwicklung, Heidelberg
Gedruckt auf säurefreiem und chlorfrei gebleichtem Papier
ISBN-13: 978-3-531-13867-1   e-ISBN-13: 978-3-322-80435-8
DOI: 10.1007/978-3-322-80435-8

Inhaltsverzeichnis

Danksagung

Danken möchte ich an dieser Stelle zunächst Frank Engelhardt vom VS-Verlag; er hat mich auf die Idee gebracht, dieses Buch zu schreiben und hat es dann geduldig, pragmatisch und ergebnisorientiert weiter betreut. Susan Hachgenei, Cordula Kropp und Wolfgang Werth haben die erste Version dieses Buches ausführlich kommentiert und kritisiert – ihnen sei Dank für ihre Mühe sowie für viele Hinweise und Anregungen. Aber vor allem: Sie waren meine Schutzengel, wenn ich mich einmal mehr um Kopf und Kragen redete (beziehungsweise schrieb). Manche ihrer Anmerkungen habe ich eigensinnig übergangen und generell gilt natürlich, dass ich für die verbleibenden Irrtümer selbst verantwortlich bin. Birgit Heimerl hat wie immer gewissenhaft die Mühe des Korrekturlesens auf sich genommen und mir bei der Literaturrecherche geholfen. Mein besonderer Dank gilt aber auch den Studierenden, die meine regelmäßige Vorlesung "Soziologie für Lehrer/innen" besucht haben, die diesem Buch zugrunde liegt. Ihre in Diskussionen geäußerten Anregungen und Einwände, aber auch durch die an den Gesichtern abzulesenden oder in der Abschlussklausur offensichtlich werdenden Reaktionen – Resonanz oder Unverständnis, Missverstehen oder Widerspruch, Aufmerksamkeit oder Desinteresse – waren für die Weiterentwicklung der Vorlesung und für die Abfassung des Buches sehr hilfreich.

München im August 2004
Bernhard Gill

Einleitung

"Wir sind alle ein wenig zur Hoffnung verpflichtet." Fernando León de Aranoa, Regisseur des Films "Montags in der Sonne", der sich mit Situation von ehemaligen Werftarbeitern in Nordspanien befasst, die aufgrund des postindustriellen Wandels dauerhaft arbeitslos geworden sind.

Was will dieses Buch? Es möchte Lehramtsstudierenden, Lehrern, Eltern und schulpolitisch Interessierten einen Überblick über die für Bildungsprozesse relevanten gesellschaftlichen Entwicklungen geben, und dabei zugleich eine neue Sichtweise auf die gesellschaftliche Wirklichkeit der Schule und des Schulumfeldes vermitteln. Denn die Gesellschaft hat sich in den letzten 30 Jahren radikal verändert. Wir leben nicht mehr in der Industriegesellschaft, sondern in einer *post*industriellen Wissensgesellschaft – einer Gesellschaftsformation, von der uns, zugegebenermaßen, noch vielfach der Begriff fehlt. Aber so viel lässt sich sagen: Die Familie, die Kindheit und Jugend, die Beschäftigungsformen, die kulturellen Grundlagen, das gesellschaftliche Zusammenleben sind heute anders, teilweise dramatisch anders.

Das Industriezeitalter war dadurch geprägt, dass Menschen wie Maschinen arbeiten sollten. Auch das übrige Zusammenleben war vom Ideal der Standardisierung, Berechenbarkeit und Gleichförmigkeit gezeichnet. Aber nun sind die Maschinen dabei, zunehmend an die Stelle der Menschen zu treten, jedenfalls dort, wo sie dank ihrer Präzision, ihrer Zuverlässigkeit, ihrer Kraft und Ausdauer, ihrer Geschwindigkeit und ihrer Genügsamkeit, also ihres spezifisch maschinellen Arbeitsvermögens den Menschen überlegen sind. Wenn die Maschinen also (zunehmend) die standardisierte und routineförmige Industriearbeit übernehmen, bleibt für die Menschen nur noch das Wissen, das sie den Robotern und Computern voraus haben. Deshalb sprechen wir auch von 'postindustrieller Wissensgesellschaft' statt von Industriegesellschaft.

Aber die Wissensgesellschaft darf man sich nicht so vorstellen, dass nur die Handarbeit ersetzt würde. Computer übernehmen auch standardisierbare und routineförmige Kopfarbeit. Insofern werden für das menschliche Arbeitsvermögen zunehmend die physischen, emotionalen und kognitiven Fähigkeiten wichtig, die Menschen von Maschinen systematisch unterscheiden – Kreativität, Eigeninitiative, Flexibilität, Kontextsensibilität und Einfühlungsvermögen. Wichtig ist vor allem, auf neue und daher unvorhergesehene Situationen reagieren zu können. In einer Gesellschaft, die wesentlich diese Fähigkeiten honoriert, ergeben sich nicht nur andere Beschäftigungen, sondern auch andere Formen der Familie, der Politik und der Lebensgestaltung als in der Industriegesellschaft.

Die Schule, so die These dieses Buches, hat sich demgegenüber – zumindest in Deutschland – noch wenig entwickelt. Sie ist in vielerlei Hinsicht den Formen und auch den Debatten des Industriezeitalters treu geblieben. Ob Gesamtschule oder gegliedertes Schulsystem – in jedem Fall soll der Staat alles bis ins Detail regeln, wie in einer großen Fabrik. Es ist dieses Missverhältnis zwischen alter Schulform und neuer Gesellschaft, das die Schul- und Erziehungsmisere in Deutschland ausmacht: Schlechte Schulleistungen, wie PISA und TIMSS gezeigt haben. Unglückliche und daher undisziplinierte, aggressive oder selbstzerstörerische Schüler, wie häufig beklagt und in den Medien vielfach übertrieben dargestellt wird.

Dass es auch anders geht, zeigen andere Länder, Länder bei denen die Passung zwischen Schule und Gesellschaft *noch* oder *schon wieder* stimmt: In Japan und Korea gibt es *noch* den alten autoritären Schulterschluss zwischen Elternhaus und Schule. Es gibt auch *noch* das Ideal, dass die Frauen zu Hause bleiben, um sich ganz der Erziehung ihrer Kinder zu widmen – so wie bei uns in den 1950er-Jahren. Auch gibt es dort starke kollektive Traditionen der Förderung von Teamfähigkeit, die auf Integration statt auf Selektion und Ausschluss setzen. Doch auch in Japan, das schon moderner und weiter entwickelt ist als Südkorea, beginnen die Traditionen und der autoritäre Konsens zu bröckeln. In Schweden und Finnland scheint sich dagegen ein *neuer* Erziehungskonsens zu etablieren. Er ist nicht anti-autoritär, in jenem schlechten Sinne, den dieses Wort und die damit verbundene Praxis in Deutschland angenommen hat. Individuen werden dort nicht einfach sich selbst überlassen, sondern gefördert und gefordert – zum selbstwirksamen Lernen. Das Gegenstück zur alten Fabrikdisziplin der Industriegesellschaft ist also nicht Disziplinlosigkeit, sondern Selbstdisziplin. Dass die Frauen arbeiten, meistens Vollzeit, ist in Skandinavien ohnehin normal – ebenso normal wie Vorschulen und Ganztagsschulen. Aber es zieht auch keine Probleme nach sich, weil die Kinder in der Schule gut aufgehoben sind.

In Deutschland dagegen hagelt es wechselseitige Vorwürfe von Lehrerinnen und Eltern: Viele Lehrer und Pädagogen zeichnen die heutige Familie als Wüste der Wohlstandsverwahrlosung. Alleinerziehende oder konsumfixierte Mütter gehen den ganzen Tag arbeiten, setzen die Kinder vor den Fernseher und damit der Werbung und Gewaltverherrlichung aus. Eltern und PolitikerInnen wiederum schimpfen auf 'die faulen Säcke', die wohlverbeamtet viel in Ferien und nachmittags auf jeden Fall zu Hause sind – wenn sie nicht ohnehin den Unterricht ausfallen lassen und ihre Frühpensionierung betreiben. Kindergärten und Horte werden allseits als bloße Aufbewahrungsstätten wahrgenommen, ihre Fördermöglichkeiten entsprechend unterschätzt und vernachlässigt. Aber all diese Sichtweisen sind von konstruktiver Kritik weit entfernt. Indem sich die Erziehungsinstanzen gegenseitig demontieren, verschlimmern sie nur die Misere, die sie vorgeblich bekämpfen wollen.

Auch die reflexhaften Rufe nach 'mehr Disziplin', wie sie von schwarzkonservativer Seite, und nach 'Gesamtschulen' und 'mehr Geld', wie sie von rotkonservativer Seite, also aus den beiden altindustriellen bildungspolitischen Lagern ertönen, sind kurzsichtig. Die alte Disziplin, die alten Familienverhältnisse lassen sich nicht mehr restaurieren. Auch die damit verbundene Lernhaltung – die weitgehend passive Aneignung von Lernstoff, von kanonischem Bildungs- und Berufswissen – ist in einer Informations-, Wissens- und Dienstleistungsgesellschaft nicht mehr adäquat. Die PISA-Spitzenreiter haben alle der Tendenz nach Gesamtschulen, aber Österreich, mit seinem gegliederten Schulsystem, schneidet auch ziemlich gut und weitaus besser als Deutschland ab. Mehr Geld würde sicher nicht schaden – Deutschland gibt vergleichsweise einen recht geringen Anteil seines Bruttosozialproduktes für Bildung und Erziehung aus. Aber Gesamtschulen und Geld allein zaubern noch keine Motivation, keinen wechselseitigen Respekt, keine neuen Lehr- und Lernformen herbei.

Also noch einmal: Was will dieses Buch? Es will eine Bestandsaufnahme der Prozesse und Veränderungen machen in den verschiedenen Bereichen gesellschaftlicher Wirklichkeit, die die Schule umgeben: Wie funktioniert Sozialisation in den Zeiten gesellschaftlichen Wandels? Wie verändern sich Familien, Kindheit und Jugend? Wie verändern sich die Wirtschaft, die Berufsstruktur und Beschäftigungssituationen? Wie hat die Schule bisher darauf reagiert? Warum hat die soziale Herkunft noch immer einen sehr starken Einfluss auf den Schulerfolg? Wie verändern sich unsere Schulen durch die Einwanderung? Wie entwickelt sich der demokratische Staat und das zivile Zusammenleben angesichts einer immer weiter steigenden Bildung der Bürger?

Insoweit versteht sich das Buch in gewisser Weise als soziologisches Lehr-
und Studienbuch. Auf der Grundlage dieser Bestandsaufnahme möchte es dann
die gegenwärtige Reformdebatte in den Blick nehmen, wie sie vor allem durch
die PISA-Studie öffentlich angefacht worden ist. Auch hier möchte es vor Ver-
kürzungen warnen: Einfache Rezepte taugen nicht immer; was in einem Kontext wirksam ist – etwa der erfolgreichen PISA-Länder – hilft in anderen Kontexten vielleicht gar nicht weiter. Weil alles mit allem zusammenhängt, muss
immer vieles geändert werden, bevor sich überhaupt etwas ändert. Aber um
vieles zu ändern, braucht man eine Idee, in welche Richtung es gehen soll. Um
das festzulegen, sollte man wissen, wohin die Gesellschaft ohnehin tendiert –
daher ist die Bestandsaufnahme so wichtig. Und man braucht zunächst einen
Überblick über die gesamte gesellschaftliche Situation, weil sich sonst die Debatte einseitig und vorschnell auf allzu einfache Erklärungen und Rezepte versteift.

Wie an den bisherigen Ausführungen vielleicht schon erkennbar geworden
ist: Soziologie ist eine Wirklichkeitswissenschaft. Sie ist von der Wirklichkeit
fasziniert. Das unterschiedet sie von Geisteshaltungen, die von idealen Welten
träumen und die Welt vor allem mit einem normativen Diskurs traktieren: "Man
sollte dieses und man müsste jenes" – und das in einem fort. Natürlich ist die
Wirklichkeit auch anders möglich, aber immer nur auf der Grundlage von rea-
len Kräften, die – intendiert oder nicht-intendiert – in der Wirklichkeit wirksam
werden. Auch Ideale können wirksam werden, aber nur, wenn sie sich mit rea-
len Kräften verbinden. Und sie haben immer auch nicht-intendierte Wirkungen!
Vielfach dienen Ideale aber nur als Maßstab, um die Wirklichkeit als schlecht
zu denunzieren. Sie perpetuieren damit bloß die eigene Hilflosigkeit und das
kulturpessimistische Gequengel vom Sittenverfall und der Verderbtheit der
Jugend respektive der ganzen Welt.

Insofern wendet sich diese soziologische Bestandsaufnahme auch gegen aus-
ufernde Defizitdiagnosen – vieles hat sich verändert, aber nicht immer nur zum
Schlechten. Dass die Schüler dümmer werden und dass die alten Tugenden
schwinden, das ist die Klage seit dem Anbeginn der Welt. Wenn die Klage wahr
wäre, müssten wir uns längst zu Amöben und Algen oder noch weiter zurück-
entwickelt haben. Dass Kinder heute *anders* sind, sollte man daher nicht vorschnell als Defizit abkanzeln. Der soziologische Blick will hier historische Distanz zu unserer eigenen Zeit schaffen und damit zur Gelassenheit mahnen: Falsche und zu hohe Ansprüche führen notwendigerweise zur Frustration. Und
damit zum Burn-out der Motivation bei Schülern, Eltern und Lehrern. Auf *rich-
tige* und *erreichbare* Ziele müsste man sich dagegen einigen. Als *richtig* er-

scheinen mir die Ziele, die mit der Modernisierung der Gesellschaft im Einklang sind – also keine Träume von einer mythischen Vergangenheit, von einem 'goldenen Zeitalter' der Erziehung, das es ohnehin nie gab. Und *erreichbar* sind nur die Reformen, welche die institutionellen und kulturellen Dynamiken, aber auch die Trägheitsmomente in der Gesellschaft berücksichtigen.

Insofern vertritt das Buch eine streitbare These, was für ein Lehr- und Studienbuch vielleicht ungewöhnlich erscheinen mag. Ich wollte nicht einfach nur den 'gut abgehangenen', also kanonisierten und mittlerweile schon etwas veralteten Stoff zusammenfassen. Mir selbst sind derartige Lehrbücher immer 'stinklangweilig' vorgekommen, weil sie weder Aha-Erlebnis noch Widerspruch auslösen, und daher nicht zum Denken anregen, sondern stumpfsinniges Auswendiglernen verlangen. Ich halte derartige Bücher für ungeeignet für die *wissenschaftliche* Lehre, weil das Wesen der Wissenschaft darin besteht, neues, nicht-triviales und daher zwangsläufig umstrittenes Wissen zu generieren und anzueignen. 'Telefonbücher', die nicht argumentieren, sondern lediglich Merkposten für die Programmierung einer Maschine oder eines maschinenförmigen Gehirns aufzählen, haben meines Erachtens in einer Hochschule nichts zu suchen – und ob sie für eine Schule in der postindustriellen Wissensgesellschaft noch geeignet sind, sei ebenfalls dahingestellt.

Kleine Vorbemerkung zur Sprachpolitik

Wie in der Einleitung schon erkennbar wird: Ich streue das große I der 'SchülerInnen' und 'LehrerInnen' gelegentlich ein, um zu erinnern, dass Schüler und Lehrer häufig weiblich sind. Allerdings nicht durchgängig, weil ich das umständlich und aufdringlich finde. Ich gebrauche das große I auch nur im Plural, weil es dort keine geschlechtsspezifischen grammatikalischen Anschlusszwänge gibt, weder bei den Artikeln, noch bei den Pronomen. Im Singular verwende ich daher die üblichen grammatischen Formen und Schreibweisen, aber streue gelegentlich eine 'Schülerin' oder 'Lehrerin' mit kleinem 'i' und konsequenter grammatischer Verweiblichung ein, auch wenn nicht ausdrücklich von einem der beiden Geschlechter die Rede sein soll. Wenn dagegen ganz ausdrücklich eines der beiden Geschlechter zu bezeichnen ist, ergibt sich das meistens aus dem Kontext. Wo Missverständnisse bestehen könnten, werde ich von einem 'männlichen Schüler' und einer 'weiblichen Lehrerin' sprechen.

Kapitel 1:   Die soziologische Brille

Was ist Wissenschaft? Und wie unterscheidet sich die soziologische Wissenschaft von anderen verwandten Wissenschaften? Wie betrachtet also die Sozialwissenschaftlerin die Welt und wie unterscheidet sich die soziologische Perspektive von biologischen, psychologischen und pädagogischen Betrachtungsweisen? Wie unterscheidet sie sich von unserer alltäglichen Auffassung der sozialen Welt? Das ist das Thema dieses Kapitels.

Um den Sinn dieses Kapitels zu verstehen, müssen wir kurz auf die Arbeitsteilung zwischen den Wissenschaften eingehen. Wissenschaften unterscheiden sich, auf den ersten Blick gesehen, vor allem durch ihren Gegenstand. Die Politikwissenschaft betrachtet die Politik, die Volkswirtschaftslehre die Wirtschaft, die Rechtswissenschaft das Recht, und so weiter. Die Biologie, die Psychologie, die Soziologie und die Pädagogik betrachten aber alle 'den Menschen', beziehungsweise die Menschen und ihr Zusammenleben. Auch als Laien sind wir darin geübt, Menschen und ihr Zusammenleben zu betrachten, wir sind sogar darauf angewiesen, um überhaupt leben zu können. Soziologie, Pädagogik, Psychologie, Biologie und Alltagsverstand unterscheiden sich also nicht durch ihren Gegenstand, den Menschen, sondern durch die Perspektive und 'die Brille', mit der sie ihn betrachten. Sie betrachten ihn von verschiedenen Seiten und durch verschiedene Filter. Sie interessieren sich für jeweils andere Zusammenhänge und haben unterschiedliche Erkenntnisziele (vgl. Übersicht 1.1).

Die Biologie interessiert sich primär für die physischen Aspekte des Lebens, aber sie zieht von dort aus auch Schlüsse auf das psychische Innenleben und das soziale Zusammenleben von Menschen. Die Psychologie beschäftigt sich in erster Linie mit dem seelischen Innenleben, aber sie erklärt damit auch körperliche Vorgänge, zum Beispiel psychosomatische Krankheiten. Auch sozialpsychologische Prozesse des Zusammenlebens nimmt sie vom Innenleben der Individuen ausgehend in den Blick. Die Soziologie befasst sich zuallererst mit diesem Zusammenleben und interessiert sich daher auch für innerpsychische Vorgänge. Die Pädagogik schließlich fragt nach den Zielen – das ist das ethisch-philosophische Erbe; und sie fragt nach den Möglichkeiten und Grenzen von Erziehungs- und Bildungsprozessen – das ist der psychologische und soziologi-

Übersicht 1.1:   Verschiedene 'Brillen' auf die Wirklichkeit (zu den Fachtermi-
                     ni vgl. Fußnote 3 auf Seite 29)

Disziplin	Zentraler Gegenstand	Denkweise/Methode
Alltags-verstand der Laien	Die Alltagswelt: Wir alle sind Laien, fast überall! Aber als solche sind wir immer schon BiologInnen, Psychologen, Soziologen, PädagogInnen.	Kontextgebundenes, unsystematisches und verdinglichendes Denken. Daumenregeln statt reflektierter Konzepte. Stark erfahrungsgebunden.
Biologie	Körperliche Prozesse, Instinkte und biologische Umwelt	Analytisch-reduktionistische Verfahren vorherrschend.
Psycho-logie	Innerseelische Prozesse: Emotionen, Kognitionen, Verhalten - Charakterstruktur	Analytisch-reduktionistische Verfahren des Behaviorismus. Hermeneutische Denkweise der Psychoanalyse
Pädagogik	Erziehung und Bildung von Menschen verschiedener Lebensalter in unterschiedlichen sozialen Kontexten	Analytisch-reduktionistische Verfahren in der empirischen Bildungsforschung. Hermeneutische Denkweise in der geisteswissenschaftlichen Pädagogik.
Soziologie	Prozesse des Zusammenlebens von Menschen - von kleinen, überschaubaren bis hin zu weltgesellschaftlichen Zusammenhängen	Analytisch-reduktionistische Methode der quantitativen Soziologie. Hermeneutisch-interpretative Verfahren der qualitativen Soziologie

sche Anteil. So besehen hat also jede Disziplin ihre Grundfrage und Heimatdomäne. Aber von dort startet sie oft auch 'Übergriffe' in benachbartes Terrain – indem sie sich einerseits ursprünglich fremde Wissensbestände einverleibt und indem sie andererseits Zusammenhänge auf dem fremden Gebiet mit ihren angestammten Denkwerkzeugen zu lösen versucht.

Diese Übergriffe sind anregend und befruchtend; sie fördern die Zusammenarbeit und verhindern, dass zwischen den Disziplinen Sprachlosigkeit und schieres Unverständnis klafft. Dennoch: Konflikte und Widersprüche können nicht ausbleiben, wenn soziologische Konzepte im pädagogischen Kontext plötzlich anders verwendet oder soziale Probleme biologisch erklärt werden. Wer hat dabei Recht? Was ist die Wahrheit? Im Allgemeinen werden sich die SoziologInnen untereinander schnell einig sein, dass die Biologen nicht Recht haben, wenn sie soziale Probleme biologisch zu erklären versuchen. Innerhalb der Disziplinen besteht meistens Konsens im Streit gegen *andere* Disziplinen. Aber unter Soziologen bricht wiederum ganz schnell Streit aus, sobald es um rein soziologische Konzepte geht – denn die sind zwischen den 'Schulen' oder 'Ansätzen' heftig umstritten. Und der interne Streit ist auch die Regel in anderen Disziplinen.

Aber was soll man denn dann noch glauben, wenn Wissenschaftler sich immer streiten? Entgegen landläufiger Meinung ist es gar nicht die Aufgabe der Wissenschaften, letzte Wahrheiten zu erzeugen. Das kann nur der Glauben, aber der ist in Europa seit dem Ende der Religionskriege Privatsache geworden. Zwar arbeiten WissenschaftlerInnen im Allgemeinen sehr akribisch, aber die Aufgabe der Wissenschaft besteht nicht darin, triviale Wahrheiten zu wiederholen, sondern neues, prekäres Wissen bereitzustellen. Innovationen werden in der Wissenschaft belohnt, nicht das Wiederkäuen altbekannter Ansichten. Daher darf es keine Oberschiedsrichter geben, weil diese nur die altbekannten Ansichten verteidigen würden. Und daher neigen WissenschaftlerInnen zu Übertreibungen und überzogenen Erklärungsansprüchen. Damit das Fabulieren nicht ins Kraut schießt, ist in der modernen Wissenschaft zugleich der Zweifel eine feste Institution – damit werden die Übertreibungen in Schach gehalten. Der Streit ist also in der modernen Wissenschaft institutionalisiert – ähnlich wie die Gewaltenteilung in der modernen Demokratie. Im Effekt von Rede und Widerrede kristallisiert sich dann mit der Zeit neues und haltbares Wissen heraus, aber es gibt keine Oberwissenschaftlerin, die in letzter Instanz urteilen könnte, was als gesichert gelten kann und was nicht. Ob man auf diese Weise der Wahrheit allmählich näher kommt, oder ob das neue Wissen immer nur so weit und so lange gültig bleibt, wie es dem Zeitgeist einer Kultur oder Epoche entspricht – auch darüber streiten sich die Wissenschaftler, in diesem Fall die Wissenschaftstheoretiker (Popper 1963, Kuhn 1967).

Im Folgenden werde ich daher die Grundlagen *meiner* Sichtweise, der *Sichtweise eines Soziologen* vorstellen. Dieses Kapitel ist also auch eine Positionsbestimmung. Notwendigerweise muss ich dabei verkürzen: 'Die' Biologie, 'die' Psychologie, 'die' Pädagogik gibt es in Wirklichkeit gar nicht; in all diesen Wissenschaftsfeldern ist ein vielstimmiger Chor zu vernehmen, genauso wie in der Soziologie. Um hier die Unterschiede prägnant herauszuarbeiten, spitze ich bewusst zu und konzentriere mich auf bestimmte Aspekte der Fächer. Das hilft Ihnen als Leserin einzuschätzen, wie ich die Welt betrachte und sie Ihnen zu

vermitteln versuche – es geht mir also nicht um eine umfassende und angemessene Darstellung der anderen Fächer.
   Andere Wissenschaften, selbst andere SoziologInnen betrachten die Welt also je anders. Da es weder in noch über den Disziplinen einen Wissenschafts-
papst gibt, müssen Sie selber urteilen. Aber das ist nach meiner Überzeugung
ohnehin die Aufgabe von LehrerInnen in der neuen Zeit: Mit vielstimmigem
und daher unsicherem Wissen umzugehen, statt – wie im Industriezeitalter –
einen von oben festgelegten Bildungskanon zu lernen, um ihn dann in simplifi-
zierter Form 'dem Schülermaterial' einzustanzen, wie in einer Fabrik.

1.1 Unterschiede zum Alltagsverständnis sozialer Vorgänge

Alle Menschen sind Soziologen – zumindest ab einem bestimmten Lebensalter,
indem sie nämlich seit ihrer frühesten Kindheit allmählich 'sozialisiert' werden,
das heißt in die Gesellschaft hineinwachsen. Natürlich sind alle Menschen auch
Biologen, und PsychologInnen – sogar ohne Schule und Universitätsstudium.
Sie müssen das einfach sein, weil sie sonst im Leben nicht zurecht kämen: Sie
müssen die Verhaltensweisen des eigenen Körpers einschätzen können, sie
müssen die kognitiven und emotionalen Reaktionsweisen bei sich selbst wie bei
anderen verstehen lernen, und als Laien-Soziologen müssen sie wissen, welche
Regeln und Erwartungen in sozialen Situationen gelten und welche Ressourcen
an Geld und gesellschaftlicher Macht zur Verfügung stehen. Man muss nicht
Fernsehtechniker sein, um einen TV-Apparat anzustellen. Und man muss auch
nicht selbst Jurist sein, um einen Prozess zu gewinnen. Aber man muss Soziologe, Psychologe, Biologe sein, um selbständig leben zu können.
   Natürlich weiß die Soziologin – entsprechendes gilt für die Psychologin und
die Biologin – im Allgemeinen mehr über ihr Fach als der Laien-Soziologe, und
zwar ganz einfach deshalb, weil sie sich auf Soziologie spezialisiert hat. Aber
die schiere Wissensmenge ist nicht der entscheidende Unterschied, sondern die
Art des Wissens. Das Alltagswissen der Laien ist implizit, kontextgebunden,
widersprüchlich, unsystematisch und verdinglicht (Schütz/Luckmann 1979,
Soeffner 1989, Leithäuser 1979). Wissenschaftliches Wissen ist nicht das genaue Gegenteil, aber es strebt in allen Punkten das Gegenteil an.
   Als wissenschaftliches Wissen ist soziologisches Wissen *explizit*: Als Laien
wissen wir zwar in den meisten sozialen Situationen, was zu tun ist, aber wir
wissen es so selbstverständlich und automatisch, dass es normalerweise unbewusst bleibt. Wir wissen normalerweise nur implizit (wörtlich: 'eingewickelt'),

was zu tun ist und wie es zu tun ist. Wenn wir stolpern sagen wir ganz spontan "hoppla!" oder "uhps", aber wir wissen nicht, warum wir das tun. Wir würden uns auch wundern, wenn andere in entsprechenden Situationen völlig stumm blieben. Aber wir wüssten dann auch nicht zu sagen, warum wir uns eigentlich wundern. Die Soziologin wickelt es für uns aus: Wir sagen "hoppla", um unserer gesellschaftlichen Umgebung zu signalisieren, dass wir selbst bemerkt haben, dass uns gerade ein Ausrutscher unterläuft. Wir machen damit deutlich, dass wir uns grundsätzlich unter Kontrolle haben und dass wir den Ausrutscher selbst auch nicht als normales Verhalten betrachten.

Laienwissen ist *kontextgebunden*, soziologisches Wissen versucht, diese Kontextgebundenheit aufzuhellen. Manche Laien 'wissen' zum Beispiel, dass "Ausländer den Deutschen die Arbeitsplätze und Wohnungen wegnehmen, häufig kriminell sind und den Sozialstaat belasten (usw.)". So etwas sagen sie zumindest, wenn man sie ganz allgemein fragt. Wenn man sie aber nach Migranten fragt, mit denen sie zum Beispiel am Arbeitsplatz zusammenarbeiten, dann 'wissen' sie plötzlich etwas ganz anderes, nämlich dass "der Aly Ögün ein guter Kumpel ist, sehr zuverlässig, sehr sozial eingestellt". Beide Vorstellungen haben sich in ihrem jeweiligen alltäglichen Kontext bewährt: Das erste Urteil wird bei der Lektüre der einschlägigen Boulevardpresse immer wieder bestätigt, das zweite Urteil am Arbeitsplatz. Der Laiensoziologe fragt sich dabei nicht, warum er im einen Kontext dem einen Urteil, im anderen Kontext aber einem anderen Urteil zuneigt. Wenn er es sich doch fragt, dann ist er auf dem Weg, wissenschaftlicher Soziologe zu werden.

Soziologisches Wissen ist zwar ebenfalls *widersprüchlich*, aber auf eine andere Weise als das Alltagswissen. Alltagswissen ist widersprüchlich, weil es an den Kontext gebunden bleibt. Die Kontexte sind, wie wir gerade gesehen haben, untereinander widersprüchlich – das ist gleichsam naturwüchsig. Soziologisches Wissen ist dagegen widersprüchlich, weil es sich – ganz im Gegenteil – *um Systematisierung bemüht*. Wie ist das möglich? Zum einen gibt es Widersprüche zwischen den verschiedenen soziologischen Denkschulen. Das liegt daran, dass jede Schule sich bemüht, die Welt anhand *eines* grundlegenden Gedankens zu verstehen, für den sie eine besondere Sensibilität entwickelt. Sie systematisiert dann das soziologische Gedankengebäude auf diesen einen Fluchtpunkt hin – und die nächste Schule eben auf einen anderen. Aber auch innerhalb der einzelnen Denkschulen gibt es Widersprüche, doch es sind, im Verhältnis zu den Widersprüchen des Alltagsverstands, Widersprüche auf einer zweiten Ebene. Diese entstehen durch die Beseitigung, oder besser gesagt: Aufhebung, der einfachen, konkreten Widersprüche auf abstrakteren Ebenen. Als WissenschaftlerInnen sind wir darüber gar nicht unglücklich: Denn Widersprüche sind Rätsel – und neue Rätsel sind für den Fortgang der Wissenschaft mindestens ebenso wichtig wie neue Lösungen!

Alltagswissen ist *verdinglicht.* Das heißt: Es nimmt sich als selbstverständlich, als unvermeidlich, als schlechthin wahr – bei aller Widersprüchlichkeit, die aber implizit und unbewusst bleibt. Eine Rose ist eine Rose ist eine Rose (vgl. Stein 1986). Die Soziologie und die Kulturwissenschaften hingegen fragen, durch welche historische Entwicklung in der Kunst des Gartenbaus Rosen im heutigen Sinne entstanden sind, welche regionalen Unterschiede es hier gibt, was das Wort 'Rose' in den verschiedenen Sprachen der Welt meint, was man in unterschiedlichen sozialen Kontexten mit Rosen machen kann – und welche Wechselwirkungen schließlich zwischen den Ebenen der Herstellung, der Bezeichnung und der Verwendung bestehen. Die Dinge und Verhältnisse sind also nicht einfach natürlich, selbstverständlich, ewig, sondern historisch geworden und daher auch anders möglich.

Gegen diese Einsicht sperrt sich das Alltagsbewusstsein, und zwar aus zwei Gründen: Zum einen ist es offensichtlich viel einfacher, die Dinge und Verhältnisse selbstverständlich zu nehmen, anstatt sie immer nach allen Richtungen hin zu hinterfragen – und natürlich sind wir auch als Soziologen gezwungen, das über weite Strecken so zu handhaben, weil wir nicht alles gleichzeitig hinterfragen können. Wenn wir 'Rosen' analytisch zerpflücken, können wir nicht im gleichen Atemzug auch 'Gärtner', 'Blumengeschäft', 'Geld', 'Mann und Frau' explizit hinterfragen. Insofern greifen auch wir, aus praktischen Gründen, unvermeidlicherweise immer wieder auf konventionalisierte Bedeutungen – des Alltagsverstandes oder der Wissenschaftssprache – zurück.

Zum Zweiten aber möchte der Alltagsverstand die Welt "so nehmen, wie sie ist", das heißt, wie er sie wahrnimmt und sich in dieser Wahrnehmung eingerichtet hat. Diese Neigung dient der emotionalen Stabilisierung, der Herstellung von 'Seinsgewissheit', das heißt von Vertrauen in die Welt, in der wir leben (Giddens 1988). Beim 'Kulturschock' oder auch in Lebenskrisen wird unsere Weltsicht massiv in Frage gestellt, "sie gerät aus den Fugen". Aber auch durch den skeptischen Fragedurst der Wissenschaften wird sie verunsichert. Insofern ist die Abwehr gegen Wissenschaft bzw. 'Theorie', wie sie ja gerade auch in Kreisen von Lehramtsstudierenden zu finden ist, durchaus verständlich, aber zugleich auch bedauerlich – sie beruht auf der Angst, sich auf neue Welten einzulassen. "Man nimmt sich mit, wohin man geht" (Bloch). Nur durch Bildung und Theorie, also durch eine entsprechende Sensibilisierung des Blicks oder Veränderung der gewohnten Betrachtungsweise, können wir neue und andere Welten kennen lernen. Denn ohne die Weltöffnung durch Bildung müssen wir uns auch im Ausland auf unsere eigene Kultur zurückziehen ("Man spricht deutsch" + "Eisbein, Schnitzel, Pommes") – andernfalls werden wir vom Kulturschock schnell in die Heimat zurückgetrieben.

1.2 Unterschiede zur Denkweise der Biologie

Wissenschaftliches Denken ist also systematisch und skeptisch, Alltagsdenken kontextuell und mehr oder weniger unreflektiert. Aber was unterscheidet jetzt die Soziologie als Wissenschaft von anderen Wissenschaften vom Menschen? Fangen wir zunächst bei der Abgrenzung zur Biologie oder generell zu den Naturwissenschaften an.

Selbstverständlich akzeptiert die Soziologie die auf Charles Darwin zurückgehende Erkenntnis, dass der Mensch – biologisch betrachtet – ein Tier unter anderen Tieren ist. Was ihn allerdings von anderen Tieren unterscheidet, ist eine elaborierte Sprache, auf der auch Kultur aufbaut.[1] Tiere können nur ihre Gene weitergeben, Menschen können ihre Lebensweise, ihre kulturellen Errungenschaften mittels der Sprache, des Bildes, der Musik und der Schrift vererben. Tiere sind durch ihr genetisches Programm in ihrem Verhalten weitgehend festgelegt, sie besitzen Instinkte, die es ihnen ermöglichen, sich relativ rasch nach der Geburt in ihrer Umwelt zurechtzufinden. Menschen sind dagegen instinktarme Wesen, die lange Zeit der Pflege durch Bezugspersonen bedürfen, um selbständig zu werden. Aber diese Instinktarmut ist zugleich ihr Vorteil: Sie sind lernfähiger als alle anderen Tiere. Sie besitzen die biologischen Voraussetzungen – vor allem ein relativ zur Körpergröße extrem großes Gehirn – um in ihre Kultur hineinzuwachsen, sie sich im wahrsten Sinne des Wortes 'einzuverleiben' (Gould 1984, Plessner 1965).

Oder um es mit einem technischen Vergleich zu beschreiben: Tiere sind wie Maschinen, die durch ihre Bauweise weitgehend in ihrem Verhalten festgelegt sind. Menschen sind dagegen wie Computer, die bei ihrer Auslieferung nur in ihren Grundoperationen durch die 'Hardware' determiniert sind und ansonsten über 'Software' sehr weitgehend programmiert und teilweise wieder umprogrammiert werden können. Allerdings unterscheiden sich Menschen auch von

---

1 Natürlich kann man hier und im Folgenden einwenden, dass *höhere* Tiere, insbesondere Affen, sich von Menschen gar nicht so stark unterscheiden. Für niedere Tiere gelten diese Aussagen aber sehr wohl. Insofern ist die Unterscheidung als graduell zu verstehen, es gibt bei näherer Betrachtung keine sehr scharfe Grenze zwischen Menschen und Tieren.

Computern: Sie haben ein Bewusstsein ihrer selbst, sie können sich selbst programmieren (Weizenbaum 1977).

Menschen unterscheiden sich aber nicht nur durch ihre Instinktarmut und Plastizität[2] von Tieren, sondern auch durch den Werkzeuggebrauch, die Technik, die ihrerseits auf der Sprach- und Kulturbegabung des Menschen beruht (Gehlen 1962, Leroi-Gourhan 1988). Im Unterschied zu Tieren passt sich der Mensch nicht seiner Umwelt an, sondern er gestaltet sie mithilfe der Technologie nach seinen Bedürfnissen. Auf diese Weise hat er sich vom Äquator bis zu den Polen praktisch über die ganze Erde ausgebreitet. Sogar sich selbst gestaltet er durch Medizin- und Biotechnologie zunehmend um – durch Pharmaka, Prothesen, Pränataldiagnose etc. bis hin zum sehr umstrittenen Klonen oder anderen Formen der genetischen Neuprogrammierung. Indem die Entwicklung der Menschheit also kaum mehr direkt von der natürlichen Umwelt und nur sehr begrenzt von den natürlichen Anlagen gesteuert wird, spricht man hier auch von Autoevolution – die menschliche Gesellschaft stellt also ihre weiteren Entwicklungsbedingungen durch Kultur und Technologie selbst her.

Viele Tiere leben zwar auch in Herden, aber sie sind von Natur praktisch mit allem ausgestattet, was sie zum Leben brauchen. Menschen haben sich dagegen aus der Natur herausentwickelt, und je mehr sie das getan haben und auch weiter tun, umso mehr sind sie auf Gesellschaft und Kultur angewiesen. Oder anders ausgedrückt: Alle wesentlichen Verhaltensmerkmale sind durch Sozialisation und Enkulturation bestimmt. Essen, Bekleidung, Behausung, Sexualität beruhen zwar auf natürlichen Bedürfnissen, sind aber in ihrer jeweiligen Form sehr variabel und durch Kultur – und nicht die Natur – festgelegt. Diese Einsicht musste die Soziologie zunächst vor allem gegen Rassismus und Sozialdarwinismus, zum Teil auch in den eigenen Reihen, durchsetzen (Grundmann/Stehr 1997, Weingart et al. 1988).

Die Soziologie bricht also mit der Vorstellung, dass mit Hautfarbe oder ähnlichen äußerlichen Merkmalen, die zeitweilig als 'Rassenmerkmale' zusammengefasst wurden, auch kognitive und soziale Eigenschaften biologisch – also fest und für alle Zeiten – verbunden wären. Soweit es hier überhaupt Übereinstimmungen gab oder gibt, beruhen sie auf Lebensweise und Kultur, die natürlich zum Teil auch mit Heiratskreisen und daher mit Abstammung korrespondieren. Selbstverständlich ist auch keine Rasse von der Natur her privilegiert und zum

---

2 Plastizität heißt wörtlich Formbarkeit. Gemeint ist damit die umfangreiche Lernfähigkeit, die menschliche Lebewesen besitzen, weshalb ihr Verhalten viel stärker durch ihre jeweilige Kultur als durch genetische Instinkte bestimmt wird.

Herrschen bestimmt – die Machtvorsprünge der europäischen Kultur sind historisch bedingt und beruhen nicht auf genetischen Vorteilen 'der Weißen'.

In jüngerer Zeit kommt die Biologie dieser Sichtweise auch durchaus entgegen, indem sie zeigt, dass die genetischen Unterschiede innerhalb einer 'Rasse' (definiert als Cluster von äußeren Merkmalen) größer sind als zwischen den Rassen. Zudem hat die jüngere Evolutionstheorie deutlich gemacht, dass der 'Survival of the fittest' überhaupt nicht als Herrschafts- oder Fortschrittsideologie zu verstehen ist: Wer oder was 'fit' ist, lässt sich immer erst im Nachhinein bestimmen. Die stärksten Tiere, die Saurier, sind ausgestorben, weil sich unter veränderten Umweltbedingungen ihre Vorteile in Nachteile verkehrten. Aber noch viel genereller gilt: Gerade 'niedere' Lebewesen, die eine höhere Mutationsrate haben und sich sehr schnell vermehren, sind unter generell veränderten Umweltbedingungen sehr viel anpassungsfähiger als komplexere Lebewesen, die aufgrund ihrer Komplexität sehr viel sensibler sind für Umweltveränderungen (Gould 1984). Plastisch ausgedrückt: Einen Atomschlag oder eine andere Umweltkatastrophe werden die Bakterien eher überleben als die Menschen!

Aber die Zurückweisung der biologischen Bestimmung des Menschen durch die Soziologie geht noch weiter. Sie wird auch in Debatten der Gegenwart fortgesetzt. Alle körperlichen Merkmale werden von der Soziologie in erster Linie als 'soziale Zuschreibungen' verstanden – nicht nur 'Rasse', sondern auch Geschlecht, Schönheit, Gesundheit, Behinderung und Alter. Damit leugnet die Soziologie zwar nicht, dass hier körperliche Unterschiede bestehen. Aber ihre spezifische Bedeutung gewinnen sie erst durch die Kultur. Natürlich gibt es biologisch besehen Unterschiede zwischen Männern und Frauen. Männer sind *im Durchschnitt* körperlich etwas kräftiger als Frauen und diese Feststellung wird oft zur Rechtfertigung der geschlechtlichen Arbeitsteilung herangezogen. Insofern ist es in unserer Kultur auch selbstverständlich, dass auf dem Bau nur Männer arbeiten. In Indien dagegen sind Bauarbeiten vielfach Frauensache. Bekannt ist, dass Schönheit auf kultureller Übereinkunft beruht – die bei uns heute verlangte und als 'gesund' angesehene Schlankheit wurde früher als 'kränklich' und 'dürr' verspottet. Natürlich liegt auch dem Alter ein physikalischer Zeitablauf und ein körperlicher Entwicklungsprozess zugrunde. Aber welche Wertschätzung man den verschiedenen Altersklassen angedeihen lässt und was als 'altersgemäßes Verhalten' angesehen wird, das ist von Kultur zu Kultur nicht nur sehr verschieden; es hat sich auch in der Geschichte von Epoche zu Epoche stark verändert.

1.3 Unterschiede zur Denkweise der Individualpsychologie

Die Soziologie teilt mit den meisten psychologischen Richtungen die Vorstellung, dass das menschliche Leben nicht direkt von der Biologie gesteuert ist. Wie die Soziologie geht auch die Psychologie davon aus, dass das menschliche Verhalten im Wesentlichen durch 'Sozialisation erworben' oder zumindest 'gelernt' und nur in sehr allgemeiner und unspezifischer Weise von Instinkten geleitet sei. Insofern gibt es hier mehr Gemeinsamkeiten und weniger starke Differenzen. Aber die Psychologie legt das Schwergewicht ihrer Betrachtung im Allgemeinen auf das individuelle Seelenleben und die unmittelbare soziale Umgebung. Zudem misst die Psychologie die jeweiligen Charakterstrukturen oder Verhaltensmerkmale häufig an einem normativen Maßstab, der an die enge Verwandtschaft der Psychologie mit der Psychiatrie und an die Herkunft aus der Medizin erinnert – sei es an der durchschnittlichen 'Normalität' kognitiver und emotionaler Reaktionen oder an einem selbst gesetzten Ideal der Ich-Stärke, des emanzipierten, autonomen Subjekts. Hier neigt die Soziologie zu anderen Akzentuierungen, teilweise auch zum Widerspruch.

Die Soziologie leugnet nicht das Einzelschicksal und seine biografische Einzigartigkeit, aber sie interessiert sich in erster Linie für kollektive, also überindividuelle Faktoren – wie sie einerseits das Fühlen und Handeln des Einzelnen bestimmen, wie sie andererseits vom Handeln der vielen Einzelnen ausgehen. 'Gesellschaft', das ist für die Soziologie nicht einfach nur die Öffentlichkeit, die vielen anderen 'dort draußen'. Auch das Private, auch das Ich sind in der Perspektive der Soziologie weitgehend gesellschaftlich bedingt. Dass es zum Beispiel überhaupt so etwas wie eine Privatsphäre gibt, ist eine historisch jüngere, erst in der Neuzeit auftretende Erscheinung. Wenn zwei sich lieben, dann scheint das doch höchst individuell zu sein!? Aber in Wirklichkeit, sagt die Soziologin, ist die Gesellschaft mitten unter ihnen: Die Verhaltenskonventionen zwischen den Geschlechtern, die Formen des Fühlens, Redens und Handelns, ja die spezifische Vorstellung von 'Liebe' überhaupt, sind ganz wesentlich von der Gesellschaft geprägt (z.B. Luhmann 1983).

Auch das 'Ich', das sich von den Kollektiven – der Familie, der Verwandtschaft, dem Dorf, dem Staat – deutlich absetzt, ist eine neuere, gesellschaftlich etablierte Institution, die es früher so nicht gab, und die andere Kulturen, zum Beispiel die Koreaner, nicht mit uns teilen. Erst dadurch, dass unsere Sprache und unsere gesellschaftlichen Institutionen uns nahe legen, uns als eigenständige Wesen mit einem eigenen Willen zu empfinden, kommen wir auf die Idee, eine Vorstellung vom eigenen Ich auszuprägen. Zum Beispiel das Wahlrecht und das Strafrecht in der modernen Demokratie: Wir werden als Einzelpersonen, nicht als Familienvorstände oder DorfvorsteherInnen an die Urnen gebeten oder vor Gericht gestellt. Erst dadurch – und durch vergleichbare Angebote und Zumutungen – entwickelt sich in uns die Vorstellung, dass wir eine ganz persönliche Meinung oder Verantwortung haben könnten und haben sollten.

Vieles, was in der Psychologie vor allem als ganz persönliches Familienschicksal thematisiert wird, erscheint in der Soziologie als kollektives Schicksal und als 'Sozialcharakter': In Unterschichtsfamilien gestaltet sich das Leben anders als in Oberschichtsfamilien; Katholiken denken und fühlen anders als Protestanten; Frauen verhalten sich anders als Männer; für Junge gelten andere Regeln als für Alte; bestimmte Berufsgruppen leiden häufiger an dieser, andere Berufsgruppen häufiger an jener seelischen Erkrankung. Was dem Einzelnen vielfach als eigenes Vermögen oder Versäumnis erscheint, erweist sich durch die Brille der Soziologin oft als Normfall – Kinder aus der Mittelschicht landen mit einiger Wahrscheinlichkeit wieder in der Mittelschicht, Männer verdienen höhere Löhne als Frauen etc.

Insoweit handelt es sich vor allem um unterschiedliche Akzentuierungen. Kein Soziologe würde bestreiten, dass das Einzelschicksal sich von den Gruppenzugehörigkeiten deutlich abheben kann. Keine Psychologin würde umgekehrt in Abrede stellen, dass bestimmte Verhaltensmerkmale mit der Gruppenzugehörigkeiten variieren, also in verschiedenen Gruppen unterschiedlich gehäuft auftreten. Aber diese Akzentuierungen sind nicht ungefährlich: Soziologische Aussagen sind fast immer pauschalisierend und manchmal können sie sogar stigmatisierend wirken (mehr dazu unten, Kap. 1.6). Sie halten den Einzelnen im gegenwärtigen Gruppenzustand fest und entlasten ihn von Verantwortung. Umgekehrt abstrahieren psychologische Aussagen vom gesellschaftlichen Zusammenhang und laden damit unberechtigterweise dem Einzelnen – oder seinen Eltern – die ganze Verantwortung für sein Lebensschicksal auf.

Für die Soziologie stellen psychologische Wertungen, ähnlich wie auch juristische oder religiöse Urteile, Normen *in der jeweiligen Gesellschaft* dar. Es sind Wertungen, die in anderen Gesellschaften und zu anderen Zeiten auch anders ausfallen können. So besehen kommt ihnen aus Sicht der Soziologie jenseits der Zeit und Gruppe, in der sie gelten, keine Objektivität zu. Früher hat die Psychologie bzw. Psychiatrie zum Beispiel 'Homosexualität' und 'Hysterie' durchweg als Krankheit aufgefasst – heute würde man sagen, dass die vorwiegend männlichen Psychologen damit nur die Homophobie und Frauenfeindlichkeit ihrer Zeit zum Ausdruck gebracht haben.

Soziologen sind gegenüber den Wertungen und Abwertungen der anderen Disziplinen wohl auch deshalb so kritisch eingestellt, weil sie selbst mit Wertungen sehr viel zurückhaltender sein müssen. Da der Gegenstand der Soziologie ganze Gesellschaften sind – und nicht einzelne Individuen – würde man als Soziologe bestimmte Gesellschaftsformen als 'gesund' oder 'krank', 'gut' oder 'böse' bezeichnen. Damit wäre man aber mitten im politischen Tagesgeschäft und würde stärkeren Gegnern gegenüberstehen als die Psychologen, die ihre Diagnosen meistens nur gegenüber Individuen aussprechen – und zwar oftmals solchen, die sich ohnehin nicht besonders gut wehren können.

Wir versuchen Gesellschaften daher erst einmal zu verstehen; das ist schon schwer genug. Von Wertungen lässt sich dabei nicht absehen, jede Soziologin hat und braucht auch politische Leidenschaften, aber sie bleiben letztlich subjektiv – und damit Gegenstand der demokratischen Auseinandersetzung (vgl. Weber 1951).

1.4   Unterschiede zur pädagogischen Denkweise

Bei den Erziehungswissenschaften muss ich nun dezidiert zwischen zwei verschiedenen Richtungen unterscheiden: der geisteswissenschaftlichen Pädagogik und der empirischen Bildungsforschung (Fend 1990; vgl. Übersicht 1.2).

Die *empirische Bildungsforschung* steht der Soziologie sehr nahe. Sie fragt nach den sozialen und psychologischen Bedingungen, die die Verwirklichung von Erziehungs- und Bildungszielen hemmen oder fördern. Insofern handelt es sich um ein praktisch orientiertes Forschungsfeld im Grenzbereich von Soziologie und Psychologie, dem dieses Buch viele Erkenntnisse verdankt und gegen das es daher auch nicht abgegrenzt werden muss. Gelegentlich sind hier – aus meiner Sicht – jedoch zwei Vereinseitigungen zu beobachten: *Inhaltlich* konzentriert sich die Bildungsforschung, insbesondere die Bildungssoziologie, vielfach sehr stark auf den Zusammenhang von sozialer Herkunft, Bildungserfolg und beruflicher Positionierung. Das ist sicher eine *politisch* sehr wichtige Frage, aber sie muss deshalb nicht zur *wissenschaftlichen* Obsession werden – wirklich neuartige Resultate sind hier kaum zu erwarten. Weiterführende Fragen nach dem Zusammenhang von Bildung, Erziehung und Gesellschaft werden dagegen seltener gestellt und noch seltener empirisch bearbeitet – die eigentlich nahe liegende Frage nach der Veränderung des gesellschaftlichen Lebens durch die Bildungsexpansion hat bislang vor allem zu vagen Spekulationen geführt,

Übersicht 1.2: Unterschiede zwischen den Hauptströmungen der wissenschaft
lichen Pädagogik

	Geisteswissenschaftliche Pädagogik	Empirische Bildungsforschung
Denkwei-se/ Metho-de	Philosophische Reflexion und pädagogisches Engagement zur *Gestaltung* von Bildung und Erziehung.	Beschreibung der realen Ver-hältnisse im Bildungswesen. Ergründung der Funktionszu-sammenhänge zwischen Bil-dungssystem und Gesellschaft.
Normative Orientie-rung	Persönlichkeitsideale: Entfal-tetes Bildungswissen und moralisch-ästhetische Persön-lichkeitsentwicklung.	Gesellschaftsideale: Wirtschafts-wachstum durch Bildungsexpan-sion. Soziale Gerechtigkeit durch Chancengleichheit.
Pädago-gische Schwer-punkte	Ausbildung von Lehrerpersön-lichkeit. Menschenbildung in persönlicher Begegnung.	Institutionengestaltung und Aus-richtung an Massenphänomenen: Systematisch arrangierte Lernor-ganisation

wurde aber niemals systematischer untersucht (vgl. Müller 1998; Baumert 1992; Kap. 7 in diesem Buch).

Methodisch betrachtet fällt bei der Bildungsforschung ein starkes Überge-wicht der statistisch-analytischen, d.h. quantitativen Verfahren gegenüber der hermeneutisch-interpretativen, d.h. qualitativen Vorgehensweise auf.[3] Das ist

---

3 *Statistisch-analytische, d.h. quantitative Methoden* werden auch in der Naturwissenschaft eingesetzt. Man betrachtet den wissenschaftlichen Gegenstand gleichsam von außen und ver-sucht regelmäßige Beziehungen zwischen verschiedenen Variablen zu entdecken. Zum Bei-spiel: Wie verhalten sich die Ameisen in einem Ameisenhaufen bei gutem oder schlechtem Wetter, bei Nahrungsmittelüberangebot und bei Nahrungsmittelknappheit? Oder: Wie verän-dert sich die Bildungsbeteiligung bei gutem oder schlechtem Angebot von weiterführenden Schulen, bei florierender oder stagnierender Arbeitskräftenachfrage? Dazu werden dann mög-lichst viele, am besten tausende Fälle beobachtet und mit statistischen Verfahren ausgewertet. Die Naturwissenschaften sind ganz auf diese Verfahrensweise angewiesen, weil sie ihren Ge-genstand nur beobachten, aber nicht befragen können. Die Ameisen sagen den Naturwissen-schaftlerInnen nicht, wie sie die Welt bei schlechtem oder gutem Wetter sehen, wie sich fühlen und was sie zu tun gedenken. Die Sozialwissenschaften – weil sie es mit Menschen zu tun ha-ben – können dagegen ihre Beobachtungsobjekte auch befragen, und zwar besonders in dem Sinne, dass sie ihre jeweilige, ganz subjektive Weltsicht rekonstruieren, sich in ihre Gedanken und Motive einfühlen, also ihre jeweilige Perspektive einzunehmen versuchen. Diese *herme-neutisch-interpretativen, d.h. qualitativen Vorgehensweisen* – oft auch als 'verstehendes Ver-fahren' bezeichnet – sind allerdings sehr aufwändig und müssen daher im Allgemeinen auf re-lativ wenige Fälle beschränkt werden.

nicht weiter verwunderlich, weil man in den 1960er-Jahren, als die Bildungsforschung etabliert wurde, vor allem den quantitativen Ausbau von Schulformen und die Lenkung von 'Schülerströmen' im Auge hatte – und eben weniger das *qualitative* Passungsverhältnis der Kommunikationsformen in Familie, Schule, Arbeitswelt und Zivilgesellschaft. Gekoppelt ist die methodische Vereinseitigung der bisherigen Bildungsforschung daher häufig auch mit einem technokratischen Jargon, der mehr auf die staatliche Steuerung mit Macht und Geld setzt als auf die argumentative Beeinflussung von Lehr- und Lernmotivationen.

Die *geisteswissenschaftliche Pädagogik* steht der empirischen Bildungsforschung eher fern, indem sie mehr auf die persönliche Begegnung als die systemische Planung setzt und indem sie eher normative Bildungsideale entwickelt, als die tatsächlichen Qualifikationsprozesse zu studieren. Auch wenn ich einer qualitativen, verstehenden Soziologie zuneige, die von der *Methode* her den Geisteswissenschaften nahe steht, so sehe ich dennoch einen erheblichen Unterschied in den Erkenntniszielen. Auch die qualitative Soziologie bleibt *Wirklichkeitswissenschaft* (vgl. Einleitung). Sie will wissen, wie Menschen *tatsächlich* fühlen, denken, reden und handeln – und nicht, wie sie fühlen und handeln *sollten*.

Das heißt nicht, dass Ideale – und ihre philosophische Begründung – obsolet wären. Aber die Ideale der geisteswissenschaftlichen Pädagogik erscheinen oft ziemlich wirklichkeitsfern (Oelkers 1994). Die Frage nach den Realisierungschancen wird eher als störend und 'unfein' empfunden – so als ob man sagen wollte: "Dass die Wirklichkeit anders ist, wissen wir ja ... Umso schlimmer für die Wirklichkeit!" Diese Haltung findet man interessanterweise sowohl rechts als auch links im politischen Spektrum, sie kann wertkonservativ oder von der Kritischen Theorie inspiriert sein – in beiden Fällen nimmt sie häufig eine kulturpessimistische Färbung an.

Hier muss die Soziologie immer wieder daran erinnern, dass professionelle Erziehung in permanenter Wechselwirkung mit vielen anderen gesellschaftlichen Bereichen steht, die sich ihrerseits der gezielten Beeinflussung durch die Pädagogen noch viel weniger unterwerfen als die Kinder und Jugendlichen selbst (vgl. Schelsky 1965). Weder die gesellschaftlichen Voraussetzungen noch die Folgen von Schule und Bildung hat die Pädagogik in der Hand. Statt bei den LehrerInnen Omnipotenzphantasien zu schüren, sollte die universitäre Ausbildung zum einen über wirklichkeitsnähere Bildungsideale diskutieren, und zum anderen zur Gelassenheit mahnen: Schüler lernen letztlich ohnehin nur das, was sie lernen wollen, und sie sind nicht nur der Schule als Sozialisationsagentur ausgesetzt. Ideale sind daher nur dann zu realisieren, wenn sie sich mit den tatsächlich wirksamen Kräften verbinden und die gesellschaftliche Entwicklungsdynamik nicht außer Acht lassen. Ansonsten ist der 'Praxisschock' der Ohnmachtserfahrung vorprogrammiert.

1.5 Was kann und will Soziologie denn selber?

Die Konturen der Soziologie sind in den vorangegangen Abschnitten im Wege der Abgrenzung, also gleichsam negativ, zu Tage getreten. Ich will hier noch einmal positiv in vier Punkten zusammenfassen, was Soziologie meines Erachtens ausmacht (vgl. insbesondere Giddens 1988):

a) Sie ergründet die Welt unterhalb unseres alltäglichen Aufmerksamkeitshorizontes: Wie schon oben in Abgrenzung zum Alltagsverständnis sozialer Vorgänge dargelegt, sind uns viele unserer Handlungen nur implizit bewusst. Nicht dass wir sie – im psychoanalytischen Sinne – verdrängen würden. Sie sind vielmehr so selbstverständlich, dass sie bis auf weiteres automatisch und unreflektiert ablaufen und uns normalerweise nur dann zu Bewusstsein kommen, wenn Störungen auftreten. Es sind die Routinen dieses praktischen Handelns – im Unterschied zum diskursiven, reflektierten Handeln – die unseren Alltag im Wesentlichen bestimmen und durch die sich gesellschaftliche Prozesse reproduzieren.

b) Sie erschließt uns fremde Welten, mit denen wir keine Erfahrung haben: Wir sind zwar als Laien 'soziologische Experten', aber immer nur für die uns vertraute Lebenswelt, zu der wir einen unmittelbaren Zugang haben. Wie leben, denken und fühlen aber Menschen, mit denen wir selten oder nur oberflächlich in Kontakt kommen – Spitzenmanagerinnen, Diplomaten, Penner, Huren, Atomphysiker, Nonnen, Migranten, usw.? Diese Welten versuchen die Soziologie und die Ethnologie systematisch zu erschließen – sofern ihnen Zugang möglich ist.

c) Sie versucht unsere verzerrte Alltagswahrnehmung zu korrigieren: Nehmen wir an, wir wären von einem Gewaltverbrechen betroffen. Durch den Schock sensibilisiert, werden wir plötzlich überall in der Welt Gewalt sehen. Unsere Bekannten werden uns zusätzlich von ihren Gewalterfahrungen berichten, wir werden die entsprechenden Nachrichten in den Medien genauer lesen etc. Da die Medien ohnehin nur über Neuigkeiten und Ereignisse berichten, und nicht über Normalität und Kontinuität, werden gerade Skandale, Krisen und Verbrechen bevorzugt wahrgenommen und thematisiert – der Krieg ist immer ein Thema, der Frieden ist es normalerweise nicht. Wir werden dann glauben, dass die Welt immer gewalttätiger wird. Nur die Statistik und ihre soziologische Analyse kann uns darüber aufklären, ob das wirklich der Fall ist – oder eben nicht.

d) Sie ergründet die nicht-intendierten Effekte und Prozesse jenseits unseres alltäglichen Aufmerksamkeitshorizonts: Wir glauben im Allgemeinen, durch unser Handeln unsere Geschicke steuern zu können. Doch 'Bevölkerungsexplosionen' zum Beispiel entstehen, ohne dass der Staat oder die beteiligten Eltern dies beabsichtigen oder wünschen. Sie entstehen oft als Nebeneffekt ansonsten sehr wünschenwerter Phänomene – mehr Nahrungsmittel, bessere hygienische Verhältnisse, mehr medizinische Betreuung, mehr Freiheit. Der Nebeneffekt ist negativ: Die Kinder werden es schwer haben, wenn sie zu einem besonders geburtenstarken Jahrgang gehören und deshalb überall auf verschärfte Konkurrenz um Positionen und knappe Ressourcen stoßen. Staaten mit starkem Bevölkerungswachstum führen eher Krieg als Staaten mit ausgeglichener oder gar rückläufiger Bevölkerungsentwicklung. Auf diese Weise haben viele unserer Handlungen unbeabsichtigte, unvorhergesehene und teilweise auch unerwünschte Effekte, die sich oftmals systemisch verdichten und damit unsere soziale Umwelt und unsere Handlungsvoraussetzungen ausmachen. Soziologie versucht uns über diese Effekte aufzuklären – nicht so sehr mit der Illusion, dass man sie dann wirklich kontrollieren könnte, denn der Versuch, Nebeneffekte zu kontrollieren, führt seinerseits wahrscheinlich wieder zu neuen Nebeneffekten usw., sondern mehr mit der Absicht, uns vor Omnipotenzphantasien zu bewahren.

1.6 Abschließend eine Warnung vor der Soziologie

Abschließend eine Warnung vor der Soziologie – beziehungsweise ihrer unreflektierten Verwendung! Die Soziologie macht vor allem Aussagen über Gruppen, selten über einzelne Individuen. Soziologische Aussagen über Gruppen – also zum Beispiel 'die Arbeiter', 'die Frauen', 'die Migranten' – sind jedoch immer pauschalisierend. Der Einzelne verschwindet hier hinter einem statistischen Durchschnitt oder einer idealtypischen Stilisierung. Und was noch schlimmer ist: Das soziologische Urteil kann auch als Stigma wirken – und zwar auch dann, wenn es im Einzelfall vollkommen gerechtfertigt ist.[4] So mag es zum

---

4 Um die Wirkung von Stigmata noch anders deutlich werden zu lassen, stellen Sie sich folgendes vor: Ein entlassener Strafgefangener war wirklich im Knast. Wenn wir ihm aber ständig unter diesem Vorbehalt begegnen, indem wir uns vor Augen führen, dass Strafgefangene häu-

Beispiel so sein, dass Arbeiterkinder – im Durchschnitt! – von zuhause aus weniger als Mittelschichtskinder zu Bildungsanstrengungen motiviert werden (vgl. unten, Kap. 4). Und dies mag sogar für das einzelne, in Rede stehende Arbeiterkind zutreffen. Nur wäre es offensichtlich fatal, wenn man diesem Kind tatsächlich mit dieser Haltung begegnen würde: "Aus Dir wird sowieso nicht viel, weil Du ein Arbeiterkind bist und von zuhause aus wenig motiviert bist." Oder auch umgekehrt: "Aus Dir wird schon was, Du kommst ja aus gutem Hause." Die eigenen Anstrengungen, die für den Bildungserfolg wesentlich sind – oder es jedenfalls sein sollten – würden im einen wie im anderen Fall unterbleiben. Soziologisches Wissen kann – wenn man es unreflektiert anwendet – stigmatisieren oder von der Verantwortung für das eigene Leben abhalten. Es wirkt dann als 'selbsterfüllende Prophezeiung'. Insofern ist es eine spezifische Eigenart soziologischen Wissens, dass man es in unmittelbaren Erziehungssituationen oder überhaupt in menschlichen Begegnungen am besten erst einmal weit in den Hinterkopf verbannt, um niemanden an seiner Entfaltung zu hindern.

Literatur zum Weiterlesen
Es gibt eine beinahe unübersehbare Vielzahl von Einführungen in die Soziologie. Interessant für Laien erscheinen mir dabei vor allem diejenigen Werke, die nicht unmittelbar und ganz akademisch auf die systematische Vermittlung von Begriffen und Theorien abzielen, sondern von den sozialen Problemen in der Gesellschaft ausgehen, die ja auch interessierten Laien unmittelbar vor Augen stehen und sie in ihren Gedanken und Gesprächen beschäftigen. Sehr einfach und anschaulich ist die Einführung von Anthony Giddens (1995), sie nimmt auch ausführlich auf die pädagogisch relevanten Nachbargebiete, auf Biologie und Psychologie, Bezug. Empfehlenswert ist in dieser Hinsicht ebenfalls das von Hans Joas (2001) herausgebene Gemeinschaftswerk. Beide Bücher haben allerdings den Nachteil, dass sie recht umfangreich, schwer und auch entsprechend teuer sind. Daher kann man auch zu dem eher kompakten Buch von Klaus Feldmann (2005) greifen, das allerdings etwas anspruchsvoller geschrieben ist. Einen guten und relativ leicht nachzuvollziehenden Überblick über die

---

fig rückfällig werden, und ihm daher starkes Misstrauen entgegenbringen und ihm deshalb zum Beispiel keine Arbeit geben, dann landet er wahrscheinlich auch bald wieder im Gefängnis: Die Prophezeiung hat sich also bestätigt und wir haben 'Recht behalten', aber eben eventuell genau deshalb, weil wir diese Prophezeiung vorgenommen haben! Es ist nicht ganz leicht, diesen Teufelskreis zu durchbrechen: Auch die umgekehrte Haltung, den entlassenen Strafgefangenen immer zu entschuldigen und 'pädagogisch' zu behandeln, kann ihn davon abhalten, sein Leben in die eigenen Hände zu nehmen und Verantwortung zu tragen. Es kommt daher darauf an, in gewisser Weise zunächst erst einmal zu 'vergessen', dass die Person im Gefängnis gesessen hat.

verschiedenen Methoden hat mir in meinem Studium Helmut Seiffert (1972) vermittelt. Die Tatsache, dass dieses Buch immer noch im Buchhandel erhält- lich ist, beweist seinen hohen Gebrauchswert.

Kapitel 2: Sozialisation und sozialer Wandel

Während wir im ersten Kapitel überlegt haben, aus welchem Blickwinkel die Soziologie die Welt betrachtet, wollen wir uns in diesem Kapitel mit dem zentralen Begriff der Sozialisation und der Einbettung der gegenwärtigen Sozialisationsformen in den gesamtgesellschaftlichen sozialen Wandel befassen. Dieses Kapitel gibt insofern auch schon einen kursorischen Überblick über die kommenden Kapitel, in denen wir uns mit den Sozialisationskontexten Familie, Schule, Beruf, Staatsbürgerschaft und ihren Wandlungstendenzen näher und ausführlicher befassen werden.

Wie wir schon im letzten Kapitel gesehen haben, ist 'Sozialisation' das Bindeglied zwischen der Psychologie und der Soziologie (Hurrelmann/Ulich 1991). Im Unterschied zu manchen Strömungen in der Psychologie geht die Soziologie allerdings davon aus, dass Menschen nicht nur in ihrer Kindheit sozial geformt oder verformt werden, sondern ihr ganzes Leben lang. Manchmal wird 'Sozialisation' auch mit 'Erziehung' – also dem Gegenstand der Pädagogik – gleichgesetzt, aber das ist eindeutig falsch: Erziehung geschieht absichtlich, Sozialisation umfasst *darüber hinaus* aber auch die unabsichtliche Beeinflussung und Formung von Menschen. Sozialisation ist also der weiter gehende, umfassendere Begriff.

In diesem Kapitel wollen wir zunächst betrachten, was der Sozialisationsbegriff genauer meint, um dann drei Aspekte der Sozialisation näher zu beleuchten:

- In welchen sozialen Kontexten findet Sozialisation statt (Elternhaus, Schule, Peers, Medien, Kontexte der Erwachsenensozialisation)?
- Welche zeitlichen Phasen der Sozialisation sind im Laufe des Lebens zu unterscheiden?
- Welche gruppenspezifischen Unterschiede gibt es (Jungen/Mädchen, Oberschicht/Unterschicht etc.)?

Abschließend wollen wir dann sehen, wie Sozialisation und sozialer Wandel sich wechselseitig bedingen, um eine genauere Vorstellung davon zu bekommen, wie in modernen, das heißt kulturell heterogenen und sich schnell wandelnden Gesellschaften Sozialisation nicht mehr als einfache Übertragung der

Lebensweise von einer Generation zur nächsten zu verstehen ist, sondern als turbulenter Zusammenprall von Sozialisationsströmen, die aus den verschiedensten Richtungen kommen und zum Beispiel auch die 'reverse Sozialisation', die Sozialisation der Älteren durch die Jüngeren umfassen.

2.1 Was ist 'Sozialisation'?

Was ist angeboren, was im Laufe des Lebens, abhängig von der sozialen Umgebung, erworben? Wie wir schon im letzten Kapitel (1.2) gesehen haben, betonen biologisch ausgerichtete Theorien besonders die erblichen Anlagen, psychologische und soziologische Theorien dagegen die individuellen und allgemeineren Merkmale der sozialen Umwelt. Diese Debatten haben auch in der Bildungspolitik immer eine gewichtige Rolle gespielt. Sind intellektuelle Fähigkeiten angeboren oder Ergebnis der Sozialisation? Wenn die zu beobachtenden Unterschiede in den intellektuellen Fähigkeiten angeboren sind, dann ist es sinnlos, bildungspolitische Anstrengungen zu unternehmen, um benachteiligte Individuen oder Gruppen besonders zu fördern.

Ist das relativ schlechte Abschneiden von türkischen Migranten in deutschen Bildungseinrichtungen darauf zurückzuführen, dass die Babys türkischer Eltern weniger intelligent sind als deutschstämmige Babys (vgl. für die USA: Hernstein/Murray 1994)? Dann wären türkischstämmige Jugendliche zwangsläufig zu niedrig qualifizierten Jobs oder zur Arbeitslosigkeit verdammt. Ist die Tatsache, dass Kinder von Arbeitern selten höhere Bildungszertifikate erwerben und in höhere Berufslaufbahnen aufsteigen, dadurch verursacht, dass ArbeiterInnen in ihrer Schicht heiraten und sich so in der Arbeiterschicht 'schwache' Begabungen genetisch konzentrieren, so dass die Arbeiterschicht dann selbst Ergebnis eines biologischen und nicht eines sozialen Ausleseprozesses wäre? Käme umgekehrt der Erfolg von Kindern aus bildungsbürgerlichen Schichten durch einen positiven genetischen Konzentrationsprozess zustande? Oder einfacher ausgedrückt: Sind die Armen arm, weil dumme Menschen untereinander heiraten und dumme Kinder zeugen? Im Sinne der biologischen Denkweise könnte man auch noch weiter fragen: Sind Frauen weniger intelligent als Männer, weil sie kleinere Köpfe haben – wie man im 19. Jahrhundert tatsächlich annahm?

Oder beruhen Unterschiede in den intellektuellen Fähigkeiten und bei den Bildungsabschlüssen eher auf häuslicher und schulischer Förderung? Niemand bestreitet, dass es biologische Voraussetzungen für die Ausbildung von intellektuellen oder anderen sozialen Fähigkeiten gibt. Offensichtlich sind Menschenkinder begabter als – sagen wir: Kaninchen oder Schildkröten. Aber es liegt weitgehend im Dunkeln, ob es diesbezüglich signifikante Unterschiede zwischen einzelnen Individuen oder zwischen Gruppen – Männer/Frauen, Migranten/Einheimische, Arbeiter/Bildungsbürger etc. – gibt. Das liegt vor allem daran, dass man Begabung als biologisches Phänomen nicht direkt messen kann. Intelligenztests messen – bestenfalls –[1] ein psychisches Potential, das zum großen Teil erworben ist, also immer schon auf der *Entfaltung* einer biologischen Anlage in einer sozialen Umwelt beruht. Nur der Vergleich zwischen eineiigen, also genetisch identischen Zwillingen, die getrennt aufwachsen, gibt hier gewisse Aufschlüsse – aber er stößt auch schnell an statistische Grenzen, weil es nicht sehr viele eineiige Zwillinge gibt, deren Lebenswege sich gleich nach der Geburt getrennt haben (vgl. Di Trocchio 1994: 124 ff.). Aber selbst wenn wir Begabung – als vererbtes biologisches Potential – eines Tages zweifelsfrei messen könnten, würde das nichts daran ändern, dass die unterschiedlichen Ausprägungen von Intelligenz – und Unterschiede bei den Bildungsabschlüssen und Berufskarrieren sowieso – in einem erheblichen Maße von den Lebensumständen abhängen (vgl. Abbildung 2.1).

Was bedeutet es nun, dass die Lernfähigkeit – ähnlich wie andere Charaktermerkmale – durch 'Sozialisation' ausgeprägt wird? Zum einen ist hier Erziehung, also absichtliche Beeinflussung im Spiel: Eltern und BetreuerInnen regen den Spracherwerb des Kindes gezielt an; sie fordern es auf, Fähigkeiten zu trainieren und Aufgaben zu lösen; und sie belohnen seine Erfolge. Mindestens ebenso wichtig sind aber auch Vorbilder und Lebensformen, die einfach da sind – Eltern, Geschwister und Kameraden, die anspruchsvolleren oder eintönigeren Arbeiten, Spielen und Unterhaltungen nachgehen – und in die das Kind eben 'hineinwächst'. Abhängig sind diese Umgangs- und Lebensformen schließlich auch von materiellen Ressourcen – welche Wohnräume und Verkehrsmittel zur Verfügung stehen, welche Waren und Dienste beschafft werden können.

Das Zusammenspiel von Begabung und Sozialisation formt unsere Persönlichkeit, unseren Charakter, aber je stärker sich dieser im Zuge des Erwachsenwerdens und des weiteren Lebenslaufs ausprägt, umso mehr kann es uns auch gelingen, auf unser Schicksal selbst Einfluss zu nehmen – indem wir nämlich

---

1 Es ist schwierig, Intelligenztests so zu konstruieren, dass sie unabhängig von dem spezifischen Bildungswissen und den spezifischen Denkgewohnheiten einer Gruppe sind und tatsächlich nur die *Lernfähigkeit* und nicht das aktuell Erlernte und Trainierte messen. Viele Intelligenztests bescheinigen Migranten, Arbeitern, Frauen usw. nur deshalb eine niedrigere Intelligenz, weil sie das spezifische Wissen und die spezifischen Denkgewohnheiten von weißen Männern aus dem Bildungsbürgertum voraussetzen.

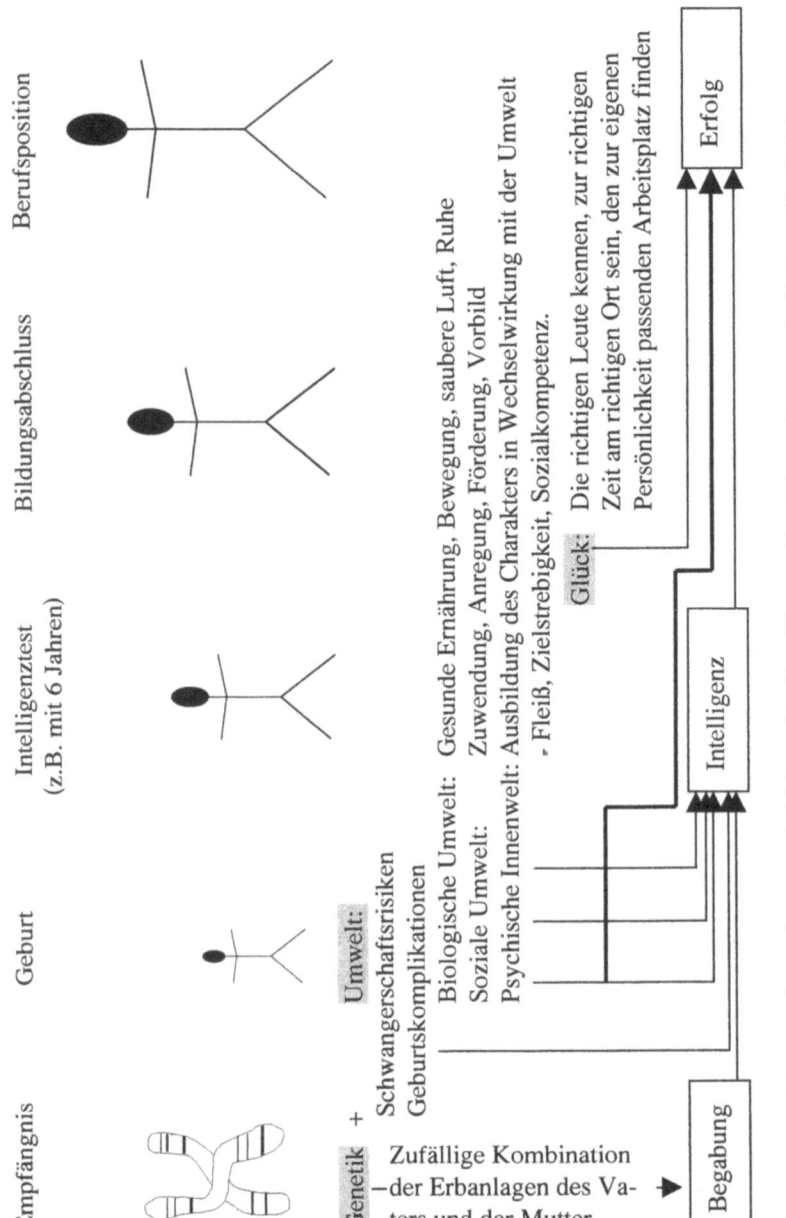

Abbildung 2.1: Begabung ist nur *ein* Faktor für Intelligenz, Intelligenz ist nur *ein* Faktor für Erfolg.

unsere verschiedenen Begabungen selbst aktiv entdecken und entfalten, und indem wir unsere Umgangs- und Lebensformen selbst aussuchen und gestalten (vgl. Tillmann 1989, Geulen 1999).

Abbildung 2.2: Persönlichkeitsentwicklung im Spannungsfeld zwischen biologischer Anlage, sozialer Umwelt und Selbstbestimmung

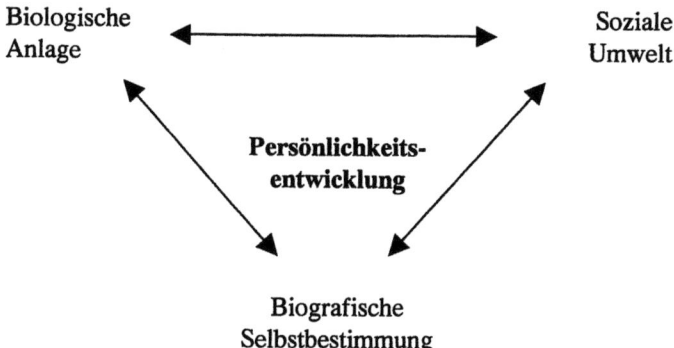

Wir können uns insofern auch gegen unsere Lebensbedingungen – inklusive der darin enthaltenen Erziehungsversuche – auflehnen. Nur als Neugeborene sind Menschen passive Objekte von biologischen Impulsen und sozialem Umfeld, aber schon sehr früh beginnen sie, ihre Umwelt – und später auch sich selbst – zu beeinflussen. Das heißt natürlich nicht, dass biologische oder soziale Bedingungen dann einfach wegfielen, aber sie stehen im *Wechsel*spiel mit den Aktivitäten des Subjekts: Als Handlungsbedingungen ermöglichen und beschränken sie unsere Aktivitäten, aber umgekehrt wird das Handlungsfeld auch durch unsere Aktivitäten aufrechterhalten und umgestaltet (vgl. Giddens 1988).[2] Wir

---

2 Ältere, genuin soziologische Sozialisationstheorien (Cooley, Mead, Parsons) betonen besonders die Perspektivenübernahme und die damit einhergehende Übernahme sozialer Erwartungen seitens der Kinder und Erwachsenen. Sie interessieren sich also besonders dafür, wie soziale Strukturen und soziale Zwänge in die Individuen implantiert werden. Kritiker sprechen hier – insbesondere bei Talcott Parsons – von einem verzerrten Menschenbild, einem 'übersozialisierten Homo sociologicus' (Weise 1989; vgl. Geulen 1998). Diese Kritik hat seit den 1970er-Jahren in zweifacher Weise Aufnahme gefunden: Zum einen indem zunehmend versucht wird, die subjektive Handlungsperspektive mit der objektiven Strukturperspektive zu verbinden (Habermas, Bourdieu, Giddens, Alexander – vgl. Reckwitz 1997). Zum anderen indem deutlich gemacht wird, dass Gesellschaft nicht nur via normativer Erwartungen auf die Individuen einwirkt, also ihr 'Über-Ich' bzw. 'Me' ausprägt (Freud, Parsons, Mead), sondern dass Gesellschaft auch zum Beispiel via Werbung die menschlichen Triebe – also das 'Es' – anspricht und verführt (vgl. Packard 1958). schließlich ist auch deutlich geworden, dass die Konzepte zur

sind daher, zumindest als Erwachsene, in gewisser Weise für unser Lebensschicksal und unser Verhalten selbst verantwortlich – diese Zumutung der Moral und des Rechts können und wollen uns die Biologie und die Sozialisationstheorie nicht abnehmen. Aber sie machen uns darauf aufmerksam, dass wir uns
nicht voraussetzungslos im luftleeren Raum erschaffen, sondern sich unsere
Persönlichkeitsentwicklung und unser Lebensschicksal in einem spannungsvol-
len Dreieck aus biologischer Anlage, sozialer Umwelt und Versuchen der
Selbstbestimmung vollziehen (vgl. Abbildung 2.2).

2.2 Sozialisationskontexte

Wie unterscheiden sich die sozialen Felder, in denen sich Sozialisation ereignet?
Für die Phase der Kindheit seien sie schnell aufgezählt – das Elternhaus, die
Schule, die Peers, die Medien, die Warenwelt. Viele Texte sprechen hier noch
von 'Sozialisationsinstanzen' – aber das Wort 'Instanz' erscheint heute zu autoritär und bürokratisch, wenn man den gegenwärtigen Wandel im Charakter des
Sozialisationsprozesses berücksichtigt: Sozialisation ist nicht die einseitige
Prägung des Individuums durch die Gesellschaft, sondern ein wechselseitiger
Prozess der Auswahl und Beeinflussung – das Individuum sucht sich seine Kontexte, zum Beispiel den Freundeskreis, und wirkt auf ihn ein, so wie umgekehrt
der Kontext das Individuum auswählt und beeinflusst.[3] Zudem ist zu konstatieren, dass direkte 'erzieherische Gewalt' immer weniger zur Geltung gebracht
wird und die soziale Umwelt dem Individuum stattdessen stärker mit Argumentation, Überredung und Verführung begegnet. Für die Warenwelt, die Medien,
die Peers gilt das ohnehin – und der Einfluss dieser 'neuen' Sozialisationskontexte nimmt gegenwärtig deutlich zu. Aber das gilt auch für die traditionellen
'Sozialisationsinstanzen' – Elternhaus, Schule und Nachbarschaft –, die heute
stärker mit 'Zuckerbrot' und weniger mit der 'Peitsche' kommunizieren; oder
anders ausgedrückt: weniger 'befehlen' und mehr 'verhandeln' (Du Bois-Reymond et al. 1994).
    Die Zuständigkeiten von Elternhaus und Schule für die 'Erziehung' von Kin-
dern sind dabei – historisch besehen – eher jüngeren Datums. Die Vorstellung,
dass man junge Menschen in besonderer Weise behüten *müsse* und erziehen

---

Ausbildung des 'Ichs' – zum Beispiel das moderne Konzept der autonomen Ich-Identität – gesellschaftlich geprägt sind (Foucault 1983).

3 Eltern und Kinder können sich zwar kaum gegenseitig aussuchen (Ausnahme der Adoption,
   Grenzfall der Humangenetik), aber sie nehmen sich wechselseitig mehr oder weniger stark an
   – insofern besteht auch hier eine gewisse wechselseitige Selektivität der Beziehung.

könne, entwickelte sich in umfassenderer Weise erst seit dem 18. Jahrhundert im Bürgertum und verbreitete sich erst allmählich in den breiteren Schichten des Volkes. Auch die Schulpflicht ließ sich gerade auf dem Land nur sehr langsam durchsetzen und wurde vielerorts erst im Laufe des 20. Jahrhunderts vollständig wirksam. Zwischen Elternhaus und Schule entwickelte sich dabei eine Funktions- und Aufgabenteilung in Bezug auf die Erziehungsvorstellungen: Im Elternhaus sollte das Kind umgeben von Emotionen, Intimität und Wärme aufwachsen; in der Schule sollte es abstraktes Wissen erlernen und ein 'sachlicheres', das heißt unpersönlicheres Rollenverhalten trainieren. Auf Grundlage dieser Aufgabenverteilung gab es einen Erziehungskonsens, einen 'Schulterschluss' zwischen Elternhaus und Schule, der vielfach auch von der Kirche gestützt wurde: Die beiden Instanzen unterstützten sich im Allgemeinen in ihren Erziehungsbemühungen gegenseitig – zumindest war die Autorität der Schule soweit unangefochten, dass die Eltern nicht offen opponierten, so wie umgekehrt die LehrerInnen auch nicht mit libertären Ideen die Autorität der Eltern unterminierten (Winterhager-Schmid 2001).

Diesen autoritären 'Schulterschluss' gibt es heute nicht mehr – und das ist wahrscheinlich auch besser so. Hier ergibt sich nämlich auch die Chance, durch Zuwendung und Argumentation die Kinder innerlich zu erreichen, wo sie früher durch erzieherische Gewalt 'in das eherne Gehäuse' der verwalteten Welt gepresst wurden (Weber 1996). Allerdings sollte man die wildwüchsige Vielstimmigkeit, die den alten Erziehungskonsens abgelöst hat, auch nicht zu sehr loben: Es gibt ein ziemlich weites Spektrum zwischen repressiven und permissiven Haltungen, zwischen Verwahrlosung und Betulichkeit – seitens der Eltern wie auch bei den Lehrern (Melzer 2001). Diese Vielstimmigkeit führt, der Tendenz nach, zur Vergeblichkeit von Erziehungsbemühungen – sie eröffnet Emanzipationschancen, erzeugt aber auch Orientierungslosigkeit auf allen Seiten. Die Schule und die Lehrerrolle verliert auch ihre ehemals scharf gegen die Familie und Freizeit abgesetzten Konturen, wenn sie nun als Vorschule und Ganztagsschule auch spielerische und partnerschaftliche Elemente des Umgangs zwischen Lehrern und Schülern einführt.

Je nach schulischem und elterlichem Betreuungsaufwand sind Kinder auch anderen Sozialisationskontexten ausgesetzt, die es zwar schon vorher gab, deren Bedeutung sich aber teilweise verändert hat. Zu nennen sind hier zum einen die Peers, also die Kameraden. Hier lernen die Kinder symmetrische Beziehungen kennen. Durch die Bildung von Cliquen erlernen sie den Umgang mit Konkurrenz und Kooperation. Sie üben sich unter Gleichen in der Aushandlung von Normen und Werten – bisweilen durchaus in Differenz und Konflikt zu Eltern-

Übersicht 2.1: Sozialisationskontexte des Kindheits- und Jugendalters

Instanzen mit institutionalisierter Macht	
Familie	Vor allem in der frühen Kindheit wichtig, Kind wird auch in die Kultur und den sozialen Status der Familie 'hineinsozialisiert'. Früher war auch Nachbarschaft und Verwandtschaft wichtig, Intimität der Kleinfamilie erst seit dem 18. Jahrhundert entstanden.
Schule	Vermittlung von Wissen, Erziehung zu unpersönlichem Rollenverhalten, kompensatorische Funktion gegenüber der Familien-Erziehung.
Kirche	Religiöse Erziehung. Stützt Autorität von Schule und Elternhaus.
Kontexte ohne institutionelle Macht	
Gleich-altrige (Peers)	Symmetrische Beziehungen, Aushandlung von Normen und Werten (zeitweilig in Differenz und Konflikt zum Elternhaus), Bildung von Gruppen (Erlernen von Konkurrenz, Kooperation, Freundschaft).
Medien	Früher Printmedien, heute mehr elektronische Medien. Kinder können sich hier unmittelbar mit Erwachsenenwelt konfrontieren. Problem der Passivität (TV, Video) – Kinder lernen nicht sprechen und handeln. Bewegungsmangel: Korpulenz, Haltungsschäden.
Waren-welt	Werbung, Kaufhäuser, Supermärkte. Heute fühlen sich Kinder direkt angesprochen, früher waren sie stärker indirekt, über die Distinktions-kämpfe der Eltern involviert.

haus und Schule. Ein weiterer Kontext sind die Medien, deren Konsum deutlich zugenommen hat. Zu erinnern ist hier allerdings daran, dass zu den 'Medien' nicht nur die elektronischen Medien, sondern auch die 'Printmedien' zu rechnen sind: Was heute im erzieherischen Klagelied Fernsehen, Video und Computer-spiele sind, das waren früher Comics, Schundhefte und Reklametafeln (vgl. Meier 1993). Die Großstadt war schon immer ein Sündenpfuhl, einzig geschaf-fen, um junge Leute zu verderben! Allerdings ist der Suchtfaktor von bewegten Bildern wohl stärker, wie auch die geistige Eigenaktivität geringer ist als bei Printmedien, bei denen man die Bilder selbst im Kopf erzeugen oder zumindest – beim Comic – zwischen ihnen noch interpolieren muss. Außerdem hat man mit Schundliteratur immerhin das Lesen geübt. Zugenommen hat sicher auch der *direkte* Zugriff der Warenwelt auf junge Menschen, die nun als Käufer-schicht mit eigenem Geld oder eigener Stimme gegenüber ihren Eltern unmit-telbar von der Werbung, den Supermärkten und Kaufhäusern angesprochen werden. Aber auch hier sollte man nicht vergessen, dass 'demonstrativer Kon-sum' kein neues Phänomen ist, auch wenn Kinder sich früher darin nicht so sehr selbst geübt haben, sondern eher an den Distinktionskämpfen des Gesamthaushaltes partizipierten.

Aber die Sozialisation ist mit dem Kindes- und Jugendalter nicht abgeschlossen – wie wir im nächsten Unterkapitel (2.3) noch näher sehen werden. Insofern sind auch die Kontexte der Erwachsenensozialisation zu betrachten (vgl. unten Übersicht 2.2). Das ist zum einen Sozialisation im Beruf und in der Arbeitsorganisation. Aufgrund der Bildungsexpansion wird der erlernte oder studierte Beruf zunehmend wichtiger für die Bestimmung der personalen Identität, also dafür, was wir "sind" und "sein wollen". Ein Beruf ist so besehen ein Set von praktischen Fertigkeiten und normativen Regeln, die die Qualifikation und das Ethos des Berufs ausmachen. Wenn wir uns als Fremde gegenseitig vorstellen, geben wir uns zuallererst und am einfachsten durch unseren Beruf zu erkennen. Von klein auf werden wir gefragt, 'was wir später einmal werden wollen' – insofern ist die Antizipation des späteren Berufs schon Leitschnur der Identitätsentwicklung in der Kinder- und Jugendzeit. Beruf kommt – sprachlich besehen – von Berufung: Hier klingen auch religiöse Töne der 'Bestimmung' des eigenen Lebens an. Dies gilt heute zunehmend auch für Frauen, die sich früher vor allem durch ihre Ehe und insofern über den Beruf ihres Mannes definierten – auf den Friedhöfen aus dem 19. Jahrhundert sind sie entsprechend als "Metzgermeister-Gattin" oder als "Geheimrats-Witwe" beerdigt.

Die *aktuelle* Beschäftigungssituation ist mit dem Beruf nicht notwendigerweise identisch – vielfach werden hier Tätigkeiten und Verhaltensweisen verlangt, die mit den Qualifikationen und dem Ethos des Berufs wenig zu tun haben (Brater/Beck 1982). Indem man sich in ein Arbeitsteam und in die Organisationshierarchie einfügt, findet auch eine Auseinandersetzung mit den Normen, Denkstilen und faktischen Konsequenzen der Arbeitsorganisation – in der Firma, der Behörde, dem Verein u.ä. – statt. Deutlich wird diese Zweiteilung zwischen Beruf und Arbeitsorganisation gerade auch bei Lehrern, die zunächst an der Universität ihren Beruf studieren, und dann im Referendariat und im Schuldienst den sogenannten 'Praxisschock' erleben (Terhart 1990). Dieser Kluft zwischen Ansprüchen des Berufs und den Erfordernissen der Arbeitsorganisation muss man nicht, wie heute vielfach gefordert, mit mehr 'Praxisnähe' in der Ausbildung begegnen, sondern auch durch eine professionellere, d.h. berufsbezogenere Arbeitsorganisation (vgl. Kap. 8.3). Aufgrund dieser Kluft ist es aber auch notwendig, dass permanente Fort- und Weiterbildung – also lebenslanges Lernen – stattfindet, um die Berufsqualifikationen den Veränderungen in der Arbeitsorganisation beständig anzupassen (vgl. Kap. 6).

Ein weiterer wesentlicher Kontext der Erwachsenensozialisation ist die Ehe und die Familiengründung – wobei soziologisch besehen die Frage des Trauscheins sekundär ist, also ehe- und familienähnliche Privatheitsformen hier zuzuzählen sind. In der Ehe findet – im wechselseitiger Kooperation wie auch im wechselseitigen Konflikt – der Aufbau eines Kosmos der Intimität statt, oft verbunden mit einer Abkehr von früheren Freundschaften und Lebensformen (Berger/Keller 1965). Zwei ehemals getrennte Weltsichten werden, mehr oder weniger, zu einer gemeinsamen Weltsicht verschmolzen – das ist das Band, das moderne Ehen heute zusammenhält, während traditionelle Ehen stärker auf sozialem Druck und wirtschaftliche Abhängigkeiten gegründet sind.

Mit der Geburt von Kindern öffnet sich dann ein weiterer Kontext der Erwachsenensozialisation, indem sich hier neue Anforderungen aufgrund der aktuellen gesellschaftlichen Normen der Kindererziehung und seitens der Kinder selbst ergeben, die ja ihrerseits, wie wir oben gelernt haben, nicht bloß passive Objekte der Erwachsenen sind, sondern durchaus 'ihren eigenen Kopf' haben, dem man heute, eben aufgrund von veränderten Erziehungsnormen, auch mehr Platz und Entfaltungsmöglichkeiten einräumt. Sie zerstören den Kokon der Intimität und absorbieren die Beziehungsenergien aus der Paarbeziehung, und zwar umso mehr, als die voranschreitende Pädagogisierung der Kindheit von den Eltern einen immer höheren Einsatz abverlangt (Beck-Gernsheim 1990). Wegen der zunehmenden Erwerbstätigkeit beider Partner, den fehlenden Betreuungsmöglichkeiten und den wachsenden Anforderungen an die Kindererziehung ist der Kinderwunsch heute keine normative Selbstverständlichkeit mehr. Insofern kann man von einer Differenzierung zwischen der Ehe als Intimitätsgemeinschaft und der Familie als Erziehungsgemeinschaft sprechen (Meyer 1993).

Auch die religiöse und politisch-moralische Sozialisation ist heute nicht mehr mit der Kindheit und Jugend abgeschlossen. Zwar wird auch heute noch die Mehrheit der jungen Leute in einer Religion erzogen, aber diese ersten Prägungen sind nicht unbedingt dauerhaft. Dies zeigt sich weniger daran, dass sie explizit der Religion den Rücken kehren würden – etwa indem sie aus den christlichen Kirchen austreten –, als am Rückgang der religiösen Aktivitäten. Dieses Bild einer zunehmenden Abkehr von der Religion ergibt sich aber nur, wenn man nur die Aktivitäten von großen und durchorganisierten Glaubensgemeinschaften als 'Religion' auffasst. Wenn man jedoch davon ausgeht, dass wir als Menschen darauf angewiesen sind, eine unseren Alltag übergreifende und übersteigende, d.h. transzendente Sinngebung zu finden, so wird man der 'unsichtbaren Religion' gewahr, die vielfach an die Stelle der sichtbaren getreten ist

(Luckmann 1991). Diese zeigt sich nicht erst heute, etwa in der Ausbreitung esoterischer Kulte. Schon seit dem 18. Jahrhundert waren die Nation an die Stelle der religiösen Gemeinschaft und politische Hoffnungen auf diesseitige kollektive Verbesserungen verstärkt an die Stelle des Glaubens an jenseitige Erlösung getreten. Aber sogar das Streben nach Erfolg, Geld und Konsumgütern, wie es sich im Kapitalismus manifestiert, hat eine starke religiöse, man könnte auch sagen 'abergläubige' Komponente (Weber 1996, Deutschmann 1999). Insofern ist die öffentliche Bedeutung der Religion schon länger verblasst, sie ist längst zur Privatsache geworden und oftmals nur noch für die ersten und letzten Dinge – für Kinderfragen und die Sterbebegleitung – zuständig.

Übersicht 2.2: Sozialisationskontexte des Erwachsenenalters

Berufliche Sozialisation	Übernahme der Regeln, der Fertigkeiten und des Ethos eines Berufs.
Arbeitsorganisation	Auseinandersetzung mit Normen, Werten und Denkstilen der Beschäftigungsorganisation. Einfügung in ein Arbeitsteam bzw. in die Arbeitshierarchie.
Ehe	Wechselseitiger Aufbau eines Kosmos der Intimität, oft verbunden mit einer Abkehr von früheren Freundschaften und Lebensformen.
Familie	Konfrontation mit den aktuellen Erziehungsnormen (bei ständig wachsenden pädagogischen Anforderungen) und dem Eigensinn der Kinder, dem man heute auch mehr Raum gibt.
Religiöse und politische Sozialisation	Heute nicht mehr mit dem Jugendalter abgeschlossen, vielmehr lebenslanger Prozess der Sinnsuche. Häufiger Wechsel der Zugehörigkeiten, Bevorzugung unbürokratischer und spontanerer Organisationsformen.
Totale Organisationen	Sekten, Gefängnis, Psychiatrie, Militär: Desozialisation/Regression, Resozialisierung entsprechend den Regeln und Normen der Kommune, der Anstalt oder des Lagers.

Was sich heute in Bezug auf Religion und Politik tatsächlich zu ändern scheint: Man bleibt nicht unbedingt sein Leben lang der religiösen Erziehung der Kindheit und den politischen Erfahrungen der Jugend treu. Auch die Erwachsenen emanzipieren und individualisieren sich, nicht nur die Kinder und Jugendlichen. Sie lassen sich nicht mehr so leicht gehorsam und dauerhaft in weltanschauliche Großorganisationen, in Kirchen, Parteien und Gewerkschaften einbinden (Otte

1998, Schnell/Kohler 1998). Sie gehen stattdessen immer wieder erneut auf Distanz und auf neue Sinnsuche. Oder sie wollen – etwa im Sinne *inner*parteilicher Demokratie oder zum Beispiel der 'Kirche von unten' – ernsthaft an der kollektiven Sinngebung beteiligt werden. Insgesamt bevorzugen sie zunehmend unbürokratischere und spontanere Organisationsformen, die unvermittelter auf die Sinngebungsbedürfnisse eingehen und auch fluktuierende Beteiligungswünsche besser kanalisieren können. Daher haben Nichtregierungsorganisationen (NGOs), die typischerweise nur ein einziges öffentliches Anliegen ('single issue') verfolgen, gegenüber weltanschaulichen Großorganisationen viel Terrain gewonnen.

In Ehe und Familie, in Beruf und Beschäftigung, in Religion und Politik treten wir aber immer nur in partiale Organisationen ein, das sind Organisationen, die unser Leben und unseren Alltag nur zum Teil bestimmen. Allerdings kann man im Erwachsenenleben auch mit totalen Organisationen konfrontiert sein – das sind Organisationen die, zumindest zeitweilig, das ganze Leben und den ganzen Alltag erfassen und bestimmen. Sekten, Psychiatrische Anstalten (älteren Typs), Gefängnisse und das Militär tendieren in diese Richtung. In ihren mehr oder weniger grausamen Initiationsritualen versuchen sie die 'alte' Persönlichkeit auszulöschen, vielfach mit dem Anspruch, sie zu 'resozialisieren'. Die neurekrutierten Mitglieder oder Insassen werden in die Regression getrieben und abhängig gemacht, damit sie sich dann um so gehorsamer ihrem neuen Leben und den neuen Werten in der Kommune, der Anstalt oder dem Lager fügen (Giddens 1995: 88ff.). In der Freiheit des zivilen Lebens kommen sie danach oft nicht mehr zurecht – hier müssen sie sich dann erneut resozialisieren.

2.3 Phasen der Sozialisation – das gesellschaftliche Regime des Lebenslaufs

Wie schon im vorigen Abschnitt erkennbar wurde, nehmen wir hier als Lebensphasen nicht nur die Kindheit und Jugend, sondern auch das Erwachsenenalter in den Blick. Die Psychoanalyse war in ihren Anfängen davon ausgegangen, dass die wesentlichen Prozesse der Persönlichkeitsprägung in der Kindheit und Jugend liegen (Freud 1991). Dagegen hat Eric Erikson (1988) schon zu Beginn der 1980er-Jahre die psychischen Prozesse des *gesamten* Lebenslaufs als problematisch und potentiell krisenhaft thematisiert. Auch die Verhaltenspsychologie bezweifelt, dass Prägungs- beziehungsweise Lernprozesse nur in jungen Jahren ablaufen und dann ein für allemal im Guten wie im Bösen festgeschrieben sind (Srivastava et al. 2003). Soziologisch betrachtet ist der Lebenslauf weder ein rein biologisch noch ein rein innerseelisch determinierter Entwicklungsprozess, sondern ein *Vergesellschaftungsprogramm*, das in unterschiedlichen Zeiten und Kulturen recht verschieden ablaufen kann. Was man in einem bestimmten Alter zu tun oder zu lassen hat – oder anders ausgedrückt: mit welchen Aspekten der Umwelt oder des Selbst man sich auseinanderzusetzen hat – beruht auf gesellschaftlichen Erwartungen, die natürlich immer auch berücksichtigen müssen, was Menschen im Durchschnitt in diesem Alter von ihrer biologischen Konstitution und dem innerpsychischen Reifungsprozess her überhaupt tun können und tun wollen, aber darüber hinaus recht variabel sind. So kann eine Gesellschaft Kinder zwar schon vor ihrer Geburt miteinander verheiraten, aber natürlich werden sie erst mit ungefähr fünfzehn Jahren Kinder zeugen können. Oder die biologische Tatsache, dass sie etwa ab diesem Alter Kinder zeugen können, heißt nicht, dass sie das dann auch tun dürften oder tun müssten: vielleicht dürfen sie erst dann Kinder zeugen, wenn sie wirtschaftlich unabhängig sind; vielleicht müssen sie niemals Kinder zeugen. Hinzu kommt, dass sich die Bedingungen des biologischen Alterns mit wachsendem Wohlstand, besserer Hygiene, weniger Kindern und körperlich weniger belastenden Arbeitsverhältnissen deutlich verändern, also ihrerseits auch selbst von sozialen und kulturellen Bedingungen abhängig sind.

Die Phasen im Sozialisationsprozess sind also nicht bei allen Kulturen und zu allen Zeiten gleich. Das heute in unserer Kultur immer noch weithin gültige Modell eines weitgehend standardisierten Lebenslaufs hat sich seit dem 19. Jahrhundert, etwa gleichzeitig mit dem Industrialisierungsprozess entwickelt (Kohli 1985). Es teilt sich in relativ genau an Altersgrenzen gebundene und deutlich unterschiedene Lebensabschnitte – Kindheit, Jugend, Erwachsenenalter, Ruhestand (vgl. Übersicht 2.3). Zwei Faktoren haben wesentlich zu dieser Standardisierung des Lebenslaufs im Industriezeitalter beigetragen. Zum einen die Tatsache der gestiegenen Lebenserwartung, die sich nicht allein als *durchschnittlich* gestiegene Lebenserwartung bemerkbar macht. Wenn wir nur hören, dass im frühen 19. Jahrhundert die Lebenserwartung bei ca. 45 Jahren, dagegen heute bei über 70 Jahren liegt, verstehen wir noch nicht den Kern der Veränderung: dass nicht etwa die Mehrheit mit ca. 45 Jahren gestorben wäre, sondern dass die Säuglingssterblichkeit noch sehr hoch war und dass man im weiteren Verlauf mit fast gleich hoher Wahrscheinlichkeit zu jedem Zeitpunkt aus dem Leben treten, also auch sehr alt werden konnte. Hinter dem statistischen Durchschnitt verbarg sich also eine große Streuung, während heute sehr viele Menschen ein relativ hohes Lebensalter erreichen, also tatsächlich um den Durchschnittszeitpunkt herum gehäuft sterben. Da der Tod jederzeit eintreten konnte, wurden viele Familien zerrissen. Da die Familie aber Produktionsgemeinschaft, also wirtschaftlich notwendig war, musste der überlebende Partner bald wieder heiraten. So war es durchaus üblich, dass die Witwe des Handwerksmeisters den Ersten Gesellen heiratete, weil nur dieser den Betrieb fortführen konnte. Auf diese Weise kam es oft zu hohen Altersunterschieden zwischen den Partnern, zu Stieffamilien, zu Waisenkindern und zu verwandtschaftlichen Patchworkbeziehungen, die *formal* besehen der heutigen postindustriellen Situation recht ähnlich sind. Erst durch den steigenden Wohlstand und die allmähliche Zurückdrängung der frühen Todesursachen wurde es möglich, dass Kinder nicht mehr arbeiten mussten - lange Zeit stellten sie ja die Mehrzahl der Bevölkerung dar -, dass Ehepartner etwa gleichen Alters waren und gemeinsam alt werden konnten.

Übersicht 2.3: Das Lebenslaufregime des Industriezeitalters

Lebensphase	Kennzeichen und institutionelle Standardisierungsfaktoren
Kindheit (ca. 0 – 15 Jahre)	Schon- und Schutzraum: Pädagogisierung der Kindheit. Schulpflicht ab ca. 6 Jahren.
Jugend (ca. 15 – 25 Jahre)	Berufliche, sexuelle und politische Identitätssuche. Berufsausbildung und Eintritt in den Beruf.
Frühes Erwachsenenalter (ca. 25 – 45 Jahre)	Heirat und Kinderphase. Berufskarriere des Mannes.
Spätes Erwachsenenalter (ca. 45 – 65 Jahre)	Berufskarriere stagniert, Kinder verlassen das Haus = Zeit der Midlife-Crisis. Eventuell (Mit)Erziehung von Enkelkindern.
Ruhestand (ab ca. 65 Jahren)	Rückzug vom Beruf (Verrentung), Verwitwung und Tod der Peers, eigener Tod

Der zweite Faktor der Standardisierung besteht in der staatlichen Institutionalisierung. Das ist zunächst die Einführung und allmähliche Durchsetzung der Schulpflicht und des Verbots der Kinderarbeit und – vor allem in Deutschland – die immer stärkere Bindung von Berufskarrieren an Bildungstitel. Durch das Aufkommen und den Ausbau der Industriearbeit wurde auch die Familiengründung unabhängig von Besitz und Erbschaft sehr stark erleichtert – die Menschen, insbesondere die Männer als 'Familienernährer', heirateten im Durchschnitt deutlich früher als vorher, ein Trend, der etwa bis 1975 anhielt (sich danach aber, in postindustriellen Zeiten, aufgrund der Bildungsexpansion und der insgesamt gesunkenen Heiratsneigung wieder umkehrte – siehe unten).

Schließlich ermöglichte der Ausbau der Rentenversicherung ein deutliches Ende des Berufslebens, also einen Lebensabend, der relativ frei von Arbeit und Abhängigkeit ist.

Diese Standardisierungstrends dauern auch heute teilweise noch an, sie werden aber, wie soeben schon angedeutet, zugleich von gegenläufigen Trends zur Entstandardisierung konterkariert (vgl. Übersicht 2.4). Die Kindheit ist nicht mehr ganz jener Schon- und Schutzraum, wie er im Industriezeitalter teilweise tatsächlich bestand, wie er teilweise aber auch erst im nachhinein durch nostalgische Rückprojektion mythisch erfunden wird. Kinder sind heute über die Medien und manchmal über ihre Eltern etwas stärker mit den Angelegenheiten der Erwachsenen konfrontiert, sie werden teilweise auch immer früher in den Konkurrenzkampf um Schulabschlüsse hinein gezogen. Insofern besteht keine so scharfe Abschottung mehr, wie sie in bürgerlichen Familien der Nachkriegszeit zumindest angestrebt war. Deutliche Veränderungen gibt es in der Jugendphase, weil sich aufgrund der Bildungsexpansion für immer mehr Jugendliche die Ausbildungs- und Karenzzeit immer weiter ausdehnt – hier spricht man entsprechend auch von Postadoleszenz. Weil diese Phase so lang dauert, ist sie dann vielfach auch nicht mehr klar von der Erwachsenenphase, das heißt dem Berufseintritt und der Aufnahme von Partnerschaften getrennt – allerdings bleibt die regelrechte Familiengründung in dieser Zeit eher selten und wird immer weiter nach hinten hinausgeschoben.

Vieles hat sich gerade im Erwachsenenalter geändert. Der Beruf und die Berufskarrieren scheinen heute, aufgrund ökonomischer Umbrüche wie dem Rückgang der Industriearbeit und einer stärkeren Flexibilisierung der Beschäftigungsverhältnisse, nicht mehr so stabil wie ehedem (vgl. Kap. 6). Fort- und Weiterbildung zwingen heute auch stärker zum lebenslangen Lernen, während man früher als Erwachsener von der fortgesetzen Zumutung des Lernens weitgehend verschont blieb (Walther/Stauber 1998). Hier ändert sich das Bild auch insofern, als nun Frauen verstärkt ins Berufsleben drängen, aber – aufgrund des Kinderwunsches und der nach wie vor meist traditionellen Aufgabenteilung in der Familie – nur selten so glatte Karrieren verfolgen können wie Männer (Geissler/Oechsle 1994). Ehe und Familie werden häufiger durch Ehescheidungen getrennt (wenn auch eher selten in der Erziehungsphase der Kinder). Viele Erwachsene gründen aber gar keine Familien mehr, viele heiraten auch nicht und leben nur auf Zeit oder gar nicht mit einem heterosexuellen oder homosexuellen Partner zusammen (Meyer 1993). Insofern ist das Erwachsenenalter heute viel stärker von Krisen und Umbrüchen gekennzeichnet, während es frü-

Übersicht 2.4: Entstandardisierung des Lebenslaufs in der postindustriellen Zeit

Lebensphase	Veränderungen seit den 1970er-Jahren
Kindheit (ca. 0 - 15 Jahre)	Arbeitszusammenhänge der Eltern für Kinder kaum noch erfahrbar (zeichenbasierte Berufe). Forcierte Pädagogisierung, zugleich aber auch etwas stärkeres Vordringen der Erwachsenenwelt ('Kumpelhaftigkeit' der Eltern, Medienkonsum, Vorverlegung der Berufskonkurrenz in die Schulkonkurrenz)
Jugend (ca. 15 - 35 Jahre)	Berufliche, sexuelle und politische Identitätssuche verlängert und erweitert sich. Partnerschaft wird nicht mehr aufgeschoben, wohl aber die Geburt von Kindern. Konsumwünsche werden nicht aufgeschoben, daher Jobben neben der Ausbildung.
Erwachsenenalter (ca. 35 - 55 Jahre)	Berufskarrieren, insbesondere für Frauen, unübersichtlich. Lebenslanges Lernen. Viele Menschen gründen sehr spät oder gar keine Familie. Ehescheidungen - oder Partnerschaften von vornherein auf Zeit angelegt. Daher beruflich und familiär Neuorientierungen potentiell erforderlich - 'Daueradoleszenz'.
Junge Alte (ca. 55 - 75 Jahre)	Vielfach frühere Verrentung, aber vielfach auch fortgesetzte ehrenamtliche oder erwerbsorientierte Tätigkeiten. Junge Alte insgesamt biologisch fitter. Sehr reiselustig.
Hochbetagte (ab ca. 75 Jahren)	Steigende Anzahl wegen höherer Lebenserwartung. Zunehmen der Gebrechlichkeiten, aber Rückgang der Versorgungsmöglichkeiten in den Familien der Kinder.

her mehr in vorgezeichneten und oft eintönigen Bahnen verlief. Hier wird auch ein veränderter Habitus erkennbar: Viele Erwachsene, insbesondere Frauen, wirken heute sehr viel jugendlicher als die Generation ihrer Eltern, in der die Männer mit ca. 30 Jahren alterslos und die Frauen matronenhaft wurden – denn wer immer wieder potentiell vor erotischen, partnerschaftlichen und beruflichen Neuanfängen steht, darf sich nicht als so festgelegt begreifen, wie das die Generation der Eltern noch konnte und auch musste. Überspitzt könnte man sagen, dass sich das Erwachsenenalter in einer Art Daueradoleszenz auflöst.

Auch die Konturen des Lebensabends sind nicht mehr so scharf gezeichnet; zudem hat sich der Lebensabend in zwei recht unterschiedliche Phasen ausdifferenziert. So gab es zum einen, gerade in Industrieunternehmen, bis vor kurzem eine Tendenz zur immer früheren Verrentung der Beschäftigten, andererseits aber auch stärkere ehrenamtliche oder auch erwerbliche Betätigungen der 'jungen Alten', die heute teilweise eben jünger, vor allem aber biologisch fitter sind als in vorigen Generationen (Baltes 2001). Zum Zweiten gibt es aber auch immer mehr Hochbetagte, die mit der Zeit mit immer schwereren Gebrechen zu kämpfen haben und auf pflegerische Hilfe angewiesen sind, die von den Familien ihrer Kinder vielfach nicht mehr geleistet werden kann, unter anderem, weil die Frauen, die früher diese Aufgabe übernommen haben, heute verstärkt erwerbstätig sind. Aufgrund der gegenwärtigen Einschnitte in die solidarische Renten- und Pflegeversicherung ist in Zukunft mit einer noch stärkeren Heterogenisierung der Situation von alten Menschen zu rechnen.

Aus dieser Entstandardisierung des Lebenlaufs ergibt sich auch für die Pädagogik eine wesentliche Konsequenz. Früher hat sie ihre Bemühungen auf Menschen im Kindes- und Jugendalter konzentriert, sie hat die Kindheit und Jugend als distinkte Verhaltensprogramme sogar eigentlich erst durch ihre Bemühungen hervorgebracht. Heute verblassen die starken Unterschiede zwischen der Welt der Kinder und der Welt der Erwachsenen – aber das bedeutet nicht, dass Kinder der Erziehung und Bildung nicht mehr bedürften, sondern dass Bildung und Erziehung im Erwachsenenalter – im Sinne lebenslangen Lernens und der Anleitung zur Selbsterziehung – fast nahtlos fortgesetzt werden können. Ein großes Feld potentieller Expansion!

2.4 Gruppenspezifische Unterschiede in der Sozialisation

So wie man zwischen verschiedenen Sozialisationskontexten und verschiedenen Lebensphasen unterscheidet, so lassen sich auch gruppenspezifische Unterschiede in der Sozialisation feststellen. Die lebenslange Sozialisation unterscheidet sich, je nachdem ob 'man/frau' Mann oder Frau ist, ob man sein Leben in einer Unterschicht- oder Oberschichtumgebung verbringt, und in welchem kulturellen Milieu man sich aufhält.

Bevor wir aber auf diese Unterschiede zu sprechen kommen, einige Bemerkungen vorweg zur Relativierung:

- Es handelt sich um durchschnittliche Ausprägungen, die bei jedem Individuum und in jedem Kontext anders ausfallen können. Das hat nicht nur mit biologischen oder psychischen Eigenheiten und historischen Zufälligkeiten zu tun, sondern ergibt sich auch aus soziologischen Gründen: Die Zugehörigkeit zu *einer* Gruppe ist immer nur ein Teilaspekt der Gesamtpersönlichkeit, weil die Person immer Mitglied mehrerer Gruppen ist. Frauen sind nicht nur Frauen, sondern auch Mitglieder der Unter- *oder* der Oberschicht, protestantisch *oder* muslimisch, deutsch- *oder* türkischstämmig, auf dem Land *oder* in der Stadt lebend usw. Die Gruppen – 'der' Frauen, 'der' Oberschichtsangehörigen, 'der' Muslime – sind also soziologische Konstrukte, die man aus analytischen und didaktischen Gründen benutzt. Dahinter verbirgt sich aber eine enorme Heterogenität von Teilgruppen, deren Zahl mit jeder weiteren hinzugezogenen Unterscheidung schnell anwächst. Schon mit den fünf Unterscheidungen, die in unserem Beispiel enthalten sind – der muslimischen (1) Frau (2) der Oberschicht (3), die aus der Türkei stammt (4) und auf dem Land lebt (5) –, kommt man via Kombinatorik auf mindestens 32 Teilgruppen![4]

- Die Untersuchungen, auf die wir im Folgenden zurückgreifen müssen, sind methodologisch umstritten. Anspruchsvollere und aussagekräftige empirische Untersuchungen zu gruppenspezifischen Unterschieden in der Sozialisation sind sehr aufwändig und daher kaum zu finden (vgl. Bertram 2000).
- Aufgrund gestiegener Mobilität, wachsenden Kommunikationsmöglichkeiten und fortschreitender Emanzipation ist es überhaupt fraglich, ob sich die Gruppenzugehörigkeiten noch sinnvoll abgrenzen lassen und ob sie noch so sehr wirksam sind. Ob man zum Beispiel auf dem Land oder in der Stadt lebt, das machte früher einen erheblichen Unterschied. Heute arbeiten viele in der Stadt und leben auf dem Land, und ob man dort mit den Nachbarn plaudert oder im Internet 'chattet' ist jedem weitgehend selbst überlassen.

Insofern seien also auch noch einmal die Warnungen in Kapitel 1.6 in Erinnerung gerufen! Soziologische Beobachtungen können selbst dann als Stigma wirken, wenn sie völlig korrekt erhoben sind und nicht nur im Durchschnitt, sondern auch im individuellen Fall zutreffen. Aus einer *Feststellung* wird leicht eine *Festsetzung oder Festlegung*, eine Person die in der Vergangenheit als 'Mann' oder 'Frau' sozialisiert wurde, also auch in Zukunft auf ihr 'Mannsein' oder 'Frausein' fest genagelt.
Wir wollen also im Folgenden keine Klischées und keine Stigmata fabrizieren, uns aber dennoch einige gruppenspezifische Unterschiede kurz vor Augen führen, um eine Vorstellung davon zu bekommen, wie und warum Sozialisationskontexte gruppenspezifisch variieren können:

---

4   2 x 2 x 2 x 2 x 2=32, wobei die Unterscheidungen jeweils binär gesetzt sind. Wenn man in jeder Kategorie mehr als zwei Merkmale unterscheidet, zum Beispiel mehr als zwei Religionen, kommt man entsprechend auch auf mehr Teilgruppen.

Geschlechtsspezifische Sozialisation

Jungen und Mädchen werden praktisch vom ersten Tag ihrer Geburt an mit männlichen und weiblichen Rollenerwartungen konfrontiert. Die daraus resultierenden Unterschiede und Stereotypen – der 'typisch männliche' und der 'typisch weibliche' Charakter – sind uns alle bekannt: Männer sind an Technik interessiert, wollen Karriere machen, können sich durchsetzen, sind angeberisch. Frauen fühlen sich verantwortlich für die Kindererziehung, zeigen Gefühle, legen Wert auf die äußere Erscheinung, können sich gut in andere Menschen einfühlen und sind eher bereit, nachzugeben. Und so weiter (Nunner-Winkler 2001: 273).

Insgesamt kann man sagen, dass Mädchen in unserer Gesellschaft in eine 'bemutternde' Rolle sozialisiert werden. Dies geschieht einerseits intentional und offensichtlich. Die Psychoanalytikerin Nancy Chodorow (1990) hat aber auch den unbewussten Anteilen der Rollenreproduktion nachgespürt. Sie sieht wesentliche Unterschiede zwischen der Mutter-Tochter-Beziehung und der Mutter-Sohn-Beziehung: Die Söhne würden sich, aufgrund des männlichen Rollenmodells, schon früh von allem Weiblichen, also auch von ihrer Mutter innerlich entfernen, während die Mädchen sich nie so vollständig von ihrem frühen Gefühl der Einheit mit der Mutter lossagten. Daher würden sie sich mehr in Beziehung zu anderen definieren, was sie für ihre zukünftige Rolle als emotionales Zentrum der Familie prädestiniere, während Jungen entsprechende Fähigkeiten und Bedürfnisse bei sich stärker unterdrückten und stattdessen eher unpersönliche Qualifikationen ausbildeten, wie sie – im Industriezeitalter! (Anm. B.G.) – in der Arbeitswelt verlangt waren und heute teilweise auch noch verlangt sind.[5]

Starke Unterschiede gibt es im Lernverhalten in der Schule. Während Mädchen hier früher stark benachteiligt waren – sie sollten von Hause aus heiraten und Kinder bekommen – haben sie heute die Jungen bei den Schulabschlüssen überholt, weil sie häufig disziplinierter und fleißiger sind (Stanat/Kunter 2001). Im Berufsleben sind sie aber nach wie vor deutlich benachteiligt (Geißler 2002: 365ff.). Das liegt nicht nur daran, dass Frauentätigkeiten schlechter bezahlt werden und oft auch ein niedrigeres Sozialprestige haben. Sozialisatorische Unterschiede spielen ebenfalls eine wichtige Rolle: Frauen interessieren sich vor allem für Frauenberufe, was möglicherweise auch damit zu tun hat, dass sie – paradoxerweise gerade durch koedukativen Unterricht – vom Erlernen techni-

---

5 In der postindustriellen Dienstleistungsgesellschaft werden nun vielfach die kommunikativen Talente der Frauen verstärkt nachgefragt – vgl. Kapitel 6.

scher und abstrakt-mathematischer Kompetenzen abgehalten werden.[6] Bei Frauen treten aufgrund der stärkeren Familienorientierung häufiger Karriereunterbrechungen auf. Zudem sind Frauen vielfach rücksichtsvoller und sie spielen sich nicht so in den Vordergrund, was ihren Zugang zu Leitungspositionen erschwert.

Schichtspezifische Sozialisation
Unterschichtskinder werden anders erzogen als Kinder der Mittel- und Oberschicht. Dabei wäre es ein 'bürgerliches' Vorurteil zu glauben, dass die Unterschiede in der besseren Erziehung der eigenen und der mangelnden Erziehung der 'Gassenkinder' läge. Die tatsächlichen Unterschiede sind subtiler (Geulen 2001): Eltern der Unterschicht legen mehr Wert auf Gehorsam und gute Manieren – sie erziehen stärker zur Konformität mit Autoritäten und Konventionen. Eltern der Oberschicht legen dagegen mehr Wert auf Rücksichtnahme und das Interesse am Wie und Warum der Dinge – sie erziehen also stärker zu Sensibilität und persönlicher Autonomie. Man könnte zugespitzt auch von einer außengeleiteten und einer innengeleiteten Ausrichtung der Erziehung sprechen (vgl. Elias 1976). Das scheint auch mit den Erfahrungen am Arbeitsplatz zusammenzuhängen – Angehörige der Unterschicht üben im Allgemeinen repetitive Tätigkeiten aus, bei denen es nur geringe Entscheidungsspielräume gibt und bei denen sie streng von Vorgesetzen kontrolliert werden, während die Arbeit für die Mittel- und Oberschicht mehr auf selbständigem Denken und Eigeninitiative beruht und daher auch nicht so streng überwacht werden kann.

So wie bei der geschlechtsspezifischen Sozialisation die Mütter die 'bemutternde' Rolle teilweise unbewusst an ihre Töchter übertragen, so geben auch Angehörige der Unterschicht teilweise unbewusst jene Haltungen an ihre Kinder weiter, die diese wiederum für Unterschichtsjobs prädestinieren (Willis 1979; Monihan 1969). Dieser Zusammenhang ist natürlich auch über die Schullaufbahn vermittelt: Kinder aus bildungsfernen Elternhäusern haben nicht nur mehr Schwierigkeiten – vor allem mit weniger formalisierten und weniger auf praktische Ergebnisse bezogenen Bildungsinhalten. Sie kommen auch, zumindest in jüngeren Jahren, in permissiveren Schulumgebungen weniger gut zurecht, weil sie von zu Hause weniger intrinsische Lernmotivationen mitbringen und das

---

6   Im koedukativen Unterricht neigen Schüler und Schülerinnen stärker dazu, sich geschlechtsspezifisch, das heißt 'typisch männlich' und 'typisch weiblich' zu verhalten – ab einem bestimmten Alter 'posieren' Jungen und Mädchen vor dem anderen Geschlecht. Da es als 'typisch weiblich' gilt, Mathematik und Naturwissenschaften nicht zu beherrschen, führt koedukativer Unterricht in diesen Fächern zu schlechteren Leistungen bei Schülerinnen, als wenn sie getrennt unterrichtet werden (Faulstich-Wieland/Nyssen 1998; Kreienbaum/Metz-Göckel 1992).

deutsche Schulsystem hier bisher auch noch keinen wirksamen Kompensationsmodus gefunden hat (vgl. Kap. 4 und Kap. 8). Dies könnte auch einer der vielen Gründe sein, warum die Unterschichtskinder – laut der innerdeutschen PISA E-Studie (Baumert/Schümer 2002) – gerade in den Bundesländern tendenziell besonders schlecht abschneiden, die mit einem permissiveren Unterrichtsstil vermeintlich diesen Kindern entgegenkommen.[7]

Kulturspezifische Sozialisation
Selbstverständlich haben andere Kulturen nicht nur andere Werte, sondern auch einen anderen Erziehungsstil. Dies fällt uns in Deutschland insbesondere auf bei Immigranten aus wirtschaftlich weniger entwickelten Ländern – hier sind vielfach autoritärere und paternalistischere Umgangsformen zu beobachten, die in vielen Aspekten denjenigen ähnlich sind, die bei uns früher üblich waren und in den Unterschichten teilweise auch noch vorherrschend sind (vgl. Lajios 1998). Interessant ist für uns daher auch der Blick nach Japan, einem wirtschaftlich mindestens gleich weit entwickelten Land. Japan ist in mancher Hinsicht traditioneller als Deutschland – viele Mütter sind nicht erwerbstätig –, aber es ist vor allem anders. Mütter und GrundschullehrerInnen erziehen Kinder sehr verbindlich, aber nicht mit autoritärer Strenge, sondern mit einnehmender und extrem aufmerksamer Fürsorglichkeit. Die spätere Schullaufbahn ist dann sehr leistungsorientiert und leidensreich, die dann eher männlichen Lehrer agieren teilweise auch sehr repressiv. Aber das Leistungsziel ist, im Unterschied zum Westen, weniger auf individuelle Konkurrenz orientiert als auf die kreative Kooperation im Kollektiv (Elschenbroich 1995, Lewis 1995, Metzler 2001). Für das japanische Erziehungssystem und für japanische Organisationsformen begann man sich im Westen besonders in den 1980er-Jahren zu interessieren, als die japanische Industrie mit preisgünstigen und technologisch überlegenen Produkten die Märkte in den USA und Europa eroberte. Könnte der ostasiatische Kollektivismus dem westlichen Individualismus am Ende überlegen sein?

Wie gesagt: Diese Beispiele wurden hier nicht angeführt, um wissenschaftlich mehr oder weniger abgesicherte Stereotype über 'die' Frauen, 'die' Unterschicht und 'die' Japaner zu verbreiten. Es ging vielmehr darum zu zeigen, dass man, gerade in pädagogischen Situationen, mit wesentlichen Unterschieden zwischen den Sozialisationsformen rechnen muss, und dass diese anderen, 'uns' fremden

---

7   Ein Skandal ist allerdings, dass sie – trotz ihrer besseren Leistungen – in den autoritäreren Ländern aufgrund der Schulstruktur seltener höhere Bildungsabschlüsse erzielen als Unterschichtskinder in den permissiveren Ländern.

Sozialisationsformen nicht einfach als defizitär zu verstehen sind, sondern in ihren Reproduktionskontexten und Wertbeziehungen – und eventuell sogar darüber hinaus – durchaus Sinn machen. Nur sollte man eben auch nicht aus dem nächsten zufällig gerade ins Auge springenden Gruppenmerkmal sofort auf einen ganzen Kosmos der Andersheit schließen – hier sitzt man fast immer Projektionen und Pauschalisierungen auf. Dabei sollte man sich auch vor positiv konnotierten Stereotypen in Acht nehmen, die nicht der Abwehr, sondern der Sehnsucht nach dem 'Ganz Anderen' entspringen – auch wohlmeinende Vorurteile sind Vorurteile, also meistens falsch.

2.5 Sozialer Wandel

Sozialisation wird vielfach als einfache Übertragung der Regeln und Kompetenzen von einer Generation auf die nächste verstanden, als ein Modus mit dem sich die Gesellschaft in ihrer jeweiligen Form reproduziert, indem sie also die Wertvorstellungen und Lebensformen durch weitgehend gleichgeschaltete 'Sozialisationsinstanzen' in die Individuen 'einpflanzt' und diese sich alsdann nahtlos in die Gesellschaft einfügen. Diese Vorstellung ist vielleicht didaktisch zunächst ganz brauchbar, um das Prinzip der Sozialisation erst einmal ganz grundsätzlich zu verstehen. Sie ist allerdings viel zu einfach. Gültig wäre sie nur für eine Gesellschaft, die sich nicht wandelte und in sich ein völlig homogenes, die ganze Gesellschaft tragendes Ordnungsmuster besäße und in der sich alle, ohne Emanzipationsstreben und erfinderischen Widerstand – also ohne retroaktive Sozialisationsbemühungen – in dieses Ordnungsmuster einfügen würden. Eine solche Gesellschaft gibt es nicht, und es hat sie wahrscheinlich auch nie gegeben!

Der Prozess von Reproduktion *und Wandel* ist sehr viel komplexer. Er besteht nicht nur darin, dass die Individuen eventuell innovativen Widerstand leisten, also ihre Subjektivität ins Spiel bringen können (vgl. oben, Kap. 2.1). Er besteht auch nicht nur darin, dass sie im Schnittpunkt der vielfältigsten Gruppenbeziehungen stehen und eine Gesellschaft nie als ganz geschlossene Lebensform und als völlig homogener Sozialisationskontext zu verstehen ist (vgl. oben, Kap. 2.4). Das Problem besteht auch darin, dass Gesellschaften sich als Ganzes wandeln, sich also ihre Ordnungsmuster und Grundwerte mit der Zeit verändern. Diese Verschiebungen – auch als 'sozialer Wandel' bezeichnet – sind von niemandem geplant. Sie laufen daher auch nicht nach einem einheitlichen Masterplan ab, sondern sind vielmehr als turbulente, unübersichtliche und konflikthafte Prozesse zu verstehen.

Weil diese Prozesse so turbulent und unübersichtlich sind, ist es nicht ganz einfach, hier eindeutige Konturen auszumachen. Ich werde mich hier – und im gesamten Buch – auf ein Konzept des sozialen Wandels beziehen, das man als Theorie der postindustriellen Wissensgesellschaft bezeichnet (Fourastié 1954, Bell 1985, Stehr 1994). Diese Theorie geht davon aus, dass zunächst – in der Zeit des 19. Jahrhunderts – die Agrargesellschaft von der Industriegesellschaft abgelöst wurde. Diese Ablösung macht sich vor allem daran bemerkbar, dass die Mehrzahl der Beschäftigten nun nicht mehr in der Landwirtschaft als 'primärem Sektor', sondern in der Industrie, dem 'sekundären Sektor', arbeitete (vgl. Abbildung 2.3). Das bedeutet natürlich nicht, dass nun keine landwirtschaftlichen Güter mehr hergestellt würden, sondern dass Methoden, Mittel und Maschinen – wie zum Fruchtfolgewechsel, Stickstoffdüngung und später Traktoren – zum Einsatz kamen, mit denen viel rationeller, das heißt mit viel weniger Arbeitskräften produziert werden kann.

Aber dieser Übergang zur Industriegesellschaft ist noch nicht das Ende der Geschichte. Denn die Industriearbeit ist ebenfalls sehr stark rationalisiert worden, eben wieder in dem Sinn, dass wir unsere Industrieprodukte jetzt mit viel geringerem Einsatz von menschlicher Arbeitskraft herstellen können. Viele körperlichen Arbeiten werden von Maschinen, viele geistige Routine-Tätigkeiten werden von Computern übernommen, so dass Wissen und Dienstleistungen – im Umgang mit Menschen und Maschinen – am Ende als spezifisch und exklusiv menschliche Arbeit übrig bleiben. Der industriellen Revolution folgt daher gegenwärtig, im Prinzip aber schon seit den 1960er-Jahren, der Übergang von der Industriegesellschaft zur postindustriellen Gesellschaft, die auch entsprechend als Wissensgesellschaft (z.B. Stehr 1994) oder als Dienstleistungsgesellschaft (z.B. Häußermann/Siebel 1995) bezeichnet wird. In letzter Zeit ist der Terminus 'Wissensgesellschaft' stärker in den Vordergrund getreten, weil im globalen Wettbewerb das Wissen ein entscheidender Faktor für die Prosperität und Konkurrenzfähigkeit einer Volkswirtschaft zu sein scheint und insgesamt immer höhere Anforderungen an die Bildung der Beschäftigten, der Konsumenten und der Bürger gestellt werden (vgl. Kap. 6). Daher lautet auch der Titel dieses Buches "Schule in der Wissensgesellschaft" – wobei der Aspekt der Dienstleistungsgesellschaft durchaus mit gemeint ist.[8]

---

8 Akademisch und streng genommen hätte der Titel "Schule in der postindustriellen Wissens- und Dienstleistungsgesellschaft" lauten müssen, aber das wäre zu lang und wenig griffig gewesen – und der Verlag hätte aus verständlichen Gründen nicht mitgemacht.

Abbildung 2.3: Veränderung der Bedeutung der wirtschaftlichen Sektoren nach
Anteil (%) der Beschäftigten

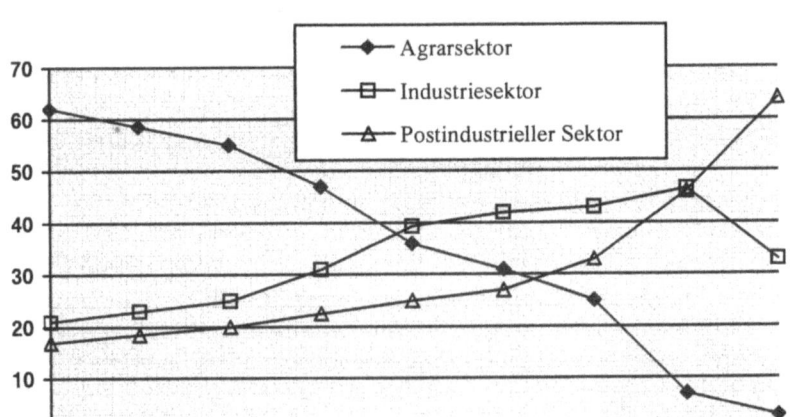

Quelle: Geißler 2002: 29; eigene Berechnungen

In der postindustriellen Wissensgesellschaft ist die Mehrzahl der Beschäftigten
im 'tertiären' Sektor tätig, der nicht nur Wissenstätigkeiten und Dienstleistungen
im engeren Sinne, sondern ein sehr breites und heterogenes Spektrum von
Branchen und Tätigkeiten umfasst: Wissenschaft und Forschung; Werbung und
Marketing; Verkehr, Handel und Banken; staatliche und kommunale Verwal-
tung; Medien und Unterhaltung; Erziehung und Bildung; Gastgewerbe und
Tourismus; Gesundheits- und Altenpflege und manches mehr. Der Anteil der
Beschäftigten im postindustriellen Sektor beträgt heute in den meisten wirt-
schaftlich hoch entwickelten Ländern, je nach Definition und statistischem
Erhebungsmodus schwankend, ca. 65 – 75 Prozent.

Wenn man die Daten der Abbildung 2.3 glättet, stilisiert und auf Grundlagen
der Theorie von Jean Fourastié in die Zukunft verlängert, kann man so eine
Grafik erstellen, in der die Agrargesellschaft, die Industriegesellschaft und die
postindustrielle Wissensgesellschaft wie drei Wellen erscheinen, die aber nicht
klar getrennt hintereinander, sondern nur kurz versetzt fast ineinander ablaufen:
Während die erste allmählich abebbt und abflacht, hat sich die nächste schon
aufgebaut, und auch die dritte Welle hebt schon an, noch bevor die zweite ihren
Scheitelpunkt erreicht hat (Abbildung 2.4).

Abbildung 2.4: Stilisierte Darstellung der Drei-Sektoren-Theorie

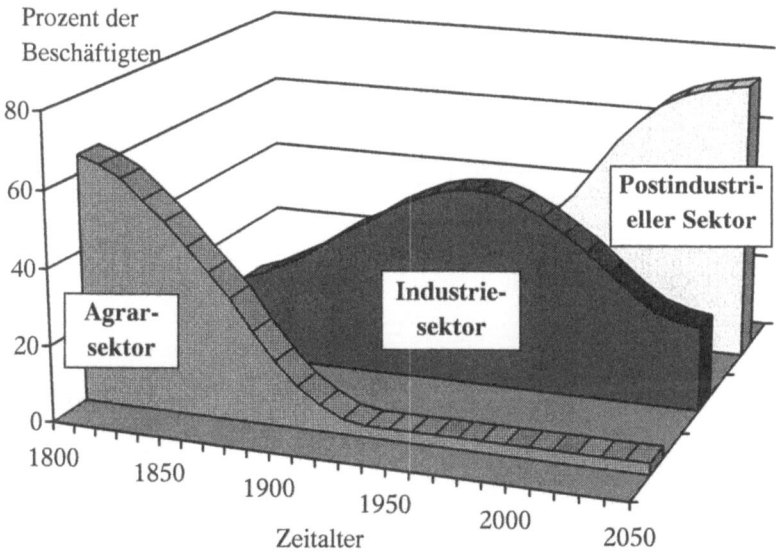

Quelle: Realdaten aus Abbildung 2.3 sind hier extrapoliert und geglättet

Hier wird also deutlich, dass die drei beschriebenen Ordnungsmuster beziehungsweise sozialgeschichtlichen 'Epochen' nicht nur hintereinander, sondern
vielfach gleichzeitig ablaufen, wobei natürlich auch regionale Unterschiede zu
beachten sind: In ländlichen Räumen hat sich das Ordnungsmuster 'Agrargesellschaft' noch länger gehalten als in urbanen Regionen, im Industriegürtel von
Städten ist das Ordnungsmuster 'Industriegesellschaft' auch heute noch wirksam, während Stadtzentren in gewisser Weise schon immer von Wissens- und
Dienstleistungstätigkeiten geprägt waren. Weltweit betrachtet lassen sich ähnliche Zonenmuster erkennen:

• die Peripherie der sogenannten Entwicklungsländer, die vorwiegend land-
  wirtschaftlich geprägt und vom Rohstoffexport abhängig sind,
• die Schwellenländer in der Semiperipherie, die allmählich zu Industrieländern werden,
• die 'westlichen Länder' (inklusive Japan) im Zentrum, die vielfach noch als
  'Industrienationen' bezeichnet werden, aber eigentlich schon 'postindustriell'
  zu nennen sind.

Wobei wir hier selbstverständlich auch nur wieder vom vorherrschenden Wirtschaftsmodus sprechen, und alle drei Wirtschaftsformen immer auch in den je anderen Zonen und Epochen anzutreffen sind, nur eben mit marginalerer Bedeutung. Wir haben daher immer und überall mit der Gleichzeitigkeit des Ungleichzeitigen zu rechnen!

Abbildung 2.5: Bruttoinlandsprodukt pro Kopf in Deutschland (nach 1949 Westdeutschland) in konstanten Internationalen Geary-Khamis Dollar von 1990

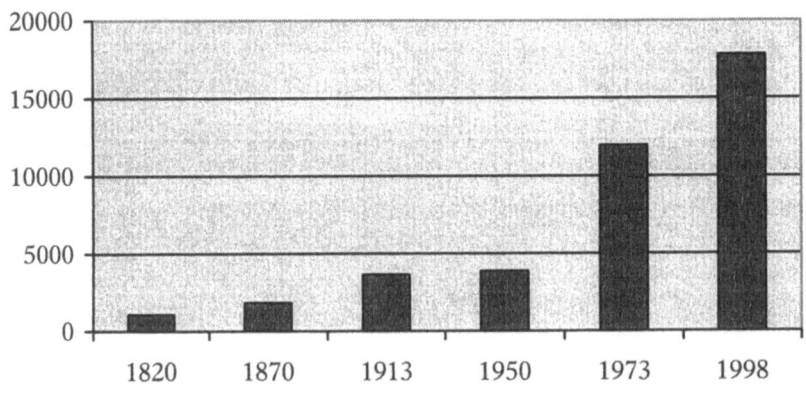

Quelle: Maddison 2001: 264

Diese Entwicklung – der Übergang von der Agrargesellschaft zur postindustriellen Wissensgesellschaft – war mit erheblichen Produktivitätssteigerungen verbunden, das heißt, dass eine Arbeitskraft vor allem mit Hilfe des Einsatzes von Maschinen in einer Stunde Arbeit immer mehr Güter herstellen kann – der Bauer mehr Weizen, der Arbeiter in der Fabrik mehr Streichhölzer, das Bahnpersonal mehr Personenkilometer Transportleistung. Auf diese Weise ist Deutschland, wie andere technologisch entwickelte Länder, vor allem in der Zeit nach dem Zweiten Weltkrieg zu einem sehr wohlhabenden Land geworden (vgl. Abbildung 2.5).

Was berechtigt uns nun aber von der vorherrschenden Wirtschafts- und Beschäftigungsform gleich auf gesellschaftliche Kultur- und Ordnungsmuster zu schließen? Sollte man nicht stattdessen lieber von Vormoderne, Moderne und Postmoderne sprechen – Begriffe, die sich auf eine ähnliche Zeitenfolge beziehen und nicht nur auf die Wirtschaftstätigkeit abheben? Ich habe mich für die wirtschaftsorientierte Terminologie entschieden, weil mir diese anschaulicher und sozialgeschichtlich auch relevanter erscheint, während die philosophisch orientierte Sprechweise eher ideengeschichtliche Konnotationen hat, die hier nur von entfernterem Interesse sind. Gleichwohl ist aber mit 'Agrargesellschaft' mehr gemeint als die bloße Tatsache, dass die Mehrzahl der Erwerbstätigen in der Landwirtschaft gearbeitet haben. Die Wirtschaftsform ist relativ eng mit spezifischen Mentalitäten und Lebensformen verbunden und wechselseitig verzahnt, wobei dahingestellt bleiben kann, ob die Wirtschaftsform die Ursache und die Denk- und Lebensformen die Folgen sind oder umgekehrt. Die Konturen der drei Gesellschaftsformationen lassen sich dann wie folgt idealtypisch – das heißt schematisch und in gewisser Weise überpointiert – stilisieren:

• *Agrargesellschaft:* Die Dörfer waren aufgrund der sehr bescheidenen Verkehrs- und Kommunikationsmittel noch sehr abgeschieden. Die meisten Menschen waren Analphabeten, ziemlich arm und sehr religiös, wobei die Religion vielfach von magischen Bräuchen und Aberglauben durchsetzt war. Man kannte die Menschen, mit denen man verkehrte, Gutsherr und Pfarrer waren die Autoritäten, der Kirchturmhorizont bestimmte das Leben. Die Eltern wählten oft die Heiratspartner der Kinder, die Familie war noch selbst eine Produktionsgemeinschaft.

• *Industriegesellschaft:* Die Menschen waren nun frei ihren Ehepartner selbst zu wählen, die Familie war nur noch Reproduktionsgemeinschaft, aber die Ehefrauen weiterhin wirtschaftlich vom Ehemann abhängig. Die Männer gingen nun außer Haus arbeiten, sie lernten zunehmend immer speziellere Berufe. Immer mehr Familien lebten in der Stadt, in der man mit vielen Menschen zusammentraf, die man nicht kannte und auch nicht mehr alle kennen konnte. Die Menschen waren nun nicht mehr durch Bekanntschaft, sondern durch wirtschaftliche Arbeitsteilung aufeinander bezogen. Die Kirche verlor ihre kulturell dominante Rolle, an ihre Stelle trat als verbindende Instanz der kriegerische Nationalstaat, der die Menschen nicht mehr im Dorf, sondern im Kampf gegen andere Nationalstaaten vereinte. Die Schulpflicht wurde eingeführt und allmählich ausgeweitet. Rationale Kenntnisse sollten an die Stelle von Tradition und Aberglauben treten.

• *Postindustrielle Wissensgesellschaft:* Die Konturen der postindustriellen Gesellschaft sind noch etwas undeutlich, da dieses Kultur- und Ordnungsmuster noch im Entstehen ist, aber folgende Entwicklungen scheinen sich abzuzeichnen: Die Bildung expandiert sehr stark, die Menschen lösen sich immer weiter aus Traditionen und angestammten Geselligkeitsformen und suchen sich ganz individuell ihre Lebensformen und sozialen Wirkungskreise. Mit geänderten

Beschäftigungsinhalten, insbesondere der Zunahme der wissensbasierten und der personenbezogenen Dienstleistungen, treten nun verstärkt auch die Frauen ins Erwerbsleben ein; sie sind jetzt nicht mehr vom Mann abhängig. Die Idee der Liebesheirat kann nun tatsächlich verwirklicht werden, allerdings mit der Folge, dass die Beziehungen auch nur so lange dauern, wie die Liebe anhält (Lenz 1998). Die Autorität der Kirche, aber auch die Idee von Wissenschaft und Fortschritt als einer Art Ersatzreligion lassen nach – die Sinngebung wird zunehmend individualisiert. Der kriegerische Nationalstaat verliert allmählich seine dominante Stellung in der Gesellschaft und wird in überstaatliche Beziehungen eingebunden (Gill 2002). Bei weiter verbesserten Verkehrs- und Kommunikationsmitteln und mit wachsender kultureller Aufgeschlossenheit treten die Menschen verstärkt in transnationale Beziehungen ein (Beck 2002).

2.6 Sozialisation im Epochenwandel

Aber nun zurück zur Sozialisation! Für den Ablauf von Sozialisationsprozessen hat das wesentliche Folgen: Zum einen ändern sich mit den Kultur- und Ordnungsmustern die Werte und die Umgangsformen, also auch Inhalt und Form der Sozialisation. Zum Zweiten geraten viele Individuen zwischen verschiedene Ordnungsmuster, weil diese, wie soeben sichtbar wurde, im Sinne der Gleichzeitigkeit des Ungleichzeitigen nebeneinander existieren.

So wollen wir also den Wandel der Umgangsweisen und der resultierenden Sozialisationsformen charakterisieren:

• *In der Agrargesellschaft* ist die Umgangsweise vielfach paternalistisch-autoritär, das heißt man schuldet dem Gutsherren, dem Familienoberhaupt und dem Pfarrer persönlichen Gehorsam; diese sind umgekehrt zum Schutz ihrer 'Hintersassen' verpflichtet. Im Übrigen sind die Beziehungen sehr rituell, jedeR hatte seine Stellung in der Gesellschaft, die genau festlegte, was 'man' und 'frau' anzuziehen hatte, wie er oder sie wem gegenüber auftreten konnte, wie und was man in welcher Situation mit wem zu sprechen hatte. Sozialisation geschieht vor allem unbewusst, der Erziehungsgedanke hat sich zwar schon in der Aristokratie und in der Kirche entwickelt, aber Erziehung im intentionalen Sinne findet in den breiteren Schichten des Volkes noch sehr wenig statt.

• *In der Industriegesellschaft* ist die Umgangsweise vielfach bürokratisch-autoritär, das heißt man schuldet einer Instanz, die für die Regelung einer spezifischen Angelegenheit zuständig ist, Gehorsam in Bezug auf die betreffende Sache. Diese Herrschaftsform ist also rechtsförmig beschränkt, zugleich aber viel umfassender, weil der Nationalstaat und andere Großorganisationen immer weitere und subtilere Lebensbereiche erfassen und kontrollieren. Die Umgangsformen sind nun weniger konventionell, zugleich auch weitläufiger. Im Wesentlichen werden die Männer durch ihre Berufsrolle und die Frauen durch die komplementäre Hausfrauenrolle geprägt. Erziehung im intentionalen Sinn versucht nun einen stärkeren Selbstzwang zu installieren (vgl. Elias 1976). In Schule und Berufausbildung werden vor allem Disziplin und Sachkenntnisse vermittelt.

• In der postindustriellen Wissensgesellschaft ist die Umgangsweise vergleichsweise tolerant und unkonventionell – dadurch entsteht aber auch Unsicherheit und Orientierungslosigkeit. Selbstdisziplin richtet sich nun nicht mehr so stark auf das Erlernen von Konventionen, sondern mehr auf die Reflexion der eigenen subjektiven und kulturellen Befangenheit, weil man in zunehmend offeneren transnationalen Räumen mit sehr verschiedenen Menschen in Kontakt kommt, mit denen man zwar in Konkurrenz oder Kooperation tritt, zu denen aber keine hierarchische Über- oder Unterordnungsverhältnisse bestehen. Staatliche Administrationen und andere Organisationen versuchen zwar immer subtilere Kontrollnetze auszuspannen, stoßen damit aber wegen der Offenheit und Unübersichtlichkeit der transnationalen Räume an Grenzen. Das Erwerbsleben in der postindustriellen Wissens- und Dienstleistungsgesellschaft ist mehr auf den Umgang mit Personen als mit Sachen bezogen. Emotionale und ästhetische Kompetenzen werden zunehmend wichtiger. Eine Schule, die dieser gesellschaftlichen Umgebung angemessen wäre, würde zu Selbstdisziplin und selbstwirksamem Lernen erziehen – spezielle Sachkenntnisse sind im Computer gespeichert. Da man Selbstdisziplin und eigene Interessen nicht befehlen kann, wird diese Schule auch nicht im alten Stile autoritär sein können.

Bei allen Eigenheiten der drei Gesellschaftsformationen gibt es drei durchgehende Entwicklungstrends – von autoritären zu toleranten Umgangsformen, von konventionalistisch-äußerlichen zu reflexiv-innerlichen Steuerungsformen und vom konkreten zum abstrakten Wissen. Die Richtung der Sozialisation ist jetzt nicht mehr einfach als Übertragung von Wissen und Lebensform von den Älteren auf die Jüngeren zu denken. Mit zunehmenden Freiräumen und fortschreitender Individualisierung wird Selbstsozialisation immer wichtiger (Faulstich-Wieland 2001). Mit dem Wandel von Moden, Sprechweisen, Technik und Wissen kommt es auch zur 'reversen' bzw. 'retroaktiven Sozialisation', das ist die Sozialisation der Älteren durch die Jüngeren. Die Jüngeren nehmen das Neue in der Welt nämlich viel leichter auf – und können es dann ihren Eltern, Lehrern und anderen älteren Bezugspersonen vermitteln. Durch die ständige

Frage der Kinder nach dem 'Warum' sind die Erwachsenen dazu gezwungen, ihre bisher unreflektierten Verhaltensstandards zu hinterfragen und eventuell aufzugeben. Der Bildungskanon, mit dem die Älteren die Überlegenheit ihres Wissens gegenüber den Jüngeren sicherten, ist bei fortgesetzter Entstaatlichung des Wissens und Beschleunigung der Wissensentwicklung weitgehend obsolet geworden (Stehr 1994).

Inhalte und Form der Sozialisation ändern sich aber nicht nur *innerhalb* des jeweiligen Kultur- und Ordnungsmusters. Durch die gleichzeitige Präsenz mehrerer unterschiedlicher Muster findet Sozialisation immer auch im Spannungsfeld *zwischen* den Zeiten, Kulturen und sozialen Kreisen statt. Im Industriezeitalter führte dies dann typischerweise zum Generationenkonflikt, indem nämlich die Eltern und Lehrer noch den Ordnungs- und Kulturmustern ihrer Kindheit verhaftet waren, während die Kinder durch andere Sozialisationkontexte – Peers, Medien, Warenwelt – in neue Muster hineinwuchsen (vgl. Kramer et al. 2001). Heute scheint der eigentliche Generationenkonflikt – eben aufgrund der 'reversen Sozialisation' – schwächer geworden zu sein, Eltern und Lehrer beharren nicht mehr so autoritär auf der Herrschaft der Vergangenheit über die Gegenwart. Die Spannungen verlaufen nicht mehr entlang dieser einstmals so klaren Scheidelinie, sondern kreuz und quer durch das soziale und kulturelle Umfeld des jeweiligen Kindes. So ist es heute viel wahrscheinlicher als früher, dass Eltern und Lehrer in ganz verschiedenen Welten leben, die Peers aus fremden Ländern und anderen sozialen Schichten stammen, und die medialen und kommerziellen Sinnstiftungsangebote in ganz verschiedene Richtungen weisen. Gerade für Migranten ergeben sich noch komplexere Konstellationen – die Familie kann durch Erinnerungen, Satellitenschüssel und Telefon einem noch weitgehend agrargesellschaftlichen Lebenszusammenhang verbunden sein, während die Kinder in Deutschland eine weitgehend industriegesellschaftlich geprägte Schulform besuchen und postindustriell geprägten Beschäftigungsformen entgegensehen. Insofern kann man zusammenfassend auch von Turbulenzen sprechen, die sich daraus ergeben, dass die verschiedenen oben (Kap. 2.2) angesprochenen Sozialisationskontexte in unterschiedlichen Kultur- und Ordnungsmustern verankert sind.

Diese Spannungen und Turbulenzen lassen sich aber nur dann produktiv nutzen, wenn man allmählich ein neues, offenes und eben postindustrielles Ordnungsmuster anzusteuern versucht, nicht wenn man im Erziehungssystem den Rückwärtsgang einlegt, während die anderen Systeme munter weiter laufen. Aber auch wenn es gelingen sollte, wieder in etwas ruhigere Wasser zu steuern, so ist doch gewiss, dass die muffig-heile Welt der Adenauerzeit – diese Homogenität, Disziplin und Geschlossenheit im Nationalstaat – für immer dahin ist. Natürlich ist der Untergang der alten Ordnung, wie viele der 68er-Generation insgeheim noch immer glauben, als solches keine Lösung. Aber die neue Ordnung wird aufgrund der Globalisierung zwangsläufig offener und toleranter ausfallen – oder wir werden in fundamentalistischen Kulturkämpfen versinken.

Literatur zum Weiterlesen
Die Beiträge in dem von Hurrelmann und Ulich herausgebenen "Handbuch der Sozialisationsforschung" (1998) geben einen umfassenden Überblick, allerdings sind dort die Konsequenzen aus den neueren theoretischen und empirischen Forschungen nur unzureichend gezogen, es findet weiterhin eine starke konzeptionelle Orientierung an Sozialisationsformen, Lebenslauf und Persönlichkeitstypus des Industriezeitalters statt. Die neueren Tendenzen zur Ent-Standardisierung des Lebenslaufs, zum lebenslangen Lernen, die Entdeckung der retroaktiven Sozialisiation sowie die Heterogenisierung von Kultur und Sozialstruktur sind hier noch nicht ausreichend berücksichtigt. Andererseits fällt es schwer, einen *knappen* Literaturtipp zu den in diesem Kapitel zusammengetragenen Ergebnissen abzugeben. Im Zweifelsfall muss man also auf die in diesem und im nächsten Kapitel angebene Forschungsliteratur zurückgreifen. Eine gute Einführung zum sozialen Wandel vom Agrar- zum Industriezeitalter gibt Geißler (2002: Kap. 2). Dort sind auch neuere Wandlungen der Sozialstruktur beschrieben, aber sie werden konzeptionell noch stark in industriegesellschaftlichen Termini erfasst, der postindustrielle Wandel bleibt eher unterbelichtet. Insofern muss man auch hier sich dem Studium der Forschungsliteratur zuwenden; empfohlen seien Bell (1985), Gartner/Riessman (1978) und Stehr (1994).

Kapitel 3: Wie haben sich Familie, Kindheit und Jugend im Laufe der Epochen verändert?

Nachdem wir uns im vorangegangenen Kapitel mit dem Begriff der Sozialisation allgemein vertraut gemacht haben, wollen wir nun betrachten, wie sich die familiären und außerfamiliären Sozialisationsbedingungen von Kindern und Jugendlichen früher und heute gestalten.

Vielfach ist in unserer Zeit von "Erziehungsnotstand" (Gerster/Nürnberger 2001) und von "Erziehungskatastrophe" (Gaschke 2001) die Rede, aber sind die Familien und Kinder heute wirklich so verwahrlost? Oder verbirgt sich hinter diesem Urteil die Dummheit und Trägheit der Älteren, die den Wandel der Zeit nicht begreifen und die gegenwärtige Entwicklung anhand von Maßstäben beurteilen, die in ihrer Jugend vielleicht einmal Gültigkeit besaßen, aber unterdessen längst veraltet sind? Sind diese Älteren nicht vielleicht auch sehr rührselig und nostalgisch, indem sie im Rückblick die Lebensumstände ihrer eigenen Jugend verherrlichen und verklären? Vielleicht ist die Rede von der "sinkenden Erziehungsfähigkeit der Familien" aber auch ein Trick der Pädagogen, also der professionellen Erzieher, die die Schuld an den vorhandenen Erziehungsdefiziten nicht bei sich selbst suchen wollen, sondern auf die Familien abwälzen? Vielleicht bauschen sie sogar diese Missstände mithilfe der Medien marktschreierisch auf, weil die professionelle Erziehung ihren Einfluss und ihre Pfründe vergrößern kann, wenn die familiäre Erziehung versagt?

Selbstverständlich haben sich die Lebensverhältnisse der Kinder und Jugendlichen im Verlauf der letzten dreihundert Jahre erheblich verändert, aber ob sie dabei 'besser' oder'schlechter' geworden sind, lässt sich von heute aus nicht so einfach beurteilen, weil sich eben auch die Maßstäbe mit der Zeit verändert haben und auch verändern mussten. So wie es absurd ist, die Lebensverhältnisse in der Agrargesellschaft im Rückblick nach heutigen Gesichtspunkten zu bewerten, sowenig macht es Sinn, die gegenwärtig sich neu abzeichnenden Entwicklungen reflexhaft mit den in der Vergangenheit ausgebildeten Urteilen zu überziehen. Anstatt den "Untergang des Abendlandes" zu bejammern oder den "Aufstieg zu immerwährendem Fortschritt" zu bejubeln – Geschichtsdeutungen, wie sie wegen ihrer dramatisierenden Wirkung von den Medien gerne aufgegriffen und verstärkt werden –, sollten wir vorsichtig und nüchtern fragen, welche neuen Maßstäbe für die neue Zeit angemessen sein könnten.

In diesem Sinne wollen wir im Folgenden zunächst den Wandel der Lebensumstände zu Beginn des Industriezeitalters betrachten. Diese Wandlungsperiode ist für uns heute entfernt genug, um daran nüchtern nachzuvollziehen, wie sich Lebensverhältnisse und Wertmaßstäbe immer im Tandem entwickeln. Zugleich gewinnen wir mit diesem Rückblick auch ein Gespür für Lebensverhältnisse, wie sie *teilweise* in Entwicklungsländern noch vorherrschend sind und eventuell – in freilich *vermittelter* Weise – die Einstellungen von Migranten beeinflussen. 'Teilweise' und 'vermittelt' ist zu betonen: Das Leben in den Entwicklungsländern ist heute durch das westliche Fernsehen und durch die Abhängigkeit von westlichen Technologien stark geprägt und schon deshalb – auch ganz abgesehen von den unterschiedlichen kulturellen Traditionen – nicht einfach mit dem Agrarzeitalter der westlichen Gesellschaften gleichzusetzen. Die Lebensweise von MigrantInnen ist in hohem Maße durch die Migrationssituation selbst hervorgerufen, und insofern nicht nur von den kulturellen Gepflogenheiten der Herkunftsregion geprägt. Wenn wir zum Beispiel in Migrantenfamilien einen starken Zusammenhalt beobachten, so ist dieser vielfach eher auf ein Schutz- und Rückzugsbedürfnis im 'fremden' und 'unwirtlichen' Aufnahmeland zurückzuführen und nicht auf auf tradierte Familienformen im Herkunftskontext (z.B. Krentz 2002; Herwartz-Emden 1997). Dann wollen wir uns der gegenwärtigen Übergangsperiode zuwenden und fragen, wie sich Familie, Kindheit und Jugend heute verändern. Besonderes Augenmerk gilt hierbei der Frage, ob der häufig geäußerte Vorwurf des "Erziehungsnotstandes" wirklich gerechtfertigt ist.

Vorausgeschickt und wiederholt sei wieder eine Warnung: Alles, was im Folgenden über 'Epochen' gesagt wird, ist sehr schematisch. Der Wandel vollzieht sich nirgends von einem Tag auf den anderen und er findet ungleichzeitig, das heißt in verschiedenen geografischen Räumen und verschiedenen sozialen Lebensbereichen zu unterschiedlichen Zeiten statt. Insofern ist jede Familie, jedes Kind, jede Jugendliche anders und anders betroffen!

3.1 Familienformen im Übergang von der Agrar- zur Industriegesellschaft

Die Familie war in der Agrargesellschaft in erster Linie eine Produktionsgemeinschaft, die den gemeinsamen Besitz – Äcker, Handwerksbetrieb und Handelskontor – gemeinsam bewirtschaftete. Sie war in gewisser Weise auch ein politischer Verband, der Ansehen und Einfluss im Dorf und in der Nachbarschaft wahrte und zu mehren trachtete. In Nord- und Westeuropa gehörten zur Familie nicht nur der meist männliche Erbe und seine Gattin, sondern – je nach Bedarf an Arbeitskräften und wirtschaftlicher Leistungsfähigkeit des Hofes oder Handwerksbetriebs – auch Gesinde, Lehrlinge, Adoptivkinder und die ledigen Geschwister des Erben. Geheiratet wurde spät, und zwar erst, wenn die Eltern des Erben gestorben oder sich aufs 'Altenteil' bzw. 'Ausgedinge' zurückgezogen hatten – das heißt oft erst mit 30 oder 40 Jahren.[1] Da es nicht nur um persönliches Glück, sondern um den ökonomischen und politischen Machterhalt ging, war die Eheschließung immer auch Sache der ganzen Familie und nicht nur der Eheleute selbst. "Liebe" im heutigen Sinne spielte dabei eine eher untergeordnete und nachrangige Rolle: Aus der Ehe sollten Kinder hervorgehen, denn sie wurden als Arbeitskräfte gebraucht. Wenn ein Ehepartner starb, was oft genug vorkam, verheiratete man sich alsbald wieder, damit für die Fortführung des Betriebs gesorgt war. So war es zum Beispiel üblich, dass die Meistersgattin den Ersten Gesellen heiratete, wenn der Gatte verstarb. Die Eheleute hatten dabei oft ein sehr ungleiches Alter. Eine Privatsphäre gab es kaum, die Familie war in die Nachbarschaft und Verwandtschaft eingebettet, die Eheleute pflegten keine sehr intime Beziehung, sondern waren vor allem jeder und jede für sich in die Männerwelt und in die Frauenwelt des Dorfes integriert (vgl. hier und im Folgenden: Ariès 1978, Ariès et al. 1995, Hill/Kopp 1995, Mitterauer 1979, Mitterauer 1983, Mitterauer 1984, Nauck 1997, Schelsky 1961, Schiffauer 1991).

Auch die Beziehung zu den Kindern war vorwiegend von Nützlichkeitserwägungen geprägt: Kinder waren schon früh als Arbeitskräfte zu gebrauchen, sie waren eine Stütze im Alter. Der Aufwand für ihre Aufzucht und Erziehung war ziemlich gering – sie wuchsen auf unter Geschwistern, in der Verwandtschaft und Nachbarschaft, ohne dass die Eltern sich allzu viel um sie kümmerten. Weil viele früh starben, war man also darauf bedacht, dass die Ehefrauen möglichst viele Kinder zur Welt brachten. Freilich wurden Kinder nicht immer und zu alten Zeiten als 'Segen' angesehen: Wer kein eigenes 'Auskommen' hatte, durfte nicht heiraten. Wenn die Familie schon viele Kinder hatte und damit unter Stress stand oder das Kind schwächlich und kränklich zur Welt kam, dann

---

1 Insoweit unterscheidet sich die agrargesellschaftliche Familienform in Nord- und Westeuropa auch deutlich von den traditionalen Familienformen in der übrigen Welt. Es handelt sich beim "European marriage pattern" in Nord- und Westeuropa insoweit um eine Besonderheit, weil es *keine Großfamilien gab*, in dem Sinne, dass mehrere verheiratete Paare unter einem Dach gelebt hätten. Trotz aller lokalen und standesspezifischen Unterschiede galt im Allgemeinen die eiserne Regel, dass nur heiraten durfte, wer wirtschaftlich selbständig war, also über einen eigenen Haushalt verfügte. Insoweit konnte zwar 'das ganze Haus' über viele Personen verfügen, aber eben immer nur unter der Bedingung, dass alle anderen – außer dem Hausherrn und der Hausherrin – ledig blieben (Mitterauer 1983, 1986; Hajnal 1983).

war es sehr wahrscheinlich, dass es bald 'himmelte' – wobei die Grenzen zwischen 'sterben lassen' und 'getötet werden' oft fließend waren (Imhof 1983).

Wie weit nun dieser Typus von Familie wirklich verbreitet war, ist im Einzelnen umstritten (Hill/Kopp 1995; Mitterauer 1984). Man muss am gängigen Bild von 'Großfamilie' sowie am Befund der 'unromantischen Familienbeziehungen' sicherlich einige Einschränkungen machen. Zunächst zu letzterem: Es gab in der Agrarperiode *besitzlose* Familien, in denen die unmittelbare Gattenbeziehung schon eine wichtige Rolle spielte, so wie umgekehrt es im Industriezeitalter und selbst heute noch *besitzende* Schichten gibt, in denen die Partnersuche auch unter dem Aspekt der Fortführung und Weitergabe von Betrieb und Besitz betrachtet wird und deshalb nicht nur romantische Gesichtspunkte ins Spiel kommen. Was nun die 'Großfamilie' anbetrifft, so stellt sich hier zunächst das Definitionsproblem: Was ist eine Großfamilie – eine Gruppe von Blutsverwandten, die beständig 'unter einem Dach', also in einem Haushalt zusammenwohnt und unverbrüchlich zusammenhält? In dieser Form ist die Großfamilie nur in Ost- und Südeuropa verbreitet gewesen. Dort war die Heirat unabhängig von der persönlichen wirtschaftlichen Stellung: die Söhne blieben im Haus und wirtschafteten dort unter der Ägide des Vaters; sie heirateten früh, d.h. sobald sie erwachsen waren (Mitterauer 1983: 41ff.).

Wo es in West- und Nordeuropa große Haushalte gab, lebten darin nicht nur unmittelbar Blutsverwandte, sondern auch Gesinde, Lehrlinge, Zöglinge aller Art. Umgekehrt gab man die eigenen Kinder oft zur Lehre oder zur Adoption in andere Haushalte. Drei-Generationen-Familien waren praktisch ausgeschlossen, weil man spät heiratete und im Allgemeinen erst heiraten durfte, wenn die Eltern aus dem Haus waren (vgl. Doering 1979). Wo die Haushalte eher kleiner waren und vielleicht wirklich nur Eltern mit einzelnen Kindern zusammenlebten, da ist allerdings oft auch die 'Größe des Haushalts' gar nicht so einfach zu bestimmen, weil man ohnehin eng in Nachbarschaft und Verwandtschaft eingebettet wohnte – also die Haushalte noch nicht so stark voneinander abgegrenzt waren und es praktisch keine Privatsphäre gab. Große Haushalte gab es häufiger in wohlhabenden Kreisen und kaum bei den Ärmeren. Und sie waren auch selten, wenn Familien zur Wanderung gezwungen waren. Aber trotzdem war der Zusammenhalt in der Verwandtschaft und Nachbarschaft, auch wenn man nicht in einem gemeinsamen Haushalt lebte, viel stärker und viel wichtiger als später im Industriezeitalter, als zunehmend unpersönliche Solidaritäten und Versicherungs-Institutionen geschaffen wurden. Insgesamt muss man auch sagen, dass die Familienformen je nach Wirtschaftsform, sozialer Schicht und lokaler Sitte sehr stark voneinander abwichen. Gemeinsam ist ihnen aber allemal, dass sie vor allem mit Krankheit, Tod, wirtschaftlichem Mangel und gewaltsamer Bedrohung umzugehen hatten und insofern noch wenig Raum für Gesprächsorientierung und emotionale Sensibilisierung gegeben war.

Die Familienverhältnisse des Industriezeitalters sind uns aus eigener Erinnerung oder aus eigenem Erleben viel näher und vertrauter. Hier kommt es zur Trennung von Produktion und Reproduktion, die Familie verliert ihre wirtschaftliche Funktion der Herstellung von Gütern, sie dient nur noch der Aufzucht und Erziehung von Nachwuchs und der Rekreation ihrer Mitglieder. Zugleich lösen sich die Haushalte aus der Nachbarschaft – das Heim wird 'traut', es kommt zur Trennung von Öffentlichkeit und Privatheit, so wie sie Friedrich Schiller 1799 in der "Glocke" propagiert hatte:

"Der Mann muss hinaus   "Und drinnen waltet
Ins feindliche Leben,   Die züchtige Hausfrau,
Muss wirken und streben   Die Mutter der Kinder,
Und pflanzen und schaffen,   Und herrschet weise
Erlisten, erraffen,   Im häuslichen Kreise,
Muss wetten und wagen,   Und lehret die Mädchen
Das Glück zu erjagen."   Und wehret den Knaben, ..."

Ehen werden dann, zumindest der allgemein propagierten Idee nach, als 'Liebesheiraten' geschlossen (Lenz 1998). Man darf sich aber von der Literatur und den darin propagierten romantischen Idealen nicht blenden lassen: Gerade für Frauen müssen Nützlichkeitserwägungen bei der Gattenwahl eine wichtige Rolle spielen. Solange sie ökonomisch nicht selbständig sind – und das werden sie erst im postindustriellen Zeitalter! – ist es für sie wichtig, zunächst einen zuverlässigen Familienernährer zu finden, bevor sie den erwachenden Bedürfnissen nach intimer Seelenverwandtschaft allzu großen Raum geben können (vgl. Buchmann/Eisner 1997). Und dann ist es eben sehr die Frage, ob sie bei einem zuverlässigen Familienernährer mit dem Bedürfnis auf schwärmerische und intime Seelenverwandtschaft auf allzu viel Resonanz stoßen – die Männer werden gerade im Industriezeitalter zu 'Nüchternheit' und 'Rationalität', zu öffentlich und wirtschaftlich nützlichen Tugenden erzogen. Der Unterschied zur Vorzeit besteht allerdings darin, dass es nun vor allem die Ehegatten selber sind, die diese Nützlichkeitserwägungen anstellen und sie allein auf die Zukunftsaussichten der zu gründenden Kleinfamilie ausrichten können, während die Eltern und die weitere Verwandtschaft nicht mehr berücksichtigt werden müssen (obwohl natürlich nach wie vor mit deren Einrede zu rechnen ist).

Die größere Unabhängigkeit von der Verwandtschaft manifestiert sich auch darin, dass das 'junge Paar' im Allgemeinen nicht mehr bei der Herkunftsfamilie des Mannes oder der Frau, patrilokal oder matrilokal, siedelt, sondern verbunden oft mit der Karriere des Mannes an einem neuen Ort, also neolokal, seinen Hausstand gründet. Wirklich 'jung' musste das Paar dabei nicht sein – man heiratete im Allgemeinen erst, wenn der Mann die Familie nach längerer Ausbildungs- und Etablierungsphase auch ernähren konnte. Im Zuge der Herauslösung der Familie aus der Nachbarschaft und der Verwandtschaft und mit dem Verlust vieler ihrer wirtschaftlichen Funktionen – sie verlor die Ausbildungs- und Produktionsfunktion, behielt aber noch die Funktion als Konsumgemeinschaft – kam es zur Sensibilisierung, Emotionalisierung und Intimisierung der Familienbeziehungen. Begleitet und vorangetrieben wurde diese Entwicklung durch eine spezifische Erziehung der Mädchen, die nun in ihrer zukünftigen Ehe – im Unterschied zu ihrer früher wirtschaftlich tragenden Rolle als Produzentin -[2] nichts mehr anderes zu tun haben sollten, als sich der Erziehung der Kinder und der Versorgung des Mannes zu widmen. Im Sinne der Trennung von öffentlicher und privater Sphäre wurden die Geschlechterrollen jetzt verstärkt polarisiert – männliche Wesen zu 'Männern', weibliche Wesen zu 'Frauen' erzogen.

Die neuen Familienverhältnisse und das Leitbild der 'bürgerlichen Kleinfamilie' setzten sich mit dem aufkommenden Industriezeitalter zuerst im Bildungsbürgertum durch. Das hatte einen einfachen Grund: In den anderen Klassen – also im Adel, Besitzbürgertum (Industrielle), Kleinbürgertum (Handwerker, Kaufleute) und bei den Bauern – definierte sich die ökonomische und gesellschaftliche Stellung nach wie vor über den Besitz. Das neu entstehende Industrieproletariat war vorläufig zu arm und zu ungebildet, um am neuen Zivilisationsstandard teilzuhaben. Aber im Laufe der Industrialisierung wurden die Bedingungen geschaffen, dass sich das Leitbild der 'bürgerlichen Kleinfamilie' sehr weit ausbreiten konnte: Besitz hat gegenüber Einkommen bei den meisten Familien viel an Bedeutung verloren, umgekehrt sind Arbeitseinkommen und Bildung auch in der Arbeiterschaft allmählich so weit gestiegen, dass in den 1950er und 1960er-Jahren das Leitbild praktisch überall umgesetzt war – weshalb man auch von dieser Zeit als dem 'Golden Age of Marriage' spricht.

2　Natürlich sind die Grenzen zwischen Produktion und Konsum, ausgehend von der agrargesellschaftlichen Subsistenzwirtschaft, noch lange Zeit fließend. Früher haben die Haushalte, d.h. Frauen und Kinder, noch vieles selber gemacht – Brot gebacken, Gemüse gezogen etc. –, also Tätigkeiten ausgeführt, die erst allmählich von der Industrie übernommen wurden. Selbst heute noch müssen gewisse Tätigkeiten in Eigenarbeit ausgeführt werden, bevor der Konsum als solcher stattfinden kann: Selbst Mikrowellengerichte bereiten sich immer noch nicht ganz von selbst zu.

Übersicht 3.1: Wandel der Familie im Übergang von der Agrar- zur Industriegesellschaft

Agrargesellschaft (zum Teil auch kultureller Hintergrund heutiger Migrantenfamilien)	Industriegesellschaft (zuerst in den höheren Schichten *ohne* Besitz, v.a. Bildungsbürgertum)
Ehe/Familie ist vor allem eine ökonomische und politische Institution. Ehepartner werden daher von der Verwandtschaft (mit) ausgesucht.	Familie dient ausschließlich der Reproduktion: Trennung von Wohn- und Arbeitsstätte. Idee der Liebesheirat. Emotionalisierung und Intimisierung der Familie.
Familie lebt eingebettet in der Nachbarschaft und Verwandtschaft.	Trennung von Öffentlichkeit und Privatsphäre.
Das 'ganze Haus' umfasst – neben der Kernfamilie - Gesinde, Zöglinge und ledige Geschwister. Vielfach aber auch ärmere und daher kleinere Familien. Patri- oder Matrilokalität.	Verstärkte Tendenz zur Zweigenerationen-Kernfamilie. Tendenz zur Neolokalität (Neuansiedlung).
Viele "Patchworkfamilien" aufgrund früher Witwerschaft bzw. Verwaisung.	Der frühe Tod wird seltener, Ehen der Tendenz nach annähernd gleichaltrig.
Viele Kinder, von denen viele früh sterben. Investitionen in Erziehung niedrig, ökonomischer und politischer Nutzen von Kindern u.U. groß.	Tendenz zu weniger Kindern, die seltener sterben. Steigende Investitionen in Erziehung. Pädagogisierung und Intimisierung der Beziehung zu wenigen Kindern.

Drei Gründe gibt es nun für den allmählichen Rückgang der Geburtenzahlen: Der ökonomische Nutzen von Kindern schwindet, die Kosten für Aufzucht und Erziehung steigen und insgesamt steigt die Lebenserwartung, so dass auch weniger Nachwuchs gebraucht wird, um die frei werdenden Positionen einzunehmen. Die Ausbreitung der industriellen Arbeit, die fern der Familie stattfindet und auf eine intensivere Nutzung der Arbeitskraft ausgelegt ist, führt letztlich zur Abschaffung der Kinderarbeit, die für die Agrargesellschaft noch unabdingbar war – man muss dabei bedenken, dass bei einer durchschnittlichen Lebenserwartung von ca. 35 bis 40 Jahren[3] die Mehrheit der Mitglieder früherer Ge-

---

3   Diese Angabe bezieht sich auf die *durchschnittliche* Lebenserwartung der Neugeborenen. Viele Menschen wurden auch damals schon 60 oder 70 Jahre alt – weil aber die Sterblichkeit von Kinder und Jugendlichen sehr hoch war, war die durchschnittliche Lebenserwartung eben entsprechend niedrig.

sellschaften Kinder waren, und dass Kinder und Jugendliche daher immer eingesetzt wurden, wo viele helfende Hände gebraucht wurden, also zum Beispiel
bei der Feldarbeit oder im Krieg. Der steigende gesellschaftliche Reichtum und
die wachsende Lebenserwartung ermöglichen allmählich die Durchsetzung und
Ausdehnung der Schulpflicht und des Verbots der Kinderarbeit. Sie lassen diese
Maßnahmen zugleich auch zweckmäßig erscheinen, weil die komplexeren Abläufe in der Gesellschaft formale Bildung erfordern, und weil unter industriellen
Arbeitsbedingungen und in der Anonymität der Lohnarbeit die Lebenskraft der
Kinder allzu schnell ruiniert wurde. Es sind zwar moralische Kampagnen und
wachsende Sensibilitäten, die zur gesellschaftlichen Ächtung der Kinderarbeit
und zur Einrichtung des spezifischen Schonraums der Kindheit führen, aber die
Bedingung ihres Erfolgs sind die veränderten Möglichkeiten und Zweckmäßig-
keiten der Industriegesellschaft. In einer Agrargesellschaft wären sie völlig
absurd gewesen – so wie westliche Kampagnen zur Abschaffung von Kinderarbeit in Entwicklungsländern absurd sind, wenn sie nur den gestiegenen moralischen Sensibilitäten in den postindustriellen Ländern Rechnung tragen, aber
nicht die tatsächlichen Lebensumstände der betroffenen Familien berücksichtigen (vgl. Abbildung 3.1).

Mit der Einführung der Schulpflicht und des Verbots der Kinderarbeit rückt
der ökonomische Nutzen der Nachkommenschaft in weitere Ferne. Solange
noch keine familienübergreifenden Alterssicherungen, also keine speziellen
Rentenversicherungssysteme eingeführt sind, werden Kinder zwar noch zur
Unterstützung im Alter gebraucht. Aber zugleich steigen die Kosten für Ihre
Aufzucht und ihre Erziehung. Denn nun entdecken die Medizin und die erst in
diesem Zusammenhang entstehende Pädagogik Kinder und Jugendliche als
Wesen, deren körperliche und seelische Entwicklung auf alle nur erdenkliche
Arten gefördert werden kann und gefördert werden soll – eine Aufgabe, der sich
einerseits die Mütter, andererseits professionelle Dienste im Schulwesen und in
der Gesundheitspflege widmen sollen. Durch den Umzug vom Dorf in die Stadt
– die industriegesellschaftliche Lebensweise ist städtisch – kann man Kinder
nicht mehr so einfach unbeaufsichtigt lassen, einerseits weil die Nachbarschaft
in sozialer Hinsicht anonymer, andererseits weil mit zunehmendem Verkehr das
Wohnumfeld auch in physischer Hinsicht unwirtlicher und gefährlicher wird.
Im Dorf sind die Kinder einfach in die Erwachsenenwelt hineingewachsen, in
der Stadt sind ihnen eigene Reservate zugewiesen – Kindergärten, Schulen,
Spielplätze, Sportanlagen –, in denen sie speziell gefördert und beaufsichtigt
werden. Kinder kosten nun auf dreifache Weise Geld: Erstens brauchen die
Kinder mehr Platz in der Wohnung zum Spielen und für die Hausaufgaben,

Abbildung 3.1: Entwicklungszirkel bei der Durchsetzung der Schulpflicht

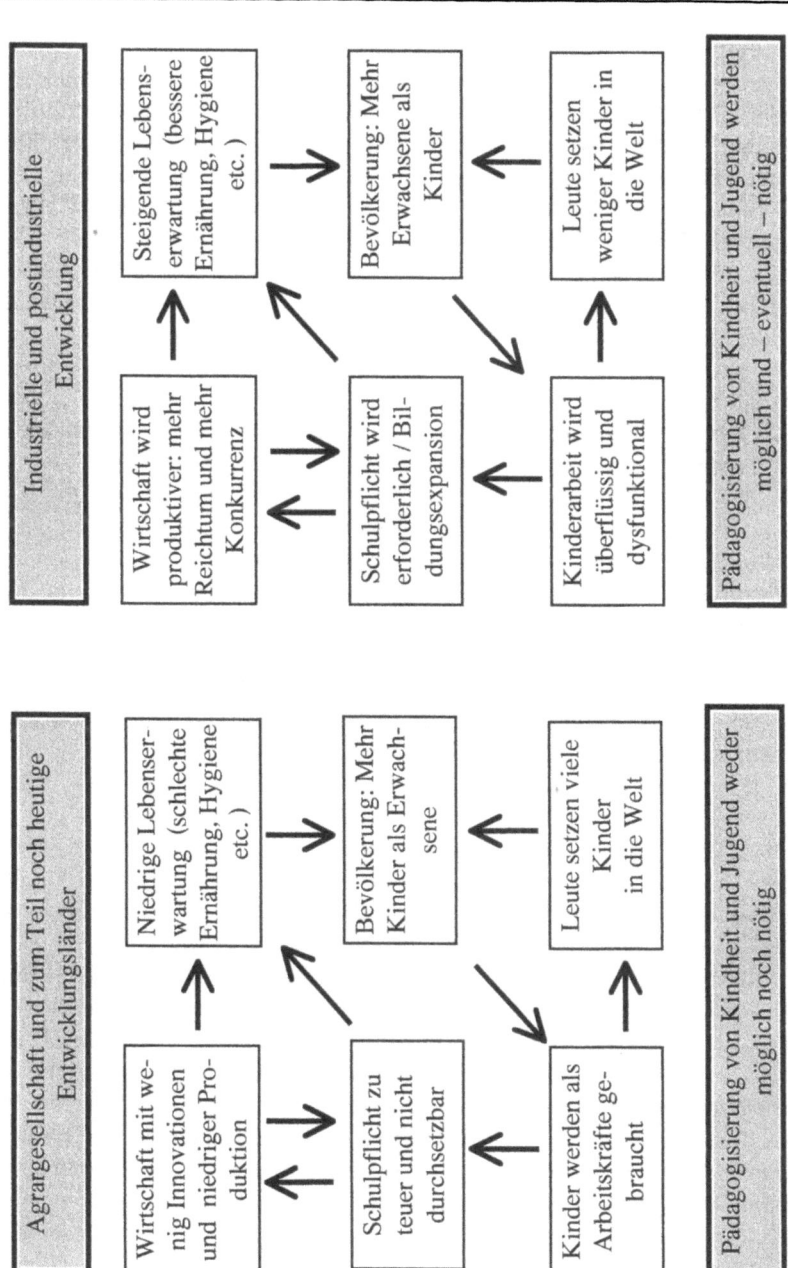

pädagogisch sinnvolles Spielzeug, gesündere Kleidung und Ernährung, Lern-
mittel – das sind die direkten Kosten für die Familien. Zweitens brauchen sie
auch zuhause BetreuerInnen, die sich ganz ihrer Pflege, Aufsicht und Anleitung
widmen können – also faktisch häufig die Mütter, die darum weniger oder gar
nicht mehr arbeiten und entsprechend auch weniger oder nichts mehr zum Familieneinkommen beitragen können. Drittens müssen eine immer stärker ausdif-
ferenzierte Infrastruktur und entsprechendes pädagogisches Personal bereitge-
stellt werden – daraus ergeben sich indirekte Kosten, die entweder direkt von
den betroffenen Familien über private Beiträge eingezogen, oder auf die Steuerzahler insgesamt umgelegt werden. Vgl. Übersicht 3.1 (oben).

3.2 Kindheit und Jugend im Übergang von der Agrar- zur Industriegesell-
schaft

In der Agrargesellschaft gab es viele Kinder, entsprechend gering war der Wert
des einzelnen Kindes. Man konnte es sich aber auch gar nicht leisten, weder
ökonomisch noch emotional, allzu viel in ein Kind zu investieren, zumal wenn
es noch sehr jung war – denn viele starben ja ohnehin. Und weil viele ohnehin
starben, musste man auch viele in die Welt setzen, um die Familie, das Erbe,
den Hof und die 'Linie' zu bewahren. In der Industriegesellschaft entfaltet sich
eine andere Logik. Weil die Kindersterblichkeit sinkt und die Lebenserwartung
steigt, braucht man nicht mehr so viele Kinder. Weil es weniger Kinder gibt,
steigt auch der Wert jedes einzelnen Kindes, daher kann und muss man jetzt
ökonomisch und emotional in ein Kind investieren. Kinder sind uns erst in der
Industriegesellschaft 'lieb und teuer' geworden, entsprechend haben sich auch
erst hier jene emotionalen Bindungen ausgeprägt, die uns dann viele Umgangsformen der Agrargesellschaft im Rückblick spontan als brutal und roh erscheinen lassen.

Kindheit und Jugend im industriegesellschaftlichen und im gegenwärtigen
Sinn konnten erst in diesem Umfeld der Wohlstandssteigerung und der Trennung von Arbeits- und Privatsphäre entstehen, zuvor war der Lebenslauf anders
und zugleich weniger abgegrenzt: Von Kindheit konnte man in der Agrargesellschaft nur etwa in den ersten sechs Lebensjahren sprechen. In diesem Alter ist
das Kind aus physischen Gründen noch ziemlich abhängig von der Mutter oder
Amme. Man spielte mit dem Kind, man verhätschelte es – aber man erzog es
nicht. Der psychologische Gedanke der Erziehung, dass man sich einem Kind in
der jeweiligen Altersstufe auf jeweils unterschiedliche Art nähern müsse, die

Vorstellung, dass man mit spezifischen Verhaltensweisen seitens der BetreuerInnen zukünftig bestimmte – positive oder negative – Charaktermerkmale bei den Zöglingen hervorrufen könnte, diese Idee gab es praktisch noch nicht. Man sah das Kind als 'ungesittetes Äffchen', das allmählich größer wird und in die Gemeinschaft hineinwächst. Man hat, wie schon angedeutet, auch noch nicht so viele emotionale Energien in Kinder investiert – weil viele ohnehin in den ersten Lebensjahren starben.

So scheint sich auch erst im späten Mittelalter der Brauch durchgesetzt zu haben, Kinder gleich nach der Geburt zu taufen (Ariès 1978: 56f.). Zuvor hatte man damit vielfach gewartet, bis sie schon einigermaßen selbständig waren und wahrscheinlich vorläufig am Leben blieben, also etwa bis zum sechsten Lebensjahr. Mit der Namensgebung wurden sie recht unmittelbar in die Gemeinschaft der 'Erwachsenen' aufgenommen – um dann an deren Spielen, Festen, Arbeiten und Kriegen teilzunehmen. Es gab noch keine pädagogisierte Kinderwelt, etwa mit eigenen Spielen und eigenen Übungen, abgeschirmt gegenüber der Wahrnehmung von Sexualität und verschont vor dem 'Ernst' des Erwachsenenlebens. Es gab zwar Lehrverhältnisse, teilweise in den Städten auch schon Schulen – aber Ausbildung war nicht unbedingt an ein bestimmtes Alter gebunden und gerade in den Lehrverhältnissen auch nicht dezidiert von Arbeit geschieden. Wesentlich war allerdings der Unterschied zwischen verheirateter und jugendlich-zölibatärer Sexualität, die aber auch nicht immer ganz folgenlos blieb (Ariès et al. 1995). In dieser Lebensphase war die Geselligkeit der männlichen Jugend – in Nord- und Westeuropa, also überall dort, wo die 'europäischen Heiratsbräuche und Familienformen' galten (vgl. Fußnote 1 auf Seite 69) – vor allem vom Zusammenschluss in der Altersklasse geprägt: Sie kontrollierte den lokalen Heiratsmarkt und die gemeinsamen vorehelichen Aktivitäten sowie die 'Ehre' der Mädchen, sie übte meist im Konsens mit der allgemeinen Stimmung im Dorf oder der Nachbarschaft eine Art von Spott- und Femejustiz aus, und sie ironisierte die Gebräuche und Sitten der Älteren, zum Beispiel im Karneval. Diese waren gegenüber der Spott- und Rauflust der männlichen Jugend erstaunlich nachsichtig und enthielten sich weitgehend erzieherischer und disziplinierender Attitüden (Schindler 1996; Mitterauer 1986).

Insofern kann man die Jugend auch schon in der Agrargesellschaft in gewisser Weise als Moratorium, als Aufschub, betrachten, aber es war ein kollektives Moratorium, in dem man gemeinsam in der Altersklasse die Erwachsenenrollen einübte und zugleich hinterfragte, in dem es aber noch kaum um Selbstfindung, um die Suche nach einem ganz individuellen Lebensweg ging. Da aber – aufgrund der vielfältigen Eheverbote und Gründe für den Eheaufschub – viele

Erwachsene gar nicht verheiratet waren, aber natürlich nicht als Singles, sondern als Magd, Knecht oder Geschwister angeschlossen an einen größeren Haushalt lebten, war 'Jugend' im Sinne der familiären Abhängigkeit nicht unbedingt Merkmal eines bestimmten Altersabschnitts.

Umgekehrt dürfen wir uns das 'Erwachsenenleben' – im Unterschied zum 'Jugendleben' – nicht als gar zu erwachsen vorstellen: Im Durchschnitt war die Bevölkerung ja sehr jung, und da man die Idee der Kindheit und Erziehung noch nicht kannte, mussten sich die Älteren auch noch nicht so seriös und vorbildhaft – so markant 'erwachsen' – geben, wie sie es im Industriezeitalter dann tun sollten und wie wir das von unseren Eltern oder Großeltern her teilweise noch kennen. Das gesellschaftliche Leben insgesamt war kindlicher, spontaner, emotional wechselhafter und ungehemmter (Huizinga 1969).

Das Leben der jungen Menschen war dabei von vielfachen Härten gekennzeichnet und sehr ungeschützt, aber zugleich war es auch weniger beobachtet und mithin freier als in den zukünftigen Zeiten der elterlichen und öffentlichen Erziehung, die – zunächst die Oberschicht, später das Bildungsbürgertum und dann die übrigen Schichten erfassend – von nun an eine 'Kindheit' und 'Jugend' erschuf, so wie wir sie kennen. Besonders durch die Schule, die dann auch die Altersklassen und das 'Sitzenbleiben' erfand, wird das Aufwachsen der jungen Menschen einem genauen, institutionell vorgegebenen Zeittakt unterworfen (Winterhagen-Schmid 2001). Die Verhäuslichung nicht nur der Kindheit, sondern zunehmend auch der Jugend führt zu einer Intensivierung der Beziehungen zwischen Eltern und Kindern, mithin aber auch zu stärkeren Spannungen und Generationenkonflikten. Die Jugend wird zu einer krisenhaften Periode der Identitätsfindung, zu einer Zeit von 'Sturm und Drang' (Schiller). Auf der einen Seite gibt es nun ein breiteres Spektrum von Optionen der Lebensgestaltung – man kann den Heiratspartner freier wählen, das Berufsspektrum erweitert sich und selbst die religiösen und politischen Bekenntnisse stehen grundsätzlich zur Disposition. Auf der anderen Seite gibt es einen dezidierteren Willen zur Erziehung auf Seiten von Eltern und Schule, eine stärkere Disziplinierung des Alltagslebens und insbesondere eine subtilere und umfassendere Kontrolle jugendlicher Sexualität.

Diese gleichzeitige und scheinbar paradoxe Verstärkung von Freiheit *und* Zwang lässt sich verstehen, wenn wir uns vor Augen führen, dass seit dem Zeitalter der Aufklärung – im 18. Jahrhundert – generell die Gestaltbarkeit des Lebens propagiert wurde, während zuvor der Lebensverlauf eher als schicksalhaft galt. Gestaltbarkeit bedeutet aber beides: Einerseits Eröffnung von Wahlmöglichkeiten – Heiratsfreiheit, Berufsfreiheit, Religionsfreiheit, politische Freiheit.

Übersicht 3.2:   Wandel von Kindheit und Jugend im Übergang von der Agrar- zur Industriegesellschaft

Agrargesellschaft	Industriegesellschaft
Viele Kinder sterben in den ersten Lebensjahren (oder 'himmeln') – wenig Trauer. Wenig Beachtung für die Kindheit: Kleine Kinder werden kaum, größere Kinder wie Erwachsene wahrgenommen.	Geringere Kindersterblicheit. Wachsende moralische Verfemung der Kindestötung und der Abtreibung. Intensive Trauer. Kindheit wird gesellschaftlich stark beachtete Lebensphase.
Erste Zeit aufgrund physischer Abhängigkeit in enger Beziehung zur Mutter oder Amme. Junge Kinder sind 'ungesittete Äffchen' – keine Erziehung.	Allmähliche Medikalisierung und v.a. Pädagogisierung der frühen Kindheit: Kindheit wird Schon- und Erziehungsraum.
Kinder (ca. ab 5J.) nabeln sich sehr früh von der Familie ab und wachsen in Nachbarschaft, Spiele, Arbeit und Krieg hinein. Die Gesellschaft ist insgesamt relativ jugendlich und 'unreif'.	Allmähliche Durchsetzung der Schulpflicht. Die Gesellschaft ist durchschnittlich älter. Ausbildung der ernsten und strengen Erwachsenenrolle als Pendant zur Kinderrolle.
Jugendliche leben teils in Altersklassen, teils in Lehrverhältnissen.	Etablierung der Schulpflicht. Entpersönlichung des Lehrverhältnisses.
Eltern/Lehrherren bestimmen – teilweise – den Beruf und den Heiratspartner. Religion wird vererbt bzw. vom Landesherrn oktroyiert. Aber insgesamt relativ gelassenes und unpädagogisches Verhältnis zur Jugend.	Wachsende Wahlfreiheit der Jugendlichen: Beruf, Heiratspartner und Weltanschauung (evtl. Politik statt Religion) – im Konflikt mit verschärften Anstrengungen zur Erziehung (Eltern, Schule, Militär). Stärkere Tabuierung der Sexualität.

Andererseits den Willen zur Planung und Gestaltung des Lebens, der sich ja auch in der Idee der Erziehung seit dieser Zeit manifestiert. Denn Erziehung bedeutet den Versuch, das Leben der Zöglinge – oder im Sinne der Selbsterziehung das eigene Leben – zu gestalten und unter Kontrolle zu bringen. Übergänge, die sich vorher traditionell oder umstandslos ergaben, werden nun als 'Entscheidungen' wahrgenommen. In der Adoleszenz aber kommt es dann zur Gestaltungs- und Entscheidungskonkurrenz zwischen Jugendlichen, die nun ihr Leben zunehmend selbst in die Hand nehmen möchten, und Eltern, die vom Erziehen noch nicht ablassen wollen oder ablassen können – beide Seiten dieses Konfliktes hatte es zuvor so nicht gegeben. Vgl. Übersicht 3.2.

3.3 Die Entfaltung postindustrieller Familien- und Privatheitsformen

Die Ablösung agrargesellschaftlicher durch industriegesellschaftliche Lebensweisen kann man – zumindest in gewissen Resten – auch heute noch beobachten. Zugleich kommen nun Lebensformen in Spiel, die man teilweise als Fortsetzung und Radikalisierung der schon mit der Industrialisierung anhebenden
Trends wahrnehmen, teilweise aber im Ergebnis als völlig neue Qualitäten, eben
als postindustrielle Lebensformen deuten muss.

    Im Zentrum der neueren Entwicklung steht ganz klar die Emanzipation und
Erwerbstätigkeit der Frauen, begünstigt durch die Bildungsexpansion und den
postindustriellen Ausbau der Dienstleistungsberufe, die faktisch vor allem für
Frauen vermehrt Beschäftigungschancen eröffnen.[4] Allgemein wird heute angenommen, der Anstieg der Frauenerwerbstätigkeit sei jüngeren Datums. Allerdings ist zu beobachten, dass sich die Frauenerwerbstätigkeit – die Arbeit von
Frauen außerhalb des eigenen Haushalts – schon recht früh ausgebreitet hat und
in den weniger begüterten Schichten praktisch nahtlos an die vorindustrielle
Haushaltsökonomie anschließt. Lediglich in der Zeit zwischen 1925 und 1960
stagnierte dieser Trend, was dem danach folgenden Anstieg vielleicht im kurzen
Gedächtnis der Zeitgenossen eine gewisse Dramatik verliehen hat (vgl. Abbildung 3.2[5]).

    Wenn wir diese Entwicklung richtig verstehen wollen, müssen wir uns vor
Augen halten, dass hier zwei Trends wirksam werden, die sich teilweise in ihrer
Wirkung gegeneinander aufheben. Zum einen der *materielle Trend*, dass Frauen
in den weniger begüterten Schichten früher einfach arbeiten mussten, sei es
zunächst noch in der agrarwirtschaftlichen Haushaltsökonomie oder im Handwerksbetrieb als 'mithelfende Familienangehörige', oder später verstärkt außer
Haus im Industrie- und Dienstleistungssektor. Mit dem zunehmendem
Wohlstand, der gerade nach dem Zweiten Weltkrieg auch die unteren Schichten
erreichte, konnten sich die Frauen dort dann teilweise von der Erwerbsarbeit

---

4   Grundsätzlich wäre auch schon in der Industriegesellschaft eine verstärkte Frauenerwerbstä-
    tigkeit möglich gewesen, wie auch das Beispiel der sozialistischen Länder gezeigt hat, wo
    Frauen verstärkt in sogenannte Männerberufe – wie Maschinenführer, Ingenieur, Kosmonaut
    etc. – eindrangen. Insofern gibt es keinen theoretisch zwingenden, sondern bloß einen fakti-
    schen Zusammenhang zwischen der Tertiarisierung (vgl. Kap. 2.5) und der Zunahme der Frau-
    enerwerbstätigkeit in den westlichen Ländern.

5   Unter Erwerbstätigen werden alle männlichen und weiblichen Beschäftigten inklusive der
    gemeldeten Arbeitslosen verstanden. Die Verteilung der Erwerbstätigkeit auf die Geschlechter
    ist nicht zu verwechseln mit der "Erwerbsquote der Frauen im erwerbsfähigen Alter" – diese
    misst den Anteil der erwerbstätigen Frauen an den Frauen insgesamt im Alter zwischen 15 und
    64 Jahren (vgl. Fußnote 7 und Abbildung 3.3).

zurückziehen. Zum anderen der *kulturelle Trend*, der zunächst – wie oben be-schrieben – den Frauen der besser gestellten Schichten nahelegte, zuhause zu bleiben und die Rolle der treusorgenden Ehegattin, Hausfrau und Mutter einzu-nehmen. Dieser konnte sich aber anfangs nur beschränkt ausbreiten, weil die wohlhabenderen Haushalte nicht sehr zahlreich waren.

Abbildung 3.2: Anteil der Frauen an allen Erwerbstätigen

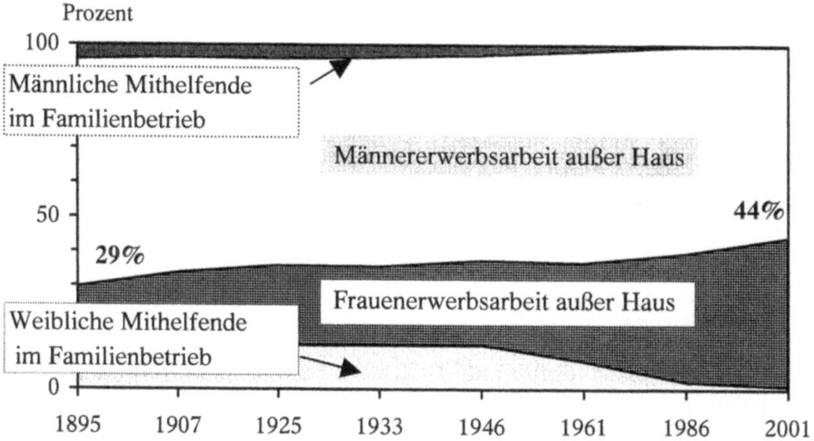

Quellen: Statistische Jahrbücher für das Deutsche Reich, Statistische Jahrbücher der Bundesrepublik Deutschland; eigene Berechnungen.

Später dagegen, seit den 1970er-Jahren, hat das Leitbild der bürgerlichen Fami-lie gerade bei höher gebildeten Frauen – die meistens auch aus den 'besseren Kreisen' stammen (vgl. Kap. 4) – an Glanz verloren und wird verstärkt von Emanzipationsbestrebungen abgelöst. Höher gebildete Frauen, von denen es im Zuge der Bildungsexpansion (vgl. Kap. 4.2) immer mehr gibt, streben heute vielfach nach 'Selbstverwirklichung im Beruf' und nach einem 'eigenen Ein-kommen', das sie unabhängig vom (potentiellen) Ehemann macht. Wenn man beide Trends zusammennimmt, kann man auch sagen: Früher sind die Frauen mehr der materiellen Not gefolgt, heute folgen sie Individualisierungstenden-zen, aber außer Haus gearbeitet haben sie eigentlich immer – gegenwärtig etwas mehr als früher, aber die Veränderungen sind insgesamt nicht so dramatisch, wie man heute vielfach aus liberaler Sicht bejubelt und aus konservativer Sicht beklagt.[6]

Abbildung 3.3: Anteil erwerbstätiger Frauen nach Alter und Familienstand

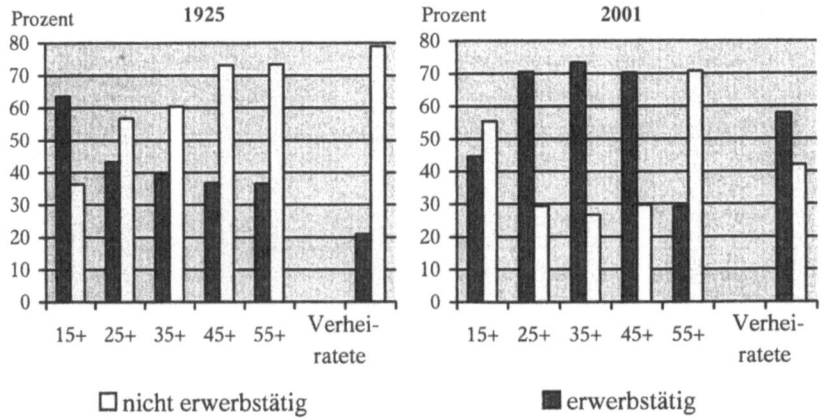

Quellen: Stat. Jahrbuch für die BRD 2002: 103; Stat. Jahrbuch für das Deutsche Reich 1930; eigene Berechnungen

Allerdings zeigt sich beim näheren Hinsehen, dass sich die Zusammensetzung der weiblichen Erwerbstätigkeit deutlich verändert hat (vgl. Abbildung 3.3). Waren es früher vor allem die noch unverheirateten jungen Frauen, Ledige und Witwen, die einer Erwerbstätigkeit außer Haus nachgingen, so sind es heute gerade umgekehrt die Frauen mittleren Alters, bei denen die Erwerbsbeteiligung am höchsten ist – und zwar weitgehend unabhängig davon, ob sie verheiratet sind oder ledig, ob Kinder im Haus leben oder nicht.[7] Der Status der Hausfrauenehe hat also erheblich gelitten, der durchschnittliche Lebenslauf gerade der jüngeren und bessergestellten Frauen sieht heute so aus: Lange Ausbildung,

---

6   Zu berücksichtigen ist hier auch, dass die Erwerbsquote der Männer aufgrund von längeren Ausbildungszeiten und von zunehmender Frühverrentung deutlich rückläufig ist. Ohne diesen Rückgang würde der prozentuale Anstieg weiblicher Erwerbsbeteiligung noch flacher ausfallen.

7   Die Erwerbstätigenquote (nicht identisch, aber in etwa vergleichbar mit der Erwerbsquote) der Frauen im Alter zwischen 15 und 65 Jahren lag 2001 insgesamt bei 58,9 Prozent, die der Frauen mit im Haushalt lebenden Kindern bei 64,0 Prozent. Allerdings sind bei letzteren deutliche Abstufungen entsprechend dem Alter der Kinder erkennbar – bei den Frauen, die Kinder unter drei Jahren haben, liegt sie nur bei 48,6 Prozent (Stat. Jb 2002: 106).

späte Heirat, Familie *und* Beruf, frühe Verrentung (was in Zukunft wohl nicht mehr möglich sein wird).

Litt das Leitbild der bürgerlichen Familie anfangs in seiner Ausbreitung vor allem an materiellen Restriktionen, so machte sich später der kulturelle Widerspruch bemerkbar, den es – gleichsam wie einen Geburtsfehler – von Anfang in sich trug: Zum einen sollte die Beziehung der Eheleute auf romantische Liebe gegründet sein, zum anderen machte es aber die Frau mehr noch als zuvor von einem Familienernährer abhängig (vgl. Lenz 1998). Diese Spannung zwischen propagierter Seelenverwandtschaft und wirtschaftlicher Abhängigkeit wurde in der Literatur des ausgehenden 19. Jahrhunderts schon thematisiert, so etwa in Henrik Ibsens 'Nora', Theodor Fontanes 'Effi Briest' und Gustave Flauberts 'Madame Bovary'. Doch erst indem die Frauen im Lauf des 20. Jahrhunderts allmählich ökonomisch selbständiger wurden, konnten die 'inneren Qualitäten' der Partnerbeziehung entfaltet werden. Diese Entwicklung ist im Verlauf des 20. Jahrhunderts zum Beispiel an der Formulierung von Bekanntschafts- und Heiratsinseraten zu beobachten: Der gesuchte Partner ebenso wie die eigene Person werden zunehmend mit expressiven – auf 'Seelenverwandtschaft' abzielenden – Adjektiven beschrieben, während zuvor materielle Versorgungsaspekte – also utilitaristische Gesichtspunkte – im Vordergrund standen. Lagen die Werte für das utilitaristische Partnerschaftsideal zu Anfang des 20. Jahrhunderts bei 85 Prozent, waren sie seit den 1980er-Jahren auf 15 Prozent gesunken – und genau spiegelbildlich dazu ist das expressive Partnerschaftsideal aufgestiegen (Buchmann/Eisner 1997).

Mit dem Aufstieg des expressiven Partnerschaftsideals ist aber auch die gesellschaftliche Akzeptanz gegenüber Ehescheidungen gestiegen – wenn die Ehe vor allem als emotionales Verhältnis angesehen wird, dann ist sie logischerweise aufzulösen, wenn dieses Verhältnis gestört ist. Entsprechend sind auch die Scheidungsraten ziemlich kontinuierlich gestiegen – im Lauf des 20. Jahrunderts etwa um das 10fache (Nave-Herz et al. 2001: 303). Heute wird entsprechend etwa jede dritte Ehe irgendwann in ihrem Verlauf geschieden, besonders häufig nach vier bis sieben Jahren Ehedauer (Hammes 1996: 772). Historisch besehen ist diese Zahl ausgesprochen hoch, aber angesichts der nachlassenden ökonomischen Abhängigkeit, des beinahe verschwundenen moralischen Drucks zur Aufrechterhaltung der Ehe und dem immer stärker werdenden kulturellen Imperativ zur 'Selbstverwirklichung' kann man auch fragen: Warum wird eigentlich *nur* jede dritte Ehe geschieden? Das bedeutet ja, dass immerhin zwei Drittel aller Ehen lebenslang halten, wobei auch zu berücksichtigen ist, dass die Ehen heute länger dauern, weil die Ehegatten länger leben.

Die Antwort könnte darin liegen, dass stabile Partnerbeziehungen den Menschen inneren Halt geben und das Bedürfnis nach diesem Stabilitätsanker umso wichtiger wird, je mehr die traditionellen Lebensentwürfe und Verhaltensmuster an Bindekraft verlieren. Diese Sichtweise ist besonders eindrücklich in einem mittlerweilen 'klassischen' Aufsatz von Peter L. Berger und Hansfried Keller (1965) angelegt: In der Ehe treffen zwei 'Fremde' aufeinander, denen es in einem durchaus krisenhaften Prozess gelingen muss – und oftmals auch gelingt –, eine weitgehend übereinstimmende Sicht der Welt und der eigenen Lebensgeschichte zu entwickeln. Mit dem Faden des gemeinsamen Gesprächs spinnen sich die Eheleute gleichsam wie in einen Kokon immer mehr in eine gemeinsame Lebenswelt ein und schirmen sich so gegen eine vielfach als kalt und entfremdet erlebte Außenwelt ab. Der moderne Mensch ist als Einzelner 'in die Welt geworfen' und dort ständig vor neue Auslegungsmöglichkeiten, Optionen, Verführungen, Entscheidungszwänge, Ambivalenzen und Zweifel gestellt. Dem starren Welt- und Lebensentwurf der Religion mag er sich im Allgemeinen nicht mehr umstandslos anschließen. Ganz auf sich gestellt erscheint ihm die Welt jedoch unsicher und unwirklich. So scheint sich gerade die moderne Ehe – mit oder ohne Trauschein – als vorzügliches Instrument zu erweisen, um die sich wandelnde Wirklichkeit Tag für Tag neu zu interpretieren und zugleich ihr gegenüber Selbstsicherheit zu gewinnen: Im bloßen Selbstgespräch könnten wir nicht so leicht moralische Rückversicherung gewinnen, das Gespräch mit Fremden ist zu flüchtig und meist auch zu oberflächlich, die großen Kollektive – die Kirche, die Partei, das Vaterland und die Gewerkschaft – sind zu unbeweglich und zu unspezifisch in ihren Antworten. Nur das Gespräch mit dem Lebenspartner – und näherungsweise mit guten Freunden – kann uns die Wirklichkeit eröffnen und uns zugleich vor zu viel Zweifeln bewahren.

Der entscheidende Unterschied ist also nicht so sehr, ob Ehen früher oder später geschlossen werden, wieviel Prozent der erwachsenen Bevölkerung in ihrem Leben heiraten, ob es mehr oder weniger Ehescheidungen gibt usw. Viel wichtiger ist der völlig veränderte Charakter der Beziehung zwischen den Eheleuten, der schließlich auf die Familienbeziehungen insgesamt abstrahlt. Elisabeth Beck-Gernsheim (1994) hat dies treffend auf eine Formel gebracht: 'Von der Notgemeinschaft zur Wahlverwandtschaft'; Manuela Du Bois-Reymond (1995) spricht in diesem Zusammenhang von der Ablösung des 'Befehlshaushalts' durch den 'Verhandlungshaushalt' (vgl. Schneewind 2001). So besehen ist die bürgerliche Familie nur ein Zwischenspiel zwischen dem auf konventionellen Beistandsverpflichtungen und partriarchaler Zwangsgewalt beruhenden Familie der Agrargesellschaft und der postindustriellen Gegenwart, in der Beziehungen wechselseitig freiwillig aufrechterhalten und gepflegt werden müssen, die auf der Etablierung gemeinsamer Denkweisen und Einsichten beruhen und in denen Gewalt und Geldentzug als Sanktionsmittel eine untergeordnete und zunehmend verfemte Rolle spielen.

Aber die Familie als Gesprächsgemeinschaft hat nun ihrerseits mit neuen kulturellen Widersprüchen zu kämpfen. Zum einen ist das die innere Spannung zwischen der Intimisierung der Ehebeziehung, so wie wir sie oben beschrieben haben, und der fortschreitenden Pädagogisierung der Aufzucht von Kindern. Schon mit der Erfindung der Erziehung im 19. Jahrhundert waren die Anforderungen an die Eltern erheblich gewachsen – die Eltern mussten sich erstmals etwas ernsthafter um ihre Kinder kümmern. Aber mit der Errichtung einer Kinderwelt konnten sich die Erwachsenen auch relativ klar von ihrem Nachwuchs abschirmen und abgrenzen. Wenn die Erwachsenen ihre Ruhe haben wollten, wurden die Kinder schlafen gelegt oder zum Spielen geschickt. Außerdem durften und mussten Eltern autoritär sein, das heißt ihre Erziehungsziele wie Disziplin und Gehorsam auf direktem Wege anstreben. Heute dagegen dürfen und sollen Kinder permanent am Gespräch teilnehmen, was vielfach dazu führt, dass wenige Kinder – sie sind schließlich selten geworden – die Aufmerksamkeit aller irgendwie verfügbaren Erwachsenen absorbieren (vgl. Beck-Gernsheim 1990).

Zudem sollen Kinder vor allem zur Selbständigkeit erzogen werden, also zur Entfaltung eigenen Selbstbewusstseins sowie der Einsicht in die Notwendigkeit von Grenzen. Ähnlich wie die romantische Liebe ist dieses Erziehungsziel keineswegs neu, sondern bereits in der Aufklärung des 18. Jahrhunderts und spezifischer dann im Neuhumanismus des 19. Jahrhunderts als Idee formuliert worden. Aber erst in der zweiten Hälfte des 20. Jahrhunderts findet es in umfassender Weise Eingang in die erzieherische Praxis. Dabei ist dieses Erziehungsziel, wenn es ernst genommen wird, höchst anspruchsvoll, weil es sensible Beobachtung, permanente Aufmerksamkeit, Selbstreflexion und eine hohe Selbstdisziplin auf Seiten der Erzieherinnen erfordert – um zu sehen, wann genau Förderung, Forderung, Gewährenlassen oder beschränkender, aber nachvollziehbar erklärter Eingriff erforderlich sind. Zeitweilig, im Gefolge der 1968er-Jahre, war Erziehung zur Selbständigkeit auch "antiautoritär" betitelt mit schlichtem Laisser faire verwechselt worden, das von den Erwachsenen nicht allzu viel zu verlangen schien, als sich nur selbst aller erzieherischer Attitüde zu enthalten. Spätestens wenn der Nachwuchs dann einen Höllenlärm macht, die Marmelade auf dem Tisch verteilt und die Wohnung unter Wasser setzt – und diese Aktionen fortsetzt und steigert, bis er endlich Aufmerksamkeit erfährt – wird klar, dass das so nicht funktionieren kann und das liberalere Konzept eben doch anspruchsvoller und anstrengender ist, als die 'gute alte' autoritäre Erziehung (vgl. Aly 1978).

So treten dann mit der Realisierung der Idee der romantischen Liebe und der Erziehung zur Selbständigkeit die gesteigerte Intimisierung der Beziehung zwischen den Eheleuten und die gesteigerte Pädagogisierung der Aufzucht von Kindern in Konkurrenz zueinander um die knappe Ressource Zeit und Energie. Aber auch von außen zerren gesteigerte Anforderungen und Bedürfnisse am Bestand der Familie. Zum einen der wachsende Anspruch, ein eigenes und ganz eigenwilliges Leben zu führen, der bei beiden Partnern die Kompromissbereitschaft reduziert. Zum Zweiten die von den Medien forcierte Erotisierung der Paarbeziehungen, die zur dauernden Suche nach gesteigertem sexuellem Genuss auffordert und entsprechend den Partnerwechsel nahe legt, wenn der 'alte' Partner – aufgrund des psychischen Mechanismus der 'hedonistischen Adaption' fast unvermeidlich – langweilig wird. Zum Dritten die weiteren Anmutungen der Freizeit- und Konsumgesellschaft, die Zeit, Muße und Geld erfordern, also Ressourcen, die dann nicht mehr in die Erziehung von Kindern investiert werden können. Zum Vierten – aber nicht zuletzt – die oftmals gesteigerten Anforderungen von Beruf und Karriere, die heute oft an beiden Partnern zerren und nicht nur Energie und Zeit, sondern auch zunehmend mehr räumliche und organisatorische Flexibilität verlangen.

Diese Imperative der Leistungssteigerung reißen gleichsam wie Zentrifugalkräfte an der ehemaligen Einheit von Ehe und Familie und haben sie zu einer Vielheit von unterschiedlichen Privatheitsformen aufgesprengt (Meyer 1993). Diese Pluralität alternativer Lebensverhältnisse tritt besonders in den Großstädten und in Kreisen mit höherer Bildung neben die bürgerliche Mehrkindfamilie als der ehemals dominanten und einzig angesehenen Form des privaten Lebens:

- Kinderlose Ehen
- Alleinerziehende
- Singles
- Nichteheliche Lebensgemeinschaften mit oder ohne Kinder
- Living-Apart-Together und Commuter-Ehen[8]
- Patchwork-Familien, d.h. Fortsetzungsfamilien nach Ehescheidungen
- Gleichgeschlechtliche Lebensgemeinschaften

---

8   Living-Apart-Together meint Partner, die (noch) keinen gemeinsamen Haushalt führen wollen. Als Commuter bezeichnet man Paare, die aufgrund der räumlichen Distanz der Arbeitsstätte(n) – eines oder beider Partner – nicht (ständig) in einem Haushalt zusammenleben können.

Diese Vielfalt privater Lebensformen führt allerdings kaum zur behaupteten "Erziehungskatastrophe"! Das hat drei Gründe:
1) Die Erziehungsphase für ein Kind dauert nur etwa 15 Jahre, das Erwachsenenleben aber ca. 45 bis 55 Jahre. Viele der alternativen Lebensformen verteilen sich auf diese 'Restzeit'; Alleinerziehende und Nichteheliche Lebensgemeinschaften haben durchschnittlich weniger Kinder als 'normale' Familien. Daher kommt es, dass die Mehrzahl – drei Viertel – der schulpflichtigen Kinder nach eigenen Angaben in strukturell 'normalen' Familienverhältnissen, das heißt mit beiden leiblichen Eltern zusammen aufwächst.[9] Demgegenüber war die Zahl der Patchwork-Verhältnisse früher auch kaum niedriger, obwohl Ehescheidungen nur relativ selten vorkamen: Angesichts der vermeintlich strengeren 'Moral' früherer Zeiten wurden erstaunlich viele Kinder unehelich geboren[10] und das Risiko, Halbwaise oder gar Vollwaise zu werden, war infolge der niedrigeren Lebenserwartung erheblich.[11] Wir können daher festhalten, dass die Unterschiede zwischen strukturell 'normalen' und abweichenden Familienverhältnissen über etwas längere Zeiträume betrachtet gar nicht so groß sind, und eigentlich nur in dem recht kleinen Zeitfenster zwischen 1955 und 1965 die äußerlich 'normale' Familie beinahe Ausschließlichkeitscharakter besaß. Darüber hinaus kann man annehmen, dass strukturell 'normale' Familienverhältnisse heute mit

---

9   Laut Mikrozensus von 2001 wuchsen von 15, 1 Mill. Kinder unter 18 Jahren 12,1 Mill. (80%) mit Ehepaaren, die übrigen 2,9 Mill. mit Alleinerziehenden auf. Keine direkten Angaben existieren hier, wieviele der Ehepaare Fortsetzungsehen führen. Bei der PISA-Studie gaben in Deutschland 76 Prozent der befragten Jugendlichen im Alter von 15 Jahren an, mit beiden leiblichen Eltern zusammen zu wohnen, 16 Prozent leben mit einem alleinerziehenden Elternteil und 8 Prozent leben in Fortsetzungsfamilien (Tillmann/Meier 2003: 374).

10 Die Zahl unehelicher Geburten war gerade in der vorindustriellen Zeit sehr hoch – damals aufgrund der Heiratsbeschränkungen in West- und Nordeuropa und des entsprechend sehr hohen Ledigenanteils in der Bevölkerung (Mitterauer 1983). Mit der Liberalisierung der Eheschließung und dem sinkenden Heiratsalter hat ihre Zahl seit 1870 bis 1965 allmählich abgenommen – unterbrochen jeweils durch die Wirren des Ersten und Zweiten Weltkrieges – um danach wieder stark anzusteigen. So kamen zwischen 1850 und 1870 auf 100 Geburten insgesamt ca. 12 uneheliche Kinder, 1965 dagegen nur noch knapp 5. Seit 1990 ist allerdings ein deutlicher Anstieg zu verzeichnen. Bis 1999 ist die Zahl der unehelichen Geburten auf etwa 18 pro 100 angestiegen (Stat. Jahrbücher).

11 Es gibt keine direkten statistischen Angaben zur Zahl der Halb- und Vollwaisen. Auf der Grundlage von Sterblichkeitsraten, Eheschließungs- und Geburtenzeitpunkten kann man die Wahrscheinlichkeiten ungefähr abschätzen: "Vor hundert Jahren war ein Drittel der im üblichen Heiratsalter geschlossenen Ehen schon nach etwa 20 Jahren durch Tod eines Ehegatten gelöst. Fast ein Fünftel der Kinder hatten mit 18 oder 20 Jahren keinen Vater oder keine Mutter mehr. Heute dagegen ist erst nach 40 Jahren ein Drittel der Ehen gelöst und es ist sehr selten geworden, daß jemand die Eltern vor der Volljährigkeit verliert." (Höhn 1989: 200) Auch hier ist daran zu denken, dass der Trend durch die beiden Weltkriege jeweils unterbrochen wurde.

qualitativ besseren Beziehungen zwischen den Familienmitgliedern einhergehen als in Zeiten, als man noch der Konvention zuliebe den äußeren Schein wahren musste.

2) Erwachsene haben heute mehr Zeit für ihre Kinder als früher – und zwar trotz der gestiegenen Erwerbstätigkeit der Mütter. Das hat eine ganze Reihe von Gründen: Es gibt weniger Kinder in den Familien – Familien mit mehr als zwei Kindern sind ziemlich selten geworden. Es gibt heute im Vergleich zur früheren Haushaltsökonomie sehr viele Möglichkeiten, die Hausarbeit ganz erheblich zu reduzieren. Die Arbeitszeit der Männer ist deutlich zurückgegangen. Männer sind zwar in Deutschland nach wie vor sehr zurückhaltend – um nicht zu sagen: 'faul' –, wenn es um die Beteiligung an der Haushaltsführung geht, aber sie sind in der gegenwärtigen Generation eher dazu bereit, eine aktive und sorgende Vaterrolle zu übernehmen (Geißler 2002: 385ff.). Nicht zuletzt führen aber die gewachsene Lebenserwartung, die frühere Verrentung und die sinkende Kinderzahl dazu, dass in der erweiterten Familie, besonders seitens der Großeltern – trotz gewachsener räumlicher Mobilität und trotz der individualistischen Lockerung der Solidaritäts*pflichten* – mehr Betreuungzeit zur Verfügung steht (Lange/Lauterbach 1998; Lauterbach/Klein 1997; Tietze 1989).

3) Eine argumentativ-liberale Erziehung ist vielfach wirksamer als das autoritäre Konzept von 'Zucht und Ordnung', weil sie eher in der Lage ist, das Selbstkonzept und die Selbststeuerung der Kinder und Jugendlichen zu erreichen und zu beeinflussen, zumal sie eine ausgeglichenere Balance von Triebbefriedigung und Triebbeschränkung ermöglicht. Stark repressive Triebunterdrückung führt dagegen zu brachialer Triebentladung, wenn die äußeren Kontrollen entfallen, oder zu neurotischen Umwegen, auf denen die inneren Konditionierungen umgangen werden. Der 'autoritäre Charakter' der Industriegesellschaft führte entsprechend zu einer starken Domestizierung im Binnenverhältnis und auf den 'Vorderbühnen' (Goffman), zu Gewalt und Vergewaltigung im Außenverhältnis und auf den Hinterbühnen (Adorno 1995, Theweleit 1980).

Schon 1957 – also mitten in der Hochphase der bürgerlichen Familie – beklagte der konservative Soziologe Helmut Schelsky den Verfall der Erziehung: "Die außerordentlich gestiegene, schichtenunspezifische Berufstätigkeit der Frau sowohl vor der Ehe als auch als Ehefrau, ja sogar als Mutter unerwachsener Kinder gefährdet heute vielfach auch schon diese Grundlage des familiären Lebens, überlastet die Mutter und mindert so ihre Zeit und Leistung für die Erziehung der Kinder." (Schelsky 1961: 34f.) Wenn tatsächlich die steigende Erwerbstätigkeit der Mütter solche verheerenden Folgen hätte, dann wäre logischerweise zu erwarten, dass die Kinder der Nur-Hausfrauen auch besser in der Schule abschneiden. Bei der PISA-Studie war in Deutschland wie auch in fast allen anderen postindustriell entwickelten Ländern eher das Gegenteil der Fall (vgl. Abbildung 3.4). Wie ist es zu erklären, dass hier im Durchschnitt sogar der umgekehrte Effekt abzulesen ist, also die Kinder von erwerbstätigen Müttern besser abschneiden als die Kinder von Nur-Hausfrauen? Mütter in höheren Schichten und mit höheren Bildungsabschlüssen arbeiten heute häufiger als Mütter in niedrigeren Schicht- und Bildungsmilieus – die höhere soziale Herkunft ist wirksamer für die Leistung der Kinder als der Erwerbsstatus der Mütter (vgl. Kap. 4).[12]

Abbildung 3.4: Tätigkeit der Mütter (in Prozent) und Abschneiden der Kinder in der internationalen PISA-Studie (Lesekompetenz in PISA-Punkten; OECD-Mittelwert = 500)

	Vollzeit		Teilzeit		Jobsuche		Hausfrau	
Deutschland	34%	494	36%	497	5%	450	23%	465
Österreich	35%	508	31%	519	3%	498	28%	502
Schweiz	24%	480	39%	512	3%	448	31%	492
Frankreich	50%	517	17%	512	6%	472	25%	492
Italien	33%	505	22%	492	2%	452	40%	475
Großbritannien	44%	531	28%	539	4%	492	21%	506
USA	55%	506	13%	543	3%	444	17%	516
Schweden	59%	525	23%	516	5%	497	11%	498
Finnland	70%	552	9%	543	7%	530	12%	535
OECD insg.	43%	508	20%	514	4%	463	27%	490

Quelle: http://pisaweb.acer.edu.au/oecd/oecd_pisa_data_s2.php

Interessant ist auch ein weiteres Ergebnis der PISA-Studie, dass nämlich die äußerlichen Familienverhältnisse – entgegen dem gängigen Vorurteil – kaum einen Einfluss auf die Schulleistungen der Kinder haben. Kinder aus strukturell abweichenden Familienverhältnissen schneiden – der PISA-Studie zufolge –

---

12 Daneben scheint es noch einen direkten, wenn auch deutlich schwächeren Zusammenhang zwischen der Berufstätigkeit der Mütter und dem Bildungserwerb der Kinder, besonders im Osten Deutschlands, zu geben: Mütter, die erfolgreich auf dem Arbeitsmarkt agieren, sind auch erfolgreich bei der Unterstützung ihrer Kinder – sei es, weil die entsprechenden Mütter in Erziehung wie Erwerbsleben über ein höheres Organisationstalent, mehr Tatendrang, ein besseres 'Fingerspitzengefühl' usw. verfügen, oder sei es, weil die entsprechenden Kinder sehr leistungsfähig, umgänglich und selbständig sind, und es ihren Müttern entsprechend relativ leicht fällt, ins Erwerbsleben einzutreten (vgl. Tillmann/Meyer 2003).

nicht signifikant schlechter ab als Kinder aus 'normalen' Familien (Till-mann/Meier 2003: 373ff.). Das ist auch ein Hinweis darauf, dass die Sozialisa-tionsbedingungen insgesamt in diesen Familien gar nicht so schlecht sind, wie vielfach angenommen. Als nachteilig hat sich dagegen eine Konstellation er-wiesen, die im konservativen Familienbild als förderlich für den Kompetenzer-werb angesehen wurde: die Familie mit einer größeren Kinderzahl. Heute ist sie tatsächlich vor allem in den unteren Schichten und bei Migranten verbreitet. Aber selbst wenn man hier Schicht- und Migrationseffekt abzieht, bleibt noch eine Benachteiligung – die wahrscheinlich auf die zwangsläufig verminderte Zuwendung seitens der Erwachsenen und die ungünstigeren materiellen Bedin-gungen aufgrund der höheren Kinderzahl zurückzuführen ist.

Abbildung 3.5: Zusammengefasste Geburtenziffern pro Frau im Durchschnitt der Zeit von 1990 - 2000

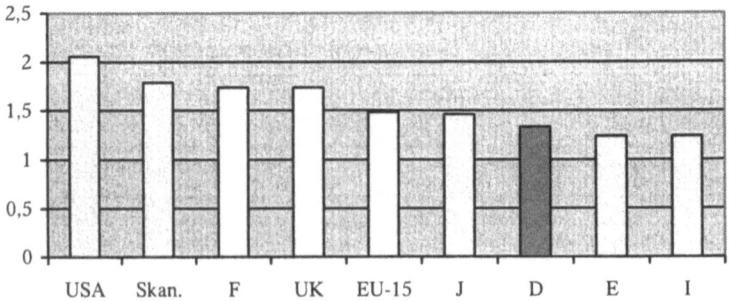

Quelle: Eurostat, eigene Berechnungen

Entgegen der vielfach vorgebrachten Klage über den Verfall der Familie gibt es also wenig stichhaltige Gründe, die für eine Verschlechterung der häuslichen Betreuung und Erziehung sprechen. Allerdings sind Aufzucht und Erziehung ökonomisch teurer und pädagogisch anspruchsvoller geworden, weshalb die Zahl der Kinder in den meisten postindustriellen Ländern – außer den USA mit ihrer starken sozialen und ethnischen Segregation der Familienverhältnisse (Burkart 1993) – relativ niedrig ist. Ökonomisch teurer wird die Erziehung nicht so sehr wegen der gestiegenen Konsumwünsche der Kinder – das ist ein eher vordergründiger Effekt. Teurer wird sie vor allem wegen der gestiegenen Aus-bildungszeiten, weil Kinder ohnehin kaum mehr zum Familieneinkommen und

Übersicht 3.3:   Wandel der Familie im Übergang von der Industriegesell-
                  schaft zur postindustriellen Gesellschaft

Industriegesellschaft	Postindustrielle Gesellschaft (zuerst in den höheren Bildungsschichten)
Idee der Liebesheirat und Gesprächsorientierung in der Familie - scheitert noch vielfach an der ökonomischen Abhängigkeit der Frauen.	Möglichkeit der Liebesbeziehung - aufgrund der ökonomischen Unabhängigkeit der Frauen. Aber entsprechend höhere Scheidungsquoten.
Trennung von Öffentlichkeit und Privatsphäre. Ideal der Verhäuslichung der Ehefrauen - das vielfach nicht zu verwirklichen war.	Spannung zwischen Berufs- und Privatheitsorientierung - vor allem bei den Frauen, zum Teil in der Folge bei den Männern.
Zweigenerationen-Kernfamilie, aber uneheliche Geburten und Verwaisung noch recht häufig.	Pluralisierung der Lebensformen. Patchworkfamilien aufgrund von nachlassendem Bindungszwang.
Bindungszwang: Familien werden äußerlich aufrecht erhalten, auch wenn sie innerlich zerrüttet sind.	80 Prozent aller Schulkinder wachsen nach wie vor in (äußerlich) intakten Familien auf.
Steigende Investitionen in Erziehung. Pädagogisierung und Intimisierung der Beziehung zu weniger Kindern.	Weitere wachsende Anforderung an Erziehung, manchmal auch bis zur Überforderung der Eltern.
Relativ starre Rollenbindung und starke Hierarchie in der Familie: "Befehlshaushalt".	Schwächere Rollenbindung und 'flachere' Hierarchie in der Familie: "Verhandlungshaushalt".
Erziehung zu strikter Regeltreue und formeller Disziplin.	Erziehung zur Einsicht und sinnvoller Regelinterpretation.
Bevölkerungsexplosion wegen Wegfall der Heiratsverbote und weniger Säuglingssterblichkeit.	Höhere Lebenserwartung und weniger Kinder: mehr Betreuungszeit, vor allem durch Großeltern.
Allmählicher Rückgang der Geburten.	Zunahme der Einwanderung.

zur Alterssicherung beitragen, und weil die Frauen aufgrund der eigenen (höheren) Ausbildung heute ein besseres Erwerbseinkommen erzielen können. Auch die Migrantinnen passen sich schnell an diese Gegebenheiten im Aufnahmeland an und haben dort kaum mehr Kinder als autochtone Frauen (Nauck 1997). Besonders niedrig ist die Geburtenrate allerdings in Deutschland, ähnlich wie in Italien und Spanien, also insgesamt in Ländern, die im Bildungs- und Sozialsystem am konservativen Leitbild der Hausfrauen-Ehe festhalten. Höher sind sie heute dagegen in Ländern wie Frankreich und Skandinavien, die die ökonomische Selbständigkeit von Frauen durch die öffentliche Förderung von Vorschulen und Ganztagsschulen unterstützen (vgl. Abbildung 3.5).

Zusammenfassend lässt sich also feststellen (vgl. oben, Übersicht 3.3): Die postindustrielle Familienform in der Wissenschaftsgesellschaft beruht auf freiwilliger Bindung zwischen den Eheleuten, einer starken Gesprächsorientierung und Partnerschaftlichkeit von Ehe und Erziehung und sie bringt nur relativ wenige Kinder hervor. Der Idee nach war sie schon in vieler Hinsicht im 19. Jahrhundert angelegt, konnte sich aber aufgrund der ökonomischen Abhängigkeit der Frauen zunächst nicht entfalten. Heute wird die Emanzipation der Frau durch die Bildungsexpansion (vgl. Kap. 4), die postindustrielle Veränderung der Berufswelt (vgl. Kap. 6) und die weitgehende Entmilitarisierung der Gesellschaft (vgl. Kap. 7) begünstigt. Entsprechend breitet sich die postindustrielle Familienform in den oberen Bildungsschichten aus, während die bürgerliche Familienform gegenwärtig vor allem noch in den bildungsfernen Schichten und in den besitzenden Schichten zu finden ist. Die kulturpessimistische Vorstellung, dass die postindustrielle Familienform besondere Erziehungsdefizite aufweise, ist nachdrücklich zurückzuweisen.

3.4 Kindheit im Übergang zur postindustriellen Zeit

Natürlich ist mit der Beschreibung der Familien schon einiges über das Leben von Kindern und Jugendlichen gesagt, aber deren Leben spielt sich nicht nur in diesen Familien, sondern auch in anderen Sozialräumen ab – in der Schule, in Freizeiteinrichtungen, auf der Straße und in den virtuellen Welten der Medien. Wenn wir die Welt aus einem dieser Teilräume der Kindheit und Jugend betrachten, sprechen wir gewöhnlich über die Probleme, die es dort *mit Kindern* gibt – eben aus der Perspektive der Erwachsenen, die diese Räume allesamt dominieren und kontrollieren (wollen). Dagegen bemüht sich die Kinder- und Jugendforschung, die Welt aus dem Blickwinkel der Subjekte in den Blick zu nehmen, also zu fragen, wie sich die Lebenssituation von Kindern und Jugendlichen *ihnen selbst* darstellt. Machen wir uns dabei nichts vor: die Kinder- und JugendforscherInnen sind selbst natürlich keine Kinder mehr. Aber sie geben sich einige Mühe, die Welt aus der umgekehrten Perspektive zu betrachten und dabei die Lebensbedingungen der Kinder aller Schichten einzubeziehen (z.B. Krappmann/Oswald 1995; Zinnecker 2001, Timmermann/Melzer 1993).

Die Frage 'Kindheit und Jugend heute' impliziert immer eine Kontrastfolie, nämlich: 'Kindheit und Jugend' gestern. Hier müssen wir uns davor hüten zu glauben, wir wüssten schon aus eigener Erfahrung, wie Kindheit und Jugend gestern gewesen sind. Unsere Erfahrungen sind allemal selektiv, und zwar in spezifischer Weise: Pädagogen und Soziologen kommen mit hoher Wahrscheinlichkeit – vergleiche dazu Kapitel 4 – aus konservativ-behüteten oder aufgeklärt-liberalen, aber eben doch gleichermaßen bildungsbürgerlichen Milieus und nur sehr selten aus 'bildungsferneren Schichten'. Zudem neigt die Erinnerung dazu, die Vergangenheit zu verklären oder zu verdammen – sie in jedem Fall verzerrt darzustellen. Jedenfalls wäre es ein Irrtum, von den Ideen der Pädagogik aus dem 19. Jahrhundert und ihrer allmählichen Umsetzung im anfangs sehr schmalen Segment des Bildungsbürgertums auf die Lebenswirklichkeit der breiten Masse der Bevölkerung zu schließen. Diese ist über lange Zeiträume bis hinein in die Zeit nach dem Zweiten Weltkrieg noch ländlich-traditional geprägt, im Industrieproletariat haben sich zum Teil eigene Traditionen neu ausgebildet. Wir haben insofern für beide Epochen, industriegesellschaftliche Vergangenheit wie die postindustrielle Gegenwart, von einiger Heterogenität auszugehen.

Dennoch lassen sich einige Grundlinien der Entwicklung verallgemeinern. Zunächst ist zu beobachten, dass die Konzeption von Kindern zu Beginn der Industrialisierung von einer stärkeren Moralisierung durch Kirche und Strafrecht erfasst wird – Kindestötung und Abtreibung waren zwar schon immer verboten, aber allmählich beginnen diese Verbote auch in der Lebenswirklichkeit zu greifen (Eser et al. 1988). Zugleich werden Schwangerschaft und Geburt verstärkter medizinischer Beobachtung unterworfen, zunächst mit Blick auf eine obrigkeitsstaatlich und nationalistisch inspirierte Erbhygiene und Volksgesundheit (Weß 1989). Mit der postindustriellen Emanzipation und Individualisierung werden Verhütungsmittel freigegeben und das Abtreibungsverbot gelockert, die Medikalisierung von Schwangerschaft und Geburt jetzt unter einem veränderten Blickwinkel und mit einer anderen Kontrollperspektive fortgesetzt, nämlich jeder Frau und jedem Paar ein Wunschkind zu bescheren – zum gewünschten Zeitpunkt, ohne gravierende Gesundheitsmängel, selbst bei Unfruchtbarkeit des Mannes oder der Frau, und in Zukunft eventuell sogar mit wählbaren sonstigen Eigenschaften wie Statur, Intelligenz und Charakter (Beck-Gernsheim 1995). Schwangerschaft und Geburt werden im Zuge dieser Entwicklung immer seltener und aufwändiger, immer freiwilliger und zugleich immer umfassender kontrolliert – die Frauen sind vom Joch permanenter Niederkunft und dem Tod im Kindbett befreit, dafür wird ihnen nun der vorsorgendere und feinfühligere Umgang mit ihrem Nachwuchs von allen Seiten nahegelegt. Was für die medizinische Erfassung des Lebens gilt, das lässt sich auch für die pädagogische Betreuung der Kindheit und Jugend sagen: Sie wird immer umfassender und unentrinnbarer, zugleich aber immer sanfter, subtiler und 'kindgerechter'. Dies gilt zumindest in physischer Hinsicht: Während früher die Kinder selbständig und ziemlich unbeaufsichtigt auf dem Hof, im Dorf oder auf der Straße spielten, ist die heutige Kindheit oft weitgehend 'verinselt' – Kinder halten sich kaum noch in öffentlichen Räumen auf, sondern in eigens für sie vorgesehenen Spiel-, Sport-, Kultur- und Unterrichtsstätten, in denen sie von geschultem Personal animiert und überwacht werden (Zinnecker 2001; Zeiher/Zeiher 1993; Rolff 1982). Das hat zum einen mit dem zunehmenden Straßenverkehr sowie der Verdichtung und Versiegelung städtischer Bebauung zu tun, aber zu mindestens gleichem Teil auch mit wachsender Besorgnis angesichts schon immer vorhandener Versuchungen und Gefahren in unverregelten Räumen sowie dem zunehmenden Wunsch nach 'optimaler', also möglichst gesteuerter und geplanter Förderung des Kindes. Hinzu kommt die demographische Komponente – dort, wo es immer weniger Kinder gibt, muss man auch immer weiter gehen oder fahren, um auf andere Kinder zu treffen. Nur wo es wenig Kinder und viel Zeit und Geld seitens der Erwachsenen gibt, kann so viel behüterischer und erzieherischer Aufwand betrieben werden. Auf diese Weise schwinden auch die Sozialräume, in denen sich Kinder – jenseits der Schule – unverbindlich und spontan treffen können. Stattdessen entsteht oft schon im frühen Kindesalter ein hochkompliziertes Geflecht individualisierter und systematisch gepflegter Beziehungen: Kinder spielen dann vor allem zu zweit und exklusiv mit ausgewählten Spielkameraden, mit denen sie sich zuhause treffen – anstatt wie früher einfach auf die Straße zu gehen, um zu sehen, wer da ist und sich einer 'Clique' anzuschließen (Zeiher 1995). Die Eltern müssen allerdings auch die Zeit und das Geld aufbringen können, ihre Kinder von 'Insel' zu 'Insel' zu chauffieren, die dort fälligen Gebühren zu tragen und eben entsprechende Gärten und Kinderzimmer zur Verfügung zu stellen. Auf diese Weise ist die Kindheit heute sehr viel mehr überwacht, aber gleichzeitig sind die Aufsichtspersonen sehr viel nachsichtiger und verhandlungsbereiter.

Durchbrochen wird die Aufsicht heute eher in den virtuellen Räumen der Medien. Während die Straßenkinder der Industriemoderne ihre Abenteuer noch selbst erlebten und erlitten, schlüpfen die Medienkinder der postindustriellen Informationsgesellschaft in die virtuellen Hüllen einer Vielzahl von Helden und

Opfern im Fernsehen, in Videos, in Computerspielen und im Internet. Natürlich rezipieren sie dabei nicht nur 'kindgerechte' und 'pädagogisch wertvolle' Angebote, aber auch schon in früheren Zeiten stießen 'Schundromane' und 'Comics' auf das Stirnrunzeln der Sittenwächter (Meier 1993). Die zunehmende Virtualisierung birgt natürlich Probleme – körperliche Fähigkeiten werden nicht geschult, Bewegungsarmut zusammen mit den vor allem in Fertiglebensmitteln häufig eingesetzten 'Suchtstoffen' Fett und Zucker führen zur Dickleibigkeit, die Fiktionalität der Figuren und Abläufe kann den Wirklichkeitssinn einschränken und unreflektierte Dauerberieselung mit bewegten Bildern die Phantasie verkümmern lassen. Andererseits ist die Konfrontation mit Medien heute einfach unerlässlich, weil unsere globale Welt – im Unterschied besonders zum sprichwörtlichen Kirchturmhorizont der Agrargesellschaft – nicht mehr nur auf unmittelbaren Kontakten beruht, sondern vielfach über Medien vermittelt ist: Ob Nahrung gesund ist oder vergiftet, ob die Eltern arbeitslos sind, ob Frieden ist oder Krieg herrscht – all das entscheidet sich im Allgemeinen nicht mehr im unmittelbaren Gesichtskreis, sondern im Rahmen globaler wirtschaftlicher, politischer und ökologischer Prozesse. Wenn wir unsere heutige Welt – auch die Welt in unserem unmittelbaren Gesichtskreis! – verstehen wollen, sind wir auf Medien angewiesen. Bilder können dabei helfen, aber die Flut der Bilder lässt sich ohne entsprechende emotionale und kognitive Konzepte kaum verarbeiten. Diese Konzepte können wiederum nur im (Selbst-)Gespräch und durch Lesen erworben werden. Insofern kommt es also weniger auf die Veränderung der Medien an, als auf den disziplinierten und verständigen Gebrauch, den Kinder und Jugendliche – und wir alle – davon machen (Bohnenkamp 1995; Hurrelmann 1995; Brügelmann 1995; Lange 2000). Dass ein inhaltlich anspruchsvolleres und formal asketischeres Medienangebot in gewissem Maße hilfreich wäre, steht außer Frage. Aber die Versuchung durch 'Schmutz und Schund' wird es immer geben – über oder unter der 'Ladentheke' –, und deshalb muss jeder für sich hier den ihm angemessen erscheinenden Umgang finden.

In der postindustriellen Medienwelt sind Kinder in hohem Maße zu Ansprechpartnern der Konsumentenwerbung geworden. Sie verfügen einerseits über mehr Geld, vor allem nehmen sie heute – via 'Verhandlung' – mehr Einfluss auf die Konsumentscheidungen ihrer Eltern (Lange 2000: 224 ff.). Auffällig ist auch, dass die Freizeitbeschäftigung von Kindern immer stärker von Konsumartikeln – Spielzeug und Sportutensilien – abhängig geworden ist (Rolff 1982). Das Basteln und Selber-Herstellen von Spielgerät ist heute kaum noch üblich. Auch hier kann man – ähnlich wie bei der zunehmenden Mediatisierung – den 'Verlust der Primärerfahrung' beklagen (Zöpfl/Gottfried 1997). Doch andererseits muss man auch fragen, ob diese Primärerfahrungen in der heutigen Lebenswirklichkeit so zentral sind. Warum soll man einen Drachen selber bauen, wenn die käuflich erworbenen billiger sind als das Bastelmaterial zum Selberbauen und außerdem besser fliegen? Dieser Zusammenhang ist nicht ganz zufällig, sondern folgt den grundlegenden Gesetzmäßigkeiten einer hocheffizienten und hochgradig automatisierten Industrieproduktion, wie sie für eine postindustrielle Wissensgesellschaft typisch ist. Entsprechende handwerkliche Fähigkeiten zu erwerben war für die männliche Erwerbskarriere in der Agrar- und Industriegesellschaft noch unabdingbar. Entsprechend war es notwendig, die Geduld, Frustrationstoleranz und Hingabefähigkeit an die Sachlogik eines technischen Zusammenhangs zu erlernen, der sich nicht wie Menschen durch 'impression management', also eine gute 'Show', beeinflussen lässt. Heute sind handwerkliche Fähigkeiten gelegentlich im Privathaushalt ganz nützlich, aber in sehr vielen Beschäftigungen obsolet geworden. Insofern scheint es auch hier – ähnlich wie bei den Medien – weniger auf den Verzicht, als auf den souveränen Umgang mit kommerziell hergestellten Fertigprodukten anzukommen.

Die Kommerzialisierung hat aber zusammen mit der Verinselung und Pädagogisierung einen weiteren Effekt, der tatsächlich alarmierend ist – sie fördert eine neue Form von Ungleichheit unter Kindern und Jugendlichen. Die Lebenschancen von Kindern waren natürlich schon immer abhängig von der Zeit und dem Geld, das ihre Eltern in sie investieren konnten. Da früher aber die Mehrheit arm war – sich weder kommerzielle *Gadgets,* noch besondere Freizeitbetreuung, noch überhaupt eine längere Schulzeit leisten konnte, war es für die Mehrheit auch völlig normal, ohne viel Geld für Spielzeug auszukommen, auf der Straße zu spielen und keine höheren Schulabschlüsse zu erwerben. Heute ist es nur noch eine Minderheit, die sich zum Beispiel kein Handy leisten kann – betroffene Jugendliche sind damit aber von der (SMS-)Kommunikation der Mehrheit und eventuell überhaupt ausgeschlossen, und das bedeutet für ihr Lebensgefühl natürlich etwas anderes, als wenn früher die ärmere Mehrheit mit dem demonstrativen Konsum einer reichen Minderheit konfrontiert war, den sie einfach als 'Snobismus' abtun und verspotten konnte. Ähnliches gilt für Verinselung: Wenn die meisten Kinder im Stadtviertel oder der Schulklasse von ihren Eltern zwischen Privatwohnungen, Privatgärten, Musikunterricht, Sportverein und Theatherworkshops hin- und herkutschiert werden, dann finden die verbleibenden 'Schmuddelkinder' kaum noch Spielkameraden, um dem traditionellen Freizeitvergnügen auf der Straße nachzugehen. Und ähnliches gilt in noch viel entscheidenderem Maße für die anzustrebenden Schulabschlüsse: Früher gab es genug Beschäftigung für Menschen ohne Schulabschluss, an- und ungelernte

Tätigkeiten waren in Landwirtschaft und Industrie noch recht häufig zu finden, weil die Automatisierung noch nicht so weit fortgeschritten war. Heute setzen fast alle Beschäftigungen einen Schulabschluss voraus. Im Zuge der Bildungs-expansion und Pädagogisierung der Schule ist entsprechend auch das diagnosti-sche Sensorium immer feiner geworden, es werden bei Schülern immer häufiger Defizite und Verhaltensauffälligkeiten diagnostiziert, die man früher einfach als 'normale Varianz' betrachtet hätte. Die Medikalisierung der Geburt, von der oben die Rede war, wirkt ebenfalls in ähnlicher Weise: Insgesamt wird die Ge-sundheit verbessert und daher tritt die Minderheit derer, denen nicht geholfen werden kann, die 'behindert' sind, in ein umso schärferes Licht – zum einen weil die Kontraste gegenüber der Mehrheit stärker werden, zum anderen weil die Diagnostik immer weiter verfeinert wird (Beck-Gernsheim 1995). Die Stan-dardanhebung und Ausdifferenzierung in allen Bereichen – bei der Ausstattung mit Konsumartikeln, bei den Freizeitaktivitäten, bei den Schulabschlüssen, bei der Pädagogik, bei der Medizin – führt also dazu, dass ein zurückbleibender Rest immer mehr unter Ausschließung zu leiden hat. Entsprechend ist der Anteil der Schüler in Sonderschulen zwischen 1952 und 1997 von 2 auf 4 Prozent aller Schüler gestiegen, die Zahl der Hauptschüler von 79 auf 22 gesunken (Geißler 2000: 40) – beides muss man als Zunahme von Marginalisierungseffekten ver-stehen.

Wenn man die in der Literatur beschriebenen Tendenzen zusammennimmt, kann man heute vier Typen von familiärer Kindheit ausmachen (vgl. insbeson-dere Du Bois-Reymond et al. 1994, Altermann-Köster et al. 1992, Zeiher 1995). Die folgende Typisierung dient der Orientierung – in der Wirklichkeit sind vielerlei Mischformen zu finden. Generell gilt hier auch wieder die Warnung vor der Stigmatisierung (vgl. Kap. 1.6)!

Typ I – Kindheit in der liberal-aufgeklärten Familie: Die Mütter sind höher gebildet, gehen arbeiten. Ideal des Verhandlungshaushalts (das nicht immer durchzuhalten ist). Die Kinder sind relativ emanzipiert, selbstbewusst, interes-siert, aber etwas undiszipliniert. Es gibt keinen ausgeprägten Generationenkon-flikt, sondern eine offene Gesprächskultur und Partnerschaft zwischen Kindern und Eltern. Zeit und Geld für eine pädagogisierte, verinselte und kommerziell integrierte Kindheit sind in ausreichendem Maße vorhanden.

Typ II – Kindheit in der konservativ-behütenden Familie: Die Mütter sind nicht ungebildet, bleiben aber zuhause, um sich verstärkt um die Kinder zu kümmern. Mischung aus Befehls- und Verhandlungshaushalt mit stark systema-tisch-pädagogischen Zügen. Die Kinder sind nicht so spontan und beweglich in ihren Interessen, dafür aber disziplinierter. Die traditionale Elternrolle wird aufrecht erhalten. Die Kinder sind entweder brav-angepasst oder rebellieren gegen die Eltern. Zeit und Geld für eine pädagogisierte, verinselte und kommerziell integrierte Kindheit sind in ausreichendem Maße vorhanden.

Typ III – Kindheit in der traditionell-bildungsfernen Familie: Die Mütter gehen arbeiten, soweit das wirtschaftlich erforderlich scheint. Mischung aus Befehls- und Verhandlungshaushalt, die eher emotional geprägt ist. Verwandtschaft und Nachbarschaft spielen eine vergleichsweise wichtige Rolle, die Familien sind in soziale Netzwerke gut integriert. Die Kinder finden Anschluss auf der Straße und in der Nachbarschaft, sind sozial angepasst, haben aber eher bildungsferne Interessen. Zeit, Geld und Interesse für eine pädagogisierte und verinselte Kindheit sind kaum vorhanden. Aufgrund der kulturellen Distanz zu den Bildungsschichten entstehen hier keine Minderwertigkeitsgefühle, jedoch wachsender Problemdruck aufgrund der Notwendigkeit höherer Bildungsabschlüsse für das Bestehen am Arbeitsmarkt.

Typ IV – Marginalisierte Kindheit: Die Familie ist arm, arbeitslos, alleinerziehend, kinderreich – in irgendeiner Kombination dieser Merkmale.[13] Sie ist charakterisiert durch eine Mischung aus Befehls- und Verhandlungshaushalt, die vor allem launisch und chaotisch ausfällt. Die Familien sind in soziale Netzwerke kaum integriert. Die Kinder finden wenig Anschluss, leiden unter dem Ausschluss, und neigen entsprechend zu depressiven oder aggressiven Reaktionen. Pädagogisierung, Verinselung und Kommerzialisierung rund herum steigern bei den Familien das Minderwertigkeitsgefühl, weil sie vereinzelt und schutzlos der dominanten Kultur der bildungsnahen und wohlhabenden Schichten ausgeliefert sind.

Zusammenfassend lässt sich also feststellen (vgl. Übersicht 3.4), dass die Kindheit in der postindustriellen Zeit immer stärker medikalisiert, pädagogisiert, mediatisiert und kommerzialisiert wird, das heißt immer durchdringender und subtiler von professionell ausdifferenzierten Subsystemen – dem Gesundheitswesen, dem Erziehungssystem, der Kulturindustrie – erfasst wird. Das muss nicht auf eine 'Enteignung der Kindheit' hinauslaufen, denn der gleichermaßen zu beobachtende Trend der Individualisierung, Pluralisierung und Liberalisierung schafft neue Freiräume – hier ist entsprechend eher mit Orientierungslosigkeit und Entscheidungsproblemen zwischen all den Hilfs- und Verführungsangeboten zu rechnen. Dennoch wird die damit einhergehende Standardanhe-

---

13 In diesem Zusammenhang sind auch die älteren Untersuchungen zur "Kultur der Armut" noch von Interesse (Monihan 1969), die im Unterschied zu traditionellen Unterschichtenkulturen aus aktueller Entwurzelung und Marginalisierung hervorgeht.

Übersicht 3.4: Kindheit im industriellen und postindustriellen Zeitalter

Industriegesellschaft	Postindustrielle Gesellschaft
Wachsende moralische Verfemung der Kindestötung und der Abtreibung. Medikalisierung der Kindheit.	Weitere Medikalisierung von Schwangerschaft und Verhütung: Kinder á la carte - als Idee.
Pädagogisierung der Kindheit: Kindheit wird dem Anspruch nach Schon- und Erziehungsraum. Eltern als Autoritäten und Beschützer	Schonraum physisch verwirklicht (Verinselung), medial stärker durchbrochen. Eltern oft eher als Partner - Abschwächung der Erwachsenenrolle
Geschwister als Konkurrenten, Kooperationspartner und Miterzieher.	Mehr Geld und Zeit *der Erwachsenen* für Einzelkinder.
Schule, Freunde, Freizeit noch weitgehend fußläufig. Nachbarschaft als Kontroll-Instanz, aber viele unkontrollierte Räume (Straßensozialisation).	'Funktionale Verinselung' von 'kindgerechten' Sozialräumen machen elterlichen Fahrdienst erforderlich. Im Ergebnis mehr Überwachung.
Print-Medien fördern das Lesen (und die Phantasie) - allerdings gibt es immer schon die Klage über "Schund".	Bildmedien können den Wirklichkeitssinn abstumpfen lassen oder unterstützen - je nach Gebrauchsform.
Konsumkonkurrenz zwischen Familien, nicht so sehr direkt zwischen Kindern.	Mehr Geld und Verhandlungshaushalt: Umfassende Ausstattung vieler Kinder mit Konsumartikeln.
Medikalisierung, Pädagogisierung, Kommerzialisierung als Trends in den oberen Schichten schon sichtbar.	Medikalisierung, Pädagogisierung, Kommerzialisierung heben die Standards bei der Mehrheit insgesamt an.
Die Mehrheit der Bevölkerung ist relativ arm und bildungsfern - und bleibt daher in diesem Zustand sozial und kulturell integriert.	Eine Minderheit verliert den Anschluss und wird isoliert - deutliche Zeichen der sozialen und kulturellen Desintegration.

bung – der Gesundheit, der Bildung, der Medienausstattung, des Konsums – von den meisten Kindern im Wesentlichen bewältigt, auch wenn die allseits gestiegenen Ansprüche an die Bildungsabschlüsse vermehrt zu Stresssymptomen führen. Eine Minderheit kann jedoch bei der Standardanhebung nicht mithalten und zeigt deutliche Züge der Marginalisierung.

3.5 Jugend im Übergang zur postindustriellen Zeit

Jugend – das war im Industriezeitalter jene Lebenszeit, die durch die wachsende
Wahlfreiheit und den wachsenden Entscheidungszwang der Moderne geprägt
ist: Man konnte den Beruf, die Weltanschauung und den Heiratspartner nun
freier wählen, aber diese Wahl wollte bedacht sein, weil sie für das ganze zukünftige Leben gedacht war.[14] Weil die Jugendlichen nun erstmals Verantwortung für sich selbst übernahmen, mussten sie sich darüber klar werden, "wer"
sie sind, was sie vom Leben erwarten konnten, und welchen Lebensplan sie
verfolgen wollten (Krüger 1993; Griese/Mansel 2003). Die Jugend war insofern
auch ein Moratorium, eine Zwischenzeit, in der man vieles ausprobierte, ganz
grundsätzlich über die Welt nachdachte und diese infrage stellte – vielfach im
Kreis von Gleichaltrigen, die vor ähnlichen Problemen standen. Institutionell
gestützt wurde dieses Moratorium auch durch die Einführung und Ausweitung
der Schul- und Ausbildungszeit und die Einführung des Militärdienstes. Man
stellte sich dabei oftmals unvermeidlicherweise gegen die Erwachsenen und
speziell die eigenen Eltern, die ja ihre Wahl in *ihrer* Jugend, also vor langer Zeit
getroffen hatten, und seitdem wahrscheinlich – dem Erwachsenenideal des Industriezeitalters folgend – 'charakterfest', also starr und rigide, an ihren Entscheidungen und ihrer 'Identität' festhielten (Larmore 1999). Der soziale Wandel, der sich im Verlauf eines Erwachsenenlebens vollzieht, wurde von diesen
dann auch kaum nachvollzogen, denn sie hatten sich in jener Welt eingerichtet,
die in ihrer Jugendzeit gültig war, und die sie wachsam aufgenommen hatten,
als sie selbst als Jugendliche noch weltoffen waren. Hier kam es dann notwendigerweise mit jeder neuen Generation zum Generationenkonflikt, weil die
Erwachsenen den Wandel ignorierten, die Jugendlichen aber ihn nicht weiter
ignorieren konnten oder wollten.

---

14 Oben (Kap. 3.1) wurde bereits darauf hingewiesen, dass es in West- und Nordeuropa – dem
Gebiet des 'European marriage pattern' – auch schon vorher so etwas wie eine von den Eltern
recht unabhängige Jugendzeit gab, weil man erst spät heiratete und auch nur heiraten durfte,
wenn man von den Eltern wirtschaftlich unabhängig war. Deshalb verbrachten die nicht-
erbberechtigten Geschwister ihre Jugend vielfach als 'Dienst im fremden Haus' und suchten
sich auch entsprechend selbständig ihre Ehepartner, wenn sie tatsächlich den Weg in die wirtschaftliche Unabhängigkeit schafften. Aber insgesamt blieb das Spektrum der zu erwählenden
Berufe und Heiratspartner zunächst noch beschränkt. Auch die Weltanschauung war zwar
schon mit der Reformation *theoretisch* kontingent geworden, aber erst seit dem 19. Jahrhundert, als die große Welt des Nationalstaates allmählich in den Kirchturmhorizont der Dörfer
einzudringen begann, wurden breitere Kreise der Bevölkerung hier *tatsächlich* mit Wahlmöglichkeiten konfrontiert.

Im Zuge weiter gehender Individualisierung haben heute, im postindustriellen Zeitalter, die Wahlmöglichkeiten und Entscheidungszwänge – auch für Erwachsene – weiter zugenommen. Das Moratorium der Adoleszenz hat sich mit der Ausdehnung der Ausbildungsphase weiter verlängert, die Berufseinmündung ist insgesamt komplexer und unübersichtlicher geworden. Dies führt aber nicht zu einem verschärften Gegensatz zwischen Jugendlichen und Erwachsenen, sondern eher zu einem Kontrastverlust zwischen der Jugend- und der Erwachsenenphase und der entsprechenden Jugend- und Erwachsenenrolle. Die Jugendlichen werden auf der einen Seite immer früher selbständig, sie wollen in den langen Zeiten ihrer Ausbildung nicht mehr zölibatär leben und sie wollen keinen Konsumverzicht mehr üben. Daher sind sie häufig auch schon während der Schul- und Studienzeit erwerbstätig. Die Erwachsenen halten umgekehrt nicht mehr unbedingt das ganze Leben lang an einem Ehepartner fest (oder der Ehepartner nicht an ihnen), von den Turbulenzen der Wirtschaft werden ihnen Berufswechsel und lebenslanges Lernen nahe gelegt oder zugemutet, und auch die weltanschaulichen Bindungen erscheinen nicht mehr so festgezurrt, wie etwa an nachlassender Parteienbindung und wechselnden Engagements in Bürgerinitiativen deutlich wird (Sennett 2000; Walther/Stauber 1998; Greven 1997). Insofern sind auch die Erwachsenen immer wieder in Krisen geworfen und vor Wahlmöglichkeiten gestellt, die sie vermehrt in ihrer Lebensplanung antizipieren und für die sie offen, flexibel und fit bleiben wollen (Leinberger/Tucker 1991). Jugendliche sind also in mancher Hinsicht erwachsener, Erwachsene umgekehrt jugendlicher geworden. Daher ist es auch kein Wunder, dass heute 'Jugendlichkeit' und 'Fitness' allgemein so hoch im Kurs stehen, während früher eher die *'reife* Dame' und der *'erfahrene* Herr' hoch geschätzt waren.

Hinzu kommt, dass im politischen und gesellschaftlichen Erwartungshorizont ein deutlicher Unterschied zwischen dem Industriezeitalter und der Gegenwart eingetreten ist. Das Industriezeitalter war pathetisch, heroisch und vielfach auch fortschrittsgläubig gestimmt – Nationalismus, Sozialismus, aber auch die 'konservative Revolution' und der Faschismus glaubten an die gewaltsame Wende zum Besseren und 'natürlich' war es die Sache der Jugend, sich besonders naiv und inbrünstig für die schnelle Änderung der Gesellschaft zu begeistern und einzusetzen – den nur sie besaß die Offenheit und Experimentierfreude für neue Ideen (Levi/Schmitt 1997; Bauman 1995; Fiedler 1989; Hennig 1989). Das postindustrielle Bewusstsein ist demgegenüber viel skeptischer, unheroischer und pessimistischer, was nicht bedeuten muss, dass die Welt tatsächlich schlechter geworden wäre, sondern nur, dass die Hoffnung abhanden gekommen ist, dass sie wesentlich besser werden könnte. Der Heroismus ist den Deutschen schon durch die Niederlage im Zweiten Weltkrieg ausgetrieben worden, aber auch allgemein ist mit der Etablierung der Atombombe deutlich geworden, dass Kriege zwischen hochentwickelten Staaten nicht mehr sinnvoll führbar sind (Shaw 1991). Die Umweltkrise, das stagnierende Wirtschaftswachstum, die wachsende Arbeitslosigkeit und das Scheitern der sozialistischen Alternative haben seit den 1970er-Jahren deutlich gemacht, dass mit den phantastischen Reichtumssteigerungen der Vergangenheit kaum noch zu rechnen ist. Zwar hat es zwischenzeitlich, Ende der 1990er-Jahre, mit der 'New Economy' und dem 'Exitkapitalismus' noch einmal ein spekulationsgetriebenes und daher kurzlebiges Delirium des jugendlichen Pioniergeistes gegeben. Aber im Ganzen scheint sich das industriegesellschaftliche Konfrontationsmuster der Lebensorientierungen – naiv-revolutionäre Jugend versus skeptisch-nostalgische Erwachsene – heute überlebt zu haben (vgl. Zinnecker 1997; Roth/Rucht 2000; Fischer/ Münchmeier 1997).[15]

Die Steigerung von Wahlfreiheit und Entscheidungszwang hat noch einen weiteren, scheinbar paradoxen Effekt: die Entscheidungen werden nur noch auf Zeit getroffen und damit entdramatisiert. Wenn ich diesen Beruf bis zur Rente ausüben, diesen Partner ein Leben lang aushalten, mit dieser Weltanschauung bis zum Helden- oder Märtyrertod verbunden bleiben muss (viele sind in den beiden Weltkriegen 'fürs Vaterland' gefallen), dann will die Entscheidung wohl überlegt sein. Wenn ich aber ohnehin damit rechnen muss, dass der Beruf überflüssig, die Partnerin meiner überdrüssig wird und das Vaterland sich im diffus Globalen verflüchtigt, also meine Außenwelt nicht mehr so berechenbar ist und ich selbst auch umgekehrt von meiner Außenwelt nicht mehr 'lebenslänglich' auf meine Entscheidungen festgenagelt werde, mir also Möglichkeiten des lebenslangen Lernens, der Ehescheidung, der Kriegsdienstverweigerung und des Wechsels der Bürgerinitiative offen stehen, dann müssen zwar weiterhin Entscheidungen getroffen werden, *als ob* sie 'fürs ganze Leben' wären, aber sie stehen unter starkem Revisionsvorbehalt (vgl. Goebel/Clermont 1997). Auch dadurch schwindet der starke Kontrast zwischen einer hochmobilen, entscheidungsträchtigen Jugend- und einer starren, entscheidungsentlasteten Erwachsenenphase.

---

15 Natürlich war es auch das Privileg der Jugend, besonders pessimistisch und todessehnsüchtig zu sein, eben weil man in der Jugend auch alles radikal und von Grund auf in Frage stellte – man denke etwa an Johann Wolfgang Goethes "Die Leiden des jungen Werther" und Ulrich Plenzdorfs "Die neuen Leiden des jungen W." oder viele Elemente einer 'Schwarzen Romantik' in der jugendlichen Populärkultur. Aber diese radikale Verneinung ist nicht zu verwechseln mit der skeptisch-resignierten Einstellung der Erwachsenen.

Wie schon im Kapitel über Sozialisiation angesprochen und oben zur post-industriellen Familienkommunikation ausgeführt, ergibt sich im 'Verhandlungs-haushalt' die Möglichkeit der 'reversen Sozialisation'. Anders als im 'Befehls-haushalt', in dem die Eltern auf der Basis vermeintlich größerer Erfahrung – oder eben illusionären, weil veralteten Wissens – den Kindern Vorschriften machen, sind die Eltern im 'Verhandlungshaushalt' bereit, von ihren Kindern oder generell von der jüngeren Generation zu lernen. Hier mag auch pädagogi-sche Raffinesse im Spiel sein – die Kinder an den Entscheidungen zu beteiligen, soll dazu führen, dass sie diese als ihre eigenen ansehen und dafür Verantwor-tung übernehmen. Wesentlich ist aber wohl, dass die heutigen Eltern – anders als ihre Vorfahren in der Agrargesellschaft noch zu Recht und ihre Vorfahren in der Industriegesellschaft schon zu Unrecht – gar nicht mehr glauben, alles bes-ser zu wissen, weil sie den sozialen und kulturellen Wandel um sich herum nicht mehr so stark ausblenden und weil sie die Möglichkeit einkalkulieren, dass noch nicht alle Lebensentscheidungen endgültig getroffen und abgeschlos-sen sind. Entsprechend ist es nicht verwunderlich, dass viele Jugendliche heute ein eher freundschaftliches oder partnerschaftliches Verhältnis zu ihren Eltern haben und entsprechend auch lange zuhause wohnen bleiben. Es entsteht dann auch der Effekt, dass sich Jugendliche wieder Mitglieder der älteren Generation zum Vorbild nehmen – einesteils, weil die wahrgenommene Unsicherheit aller Lebensentscheidungen zunimmt und insofern ein Vorbild eine bequeme Lösung für die sich ergebenden Orientierungsprobleme darstellt, anderenteils, weil die ältere Generation nicht mehr so starr an absurd-anachronistisch wirkenden 'Er-fahrungen' festhält. Mit Konservativismus, zumindest in seiner trivialen Gestalt, hat das nichts zu tun.

Mit der abnehmenden Intensität des Generationenkonflikts stoßen Jugendli-che aber auf ein neues Problem bei ihrer Identitätsfindung – sie müssen sich nun verstärkt mit ihrem 'Marktwert' auseinandersetzen. Zuvor stand der Konflikt mit dem Elternhaus im Mittelpunkt, also die Frage, was am Leben und den Forde-rungen der Eltern, der Lehrer, und anderer Erwachsener tatsächlich als vorbild-lich annehmbar, was als anachronistisch abzulehnen war. Soweit diese Ausei-nandersetzung heute zunehmend entfällt, treten die anderen Sozialisationsagen-turen – die Medien, die Werbung und die Peer-groups – stärker in den Vorder-grund. Zugleich schlagen die Zwänge, Unsicherheiten, Enttäuschungen und Verführungen von Partnerschaftsmärkten und Arbeitsmärkten unvermittelter auf die Persönlichkeitsbildung durch. Waren früher neurotische Syndrome vorherr-schend, also psychische Deformationen aufgrund starker gesellschaftlicher Tabus, dominieren heute eher narzistische Defekte den Formenkreis der Persönlichkeitsstörungen, also gestörte Selbstwertgefühle und eine obsessive Beschäftigung mit der eigenen Attraktivität und dem eigenen 'Wert' (so schon 1979 Häsing et al.). In dem Maße, wie die Hierarchie, der Zwang und die Verbindlichkeit zwischen den Generationen wegfällt, öffnet sich also nicht unbedingt das Reich der Freiheit, sondern es dominieren für die Jugendlichen – und mit gewissen Abschwächungen auch für die Erwachsenen – heute der Markt und damit die Angst, den falschen Arbeitgeber und den falschen Partner zu wählen, und vom richtigen Arbeitgeber und vom richtigen Partner *nicht* gewählt zu werden.

Übersicht 3.5: Jugend im industriellen und postindustriellen Zeitalter

Industriegesellschaft	Postindustrielle Gesellschaft
Aufkommende Wahlfreiheit der Jugendlichen: Beruf, Heiratspartner und Weltanschauung. Politik tritt vielfach an die Stelle der Religion. Jugend wird zu einer prekären Phase der Identitätsfindung - Lösung von stark angstbesetzten Tabus erforderlich.	Insgesamt vermehrte Wahlmöglichkeiten und Entscheidungszwänge. Verlängerung der Ausbildung, kompliziertere Berufseinmündung. Weniger Tabus (Hierarchie) - aber dafür obsessive Beschäftigung mit dem Selbstwert (Markttkonkurrenz).
Jugendkultur als Experimentalraum für eine bessere Welt. Pathetisch-naiver Glaube an eine bessere Zukunft.	Pluralisierung und Durchmischung von Jugendkulturen: Einsatz wird skeptischer und spielerischer.
Standardisierung des Lebenslaufs: starke Kontrastierung von Jugend- und Erwachsenenphase im Sinne von Offenheit und Festlegung.	Entstandardisierung des Lebenslaufs: Jugendliche werden selbständiger, Erwachsene offener und weniger festgelegt. Mehr Rollenvarianz: Teilzeitstudium, Beziehung auf Probe etc.
Generationenkonflikt zwischen festgelegten Erwachsenen und aufgeschlossener Jugend: Relativ frühe Lösung vom autoritären Elternhaus.	Freundschaftliches Verhältnis zu lernbereiten Erwachsenen. Späte Lösung vom liberalen Elternhaus. Arbeit neben Schule und Studium.

Zusammenfassend kann man also feststellen, dass es heute 'mehr Jugend' und 'weniger Jugend' zur gleichen Zeit gibt (vgl. oben, Übersicht 3.5). Mehr Jugend insofern, als Wahlfreiheiten und Entscheidungszwänge zugenommen haben und Jugendlichkeit generell für alle zum Leitbild geworden ist; weniger Jugend, weil die Jugendphase entsprechend weniger von der Erwachsenenphase im Kontrast abgesetzt ist. Während sich also der soziale und kulturelle Wandel im Industrie-

zeitalter jeweils durch Lernschübe in der Jugendphase und den sich daraus ergebenden Generationenbrüchen lebensweltlich realisierte, sind Last und Lust
der Modernisierung heute stärker im Sinne lebenslangen Lernens auf alle Lebensabschnitte verteilt. Natürlich ist auch hier wieder zu erinnern, dass dies eine
zugespitzte Trendaussage darstellt, die sich selbstverständlich noch nicht in
allen Milieus und Regionen in dieser Form durchgesetzt hat und sich wahrscheinlich auch niemals vollständig und linear durchsetzen wird. Weil die Erwachsenen im Allgemeinen mehr Macht haben und sich deshalb gegen die
Irritationen und Zumutungen des Lernens besser wehren können, weil man
wohl auch aus biologischen Gründen mit zunehmenden Alter nicht mehr so
leicht lernt, und weil schließlich Erfahrungen, zumindest wenn sie reflektiert
sind, auch einen gewissen Wert haben können, wird sich der Unterschied zwischen Erwachsenen und Jugendlichen wohl niemals vollständig aufheben.

Literatur zum Weiterlesen
Ariès (1978) gibt mit seiner "Geschichte der Kindheit" einen umfassenden und
an Seitenzahl sehr umfänglichen Einblick in die Lebensverhältnisse vor allem
im Mittelalter; allerdings gibt es im Buch auch immer wieder Zusammenfassun-
gen, die eine geraffte Lektüre ermöglichen (S.209-218, 457-466, 556-564).
Mitterauers (1986) "Sozialgeschichte der Jugend" behandelt demgegenüber
verstärkt die Lebensverhältnisse der spät-agrarischen und industriellen Zeit.
Über die Aspekte 'Kindheit' und 'Jugend' gibt es natürlich auch immer entsprechende Quereinblicke in die jeweiligen Familienverhältnisse. Die gegenwärtigen Familienverhältnisse sind uns ja im kursorischen Überblick aus der Alltags-
erfahrung bekannt. Daher ist man zwecks vertieften Einblicks in spezifische
Problembereiche auf Handbücher und die Forschungsliteratur verwiesen. Altermann-Köster et al. (1992) liefern eine anschauliche Darstellung der Ver-
schiedenartigkeit heutiger Familienverhältnisse – es wird deutlich, dass man
hier mit pauschalen Urteilen sehr zurückhaltend sein sollte. Du Bois-Reymond
(1995) schildert anhand ihrer eigenen Lebensgeschichte sehr einfühlsam den
Wandel der Erziehungsphilosophien im Bildungsbürgertum – das ist insofern
über das engere Milieu hinaus von Interesse, als die Erziehungsideale der Bildungsschichten, vermittelt über die Schule und die Medien, auch auf andere
Schichten ausstrahlen.

Kapitel 4: Bildung und Soziale Ungleichheit

Wie wir schon im vorigen Kapitel gesehen haben: Familie ist nicht gleich Familie. Gebildete, sozial integrierte und wohlhabende Eltern haben bessere Möglichkeiten, die schulische Entwicklung ihrer Kinder zu fördern. Daher gibt es – in allen Ländern und seit jeher – einen mehr oder weniger starken Zusammenhang zwischen sozialer Herkunft und Schulerfolg. Umgekehrt ist dann auch der Schulerfolg mit entscheidend dafür, in welcher sozialen Schicht die Kinder sich ihrerseits, als nächste Generation, wiederfinden. Dadurch ist das Bildungssystem in die Reproduktion, das heißt die ständige Wiederherstellung, von sozialer Ungleichheit involviert. Der Umstand jedoch, dass die Lebenschancen von Kindern sehr ungleich verteilt sind, je nachdem ob sie in der Oberschicht oder Unterschicht geboren wurden, wird vielfach als ungerecht empfunden und insofern stellt sich die Frage, ob und wie man durch staatliche Schulpolitik und pädagogische Maßnahmen hier für mehr Chancengleichheit sorgen kann. Eine detaillierte Auseinandersetzung mit der Bildungspolitik und der pädagogischen Fördermöglichkeiten würde den Rahmen dieses Kapitels weit sprengen, aber wir sollten uns doch die Grundtypen von unterschiedlichen Gerechtigkeitsvorstellungen vor Augen führen, die die politische Kontroverse und das pädagogische Handeln im Hintergrund bestimmen. In Deutschland, so müssen wir dann im empirischen Teil dieses Kapitels feststellen, ist der Zusammenhang zwischen sozialer Herkunft und Bildungserfolg sehr eng geblieben, trotz Bildungsreform und trotz des erheblichen Ausbaus der weiterführenden Bildung. Und zwar enger noch als in allen anderen von der PISA-Studie erfassten Ländern, enger auch als in den vielfach als besonders 'unsozial' angesehenen USA. Deshalb gilt es, die Gründe dafür systematisch zu resümieren, die teils im Elternhaus, teils aber auch in der Schule liegen, und schließlich auch zu fragen, warum es anderen Länder besser gelingt, diesen Zusammenhang abzuschwächen – *ohne* dass dabei die Leistung auf der Strecke bleibt! Abschließend wollen wir diskutieren, wie sich das Bedingungsgefüge des sozialen Erfolgs im Übergang von Agrar-, über die Industrie- auf die postindustrielle Wissensgesellschaft verändert. Hier wird sich zeigen, dass sozialer Stand und Besitz als Bedingungsfaktoren nicht mehr so unmittelbar wirksam sind wie ehedem, und dass Bildung und aktuelles

Wissen heute eine wichtige Rolle bei der sozialen Platzierung spielen. Das ist nicht nur für die langfristigen Berufsaussichten der Bildungsprofession, also für Lehrer und Hochschulehrerinnen, von Bedeutung. Es steckt darin auch ein Hauch von sozialer Utopie: Da Bildung und Wissen immer im Rahmen der eigenen Lebenszeit und durch eigene Anstrengung erworben werden müssen, gibt es – anders als bei der Anhäufung von Besitz – natürliche Grenzen für die Spannweite möglicher Unterschiede und für deren Übertragung auf die nächste Generation. Wir werden aber auch sehen, welche Faktoren sich hier (vorläufig) hemmend auswirken, warum also Bildung und Wissen – allem Gerede von der 'Wissensgesellschaft' zum Trotz – bisher nicht das allein bestimmende Prinzip der gesellschaftlichen Entwicklung ausmachen.

4.1. Unterschiedliche Gerechtigkeitskonzepte in der bildungspolitischen Debatte

Früher war es praktisch eine Selbstverständlichkeit – Kinder aus der breiten Unterschicht, also von Landwirten und Arbeitern, gingen auf die 'Volksschule', die damals bezeichnenderweise auch so hieß und die heutige Grund- und Hauptschule umfasste. Knaben aus der Oberschicht, also von Adel, Bildungs- und Besitzbürgertum, kamen aufs Gymnasium, das bis in die 1920er-Jahre noch auf eigene, von der Volksschule separierte Vorbereitungsschulen aufbaute – frei nach Franz-Josef Degenhard 'Lern nicht mit den Schmuddelkindern ...'. Für 'höhere Töchter', also Mädchen aus gehobenen Schichten, gab es eigene, auf das Dasein als Hausfrau und Mutter vorbereitende Lehranstalten. Die Realschulen, oft bezeichnenderweise auch 'Mittelschulen' genannt, wurden eingerichtet für die Kinder von Händlern und Angestellten, die damals den Mittelstand darstellten. So war jeder Schicht im Prinzip eine eigene Schule zugeordnet, und damit auch der weitere Lebensweg vorgezeichnet – die Knaben und Mädchen sollten in die sozialen 'Fußstapfen' ihrer Väter und Mütter treten. Und selbstverständlich war es üblich, nach Möglichkeit 'standesgemäß' zu heiraten – so dass auch hier die Schichten in sich möglichst homogen und geschlossen blieben. Auf diese Weise setzte sich soziale Ungleichheit von Generation zu Generation – wie in einem Kreislauf – mehr oder weniger ungebrochen fort (vgl. Abbildung 4.1).

Diese stetige Wiederkehr sozialer Ungleichheit wurde im Mittelalter als natürlich und gottgegeben angesehen: Es gab eine hierarchische Pyramide von Wesenheiten, mit Gott und den Engeln an der Spitze, mit dem Papst als Stell-

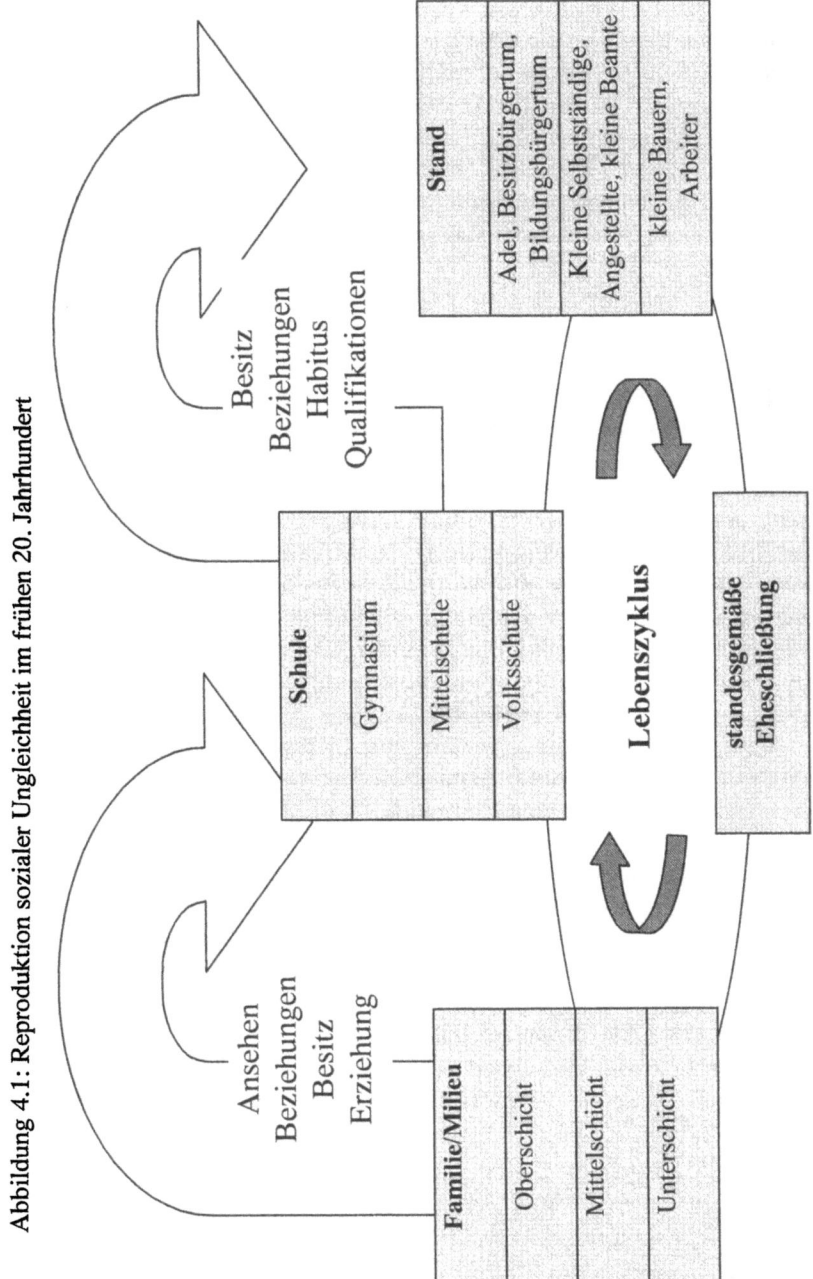

Abbildung 4.1: Reproduktion sozialer Ungleichheit im frühen 20. Jahrhundert

vertreter Gottes auf Erden, den Kardinälen, den Bischöfen, den Priestern und
Diakonen als Vertretern der geistigen Sphäre, den Königen, Fürsten und sonstigen Adeligen als Vertretern der weltlichen Macht, den mehr oder weniger reichen Bürgern und Bauern, den Leibeigenen, den höheren und niederen Tieren,
den Pflanzen, und schließlich den Steinen und unbelebten Wesenheiten (Stürner
1975, Bolte/Hradil 1988). Alle waren Gottes Geschöpfe, alle hatten ihren der
göttlichen Bestimmung gemäßen Platz in der Schöpfung, alle hatten ein prinzi-
pielles Daseinsrecht und damit verbunden ihre weiteren Privilegien und Pflichten. Das moderne Ideal der sozialen (Chancen-)Gleichheit war in diesem Rahmen nicht denkbar: Wie konnten Löwen und Lämmer gleich sein? Wie sollte
ein Lamm zum Löwen werden oder umgekehrt? Es ist nur natürlich, dass die
Kinder von Löwen wiederum Löwen werden und Lämmer reißen, die Kinder
von Lämmern wiederum Lämmer sind und Pflanzen fressen. So wie die Löwen
aber daran interessiert sein mussten, dass die Lämmer nicht aussterben, und die
Lämmer daran interessiert sein mussten, dass immer genug Gras da war, so
mussten die Feudalherren und Gutsbesitzer sich um ihre 'Hintersassen' kümmern, so hatten diese wiederum dafür zu sorgen, dass die Felder bestellt wurden. Insofern war die Armenfürsorge im Mittelalter auch um einiges besser
organisiert als zu Beginn der Industrialisierung, als mit der 'Bauernbefreiung'
viele nicht nur ihrer Beschränkungen – Wahl des Wohnorts, Heiratsbeschränkungen, Arbeitspflichten etc. – ledig wurden, sondern auch ihre Versorgungsan-
sprüche verloren und ungeschützt der Marktdynamik der 'freien Lohnarbeit'
ausgesetzt waren (Piven/Cloward 1977).

    In diesem Rahmen spielte Bildung eine nachgeordnete Rolle. Formelle Bil-
dung und die entsprechenden Bildungstitel von Schulen und Hochschulen hatten ohnehin zunächst wenig Bedeutung. Aber auch informelles Lernen ent-
schied nicht allein über die erreichbare soziale Stellung. Diese war vielmehr von
Geburt aus weitgehend vorherbestimmt. Allerdings nicht vollständig – der zukünftige Positionsträger oder die Positionsträgerin musste sich auch als einigermaßen fähig erweisen, sie tatsächlich auszufüllen. Der Sohn eines Ritters
musste in der Lage sein zu reiten und das Schwert zu führen. Andernfalls stand
ihm die Möglichkeit offen, in den Klerus einzutreten. Aber auch dort mussten
die Rollen ausgefüllt werden. Er musste sich also zum Beispiel als fähig erweisen, Latein zu lernen. Tüchtigkeit war insofern zwar nachgeordnet, als es immer
schon durch die Geburt weitgehend vorbestimmt war, welche Stellung jemand

maximal erreichen konnte, aber sie war eben auch nicht belanglos, weil diese erreichbare Stellung eben auch nicht automatisch garantiert war.[1]

Dieses ständische Denken hat sich, in modifizierter Form, sehr lange gehalten und ist auch heute noch in den Grundelementen der konservativen Bildungspolitik präsent. Im Zuge der Industrialisierung wurde allerdings die Bedeutung von Adelstiteln stark abgeschwächt, während Besitz-, Berufs- und Bildungstitel für die soziale Position immer wichtiger wurden. Die soziale Position der Eltern war dann *rechtlich* – anders als im Mittelalter – nicht mehr erblich, sie musste nun durch den Ausweis von *eigenen* Fähigkeiten des Stellungsaspiranten erworben werden. Die Familien und die gesellschaftlich privilegierten Gruppen gaben sich jedoch auch weiterhin Mühe, dass ihre Sprösslinge ihnen nachfolgen konnten und dass Konkurrenz aus anderen Schichten möglichst ausgeschlossen wurde.[2] Dies war dann auch der Grund, warum in den deutschsprachigen Ländern selbst nach dem Zweiten Weltkrieg am sogenannten dreigliedrigen Schulsystem festgehalten wurde, dass in seinen Grundzügen mittelalterlichem Standesdenken entspringt (Herrlitz et al. 2001, von Friedeburg 1989). Bildungszertifikate werden hier als 'Berechtigungsscheine' aufgefasst, die dem Inhaber das Anrecht auf eine standesgemäße Beschäftigung garantieren und deshalb Konkurrenz und ein Überangebot an Titelträgern möglichst ausschließen sollen – daher auch der hinhaltende Widerstand gegen den Ausbau und die Öffnung des Bildungssystems und die beständige Angst vor der 'Akademikerschwemme'.

Freilich haben sich die Rechtfertigungsformen verändert, das Gleichnis von den Löwen und den Lämmern würde heute niemand mehr bemühen. Allerdings gibt es die Vorstellung, dass 'theoretische', 'theoretisch-praktische' und ausschließlich 'praktische' Begabungen existierten, denen die drei Schultypen entsprächen (Krais 1996) – wobei dann gelegentlich auch die Idee vertreten wird, dass diese spezifischen Begabungen eben auch vermehrt bei den Kindern aus

---

1   Gelegentlich wurden auch Knappen aus niedrigem Adel aufgrund hervorragender kriegerischer Leistungen in den höheren Adelsstand erhoben. Wenn dies geschah, setzte der Betreffende alles daran, seine Herkunft – sein 'Geblüt' – nachträglich als besonders 'edel' herauszustellen. Dabei spielte dann die Betonung der sonst eher nachrangig betrachteten weiblichen Linien der Herkunft eine wichtige Rolle (Duby 1999).

2   Dies gilt sogar für die DDR: Nachdem man anfangs Kindern aus der Arbeiterschaft einen privilegierten Zugang zu höheren Bildungskarrieren eröffnet hatte, hat sich später die so enstandene Führungsschicht der 'sozialistischen Intelligenz' für ihre Kinder Privilegien gesichert, so dass dann die Bildungschancen der Arbeiterkinder wieder erheblich sanken (Geißler 2002: 351ff.).

den jeweiligen Schichten anzutreffen seien.[3] Das dreigliedrige Schulsystem bewirke zudem, dass alle Kinder gemäß ihrer Begabung möglichst optimal gefördert werden könnten, führe also – funktional betrachtet – zu besseren Qualifikationen als die Gesamtschule. Zudem würden Kindheit und Jugend vor einem durchgreifenden Einzug des nackten Leistungsprinzips, vor der Konkurrenz aller gegen alle geschützt, wenn jeder Stand die gleichen Chancen besitze, seine sozialen Positionen zu wahren – sprich dort zu bleiben, wo er immer schon war, oben oder unten. Dieses konservative Prinzip der Besitzstandsgerechtigkeit ist auch in gewisser Weise politisch realitätsgerecht: Es kann vielfach auf Zustimmung oder zumindest stillschweigende Akzeptanz rechnen, weil der Aufstiegswille der unteren Schichten nie so stark ausgeprägt ist wie die Angst der oberen Schichten vor dem Abstieg (Willis 1979). Denn der Aufstieg bringt zwar materielle Verbesserungen und Prestigegewinn mit sich, bedeutet aber zugleich auch kulturelle Entfremdung von dem angestammten Milieu und geht daher oft mit einer erheblichen Verunsicherung bei allen Beteiligten einher.

Gegenüber der alten und im Konservatismus auch heute noch weiter gepflegten Position der Besitzstandswahrung und der Verteilung der gesellschaftlichen Positionen über 'Zuschreibung' – sprich traditionelle Weitergabe – hat sich mit dem Beginn des Industriezeitalters die Idee der Meritokratie, also der Zuteilung nach Leistung etabliert, allerdings in zwei verschiedenen Versionen.[4] In der marktliberalen Version wird von der sozialen Herkunft ganz abgesehen. Jeder und jede soll jederzeit die Möglichkeit haben, seine und ihre soziale Position durch Leistung zu verbessern – oder, das ist konsequenterweise die Kehrseite, im Fall des Leistungsversagens zu verschlechtern. Entsprechend soll das Schulsystem möglichst durchlässig sein – das ist der Grund, warum in tendenziell marktliberalen Ländern wie den USA und Großbritannien das staatliche Schulwesen in Form der Gesamtschule organisiert ist (daneben werden aber auch Privatschulen zugelassen). Entsprechend gibt es auch nur eine schwache Kopplung zwischen Bildungstiteln und Berufspositionen. Bildungstitel werden hier nicht als Berechtigungsscheine aufgefasst, sondern allenfalls als notwendi-

---

3   Zum Beispiel wird von Herrnstein und Murray (1994) in den USA die These vertreten, dass Schwarze weniger 'intelligent' seien als Weiße. Abgesehen von anderen Einwänden: 'Intelligenz', also die im Laufe der Sozialisation erworbene Lernfähigkeit, ergibt sich nicht allein aus der biologisch vererbten Begabung, sondern auch aus der sozialen Umwelt. Begabung ist – im Unterschied zur Intelligenz – bis heute nicht messbar. Daher beruhen alle Annahmen über deren Verteilung auf Spekulation.

4   Die Unterscheidung von Zuschreibung und Leistung – 'ascription' und 'achievement' – ist insgesamt für die Moderne konstitutiv, auch für die Schule als einer die Moderne eigentlich erst begründenden Einrichtung (vgl. Parsons 1968).

ge Voraussetzung für eine Berufsposition. Daneben spielen aber die erworbenen Berufserfahrungen und die aktuelle Leistungsfähigkeit eine viel größere Rolle, zumal die Bildungszertifikate ohnehin nicht sehr stark standardisiert sind und ihre Aussagekraft daher beschränkt ist (Allmendinger 1989). Dem Prinzip der Leistungsgerechtigkeit zufolge sollte also jeder ohne Ansehung seiner sozialen Herkunft – also der Leistung seiner Vorfahren – und zum Teil auch ohne Ansehung seiner früheren Leistungen nur aufgrund seiner aktuellen Leistungen beurteilt werden.[5] Insofern soll Chancengleichheit herrschen, aber niemals Gleichheit im Ergebnis. Denn durch die Konkurrenz um höhere Positionen in der Prestige- und Einkommenshierarchie wird – dieser Vorstellung zufolge – die Leistungsbereitschaft aller Individuen angestachelt und damit auch das Wohlergehen der gesamten Gesellschaft befördert.

Davon unterscheidet sich die sozial-affirmative Version moderner Bildungspolitik in zwei wesentlichen Punkten – sie wendet sich erstens gegen die Absehung von der sozialen Herkunft und zweitens gegen die starke Betonung des individuellen Wettbewerbs. Von der sozialen Herkunft könne nicht abgesehen werden, weil nämlich viele Gruppen in der Gesellschaft – namentlich die Arbeiter, Frauen, ethnische Minderheiten und Bewohner ländlicher Gebiete – in der Vergangenheit benachteiligt waren. Deshalb hätten sie erheblich schlechtere Startchancen gegenüber den besitzenden und gebildeten Schichten, obwohl sie es sind, die als Arbeiter und Bauern den gesellschaftlichen Reichtum schaffen. Deshalb müssten die Aufstiegschancen der Kinder aus den benachteiligten Gruppen zumindest solange erhöht werden, bis alle sozialen Gruppen den gleichen Anteil an privilegierten Positionen einnähmen – hier gilt das Gerechtigkeitsprinzip des sozialen Gruppenproporzes.

Die staatliche Gesamtschule ist insofern selbstverständlich, daneben werden aber auch keine Privatschulen geduldet, zumindest wenn sie darauf abzielen, durch die Abschottung von den sozialen Problemen der anderen Gruppen die Startchancen der ohnehin Privilegierten selektiv zu verbessern. Darüber hinaus greift man auch zum Mittel der formellen oder informellen Quotierung, das heißt zur selektiven Bevorzugung von Angehörigen aus den benachteiligten Gruppen. So wurden etwa in der DDR in der Anfangsphase Kinder aus Arbeiter- und Bauernfamilien auch mit etwas schlechteren Leistungen zum Universitätsstudium zugelassen (Geißler 2002: 351ff.). Aber nicht nur in dezidiert sozialistischen Ländern gibt es diese Maßnahmen: Viele Eliteuniversitäten in den

---

5   Konsequent weitergedacht gibt es dann auch keine Karrieren, im Sinne einer während der Lebensspanne stets nach oben gerichteten Leiter, auf der man zwar stagnieren, aber normalerweise nicht absteigen kann.

USA haben eine (informelle) Quotierung für schwarze Bewerber und in allen entwickelten Ländern sind sozial-affirmative Maßnahmen mehr oder weniger stark verbreitet, auch wenn sie nirgends das Bildungssystem und die berufliche Positionszuweisung durchgehend bestimmen (Kleine-Brockhoff 2003; vgl. Bell 1985). Im Unterschied zur gleichsam passiven Gewährung von Chancengleichheit durch den Liberalismus, der lediglich die negative Diskriminierung aufgrund vorgängiger Merkmale wie Rasse, Geschlecht und sozialer Herkunft zu vermeiden versucht, soll Chancengleichheit hier *aktiv hergestellt* werden, indem die ehemals benachteiligten Gruppen nun vorübergehend positiv diskriminiert, also bevorzugt werden, bis sie tatsächlich von ihren durchschnittlichen Ergebnissen her gleichgezogen haben.[6]

Langfristiges Ziel ist dann die allseits gebildete und wohlhabende Gesellschaft, bei der die Menschen auch im Ergebnis über weitgehend gleiche materielle Lebensbedingungen verfügen. Dass in einem solchen System die individuelle Leistungsbereitschaft etwas gedämpft und die Konkurrenz in Zaum gehalten wird, gilt dabei nicht unbedingt als Hindernis. Es wird nämlich argumentiert, dass es für das gesellschaftliche Wohlergehen nicht so sehr auf den individuellen Ehrgeiz ankomme, der zum Kampf aller gegen alle ausarte, sondern mehr auf die kollektive Kooperationsfähigkeit.

Die sozialdemokratische Version ist demgegenüber ein Mischtyp, indem sie Elemente der liberalen und der sozial-affirmativen Position miteinander zu vereinen sucht. Sie versucht die individuelle Entwicklung und Leistung optimal zu fördern, indem sie soziale Benachteiligungen soweit als möglich durch Fördermaßnahmen – zum Beispiel durch Vorschulen und Ganztagsschulen – auszugleichen versucht, verzichtet aber andererseits auf Ausgleichsquotierungen, zumindest soweit sie offensichtlich werden, weil diese zum einen wie ein Stigma wirken können und zum anderen die Anstrengungsbereitschaft dämpfen. Besonders in den skandinavischen Ländern folgt die Schulpolitik diesen sozialdemokratischen Prinzipien – und wie wir unten (Kap. 4.2) noch sehen werden: mit sehr gutem Erfolg sowohl im Hinblick auf die Leistungsfähigkeit als auch auf den sozialen Ausgleich.[7]

---

6   Natürlich ist mit 'Gleichheit der Ergebnisse' – im Unterschied zu passiver Chancengleichheit – nicht gemeint, dass alle Individuen am Ende die gleichen Bildungszertifikate erhalten, sondern nur, dass alle Gruppen, zum Beispiel Kinder aus der Oberschicht und Kinder aus der Unterschicht, *in ihrem statistischen Durchschnitt* gleich gut abschneiden. So soll sichergestellt werden, dass die individuelle Leistungsbereitschaft aufrecht erhalten wird, ohne dass die Gruppenergebnisse systematisch voneinander abweichen.

7   In Deutschland ist dagegen in den sozialdemokratisch regierten Ländern eher ein Bildungsdesaster angerichtet worden – statt die Schwächeren zu fördern, hat man für sie die Leistungsstandards gesenkt (vgl. Kap. 8.4).

Übersicht 4.1: Divergierende Grundprinzipien der Bildungspolitik

Idealtyp konservativer Bildungspolitik (Besitzstandsgerechtigkeit)
• Alle Stände haben ihre gottgewollte Funktion im Aufbau der gesellschaftlichen Pyramide (Weltbild der Agrargesellschaft). Heute: Begabung wird vererbt und ist ungleich verteilt.
• Erhalt der Stände durch 'standesgemäße' Schulen: Volksschule, Mittelschule, Oberschule. Niedrige Durchlässigkeit zwischen den Schultypen.
• Bildungszertifikate als "Berechtigungsscheine": Anrecht auf standesgemäße Beschäftigung – Vermeidung von Konkurrenz
⇒ Gesellschaftliche Harmonie am größten, wenn jeder in seinem Stand bleibt. Intergenerationale Reproduktion sozialer Ungleichheit im Prinzip erwünscht.
Idealtyp marktliberaler Bildungspolitik (Leistungsgerechtigkeit)
• Stände sind historisches Relikt. Der soziale Status soll aufgrund individueller und aktueller Leistung zugemessen werden.
• Schulen sollen möglichst durchlässig nach oben und nach unten sein. Jeder Schüler soll *jederzeit* die Chance haben, durch seine Intelligenz und seine Anstrengungen seinen Bildungsstatus zu verbessern oder zu verschlechtern.
• Lebenslange Konkurrenz über Leistung um die besten Positionen. Insofern eigentlich auch keine "Karrieren" – Bildungstitel werden nicht als "Berechtigungsscheine" aufgefasst.
⇒ Gesellschaftliche Effizienz ist am größten, wenn alle Individuen die gleichen Aufstiegschancen und Abstiegsrisiken haben. Soziale Ungleichheit ist sozial gerecht, soweit sie auf Leistung und nicht auf Geburt beruht.
Idealtyp sozial-affirmativer Bildungspolitik (Soziale Gerechtigkeit)
• Alle Gruppen haben die gleichen Begabungspotentiale. Daher müsste die Verteilung von Abschlüssen auf die einzelnen Gruppen deren jeweiligem Anteil an der Bevölkerung entsprechen.
• Es gibt sozial benachteiligte Gruppen – aufgrund von Klasse, Geschlecht, Ethnizität, Region – deren Bildungschancen durch institutionelle Hilfen verbessert werden sollen. Schulen sollen für diese Gruppen möglichst nach oben durchlässig sein.
• Soziale Sicherheit ist sehr wichtig. Benachteiligte Gruppen sollen gegen (zuviel) Konkurrenz geschützt werden.
⇒ Gesellschaftliche Harmonie am größten, wenn alle Gruppen tatsächlich gleiche Chancen haben und sich daher längerfristig angleichen. Kooperation führt im Ergebnis zu besserer Effizienz als die Konkurrenz aller gegen alle.

Man kann diese Unterschiede auch noch einmal in dem Bild eines Wettlaufes veranschaulichen, der nach unterschiedlichen Spielregeln stattfindet: Dem konservativen Prinzip zufolge starten die verschiedenen Gruppen von unterschiedlichen Punkten aus – die Unterschicht 20 Kilometer, die Mittelschicht 10 Kilometer und die Oberschicht 5 Kilometer vom Ziel entfernt. Dem liberalen Prinzip zufolge starten alle am gleichen Punkt und laufen über dieselbe Distanz, nur dass die einen mit guten Laufschuhen ausgestattet und die anderen barfuß sind. Dem sozial-demokratischen Prinzip zufolge würde man alle mit guten Laufschuhen ausstatten und dem sozial-affirmativen Prinzip würde es entsprechen, diejenigen, die früher ohne Laufschuhe waren (und deshalb vielleicht auch nicht trainieren konnten) unterwegs ins Begleitfahrzeug einsteigen zu lassen.

Diese Grundprinzipien der sozialen Gerechtigkeit finden sich nicht nur in der Bildungspolitik, sondern in ähnlicher Weise generell im Aufbau des Wohlfahrtsstaates, in der Gestaltung von Berufskarrieren und der Arbeitsmarktpolitik (vgl. Esping-Andersen 1990). So wie sie hier dargestellt sind, handelt es sich um Idealtypen, das heißt um stark vereinfachte Grundideen (vgl. auch Übersicht 4.1). In der Wirklichkeit kommen sie niemals in reiner Form vor – kein Land wird ausschließlich nur nach dem einen oder nur nach dem anderen Grundprinzip regiert, es gibt immer Kompromisse und Anpassungen an die jeweiligen lokalen Traditionen.

4.2. Wie spiegelt sich die soziale Herkunft gegenwärtig im deutschen Bildungssystem?

In der ersten Hälfte des 20. Jahrhunderts gingen in Deutschland circa 10 Prozent der Schüler auf eine 'Höhere Schule' (oder in die entsprechenden Vorbereitungsklassen) – also aufs Gymnasium, Realgymnasium oder die Oberrealschule. In der Zulassung von 'Realien', also von Naturwissenschaften und Mathematik, die ehedem den Mittelschulkanon ausmachten, zur 'höheren Bildung' und in ihrer Aufwertung gegenüber Latein und Griechisch spiegelten sich schon die wachsende Bedeutung und die gestiegenen Bildungsaspirationen des kaufmännischen und handwerklich-technischen Mittelstandes. Mehr als 80 Prozent der Schüler besuchten aber weiterhin die Volksschulen (Stat. Jahrbuch 1925: 397). Entscheidend für die gegenwärtige Situation war dann die Bildungsreform der 1960er-Jahre – damals wurde das Bildungssystem in seiner Struktur zwar wenig verändert, aber in seiner Größendimension erheblich ausgebaut. Ende der

1990er-Jahre besuchten ca. 70 Prozent aller Schüler der 7. Klasse eine weiterführende Schule – der Zustrom zu den Gymnasien, und mehr noch zu den Mittelschulen, die sich nun Realschulen nannten, hatte sich ganz erheblich vergrößert. Die selbständigen Vorbereitungsklassen der höheren Schulen waren schon in der Weimarer Zeit abgeschafft worden, so dass alle Schüler der ersten bis vierten Klasse dann unabhängig von der sozialen Herkunft auf die Volksschule gingen (Herrlitz et al. 2001: 126ff.). Diese wurde in den 1970er-Jahren in Grundschule und Hauptschule aufgeteilt, weil nun die Mehrheit aus den Grundklassen eine weiterführende Schule besuchte. Der Name 'Hauptschule' zeigt aber noch an, dass man nach wie vor davon ausging, dass ein verbleibender Hauptteil der Schüler diesen Schulzweig besuchen würde – in Wirklichkeit ist es aber nur noch ca. ein Viertel, das in diesem gelegentlich schon als 'Restschule' betitelten Schultyp verbleibt (vgl. Abbildung 4.2).

Abbildung 4.2:   Schulbesuch in der 7. Klasse (Quelle: Geißler 2002, S.335)

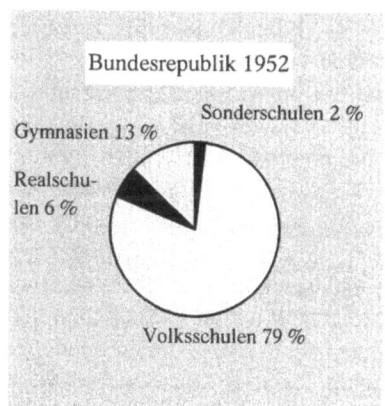 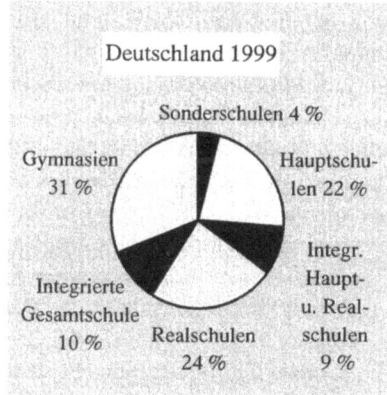

Für den Ausbau der Schulen und Hochschulen und die damit einhergehende Bildungsexpansion gab es eine wesentliche Ursache, dass formale Bildungszertifikate für Aufstieg und Statuserhalt immer wichtiger geworden waren und entsprechend eine steigende Nachfrage nach weiterführendem Schulbesuch eingesetzt hatte. So konstatiert der konservative Bildungssoziologe Helmut Schelsky (1961), erkennbar bedauernd, eine "Flucht aus der Volksschule": "Da die Aufstiegs- und Ausbildungswünsche höherer Art universal geworden sind, alle außerschulischen sozialen Determinanten, z.B. ein vorgegebener Klassenstatus, für das Erstreben oder Fernbleiben von bestimmten Berufsgruppen und damit Schulgattungen weitgehend unwirksam geworden sind, ist die soziale Hauptfunktion der Schule gar *nicht mehr die Auslese* von Begabten für höhere Ausbildungen (...), sondern mindestens ebenso wichtig, aber sozial aufdringlicher die *Abweisung* vieler als berechtigt empfundener Ansprüche." (S.19) Dazu empfiehlt er dann, dass zwar der Übergang aufs Gymnasium erleichtert werden müsse, weil sonst schon die ersten Klassen der Volksschule mit Konkurrenzkämpfen belastet seien. Auf dem Gymnasium aber sollten die "unberechtigten und illusorischen Ausbildungswünsche an den Sanktionen des Schulbetriebs", nämlich an der "stärkeren Wiederaufnahme des Sitzenbleibens in den Unterstufen der fortführenden Schulen" scheitern (ebd. 29).

Gegen diese im Tenor typische Abwehrhaltung der konservativen Eliten wurden aber nun zwei sich ergänzende Begründungen ins Spiel gebracht. *Zum einen* hatte man in der wirtschaftlich prosperierenden Nachkriegszeit einen deutlich gestiegenen Bedarf an besser qualifizierten Arbeitskräften festgestellt – zumal, da das Bildungssystem in anderen, weniger konservativ strukturierten Industrieländern im Vergleich schon viel weiter ausgebaut worden war. Als 1957 die Sowjetunion auf dem Höhepunkt der Systemkonkurrenz zwischen Kommunismus und Marktwirtschaft, also mitten im 'Kalten Krieg', noch vor den USA einen Satelliten ins All schoss, löste das im Westen den sogenannten 'Sputnik-Schock' aus. Die Eliten bekamen Angst, dass die BRD den Anschluss verlieren könnte – sowohl an die westlichen Nachbarn als auch an den kommunistischen Machtblock, der damals ein noch höheres Wirtschaftswachstum aufwies als der Westen. Georg Picht (1964) sprach in diesem Zusammenhang von der drohenden 'Bildungskatastrophe', bediente sich also einer funktionalistischen Argumentation. *Zum anderen* klagte Ralf Dahrendorf (1965) 'Bildung als Bürgerrecht' ein, brachte also die Dimension der politischen Partizipation und der sozialen Gerechtigkeit ins Spiel, indem er auf die ganz unterschiedliche Bildungsbeteiligung der verschiedenen sozialen Gruppen hinwies. Statistisch besehen besonders benachteiligt war demnach das 'katholische Arbeitermädchen vom Lande' – also Katholiken gegenüber Protestanten, Arbeiter und Bauern gegenüber Angestellten und Beamten, Mädchen gegenüber Jungen, Landbevölkerung gegenüber Stadtbevölkerung. Vereint wurden beide Begründungen in dem Argument, dass es gelte, auch die Begabungsreserven der Bevölkerungsmehrheit und damit der Kinder aus den ehemals bildungsfernen Schichten zu erschließen – um so also insgesamt das Qualifikationsniveau zu heben und damit zugleich die sozialen Benachteiligungen auszugleichen.

Inwieweit wurden diese beiden Reformziele erreicht? Die Steigerung des formalen Qualifikationsniveaus steht außer Frage, von den AbgängerInnen aus allgemein bildenden Schulen besaßen im Jahr 2000 etwa ein Viertel die (Fach-)Hochschulreife, mehr als ein Drittel die Mittlere Reife und ein weiteres Viertel einen Hauptschulabschluss. Ein knappes Zehntel verließ ohne Abschluss die Schule (Baumert et al. 2003: 266). 1960 konnten sich dagegen nur 6 Prozent mit dem Abitur und 13 Prozent mit der Mittleren Reife schmücken – diese gehobenen Schulabschlüsse machten damals zusammen nur ca. ein Fünftel aus. 53 Prozent erhielten den Hauptschulabschluss. 17 Prozent, fast doppelt so viel wie heute, gingen ohne Abschluss von der Schule (Reinberg/Hummel 2001: 21).

Schwerer zu beantworten ist allerdings, ob mit der längeren Ausbildung auch eine tatsächliche Verbesserung entsprechender kognitiver Kompetenzen – zum Beispiel der Lese- und Rechenfähigkeit – verbunden ist. Eine klare Antwort könnten hier nur Zeitreihen geben, also Tests, die in ähnlicher Form wiederholt durchgeführt werden. Solche Zeitreihen gibt es in Deutschland nicht, weil seit den 1970er-Jahren – mit Beginn der ideologisch aufgeheizten Debatte um die Schulreform und das gegliederte Schulsystem – in Deutschland kaum länderübergreifende und von der Schulbürokratie unabhängige Untersuchungen stattfanden. Die Blockadehaltung von Kultusbürokratie und Lehrergewerkschaften wurde erst Mitte der 1990er-Jahre mit dem *International Adult Literacy Survey* (IALS), der *Third International Mathematics and Science Study* (TIMSS) und schließlich der berühmt gewordenen PISA-Studie durchbrochen (Ingenkamp 2002).

In der IAL-Studie, die mit Erwachsenen aller Altersgruppen und nicht mit Schülern durchgeführt wurde, zeigte sich allerdings, dass in Deutschland die Leistungen der jüngeren, von der Bildungsexpansion erfassten Jahrgänge nicht im gleichen Maße gegenüber den älteren Jahrgängen gestiegen sind wie bei anderen Staaten, die eine in Ausmaß und Zeitraum vergleichbare Bildungsexpansion zu verzeichnen hatten (Lehmann 1999).[8] Dass ein Ausbau der Bildungseinrichtungen nicht automatisch zur Verbesserung der kognitiven Kompetenzen führt, zeigt auch der Vergleich zwischen den Bundesländern in der *nationalen* PISA-Studie: Bayern und Baden-Württemberg, die die niedrigste Abiturquote aufweisen, schneiden am Besten ab, während Länder mit hoher Abi-

---

8   Anders ausgedrückt: Die Leistungen der älteren Jahrgänge sind im internationalen Vergleich deutlich besser, die der jüngeren Jahrgänge nur undeutlich besser ausgefallen als die der anderen Länder. Allerdings bleibt unklar, woran das liegt: Ob in Deutschland – wie von der konservativen Bildungspolitik hier schon immer befürchtet – mit der Bildungsexpansion eine Nivellierung und Absenkung von Standards gegenüber früher verbunden war, ob die Bildungsexpansion in anderen Staaten didaktisch erfolgreicher war, oder ob im späteren Erwachsenenleben in Deutschland besondere Anregungen oder Trainingsmöglichkeiten gegeben sind. Diese Frage ist auf der Basis der vorhandenen Daten bisher kaum zu klären.

turquote eher unterdurchschnittliche Ergebnisse erzielten. Allerdings zeigt die *internationale* PISA-Studie auch, dass man nun keineswegs im Umkehrschluss annehmen sollte, dass die Bildungsexpansion zwangsläufig zu einer Aufweichung von Leistungsstandards führen müsse – bei den meisten Staaten mit breiter Bildungsbeteiligung ist das nicht der Fall. Die internationalen Testsieger, die allesamt über Gesamtschulsysteme verfügen, sind nicht nur im Durchschnitt besser, sondern haben auch bessere Werte in der Leistungsspitze (PISA 2001: 106, 174, 230). Daraus kann man insgesamt schließen, dass international gesehen der Ausbau des Bildungssystems mit einer Zunahme der kognitiven Kompetenzen in der Bevölkerung einhergeht – nur in Deutschland scheinen die Daten hier widersprüchlich und ambivalent auszufallen.

Was nun den Ausgleich sozialer Benachteiligungen anbetrifft, gibt es zunächst einen national wie international eindeutigen und sehr folgenreichen Befund. Die Bildungsbeteiligung der Mädchen ist ganz erheblich gestiegen, in den leistungsstärkeren Schulformen sind sie mittlerweile überrepräsentiert (Stanat/Kunter 2003). Sie schneiden sowohl bei den Zeugnisnoten als auch bei den Testergebnissen insgesamt besser ab als die Jungen, die allerdings im Bereich der Mathematik und Naturwissenschaften gewisse Kompetenzvorsprünge bewahren. Auch beim Hochschulbesuch haben Frauen mittlerweile mit den Männern gleich gezogen, nur die Zahl der Hochschulabschlüsse liegt noch geringfügig hinter der männlichen Konkurrenz zurück.[9] Im Erwerbsleben sind Frauen allerdings noch immer deutlich benachteiligt, sei es weil sie aufgrund von fortbestehenden Rollenmodellen und fehlenden Einrichtungen zur Kinderbetreuung auf weitere Karriereanstrengungen verzichten, sei es weil sie immer noch aktiv diskriminiert werden (Geißler 2002: 365ff.). Insgesamt hat aber die gestiegene Bildung der Frauen zu einer weitgehend veränderten Lebensplanung und einem erheblichen Anstieg der Erwerbsbeteiligung geführt – die damit verbundene Liberalisierung und Pluralisierung des Privatlebens wurde im vorigen Kapitel ausführlich thematisiert.

Weniger klar ist, ob durch die Bildungsexpansion – wie erwartet – die soziale Benachteiligung der ehemals bildungsfernen Schichten abgeschwächt wurde. Hier ist nämlich festzustellen, dass sich zwar Chancen auf höhere Bildungsabschlüsse der Arbeiterkinder deutlich verbessert haben – das gilt aber auch für alle anderen sozialen Gruppen (vgl. Abbildung 4.3).

---

9 Der Frauenanteil der Studierenden an Hochschulen und Fachhochschulen betrug im WS 1999/2000 48%, der entsprechende Anteil an den Abschlussprüfungen 43% (Stat. Jahrbuch 2001).

Abbildung 4.3: Studienanfänger/innen an Universitäten nach dem Beruf des Haushaltsvorstandes (Daten aus Geißler 2000, S.42)

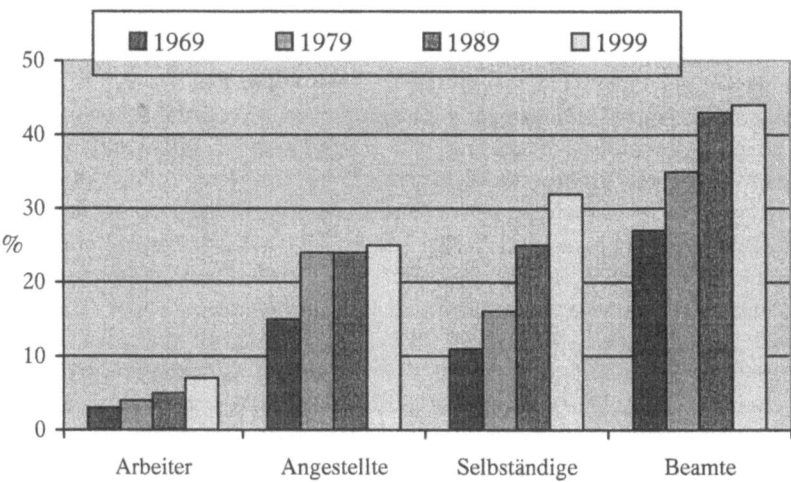

Je nachdem wie man die in Abbildung 4.3 zugrunde liegenden Zahlen betrachtet, kann man hier *entweder* von einer leichten Abschwächung *oder aber* einer Verschärfung der sozialen Benachteiligung sprechen: Der relative Anteil der studierenden Arbeiterkinder hat sich mehr als verdoppelt, während der relative Anteil der studierenden Beamtenkinder 'nur' um 63 Prozent gestiegen ist. Zugleich sind aber die Abstände größer geworden – 1969 studierten 3 Prozent der Arbeiterkinder und 27 Prozent der Beamtenkinder, 1999 war die Differenz auf 7 zu 44 Prozent angewachsen. Hier wird ein Problem deutlich, das im Umgang mit Statistiken immer wieder auftritt: Oft differieren ohnehin schon die Zahlen, weil verschiedene Erhebungsmethoden, unterschiedliche Kategorien oder Formen der Zusammenfassung verwendet wurden. In diesem Fall aber kann man aus den *gleichen* Zahlen Unterschiedliches herauslesen, je nachdem wie man sie dreht und wendet (vgl. Krais 1996). Wichtiger als dieser in der quantitativen Bildungssoziologie liebevoll gepflegte Streit 'Auflockerung vs. Verschärfung' erscheinen aber die qualitativen Konsequenzen, die sich hier ergeben:

- Der wirtschaftliche Strukturwandel geht mit einem gestiegenen Bildungs- und Wohlstandsniveau in der Gesellschaft einher. Die Entwicklung zur Wissensgesellschaft hat dazu geführt, dass es insgesamt kaum noch Bauern und erheblich weniger ArbeiterInnen gibt, sich der Anteil der Angestellten und BeamtInnen dagegen von 1950 bis zum Jahr 2000 nahezu verdreifacht hat.[10] Hinzu kommt, dass viele Angestellte und Beamte heute höher qualifiziert sind als früher – gerade die Kinder mit Eltern aus den höher qualifizierten Wissens- und Dienstleistungsberufen sind es aber, die die privilegierten Bildungschancen haben (vgl. Geißler 2002: 346). Daher gilt, dass die Bildungschancen der Bevölkerungsmehrheit insgesamt deutlich gestiegen sind.

- Durch die Zunahme von höheren Bildungstiteln ist ein Inflationseffekt eingetreten: Höhere Bildungstitel vermitteln heute viel weniger Prestige als früher, weil sie nicht mehr so selten sind. Zudem garantiert eine bessere Ausbildung allein heute nicht mehr den Zugang zu einer gehobenen Berufsposition. Trotzdem gibt es eine weiterhin sich verschärfende Konkurrenz um Bildungszertifikate, weil sie zunehmend zur *notwendigen* – aber eben *nicht mehr hinreichenden* – Bedingung für die Erwerbstätigkeit geworden sind.

- Indem eine wachsende Mehrheit besser gebildet ist und weiterführende Schulen besucht, schrumpft zwangsläufig der Anteil der weniger Gebildeten und weil er schrumpft, ist seine soziale Integration gefährdet. Er wird zunehmend als Problemgruppe stigmatisiert – die Hauptschule wird zur 'Restschule', der Anteil der Kinder auf Sonderschulen hat sich in den letzten fünfzig Jahren verdoppelt (vgl. oben, Abbildung 4.2). Verschärft wird dieses Problem dadurch, dass eine zunehmend automatisierte Produktion kaum noch Bedarf an einfachen 'Handlangern' hat und deshalb ohne Mindestqualifikationen eine Integration in den Arbeitsmarkt nicht mehr sichergestellt werden kann.

Die Frage, ob und wieweit sich die Bildungschancen der Arbeiterkinder verbessert haben, wird daher von dem Problem überlagert, dass durch die Bildungsexpansion im Verlauf des 20. Jahrhunderts aus einer Ein-Zehntel-Gesellschaft eine Neun-Zehntel-Gesellschaft geworden ist: Früher machte die 'feine Gesellschaft' der höher Gebildeten höchstens 10 Prozent aus. Der Rest, das 'einfache Volk', erhielt allenfalls Elementarbildung. Weil damals die Mehrheit ohnehin recht ungebildet und fehlende Bildung auch wirtschaftlich noch kaum bedeutsam war, spielte im 'einfachen Volk' der Bildungstitel für die soziale Achtung und die soziale Integration keine Rolle. Die 'feine Gesellschaft' sah zwar auf das 'einfa-

---

10 1950 betrug der Anteil der ArbeiterInnen an den Erwerbstätigen 51 Prozent, der Anteil der Angestellten und Beamten zusammen 21 Prozent; 29 Prozent waren Selbständige und mithelfende Familienangehörige, von denen damals noch viele in der Landwirtschaft tätig waren. Im Jahr 2000 war der Anteil der Arbeiter auf 32 Prozent und der Anteil der Selbständigen auf 11 Prozent gesunken, der Anteil der Angestellten/Beamten dagegen auf 57 Prozent gestiegen (Geißler 2002: 202).

che Volk' herab, wusste aber auch, dass sie von dessen Hände Arbeit lebte und revolutionäre Ungeduld fürchten musste. Heute hat sich das Verhältnis umgekehrt, etwa 90 Prozent der Bevölkerung besitzen Bildungstitel, also zumindest einen Hauptschulabschluss. Die restlichen zehn Prozent sind dagegen vom sozialen Ausschluss bedroht: Sie sind ohne Arbeit, also wirtschaftlich überflüssig, und politisch so apathisch, dass sie keine ernsthafte Bedrohung darstellen. Befürchtet wird nur, dass sie in irgendeiner Form zum 'Sozialfall' werden – also der Sozialhilfe zur Last fallen und durch anstößiges oder kriminelles Verhalten auffällig werden. Insofern hat sich die soziale Lage der Bildungsbenachteiligten – und zu ihnen zählen zu einem relativ höheren Prozentsatz die Kinder von unqualifizierten ArbeiterInnen und MigrantInnen – dramatisch verschlechtert.

Abbildung 4.4: Unterschiede zwischen der mittleren Lesekompetenz von 15-jährigen aus Familien des oberen und des unteren Viertels der Sozialstruktur in ausgewählten PISA-Ländern (Daten aus PISA 2001: 384f.)

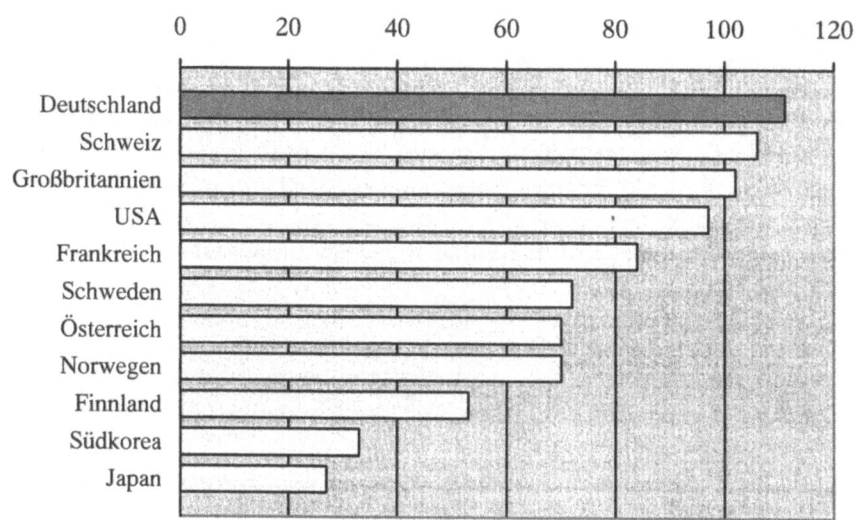

Unterschiede gemessen in PISA-Testpunkten
(durchschnittliche Leistung aller Schüler = 500 Punkte)

Wahrscheinlich sind Kinder aus niedrigeren Sozialschichten überall auf der Welt in ihren Bildungschancen benachteiligt, in Deutschland ist dieser Effekt

aber besonders stark. Die PISA-Studie zeigt, dass in keinem anderen Teilnehmerland dieser Zusammenhang so ausgeprägt ist wie in Deutschland (PISA
2001: 384f.). Auch Belgien, die Schweiz, Ungarn, Luxemburg, Großbritannien
und die USA stechen in dieser Hinsicht besonders negativ hervor, während es in
Japan, Südkorea und Finnland gelingt, diesen Effekt weitgehend zurückzudrängen (vgl. oben, Abbildung 4.4).

Wichtiger noch als dieser für Deutschland betrübliche Befund ist allerdings,
dass die PISA-Studie systematisch mit dem Vorurteil aufräumt, dass der Ausgleich sozialer Benachteiligungen nur um den Preis zu haben sei, dass man auf
Leistungsansprüche verzichte. Diese fixe Idee beherrscht die deutsche Bildungskontroverse von Anbeginn und zwar auf beiden Seiten – sie hat ihre Anhänger nicht nur bei den Konservativen, die das dreigliedrige Schulsystem mit
dem Argument verteidigen, dass es Spitzenleistungen hervorbringe, sondern
auch bei den Linken, die überzeugt sind, dass man soziale Benachteiligung nur
ausgleichen könne, wenn man die Leistungsansprüche aufweicht.

PISA zeigt aber, dass hier kein Zusammenhang besteht: Es gibt einfach alles
– dem deutschen Vorurteil entsprechend Länder mit hoher Leistung und starker
Benachteiligung, wie zum Beispiel Großbritannien, Neuseeland, Australien,
Österreich und USA, sowie ebenfalls dem Vorurteil entsprechend, Länder mit
niedriger Leistung und schwacher Benachteiligung, wie Lettland, Brasilien,
Russland und Griechenland. Es gibt aber noch mehr Fälle, die nicht dem Vorurteil entsprechen, nämlich Länder mit guten Leistungen und geringer Benachteiligung, wie Finnland, Südkorea, Japan, Kanada, Island, Schweden und Spanien.
Sowie eben Länder mit schwachen Leistungen und starker Benachteiligung – zu
ihnen zählt Deutschland neben Luxemburg, Ungarn, Portugal und Polen (PISA
2001: 392).[11]

Zum Problem der Allgemeinen Benachteiligung aufgrund der sozialen Herkunft tritt verschärfend das Problem der kognitiven und sozialen Abkopplung
der schwachen Schüler hinzu – mit der Folge der sozialen Deklassierung in der
Zukunft. Auch hier erreichte Deutschland bei PISA traurige 'Spitzenwerte'. Die

---

11 Ähnlich ist auch bei den Bundesländern nicht der erwartete Zusammenhang zwischen Leistungsniveau und sozialer Benachteiligung festzustellen (PISA 2002: 184). Gleichwohl sind die
Chancen des Gymnasialbesuches für Kinder von Arbeitern in vielen Bundesländern, die lange
Zeit konservativ regiert wurden, eher ungünstig – dies gilt vor allem für Bayern, Schleswig-
Holstein, Rheinland-Pfalz und Niedersachsen. Eher günstiger sind sie dagegen in Ländern, deren Schulstruktur sozialistisch oder sozialdemokratisch geprägt wurde – also in den neuen
Ländern, in Hessen, Bremen und Nordrhein-Westfalen (ebd. 169). Hier folgen die Muster tatsächlich ungefähr der *Idee fixe* der deutschen Schulpolitik, aber das ist auch kein Wunder, weil
der Zugang zum Gymnasium – anders als das Leistungsniveau – durch die Ministerialbürokratie und die Mentalität der Lehrerschaft beeinflusst wird.

Zahl der besonders schwach abschneidenden Schüler ist besonders hoch, und zwar noch weitaus höher, als vom insgesamt schwachen Abschneiden Deutschlands her zu erwarten ist. Mit anderen Worten: Die Risikogruppen, die nicht einmal die unterste von insgesamt fünf Kompetenzstufen im Lesen und in Mathematik erreichen, sind mit fast 10 Prozent der Schüler hierzulande besonders groß – größer als in allen anderen wirtschaftlich vergleichbar entwickelten Ländern (PISA 2001: 101ff., 170ff.). Nur die Schwellenländer Mexiko und Brasilien schneiden hier noch deutlich schlechter ab. Zu den Risikogruppen zählen vielfach MigrantInnen, d.h. Kinder, die selbst oder deren Eltern im Ausland geboren wurden. Sie sind, wie wir im nächsten Kapitel noch ausführlicher thematisieren wollen, vor allem durch Sprachschwierigkeiten gehandikapt. Aber fast die Hälfte der Risikogruppe 'Lesen' ist rein deutscher Herkunft. Das zeigt, dass dieser Befund nicht allein durch die andere Muttersprache und die schlechte Förderung und Integration der Einwanderer zu erklären ist. Drei Viertel aller Migrantenkinder gehören nicht der Risikogruppe an – insofern sollte man sich auch vor einer Klischeebildung 'Migrantenkind = Problemkind' hüten (ebd. 118).

4.3 Gründe für die Reproduktion sozialer Ungleichheit

Warum halten sich soziale Benachteiligungen so hartnäckig, obwohl sich unsere Gesellschaft doch offiziell schon lange als Leistungsgesellschaft begreift und schon lange niemand mehr offen für die Bevorzugung der Kinder aus privilegierten Schichten eintritt? Der französische Soziologe Pierre Bourdieu (1992a, 1992b) hat vorgeschlagen, beim Kampf der Familien um sozialen Rang zwischen drei verschiedenen Typen von 'Kapital', also von Ressourcen zur Beeinflussung des gesellschaftlichen Geschehens, zu unterscheiden. Diese drei Kapitaltypen kommen jeweils in zwei Varianten vor, der nicht-institutionellen und der institutionellen Form:

• Soziales Kapital: Es handelt sich um soziale Beziehungen und soziales Ansehen. Die institutionelle Form ist zum Beispiel der Adelstitel, der dem Träger dieses Ansehen auch unabhängig vom aktuellen und konkreten Geschehen verleiht. Adelstitel können innerhalb der Familie vererbt, ansonsten aber kaum übertragen werden.

• Ökonomisches Kapital: Das ist die uns geläufigste Form des Kapitals, des Besitzes an Boden, Vieh, Werkzeugen, Nahrungsmitteln etc. – also wirtschaftlich wertvollen Gütern. Die institutionelle Form ist der Besitztitel, der dem Träger diese Güter auch unabhängig von der physischen Besitznahme und sozialen Präsenz garantiert. Erst mit der Etablierung dieser Besitztitel war es möglich, das Adelige nicht mehr auf ihren Landgütern, sondern in der Stadt wohnten, dass Boden überhaupt handelbar wurde – 'Besitz' als unabhängig von dem 'Sitz' des Inhabers wurde. Die generalisierte Form des Besitztitels ist heute das Geld, das seinem Träger Ansprüche auf wirtschaftliche Güter jedweder Art verleiht. Ökonomische Besitztitel können nicht nur in der Familie vererbt, sondern im Prinzip beliebig zwischen Personen und Organisationen übertragen werden.

- Kulturelles Kapital: Das ist die Wahrnehmungsfähigkeit, das Aufnahmevermögen, das Wissen, die Abstraktionsfähigkeit, die Kombinationsgabe, das handwerkliche Geschick, sowie die sprachlichen und gestischen Ausdrucksmöglichkeiten, die eine Person besitzt. Die institutionelle Form ist der Bildungstitel, der eine besondere kulturelle Kompetenz unabhängig von der aktuellen Präsenz und konkreten Demonstration durch die Trägerin signalisiert. Ein Berufszeugnis zum Beispiel signalisiert der potentiellen Arbeitgeberin, das die Trägerin ein gewisses Bündel an Kompetenzen erworben hat. Bildungstitel sind streng an die Person gebunden, sie können also auch nicht vererbt werden.

Das Prinzip der Leistungsgesellschaft beruht nun darauf, dass Adelstitel und generell die 'Stände' in ihrer mittelalterlichen Form der erblichen Übertragung von sozialen und rechtlichen Privilegien abgeschafft wurden. Damit ist die Bedeutung des sozialen Kapitals bei der Reproduktion sozialer Ungleichheit und bei der Zuteilung von Bildungschancen zwar geschwächt worden, aber insgesamt bleibt die Ressourcenausstattung der Familie, gerade auch über die beiden anderen Kapitalarten, bedeutsam.

Betrachten wir zunächst die Wirkungen des ökonomischen Kapitals, weil sie am einfachsten zu fassen sind:

- Hier gibt es zunächst die Vererbung von Betriebsmitteln – eines Bauernhofes, eines Handwerksbetriebes oder einer sonstigen Firma – die die Startchancen eines Menschen privilegieren können. Diese alte Form der Weitergabe von Familienbesitz ist heute, aufgrund der höheren Konzentration von Betriebsmitteln in privater oder öffentlicher Hand, nur noch für relativ wenige Menschen bedeutsam.

- Das Familieneinkommen und der Stand der technischen Entwicklung spielen eine wichtige Rolle bei der Frage, ob Kinder über längere Zeiträume zur Schule geschickt werden können oder sich frühzeitig zuhause, im Familienbetrieb oder auf dem freien Arbeitsmarkt verdingen müssen (Gambetta

1987). Heute ist es für die meisten Familien lukrativer, wenn beide Eltern arbeiten gehen und ihre Kinder durch Schulen und sonstige Erziehungseinrichtungen gut betreut werden.

• Der materielle Hintergrund entscheidet in hohem Maße darüber, ob die Eltern oder andere Familienmitglieder Zeit für die Hausaufgabenbetreuung oder pädagogisch sinnvolle Freizeitaktivitäten aufbringen können, ob die Wohnung so ausgestattet ist, dass Kinder einen ruhigen Platz zum Lernen finden, und ob Geld für eventuell erforderliche 'Nachhilfe', für Internatsaufenthalt und elitäre Privatschulen vorhanden ist.

Neben diesen mehr oder weniger offensichtlichen Wirkungen des ökonomischen Kapitals sind die Einflüsse des kulturellen Kapitals kaum zu unterschätzen. Obwohl Bildungs*titel* keineswegs erblich sind, wird Bildung letztlich doch in gewisser Weise vererbt:

• Wichtig ist zunächst die Bildungsaspiration der Eltern, also der Anspruch, bestimmte Bildungsziele zu erreichen, die sie meist erfolgreich auf die Kinder übertragen. Am stärksten ist dieser Anspruch naturgemäß im Bildungsbürgertum, dessen Angehörige ihre gesellschaftlichen Stellungen – in den Kirchen, im Staatsdienst, in den Salons und Feuilletons, im Erziehungswesen – nicht wie Bankiers und Industrielle ihrem Besitz, sondern ihrer Bildung verdanken. Besitzende Schichten haben gegenüber Bildung eher eine ambivalente Haltung: Sie schmücken sich gerne damit (wie mit anderen Luxusgütern), aber letztlich ist ihre gesellschaftliche Position mehr vom ökonomischen als vom kulturellen Kapital abhängig. Die niedrigsten Bildungsaspirationen haben demgegenüber die 'bildungsfernen Schichten', vor allem die ärmeren Bauern und unqualifizierten Arbeiter. Sie streben höhere Bildungsziele für ihre Kinder meist gar nicht erst an. Die Welt der Bildung erscheint fern, fremd und unheimlich – 'das ist nichts für unser Kind'. Insofern kann der Aufstieg über Bildung – wenn er in den selteneren Fällen dann doch erfolgt – für sie wie für ihre Kinder eine enorme geistige, moralische und emotionale Verunsicherung darstellen.

• Bildungsansprüche allein führen aber nur zu einer instrumentellen Einstellung gegenüber Bildung. Eine instrumentelle Einstellung findet sich mittlerweile, da Bildungstitel fast zu einer Lebensnotwendigkeit geworden sind, auch in den eher bildungsfernen Schichten: Man weiß, dass die Kinder diese Titel 'brauchen' – also 'sollen sie sich mal anstrengen'. Entsprechend 'angestrengt' ist der Bildungserwerb dann aber auch. In bildungsnahen Milieus dagegen besitzt Bildung emphatische Bedeutung – sie wird weniger als Mit-

tel zum Zweck, sondern als Wert an sich aufgefasst.[12] Bildungsförderliche
Tätigkeiten – akademische Berufstätigkeiten, anspruchsvolle Lektüre und
Konversation, geistig anregende Spiele, ein reflektierter Umgang mit Unter-
haltungsmedien – werden hier von den Eltern vorgelebt und sind wie selbstverständlich in den Alltag eingebettet (z.B. Hurrelmann 1995). Entsprechend
werden sie meist mühelos von klein an von den Kindern aufgenommen und
als Lebensform verinnerlicht.

Schließlich spielt auch das soziale Kapital selbst heute noch eine gewisse Rolle
beim Statuserwerb. Eltern können aufgrund von Ansehen und sozialen Beziehungen insbesondere in kleineren Gemeinden sowie über den Elternbeirat Einfluss an Schulen ausüben. Insgesamt werden Beziehungsnetzwerke um die
Schule herum auch insofern wirksam, als die relativ enge Kommunikation zwischen Eltern, Schülern und Lehrern Missverständnissen vorbeugt und Verhal-
tenserwartungen so aufeinander abstimmt, dass Schüler zu einem stärkeren
Engagement für schulisches Lernen motiviert werden können (Coleman 1990,
1995). Kinder aus Familien, die in diesem Sinne sozial integriert sind, sind in
der Schule erfolgreicher als Kinder, deren Eltern und sonstige Bezugspersonen
nicht in diese schulischen Netzwerke eingebunden sind. Wichtig werden die
sozialen Beziehungen schließlich auch für die Berufskarriere. Hier spielen die
Beziehungsnetzwerke der Familien nach wie vor eine gewisse Rolle, obwohl
durch die funktionale Differenzierung – das heißt der wechselseitigen Verselbständigung – von Verwandtschaft und Wirtschaft der Einfluss der ersteren auf
die letztere stark nachgelassen hat.

Diese Vererbungsmechanismen für soziale Ungleichheit können politisch,
also durch gezielten Eingriff, nur an bestimmten Stellen sinnvoll unterbrochen
werden. Eine Stelle ist die ökonomische Umverteilung. Über Tarifpolitik, Ein-
kommens- und Erbschaftssteuern sowie Sozialtransfers werden der materielle
Hintergund der Familien und damit die Bildungschancen der Kinder erheblich
beeinflusst – nach dem Zweiten Weltkrieg eher im guten, seit den 1990er-
Jahren eher im schlechten Sinne: wachsende Arbeitslosigkeit in den manuellen
Berufen, die neoliberale Demontage des Sozialstaates und Kinderreichtum stellen gegenwärtig Faktoren eines wachsenden Risikos der Verarmung dar. Daher
ist in dieser Hinsicht sogar eine Verschärfung sozialer Benachteiligungen beim
Bildungserwerb zu erwarten – vor allem in Sinne der oben skizzierten 'Neun-

---

12 Das hat sich eindrücklich auch in der DDR gezeigt: Im Arbeiter- und Bauernstaat war man
    dazu übergegangen, Arbeiter besser zu bezahlen als Akademiker. Dies hatte den nicht-
    intendierten Effekt, dass Kinder aus Arbeiterschichten daraufhin vom Studium absahen, wäh-
    rend Kinder aus Bildungsschichten sich dadurch nicht vom Studium abschrecken ließen (Geiß-
    ler 2002: 353).

Zehntel-Gesellschaft'. Eine weitere, und hier näher interessierende Stelle ist die Schulpolitik – auch sie kann gegenüber familiär bedingter sozialer Benachteiligung kompensierend oder verstärkend wirken:

*   Umfang der Schulzeit: Vorschulen und die Ganztagsschule können die Wirkungen des familiären Milieus stärker kompensieren als weniger umfangreiche Schulangebote. Die konservative Familien- und Schulpolitik hat in Deutschland lange Zeit mit Verve am Ideal der Hausfrauenehe festgehalten und die Ganztagsbeschulung als unzulässigen Eingriff des Staates in den privaten Erziehungsauftrag der Familie angesehen (übersehen wird dabei, dass Ganztagsbeschulung als Angebot erfolgen kann und nicht im Sinne einer Schulpflicht exekutiert werden muss).
*   Schulstruktur (Dreigliedrigkeit vs. Gesamtschule): Je früher die Selektion in unterschiedliche Schultypen einsetzt, umso weniger hat die Schule Zeit, die Begabung eines Kindes zu entfalten und umso stärker schlägt die soziale Herkunft ungehindert durch. Ist ein Kind erst einmal in einen niedrigeren Schultyp einsortiert, wird es weiterführenden intellektuellen Anregungen und Herausforderungen kaum noch ausgesetzt – es wird dann tendenziell in diesem Schultyp verbleiben, auch wenn es formal offene Übergänge zwischen den Schultypen gibt. Zudem wird durch Differenzierung in unterschiedliche Schultypen das Bildungsangebot in ländlichen Gebieten stark ausgedünnt (Bargel 1996: 59ff.). Weil Schulen aus organisatorischen Gründen über eine Mindestgröße von mehreren Jahrgangsklassen verfügen sollen, sind bei Dreigliedrigkeit weiterführende Schulen auf dem Land nur in größeren Distanzen zu erreichen, eine Tendenz, die sich wegen sinkender Schülerzahlen in Zukunft noch verstärken wird.
*   Umfang der Bildungsfinanzierung: Wenn Kinderbetreuungs- und Bildungseinrichtungen kostenlos zugänglich sind und eventuell sogar die Lebenshaltungskosten der Auszubildenden (Schulspeisung, Lehrmittelfreiheit, BAföG etc.) übernommen werden, hat das offensichtlich kompensierende Effekte – kostet aber auch Geld. Deutschland gibt einen vergleichsweise ziemlich niedrigen Anteil des Bruttoinlandsprodukts für die Bildung aus (Schmidt 2003).
*   Struktur der Bildungsfinanzierung: Es stellt sich auch die Frage, an welcher Stelle im Bildungssystem viel und wo andererseits wenig Geld ausgegeben wird. In Deutschland fließt relativ viel Geld in die Gymnasien, aber vergleichsweise wenig Geld in die Grundschulen. Vorschulische Einrichtungen werden öffentlich kaum unterstützt. Ähnliche Tendenzen sind beim Lehrpersonal auszumachen – hohe akademische Anforderungen an das Personal in

Hochschulen und Gymnasien (und entsprechend hohe Gehälter), niedrigere Anforderungen an Grundschullehrer und nicht-akademische Ausbildung der VorschulerzieherInnen. Die Ausgaben werden also auf die weiterführenden Bildungsstufen konzentriert, wo die soziale Selektion schon eingesetzt hat, kommen also verstärkt den sozial ohnehin Privilegierten zugute.

• Dominante Form des Unterrichts: Der lehrerzentrierte Unterricht setzt bei allen Schülern den gleichen Verständnishorizont voraus, meist orientiert er sich an den besseren oder strebsameren Schülern, weil diese dem Lehrer mehr Feedback geben. Da aber selbst im dreigliedrigen Schulsystem keine Leistungshomogenität zu erzielen ist, geht der Unterricht oft über den Horizont der leistungsschwächeren Schüler hinweg, die dann abschalten oder den Unterricht stören (was auch die leistungsfähigeren Schüler tun, die sich langweilen). Besonders in Skandinavien und in den Niederlanden werden dagegen Unterrichtsformen erprobt, die der Heterogenität in den Klassen anders begegnen – entweder durch die Anleitung zum Selbst- und Gruppenstudium, oder dadurch, dass man die leistungsstärkeren Schüler dazu motiviert, die leistungsschwächeren zu unterstützen, wovon dann beide profitieren. In dem Maße wie es gelingt, mit Heterogenität in der Schule umzugehen, kann auf die stigmatisierende Differenzierung in Leistungsgruppen – also auf 'Sitzenbleiben', Abschieben an eine andere Schule und auf Sonderschulen – ganz verzichtet werden (Prengel 1996).[13]

• Selektion durch das Lehrpersonal: Lehrer reagieren (unterbewusst) oft positiver auf den Habitus von Kindern aus Mittel- und Oberschicht, und zwar unabhängig von deren Begabungen. Dies scheint einerseits an der größeren sozialen Nähe zu liegen – Lehrer sind ja selbst Angehörige der Mittel- und Oberschicht. Andererseits scheint auch die Antizipation von sozialem Druck seitens der Eltern eine wichtige Rolle zu spielen – die Eltern aus der Mittel- und Oberschicht wehren sich, wie schon erwähnt, heftig gegen den Abstieg ihrer Kinder. In mehreren Studien wurde nachgewiesen, dass Kinder von Eltern mit niedrigem Bildungsstand sehr viel bessere Leistungen aufweisen müssen, um die Übergangsempfehlung zum Gymnasium zu erhalten, als Kinder von Eltern mit gehobenen Bildungstiteln (Ditton 1992: 132; Lehmann/Peek 1997: 89; IGLU 2004: 28).

---

13 Nebenbei sei auch darauf hingewiesen, dass der lehrerzentrierte Unterricht extrem anstrengend ist. Dies könnte mit ein Grund dafür sein, dass in Deutschland so viele LehrerInnen unter 'Burn-out' leiden und frühpensioniert werden (vgl. Bauer/Kanders 1998).

Übersicht 4.2: Warum sind Kinder aus den unteren Schichten in der Schule benachteiligt – besonders in Deutschland?

Familiäre Gründe
• Materielle Faktoren: Kinder müssen früh selbst ihren Lebensunterhalt verdienen. Kein Geld für anspruchsvolle Lernmittel, Spielzeug, Hausaufgabenbetreuung, Nachhilfe. Unzureichende Wohnverhältnisse.
• Bildungsansprüche der Eltern: Hohe Aspirationen bei gebildeten Eltern – diese wehren sich massiv gegen den Abstieg ihrer Kinder. Bescheidenere Ansprüche in bildungsfernen Haushalten.
• Vorbild der Eltern: Sinn und Wert von Bildung wird in bildungsnahen Haushalten wie selbstverständlich eingelebt. Bildung wird dort schon um ihrer selbst willen angestrebt, nicht nur weil sie Einkommen und Sozialprestige vermittelt. Dagegen bleibt das Verhältnis zu gebildeten Tätigkeiten in bildungsfernen Haushalten angestrengt und instrumentell.
Schulstruktur
• Mit Vorschul- und Ganztagsbetreuung lassen sich die familiären Benachteiligungen besser ausgleichen.
• Das dreigliedrige Schulsystem in Deutschland selektiert sehr früh, also zu einem Zeitpunkt, zu dem die familiären Effekte noch sehr stark wirksam sind. Auf dem Land sind weiterführende Schulen oft nur schwer zu erreichen.
• Deutschland gibt relativ wenig Geld für das Schulwesen aus. Das Geld wird mehr für die gehobene Bildung verausgabt, die aufgrund der Selektionseffekte (s.o.) eher den Kindern aus den oberen Schichten zugute kommt. Die Förderung in Vor- und Grundschule ist dagegen relativ schwach ausgebaut.
Unterrichtsform und Lehrpersonal
• Der lehrerzentrierte Unterricht erfordert möglichst hohe Leistungshomogenität der Klassen, die doch nie erreichbar ist. In dieser Unterrichtsform ist es aber nicht möglich, schwächere Schüler adäquat zu fördern. Das Ziel der Leistungshomogenität ist seinerseits dann wiederum ein Argument für das Sitzenbleiben und die Dreigliedrigkeit (s.o.).
• Die LehrerInnen reagieren oft (unterbewusst) positiver auf den Habitus der Oberschichtsschüler, unabhängig von deren Begabungen (Sprachcode, soziale Nähe, antizipierter Druck seitens der Eltern).

Das deutsche Schulsystem ist sozial besonders ungerecht und bringt dabei nicht einmal besonders gute Leistungen hervor. Es gibt also eine ganze Reihe guter Gründe, das deutsche Schulsystem mit Blick auf internationale Vorbilder zu reformieren – eingehender wollen wir dieser Frage noch einmal im achten und neunten Kapitel nachgehen.

4.4 Warum das konservative deutsche Bildungssystem in der postindustriellen Wissensgesellschaft dysfunktional wird

Über soziale Gerechtigkeit mag man unterschiedlicher Meinung sein – abhängig von der individuellen politisch-moralischen Überzeugung (siehe oben, 4.1). Es gibt aber deutliche Anzeichen, dass der konservative Typus der Besitzstandswahrung in der postindustriellen Wissensgesellschaft zunehmend dysfunktional wird. Die Wissensgesellschaft beruht nämlich im Kern darauf, dass einfache und stereotype Arbeiten zunehmend von Maschinen übernommen oder in Niedriglohnländer ausgelagert werden – entsprechend sind die Qualifikationsforderungen gegenüber der menschlichen Arbeitskraft zum einen quantitativ deutlich gestiegen, zum Zweiten werden immer neue Qualifikationen nachgefragt (vgl. Kap. 6). Bildung und Wissen sind zum zentralen 'Standortfaktor' im globalen wirtschaftlichen Wettbewerb geworden (Reich 1993; OECD 2003).

Das konservative Bildungssystem – wie es sich in Deutschland auch in den vorwiegend sozialdemokratisch regierten Ländern gehalten hat – ist kaum in der Lage, den gestiegenen und flexibilisierten Qualifikationsanforderungen Rechnung zu tragen. Zum Ersten, indem es die Bildung und Ausbildung mengenmäßig weitgehend auf die Kinder der Oberschicht beschränkt.[14] Zum Zweiten, indem es auf lebenlange Beschäftigung auf der Grundlage von einmal erworbenen Qualifikationen fixiert ist, statt in Schlüsselqualifikationen und Weiterbildung, also in Flexibilität, zu investieren (näher dazu Kap. 6). Denn durch das Berichtigungswesen und das Berufsprinzip wird die soziale Position als 'Platz im Leben' ein für allemal angewiesen. Entsprechend führt der Strukturwandel hin zur postindustriellen Wissensgesellschaft in Ländern mit tendenziell konservativen Bildungs- und Arbeitsmarktinstitutionen zu besonders ausgeprägten Krisenerscheinungen – insbesondere zu hoher Arbeitslosigkeit und einer niedrigen Beschäftigungsquote (vgl. Esping-Andersen 1999)

Sowohl das liberale System, wie es der Tendenz nach in den angelsächsischen Ländern praktiziert wird, als auch das sozialdemokratische System, dem man vor allem in den skandinavischen Ländern folgt, sind hier überlegen. Im

---

14 Dadurch kam es – wie oben erwähnt – bereits in den 1960er-Jahren zu der von Picht apostrophierten 'Bildungskatastrophe'. Auch heute zeichnen sich wieder Engpässe bei dem Angebot an besser gebildetem Personal ab.

liberalen System sind die Arbeitnehmer unter dem Diktat der Marktkonkurrenz gezwungen, selbst in ihre Aus- und Weiterbildung zu investieren, oder andernfalls mit schlecht bezahlten Jobs vorlieb zu nehmen. Im skandinavischen System wird von Staats wegen eine aktive Arbeitsmarkt- und Beschäftigungspolitik betrieben – die Arbeitskräfte werden permanent darin gefördert und dazu angehalten, sich auf veränderte Arbeitsbedingungen einzustellen. Im konservativen System dagegen wurden Personen mit antiquierten Qualifikationen bis vor kurzem meist in Frührente geschickt, weil sie andernfalls arbeitslos geworden wären. Neuerdings ist letzteres kaum noch möglich, weil die Rentenkassen wegen der hohen Arbeitslosigkeit und der niedrigen Beschäftigungsquoten zu kollabieren drohen. Aber Arbeitsplätze gibt es für die antiquierten Qualifikationen des konservativen Bildungssystems trotzdem nicht.

Literatur zum Weiterlesen:
Bei Bourdieu (1992a) wird Gestalt und Wirkung der oben erwähnten Kapitalarten näher beschrieben. Der kurze Text ist zwar theoretisch recht anspruchsvoll, aber grundlegend für alle Überlegungen, warum und wie sich soziale Ungleichheit in sehr verschiedenen – fast allen – Gesellschaftsformationen ausgeprägt hat und erhält. In einem ausführlicheren Text hat Bourdieu (1973) auch die Wirkungen der Schule in diesem Kontext näher untersucht.

Beck (1986) beschreibt demgegenüber, wieso in spätmodernen (postindustriellen) Gesellschaften aufgrund von Individualisierung die subjektive Wahrnehmung und gesellschaftliche Diskussion über soziale Ungleichheit nachgelassen hat. Beck und Bourdieu werden oft als Gegensätze gesehen, aber meines Erachtens hat jeder auf seine Weise Recht: Beck beschreibt, was die Leute subjektiv wahrnehmen und thematisieren, Bourdieu beschreibt, was 'hinter dem Rücken der Subjekte', d.h. jenseits der Wahrnehmungsschwelle der meisten Menschen passiert.

Speziell auf die Geschichte des deutschen Bildungssystem bezogen beschreiben Herlitz et al. (2001), wie die aus funktionalen Erfordernissen sich ergebenden Öffnungsschübe des Bildungssystems im Verlauf des 19. und 20. Jahrhunderts immer wieder auf konservative Gegenbewegungen trafen, die in der Sorge um ihre Vorrechte und Herrschaftsansprüche Bildungsreformen immer wieder abzublocken versuchten – sowohl im Hinblick auf verbesserte Chancengleichheit als auch im Hinblick auf ihre inhaltlichen Aspekte, also die Vermittlung von Aufklärung und Humanismus. Übrig blieb dann meistens nur eine Erweiterung des Bildungssystems, die vor allem den privilegierten Schichten selbst zugute kam und eine inhaltliche Anpassung insofern, als natürlich die Wissensinhalte der zunehmenden Industrialisierung Rechnung tragen mussten. Willis (1979) beschreibt in seiner ethnografischen Studie über das Leben in einem britischen Klassenzimmer in den 1970 Jahren, wie die Kinder der Arbeiterklasse auch selbst ungewollt dazu beitragen, dass sie in der Schule scheitern, obwohl sie keinesfalls dumm sind. Die 'lads', so bezeichnen sie sich selbst, verweigern sich permanent der Schule und unterlaufen ihre Ansprüche auf Disziplin und Leistung, indem sie sich einen Spaß daraus machen, die Lehrer zu 'verarschen' und ihre strebsameren Mitschüler zu hänseln. Sie reproduzieren damit ihre kompensatorische Klassenkultur, die auf dem Vorbild und den Erfahrungen ihrer Eltern aufbaut: Anstrengungen für die Zukunft nützen sowieso nichts, man muss im Alltag seinen Spass haben. Entsprechend entwickeln sie ihre eigenen Werte und Leistungskategorien: Frechheit, Solidarität, Coolness, Sportlichkeit, sexuelle Erfahrung. Für ihre Triumphe gegenüber den Lehrern und Mitschülern zahlen sie damit, dass sie zu lebenslanger, monotoner Handarbeit – heute und auf Deutschland bezogen müßte man sagen: prekärer Beschäftigung und Arbeitslosigkeit – verdammt sind.

Zur PISA-Studie ist eine große Menge von Veröffentlichungen erschienen. Das hat, neben der öffentlichen Resonanz, seinen Grund auch darin, dass hier äußerst umfangreiches Datenmaterial zusammengetragen wurde, das auch erheblichen Aufschluss über die schulische Situation von Unterschichtkindern, Migranten, Mädchen und Jungen enthält. Die wichtigsten Daten und Kommentare sind in PISA 2001 übersichtlich und gut lesbar zusammengetragen.

Kapitel 5: Deutschland als Einwanderungsland – Migration und Integration

Die Bundesrepublik Deutschland *ist* seit dem Zweiten Weltkrieg ein Einwanderungsland – auch wenn sie sich nicht als solches versteht. Im Hinblick auf die Tatsache der Einwanderung unterscheidet sie sich kaum von vielen anderen postindustriell entwickelten Ländern. Fast alle haben wie die Bundesrepublik niedrige Geburtenzahlen; viele gleichen dieses Defizit durch Einwanderung aus. Während die große Zahl der MigrantInnen, die kurz nach dem Krieg kamen, aufgrund der günstigen Lage am Arbeitsmarkt und der relativen kulturellen Nähe ziemlich schnell integriert werden konnte, sind seit den 1970er-Jahren wachsende Probleme im Umgang mit den hier lebenden ethnischen Minderheiten und der Aufnahme weiterer Einwanderer zu beobachten, obwohl der Zustrom über längere Zeiträume gerechnet keineswegs stärker geworden ist.

Ein Teil der Migranten stellt eine sozial besonders benachteiligte Gruppe dar. Die Unterschicht in der deutschen Gesellschaft setzt sich zu einem nicht unerheblichen Teil eben aus Einwanderern zusammen – in dieser Hinsicht knüpft das vorliegende Kapitel also fast nahtlos an das vorhergehende an. Im Hinblick auf die Einwanderung ist die Schule nun allerdings in mehrfacher Weise gefordert: Viele (aber längst nicht alle!) Migrantenkinder kommen aus bildungsfernen Elternhäusern – insoweit gilt all das, was wir im letzten Kapitel über 'soziale Ungleichheit' schon thematisiert haben. Darüber hinaus haben Kinder aus Migrantenfamilien oft Nachteile beim Erwerb der deutschen Sprache – zumindest, wenn die Familie erst vor kurzem eingewandert ist oder zuhause nicht Deutsch, sondern die Sprache des Herkunftslandes spricht. Zudem muss die Schule mit den Ressentiments umgehen, die in der ethnisch gemischten Schülerschaft auftreten und die durch die latente oder offene Fremdenfeindlichkeit in der deutschen Gesellschaft geschürt werden.

Das Thema 'Migration und Integration' bewegt sich insofern zwischen zwei Spannungsfeldern, einerseits dem Feld der 'sozialen Ungleichheit', von dem im letzten Kapitel die Rede war, und andererseits dem Feld der 'kulturellen Differenz', d.h. der kulturellen Identifikation und Abgrenzung anhand kultureller Symbolsysteme wie Sprache, Religion, Lebensweise und erinnerter Geschichte.

Beide Spannungsfelder hängen teilweise eng miteinander zusammen. So hängt es einerseits von der Wertschätzung der kulturellen Eigenarten von eingewanderten Gruppen ab, andererseits von ihrer Ressourcenausstattung mit ökonomischem, sozialem und kulturellem Kapital, welchen Rang die MigrantInnen im Einwanderungsland einnehmen: Eventuell kommen sie als Diplomaten, Manager und Experten – früher auch als Eroberer und Missionare – und bilden dann im Aufnahmeland eine neue Oberschicht. Oder sie kommen als 'Fremdarbeiter' – früher wurden sie auch als Sklaven verschleppt – und bilden eine neue Unterschicht. Drittens schließlich können MigrantInnen auch als sozial Ebenbürtige kommen – sie bilden dann keine neue Schicht, aber führen zu verstärkter Konkurrenz innerhalb der bestehenden Schichten.

MigrantInnen bringen einerseits bestimmte kulturelle Eigenheiten schon mit, andererseits entstehen oder verstärken sich bestimmte Eigenheiten vielfach erst durch die Migration – *als Reaktion* auf soziale und kulturelle Spannungen werden diese Eigenheiten dann erst in besonderer Weise 'kultiviert', das heißt wiederbelebt, hervorgehoben und besonders rigoros festgehalten: Die unterlegene Gruppe grenzt sich als Kultur ab, um sich gerade in einer sozial benachteiligten Situation ihren Stolz zu bewahren, um sich also anhand der eigenen Werte selbst achten zu können und sich nicht mit den Maßstäben der anderen messen zu müssen ("Diaspora-Phänomen"). Die überlegene Gruppe belegt die anderen mit negativen Stereotypen, um sie sozial auszugrenzen und sich für diese Ausgrenzung moralisch nicht schämen zu müssen.

"Mir san mir" – die Bayern zum Beispiel haben diese kulturelle Kampfformel und ihren fundamentalistischen Katholizismus einerseits zunächst gegen die industriell und militärisch überlegenen Preußen (Amery 1982) und später im 'Kruzifix-Streit' gegen das Bundesverfassungsgericht gewandt – also gewissermaßen gegen ihre Eroberer. Andererseits benutzt Bayern diese Kampfformel früher wie heute zur Ausgrenzung ärmerer Einwanderer, von denen es zwar die Arbeitskraft aneignen will, deren Ansprüche auf soziale Integration und kulturelle Anerkennung es aber am liebsten leugnen würde. Eben unter dem Motto: Bayern ist kein Einwanderungsland!

5.1 Was ist ein 'Migrant'? Oder: Warum die Unterscheidung zwischen 'Inländern' und 'Ausländern' oft irreführend ist.

Eine Migrantin ist eine Person, die – im Unterschied zu einem Touristen – für längere Zeit oder für immer ihren Lebensmittelpunkt in eine andere Region, im

Allgemeinen in ein anderes Land verlegt – sei es aufgrund von Krieg und Verfolgung, wegen ökologischer Verwüstung, aus politischen Gründen, wirtschaftlichen Motiven oder für einen längeren Studienaufenthalt. Viele kommen aber auch aus Gründen des Familiennachzuges, wenn also ein anderes Familienmitglied schon zuvor aus den genannten Gründen in diese Region oder dieses Land übergesiedelt ist. Migration hat es schon immer gegeben. Die Wiege der Menschheit steht in Afrika – wenn unsere Vorfahren nicht gewandert wären, lebten wir heute nicht in Europa. Die verschiedensten Wanderungsströme gingen in den letzten Jahrhunderten kreuz und quer durch Europa – viele Menschen sind nach Deutschland eingewandert und dort zu Deutschen geworden, und noch mehr Menschen sind vor dem Zweiten Weltkrieg aus Deutschland ausgewandert und andernorts heimisch geworden (Sassen 1996). Wanderung ist insofern zunächst etwas normales, auch wenn örtlich angestammte Normalitäten dadurch vorübergehend aufgelockert und aufgemischt werden: Menschen brechen auf, um neue Lebensräume zu erkunden, oft sind sie in der Fremde hochwillkommen, gelegentlich kommt es dort zu Konflikten, aber Konflikte sind ja auch unter sesshaften Menschen nichts ungewöhnliches. Durch Wanderung vermischen sich die Kulturen, aber auch das ist ganz normal. Kultur ist nichts festes, statisches, sondern von Anbeginn ein andauernder Mischungsprozess, in dem die kulturellen Elemente beständig durcheinander gewirbelt, verändert und neu arrangiert werden. Kulturen, die nichts Neues aufnehmen und sich nicht wandeln wollen, sind tendenziell zum Untergang verurteilt.

Migranten sind nicht per se "Ausländer". Der Begriff des "Ausländers" klingt, alltagssprachlich betrachtet, ziemlich unfreundlich, weil er die Migranten 'außen' sieht oder sehen will, obwohl sie doch oft schon *Ein*wanderer sind, also längst nicht nur im physischen Sinne 'drinnen' sind. Zum Zweiten ist er relational, das heißt auf einen egozentrischen Standpunkt bezogen – und daher gelegentlich verwirrend: Wir alle sind Ausländer – fast überall! Der Migrant ist dagegen eine Person, die unterwegs ist – und zwar nicht nur im physisch-geografischen, sondern auch im kulturellen und sozialen Sinne. Er oder sie bricht irgendwo auf, setzt zunächst ihren Fuß nur vorsichtig und zögernd in das neue Land, fühlt sich dort erst einmal fremd und unsicher, hat Heimweh, fährt noch oft nach Hause. Kommt dann aber – vielleicht! – für immer längere Zeit, beginnt sich heimisch zu fühlen und in der ehemaligen Heimat allmählich fremd, gewinnt hier immer mehr Freunde, bringt hier Kinder zur Welt und zieht sie groß. Die Kinder dieser Kinder sind dann vielleicht nicht mehr von denen zu unterscheiden, die schon früher gekommen sind, also denen, die sich selbst als

'Inländer' sehen, weil sie die Wanderschaft ihrer eigenen Vorfahren vergessen haben. Dann ist die Integration abgeschlossen – der Migrant kein Migrant mehr. Soweit zur alltagssprachlichen Konnotation. In der Amtssprache und der Statistik gilt als "Ausländer", wer nicht die jeweilige Staatsbürgerschaft des Landes besitzt. Das Staatsbürgerschaftsrecht kann aus zwei Gründen vergeben werden, nämlich Abstammung und Aufenthalt:

• Das Abstammungsprinzip ('ius sanguinis' – Recht des Blutes) besagt, dass Staatsbürger ist, wessen Eltern ihrerseits schon die Staatsbürgerschaft besitzen – auch wenn die betroffene Person im Ausland geboren wird und dort lebt. Zu deutsch: Deutscher ist, wer von Deutschen abstammt, gleichgültig, wo er geboren ist.

• Das Aufenthaltsprinzip ('ius soli' – Recht des Bodens) besagt, dass Staatsbürger wird, wer längerfristig seinen Aufenthalt in dem betreffenden Staat hat, oder dort geboren ist. Franzose ist, wer in Frankreich geboren ist, gleichgültig, wo seine Eltern herkommen.

Die meisten Staaten kennen beide Rechtsgrundsätze, stützen sich aber in ihrem Staatsverständnis und in den konkreten Regelungen entweder mehr auf das eine oder mehr auf das andere Prinzip. Deutschland hält aus historischen Gründen das Abstammungsprinzip sehr hoch und verfährt ziemlich restriktiv bei der Vergabe der Staatsbürgerschaft auf der Grundlage von Aufenthalt.

Das führt zu der kuriosen Situation, dass Personen, die vor Jahrhunderten aus Deutschland ausgewandert sind, jederzeit einen deutschen Pass erhalten. Die russische Zarin Katharina die Große hat im 18. Jahrhundert Menschen aus Deutschland als Siedler angeworben – die sogenannten 'Wolgadeutschen'. Weitere Siedler folgten im Lauf des 19. Jahrhunderts. Diese wurden im Zweiten Weltkrieg von Stalin – wohl zu Unrecht – der Kollaboration mit den deutschen Invasoren verdächtigt und deswegen aus den umkämpften Gebieten in die Weiten Russlands oder Kasachstans deportiert. Von dort sind sie später zum Teil wieder als "Aussiedler" oder "Spätaussiedler" nach Deutschland gekommen und haben automatisch die deutsche Staatsbürgerschaft erhalten, obwohl sie teilweise seit Generationen kaum noch deutsch sprachen und der deutschen Kultur, so wie sie *heute* in Deutschland gelebt wird, ziemlich fremd geworden waren. Andererseits waren die hier geborenen Kinder von MigrantInnen, die in den 1960er-Jahren als Gastarbeiter kamen, bis vor kurzem "Ausländer", obwohl sie nie in einem anderen Land gelebt haben und teilweise auch in Sprache und Lebensweise von der früher eingewanderten Bevölkerung, den sogenannten Deutschen, kaum noch zu unterscheiden sind. Seit der Novellierung des Staatsbürgerschaftsrechts im Jahr 1999 sind die in Deutschland geborenen Kinder zwar vorläufig Inländer, müssen sich aber spätestens bis zum 23. Lebensjahr unter ziemlich restriktiven Bedingungen um die deutsche Staatsbürgerschaft bewerben – sie müssen unter anderem nachweisen, dass sie die Staatsbürgerschaft ihrer Eltern abgelegt haben. Damit verlieren sie in vielen Herkunftsländern auch das Recht zu erben – zum Beispiel das kleine Häuschen, das ihre Eltern als Gastarbeiter in Deutschland mühsam zusammengespart haben.

Insofern ist der Begriff des "Ausländers" – wie er in der Literatur bis vor kurzem noch häufig anstelle von 'Migrant' verwandt wurde – in vieler Hinsicht irreführend. Er zeigt nur an, dass der Träger keinen deutschen Pass besitzt, sagt aber nichts darüber aus, ob er gut deutsch spricht, mit der deutschen Lebensweise vertraut ist und deutsche Freunde hat. Er sagt weiterhin auch nichts darüber aus, ob er einer ethnischen Minderheit angehört. In den USA zum Beispiel, die ihre Staatsbürgerschaft sehr großzügig nach dem Aufenthaltsprinzip vergeben, sind die vor vielen hundert Jahren als Sklaven aus Afrika verschleppten und später freigelassenen Menschen immer eine ethnische Minderheit geblieben, obwohl sie selbstverständlich US-amerikanische Pässe besitzen. Die im Alltag – gerade auch im Schulalltag – wesentlichen Gründe für soziale Benachteiligung und kulturelle Ressentiments sind die Migrationssituation selbst oder die ethnische Segregation, die auf die Migration folgen kann, wenn die Integration nicht gelingt.[1] Der Status als 'Inländer' oder 'Ausländer' ist demgegenüber nachrangig (Nassehi/Schroer 1999).

5.2 Wanderung nach Deutschland

Etwa im 12. Jahrhundert begann eine von deutschen Regionen ausgehende Besiedlung, teilweise auch Missionierung des osteuropäischen Raumes. In diesem Zusammenhang wurde der Deutschritterorden gegründet. Auch die schon erwähnte Ansiedlung der Wolgadeutschen ist in diesem Kontext zu sehen. Durch die relative wirtschaftliche Prosperität stieg im Westen die Bevölkerungszahl und die Besiedlungsdichte – viele fanden kein fruchtbares Land mehr

---

1 Ethnische Segregation kann auch aus der Geschichte der Staatsgründung resultieren, wenn fremde Ethnien eingemeindet werden, sie aber ihre kulturelle und soziale Selbständigkeit – mehr oder weniger – beibehalten. In diesem Sinne gibt es in Deutschland noch zwei ethnische Minderheiten, nämlich die Sorben in Ostdeutschland und die Dänen in Norddeutschland, allerdings gibt es hier keine manifesten Benachteiligungen und Ressentiments. Darüber hinaus gibt es natürlich auch noch eine ganze Reihe von Differenzen zwischen den deutschen Regionen in Bezug auf Dialekt, Kirchenzugehörigkeit, Mentalität, und wirtschaftlichen Erfolg – die daraus resultierenden Spannungen haben sich aber im Lauf der Jahrzehnte seit der Errichtung des deutschen Nationalstaates, also seit 1870, weitgehend abgeschliffen.

und wichen daher in dünner besiedelte osteuropäischen Räume aus, später auch
nach Amerika. Unter agrarwirtschaftlichen Bedingungen gilt nämlich die Beobachtung von Thomas Malthus, dass wirtschaftlicher Aufschwung mit einer
überproportionalen Zunahme der Bevölkerung verbunden ist. Mit Beginn des
Industriezeitalters hat sich die Wanderungsbewegung dann allmählich umgekehrt, nämlich von den weniger entwickelten osteuropäischen und südeuropäi-
schen Gebieten in die wirtschaftlich prosperierenden Gebiete in Nordwesteuro-
pa und in den USA. Diese Grundrichtung der Bewegung hält seitdem an und
wird durch die postindustrielle Entwicklung, insbesondere den Geburtenrück-
gang bei der autochtonen, d.h. schon länger ansässigen Bevölkerung, noch verstärkt.

Dieser wirtschaftliche und demografische Hintergrund erklärt die Grundrichtung der Wanderungsbewegungen. Diese erfolgten dann nach dem Zweiten
Weltkrieg in politisch bedingten Schüben (vgl. im Folgenden Geißler 2002:
66ff., 282ff.; Bade 1997). Hitlers Feldzüge in Osteuropa waren von kolonialis-
tischen Ideen geleitet und wurden von der Wehrmacht und der SS mit beispiel-
loser Grausamkeit gegen die als 'minderwertig' erachteten "slawischen Völker"
geführt. Die erste große Wanderungswelle bestand aus deutschstämmigen
Flüchtlingen und Vertriebenen, die 1945 angesichts des verlorenen Krieges vor
der (befürchteten) Rache der Roten Armee und der einheimischen Bevölkerung
Richtung Westen flohen – circa 4 Millionen landeten auf dem Gebiet der Sow-
jetischen Besatzungszone, die später in die DDR überführt wurde, circa 8 Millionen zogen weiter in die westlichen Besatzungszonen, in denen 1949 die BRD
gegründet wurde.

Aber die Rücksiedelung war damit noch nicht abgeschlossen – seither sind
viele der 'deutschstämmigen' BewohnerInnen aus den osteuropäischen Sied-
lungsgebieten nach Deutschland gekommen. Von 1951 bis 1988 kamen – nun
in einem eher dünnen und kontinuierlichen Strom – circa 1,6 Millionen, die als
"Aussiedler" bezeichnet wurden. Infolge des Zusammenbruchs der Sowjetunion
und des Ostblocks setzte eine verstärkte Ausreisewelle ein, ab 1988 kamen noch
einmal circa 2,7 Millionen, die nun "Spätaussiedler" genannt wurden. Staats-
rechtlich besehen erhielten diese Einwanderer alle sofort einen deutschen Pass,
aber ihre ethnische 'Deutschstämmigkeit' dürfte mit der Zeit nachgelassen haben: Direkt nach dem Zweiten Weltkrieg kamen die, die sich politisch-kulturell
selbst ganz deutlich als 'Deutsche' sahen und von der umgebenden Bevölkerung
auch als solche identifiziert wurden – denn nur auf der Grundlage einer deutli-
chen ethnischen Segregation konnten sie als 'Deutsche' kollaborieren oder der
Kollaboration verdächtigt werden. Aber die deutschstämmige Bevölkerung war

in Osteuropa biologisch und kulturell vielfach nicht unvermischt geblieben – man hatte sich mit anderen Volksgruppen verheiratet, Elemente ihrer Lebensformen übernommen und viele sprachen nicht oder kaum mehr deutsch. Daher war der Grad der Deutschstämmigkeit – oder ethnischen Segregation – ganz unterschiedlich ausgeprägt. Insofern wurden die politisch-kulturellen Motive, die in der frühen Nachkriegszeit wirksam waren, mit der Zeit auch immer stärker von wirtschaftlichen Motiven überlagert. Deutschland wird in Osteuropa heute als Land gesehen, in dem Milch und Honig fließen – zumal infolge des Zusammenbruchs des Kommunismus vielerorts ein starker wirtschaftlicher Niedergang zu verzeichnen ist.

Ähnlich waren die Motive der deutsch-deutschen Binnenwanderung teils politischer, teils wirtschaftlicher Natur. Von 1945 bis 1961, also bis zum 'Mauerbau', kamen rund 3 Millionen Flüchtlinge und Übersiedler: Es waren Menschen, die zum Teil politisch direkt verfolgt waren und andere, die im Kommunismus ihre ehemals privilegierte Stellung verloren und sich deshalb im Westen bessere Lebenschancen versprachen. Zur gleichen Zeit sind auch rund eine halbe Million Menschen vom Westen Deutschlands in die SBZ/DDR gewandert, teils aus politischen Gründen, teils waren es Rückkehrer, die im Westen nicht Fuß fassen konnten oder wollten. Mit dem Mauerbau reduzierte sich zwar der Wanderungsstrom, dennoch kamen von 1961 bis 1990 immer noch rund 1,5 Millionen nach Westdeutschland. Nach dem Ende der DDR zogen dann rund 1,9 Millionen aus den neuen Bundesländern auf der Suche nach Arbeit in den Westen. Doch auch diesmal gab es viele Rückkehrer. Zugleich besetzten im Zuge der Einführung von Demokratie und Marktwirtschaft viele Westdeutsche Elitepositionen in Ostdeutschland – und werden dort oftmals wie Kolonisatoren wahrgenommen und als "Besserwessis" bezeichnet. So war ein Strom von 1,4 Millionen Menschen in umgekehrter Richtung, also von Westdeutschland nach Ostdeutschland, zu verzeichnen.

Soweit also die 'deutschstämmige' Migration, also die Einwanderung mit deutschem Pass. Nun zu den sogenannten Ausländern. Das westdeutsche 'Wirtschaftswunder', das heißt der Aufschwung bald nach dem Krieg, erzeugte einen sehr großen Bedarf an Arbeitskräften, der die Flüchtlinge und Vertriebenen aus Osteuropa und die Übersiedler aus der DDR schon bald absorbierte. Deshalb wurden "Gastarbeiter" aus Südeuropa und der Türkei angeworben, besonders als aufgrund des Mauerbaus 1961 die Einwanderung aus Ostdeutschland sehr stark nachließ. Diese Gastarbeiter sollten – wie der Name auch besagt – für ein paar Jahre in Deutschland arbeiten, um dann nach dem Rotationsprinzip in ihre

Heimat zurückzukehren und durch neue Arbeitskräfte ersetzt zu werden. In der
Mehrzahl der Fälle ist das auch so geschehen: Zwischen 1955 und 1973, dem
Jahr des Anwerbestopps, kamen insgesamt 14 Millionen nach Deutschland und
11 Millionen kehrten in ihre Heimatländer zurück.

Das Rotationsprinzip schien im Interesse beider Seiten zu sein: Die BRD
sparte sich Integrationskosten, weil die meist männlichen Gastarbeiter ohne ihre
Familien, also insbesondere auch ohne Kinder kamen (Schiffauer 1991). Die
Gastarbeiter kamen in der Hoffnung, mit dem in Deutschland verdienten Geld
in ihrer Heimat bald auf höherer Stufe in der sozialen Leiter zu stehen – zum
Beispiel indem sie sich eine selbständige Existenz aufbauen würden. Vielfach
ließen sich die Rückkehrträume aber nicht so einfach realisieren, denn durch
den allgemeinen wirtschaftlichen Aufschwung in dieser Zeit waren auch in
ihren Ländern die Preise gestiegen. Sie mussten also länger in Deutschland
arbeiten – was von den Arbeitgebern auch begrüßt wurde, weil sie lieber auf
erfahrene Arbeitskräfte zurückgriffen, um Einarbeitungskosten zu sparen. Weil
sie aber länger in Deutschland arbeiteten, konnten sie ihre Frauen oder Familien
nicht so lange im Herkunftsland allein lassen. Wenn nun auch die Familien in
Deutschland lebten, konnten sie nicht mehr so viel sparen – so verzögerte sich
die Rückkehr mal um mal, ohne dass diese erste Generation je ihre Rückkehr-
hoffnungen aufgegeben hätte.

Zu Beginn der 1970er-Jahre geriet die Wirtschaft in eine Rezession – das
Wirtschaftswunder war vorbei. Die Wirtschaft wuchs von da an, obwohl krisen-
geschüttelt, zwar immer noch, aber das weitere Wachstum war nun stärker vom
postindustriellen Strukturwandel geprägt und im industriellen Sektor mit einer
wachsenden Zahl von Arbeitslosen verbunden. 1973 erließ die Bundesregierung
einen Anwerbestopp für ausländische Arbeitskräfte. Dieser führte dazu, dass die
verbliebenen Gastarbeiter daraufhin im Land blieben, weil sie ansonsten nicht
mehr auf Rückkehr nach Deutschland hoffen konnten. Folglich holten sie auch
so schnell wie möglich ihre Familien nach – viele der heute in Deutschland
lebenden "Ausländer" sind dementsprechend hier geboren. Bis 1980 stieg so die
Zahl der "Ausländer" auf 4,5 Millionen an. Soweit sie aus Italien, Griechenland,
Portugal und Spanien stammen – zusammen etwas über eine Million Personen[2] –, sind ihre Herkunftsländer heute Mitglied in der EU. Sie können daher
unbeschränkt den Arbeits- und Wohnort wählen. Das hat überraschenderweise
zu einer verstärkten Rückkehr (vor allem nach Spanien), zum Teil auch zu einer
Pendelbewegung in grenzüberschreitenden Familiennetzwerken geführt (Ita-

---

2   619.000 ItalienerInnen, 365.000 Griechen, 134.000 Portugiesen, 130.000 Spanier – Stichtag:
     31.12.2000.

lien). Die beiden größten der ehemaligen Gastarbeitergruppen, ca. 2 Millionen Türken und ca. 1 Million (Ex-)Jugoslawen, sind dagegen durch die restriktiven Ausländergesetze in Deutschland und schlechte wirtschaftliche Bedingungen in ihren Herkunftsländern praktisch aufs Bleiben festgelegt. Konkrete Rückkehrabsichten gibt es kaum noch, zumal gerade die Kinder der Sprache und Kultur ihrer Herkunftsländer vielfach längst entwöhnt sind.

Unabhängig von dieser Vorgeschichte als Gastarbeiter leben und arbeiten in Deutschland darüberhinaus etwa eine Million Personen, die vorwiegend aus Nachbarländern kommen, und zum Teil aufgrund ihrer Mitgliedschaft in der EU den Aufenthaltsort frei wählen können. Die größte Gruppe sind die Polen (300.000), gefolgt von Österreichern (190.000), Briten (120.000), US-Amerikanern (110.000), Niederländern (110.000) und Franzosen (110.000).

Seit den 1980er-Jahren ist auch ein verstärkter Zustrom von Flüchtlingen zu beobachten, die nicht deutschstämmig sind. Sie kommen von verschiedenen Krisenherden in der Welt hierher – gegenwärtig leben etwa 1 Million Flüchtlinge in Deutschland. Sie genießen nach verschiedenen Kriterien Asyl oder Bleiberecht:

• Etwa 0,5 Millionen sind als Flüchtlinge, großenteils als Asylberechtigte, anerkannt. Sie besitzen eine unbefristete Aufenthaltsgenehmigung und Arbeitserlaubnis.

• Etwa 0,4 Millionen sind "De-facto-Flüchtlinge". Diese werden in Deutschland vorübergehend geduldet, weil sie bei ihrer Abschiebung erheblichen Gefahren ausgesetzt wären. Unter bestimmten Voraussetzungen wird eine befristete Arbeitserlaubnis erteilt.

• Es gibt etwa 0,2 Millionen Asylbewerber, deren Verfahren noch nicht abgeschlossen ist. Sie unterliegen sehr scharfen Reglementierungen und erhalten keine Arbeitserlaubnis.

Daneben gibt es noch illegale Einwanderer, deren Zahl auf etwa eine Million geschätzt wird. Manche sind ohne Genehmigung oder mit gefälschten Papieren eingereist. Viele kommen aber auch mit einem Touristenvisum oder reisen nach Ablauf ihrer Aufenthaltsgenehmigung nicht aus. Insofern besteht auch eine gewisse Grauzone am Rande der Legalität. Ihre Lebensbedingungen sind entsprechend mehr oder weniger prekär – sie unterliegen einem besonders hohen Ausbeutungsrisiko und sind permanent von Entdeckung bedroht.

Wenn man die Einwanderungsgeschichte nach Westdeutschland in dieser Weise Revue passieren lässt, kann man eine Reihe interessanter Feststellungen machen: Westdeutschland hat bis zum Anwerbestopp 1973 – das ist zufällig genau auch etwa die 'Halbzeit' seit dem Zweiten Weltkrieg – mehr Einwanderer

Übersicht 5.1: Wanderungswellen nach Westdeutschland seit 1945

"Deutsche" Immigranten ("deutsch" gemäß Staatsbürgerschaftsrecht)
• 1944-1950: 12 Mill. Flüchtlinge + Vertriebene (rund 8 Mill. im Westen Deutschlands aufgenommen) • 1951-1988: Aussiedler aus Ost- und Südosteuropa (1,6 Mill.) • ab 1988 "Spätaussiedler" aus Osteuropa und Asien, viele davon mit schwachen Kenntnissen der deutschen Sprache und Kultur (2,7 Mill.) • 1945-1961 (Bau der Mauer): Flüchtlinge + Übersiedler aus der SBZ/DDR (per Saldo rund 2,3 Mill.) • 1961-1990: weitere Übersiedler aus der DDR (rund 1,5 Mill.) • ab 1991 Westwanderung der Ostdeutschen (netto rund 0,5 Mill.) ⇒ Zusammen kamen ca. 16,5 Millionen "deutschstämmige" Immigranten nach Westdeutschland.
"Ausländische" Immigranten ("ausländisch" gemäß Staatsbürgerschaftsrecht)
• 1955-1973: "Gastarbeiter" + Familiennachzug + hier geborene Kinder (14 Million rein, 11 Millionen raus, 1990: rund 3-4 Mill.) • Seit den 1980er-Jahren verstärkt Asylsuchende • Viele Kriegsflüchtlinge v.a. während des Jugoslawienkrieges • Fortlaufende Arbeitsmobilität (in der EU, oder von außen – in der Regel nicht als Unterschicht) • Die Zahl der illegalen Einwanderer wird auf rund 1 Million geschätzt. ⇒ Heute leben insgesamt circa 8 Mill. "Ausländer" in Deutschland plus circa 1 Mill. eingebürgerte ehemalige Ausländer. Ein Teil dieser Personen ist in Deutschland geboren.

Zuwanderung nach Westdeutschland – zeitlich gesehen

		"Deutsche"	"Ausländer"
1945-1973:	16 Mill.	ca. 13 Mill.	ca. 3 Mill.
1973-2000:	10 Mill.	ca. 4 Mill.	ca. 6 Mill.

⇒ Insgesamt kamen circa 26 Millionen Menschen, die tendenziell auch eine höhere Geburtenrate hatten als die einheimische Bevölkerung. Ohne Einwanderung würde die Bevölkerung in Westdeutschland heute ca. 35 statt 67 Millionen betragen (in Gesamtdeutschland 50 Mill. statt 82 Mill.). Die Einwanderung hat im zeitlichen Verlauf geschwankt, insgesamt aber – insbesondere gegenüber der unmittelbaren Nachkriegszeit – deutlich abgenommen.

aufgenommen als in der Zeit seither.[3] Die Aufnahme und Integration gelang damals relativ reibungslos, obwohl – oder gerade weil – das Land zerstört und verarmt am Boden lag. Der enorme Einwanderungsschub der Nachkriegszeit wurde aber nicht als solcher begriffen, weil die Einwanderer als "Deutsche" galten. Eine verstärkte Zuwanderung gab es infolge des Auseinanderbrechens des Ostblocks Ende der 1980er-/Anfang der 1990er-Jahre. Dieser Zustrom führte zu einem starken Anwachsen öffentlich manifestierter Fremdenfeindlichkeit, obwohl – oder gerade weil – die Bundesrepublik mittlerweile ein reiches Land geworden war. Vielfach war damals in der Öffentlichkeit von "Asylantenfluten" die Rede, obwohl nur ein kleinerer Teil der Einwanderer Asylbewerber waren, während die beiden größeren Teile aus Ostdeutschland kamen beziehungsweise Spätaussiedler waren. Insgesamt kamen circa 26 Millionen, die zum Teil auch eine höhere Geburtenrate als die einheimische Bevölkerung hatten. Ohne Einwanderung würde die Bevölkerung in Westdeutschland heute ungefähr 35 statt 67 Millionen betragen – in Gesamtdeutschland entsprechend ungefähr 50 Millionen statt 82 Millionen. Sie wäre also vor allem aufgrund der seit den 1970er-Jahren notorisch niedrigen Geburtenrate erheblich abgesunken (vgl. Übersicht 5.1).[4] Zu bemerken ist auch, dass die Einwanderung – auch mit deutschem Pass – ethnisch besehen zunehmend 'fremder' geworden ist. Das ist allerdings auch eine zwangsläufige Entwicklung, weil die Kontingente rückkehrbereiter ehemaliger Auswanderer nun erschöpft sind – jedenfalls soweit sie sich kulturell und politisch selbst als "Deutsche" identifizieren und von der einheimischen Bevölkerung auch als solche identifiziert werden.

5.3 Migrantenkinder in deutschen Schulen

Wie hoch ist nun die Zahl von Migrantenkindern in deutschen Schulen? Hierüber gibt die PISA-Studie Auskunft, bei der ein repräsentatives Sample von 15-jährigen Schülern in allen Schulformen, mit Ausnahme der Sonderschulen, befragt wurde. Als 'Migrantenkind' ist in der PISA-Studie definiert, wer von mindestens einem Elternteil abstammt, der nicht in Deutschland geboren wurde.

---

3 Um die Betrachtungsweise einheitlich und übersichtlich zu halten, wird im Folgenden in erster Linie auf Westdeutschland Bezug genommen. Das ist auch insofern gerechtfertigt, weil Westdeutschland die Einwanderungsregion darstellt, während Ostdeutschland seit 1945 per Saldo eher Auswanderungsregion ist.

4 Die Differenz ergibt sich also nicht nur aus der Zuwanderung, sondern auch aus der höheren Geburtenrate der ImmigrantInnen. Allerdings nimmt diese höhere Geburtenrate im Zuge der Integration im Allgemeinen deutlich ab (vgl. Nauck 1997).

Abbildung 5.1a: Verteilung der 15-jährigen Schüler mit Migrationshintergrund
                 (Baumert/Schümer 2002: 190)

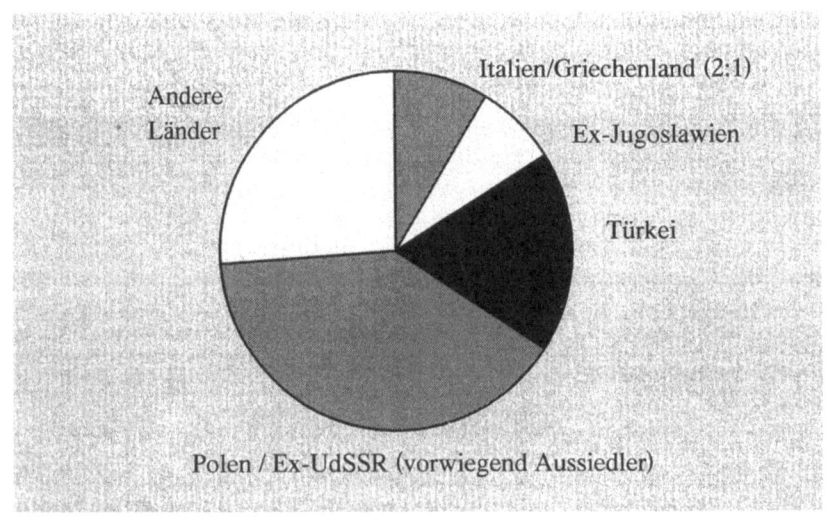

Nun wollen wir zunächst betrachten, aus welchen Regionen die Migrantenkinder bzw. ihre Eltern kommen. Wie die 'Tortengrafik' in Abbildung 5.1a (oben)
zeigt, stammt der größte Teil heute aus Osteuropa bzw. aus dem Gebiet der
ehemaligen Sowjetunion. Dem Pass nach sind das überwiegend "deutsche"
Schüler, also Kinder von Spätaussiedlern. Die zweitgrößte Gruppe stellen die
'anderen Länder' dar – das sind vor allem Schüler aus europäischen Nachbar-
staaten, teilweise aber auch Kinder von Flüchtlingen aus aller Welt. Die Schüler
mit Abstammung aus der Türkei, Italien, Griechenland und Ex-Jugoslawien
sind vor allem Kinder von ehemaligen "Gastarbeitern", zum Teil aber auch von
Flüchtlingen, zuletzt vor allem aus dem Bosnienkrieg.
    In Abbildung 5.1b (unten) ist zum Vergleich die Verteilung der "ausländi-
schen" Schüler dargestellt, so wie sie in der Statistik der Kultusministerkonferenz geführt wird. Auffällig ist, dass die größte Migrantengruppe in der PISA-
Studie, die Kinder von Einwanderern aus Osteuropa und der UdSSR, hier praktisch kaum auftaucht – als Spätaussiedler besitzen sie die deutsche Staatsangehörigkeit und werden deshalb nicht aufgeführt. Die Kultusministerkonferenz
bemerkt selbst, dass "ein Rückschluss von der Staatsangehörigkeit auf eventuell
bestehende besondere Förderbedarfe der Schüler so nicht gegeben ist" (KMK
2002: 9). Die größten Gruppen sind entsprechend dieser Statistik die Kinder

ehemaliger "Gastarbeiter", allen voran der Türken, gefolgt von den Südeuropäern (Italien, Griechenland, Spanien, Portugal) und den Ex-Jugoslawen, wobei
bei letzteren auch in recht hohem Maße Flüchtlingskinder vertreten sind. Zusammen machen diese drei Gruppen 70 Prozent der "ausländischen" Schüler
aus. Der Rest stammt aus der übrigen EU (3%), dem übrigen Europa (9%), also
vorwiegend Osteuropa, und der übrigen Welt (18%).

Abbildung 5.1b: Verteilung aller "ausländischen" Schüler nach Herkunfts-
regionen (KMK 2002: 18)

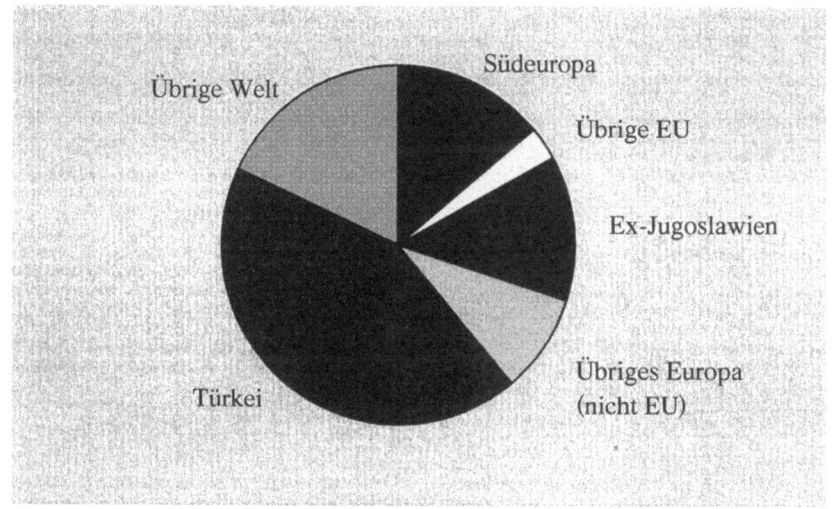

Hat Deutschland nun verglichen mit anderen Ländern einen besonders niedrigen
oder hohen Anteil von Schülern mit Migrationshintergrund? Wie die PISA-
Studie zeigt, liegt Deutschland hier im oberen Mittelfeld – interessanterweise
über dem klassischen Einwanderungsland USA (vgl. unten, Abbildung 5.2).
    Der Anteil der Schüler mit Migrationshintergrund beträgt in Deutschland al-
so 21,8 Prozent – in den Großstädten[5] ist er mit 36,1 Prozent deutlich höher, in
den Neuen Ländern aufgrund der niedrigen Arbeitsmigration zu DDR-Zeiten
und der Arbeitslosigkeit nach der 'Wende' mit 3,6 Prozent erheblich niedriger.
Wie verteilen sich nun diese SchülerInnen mit Migrationshintergrund auf die

---

5 Alle Städte über 300.000 Einwohner, allerdings ohne die Stadtstaaten Bremen, Hamburg und
   Berlin.

Abbildung 5.2: Anteil von Schülern mit Migrationshintergrund im internationalen Vergleich (PISA 2001: 350)

über 30 Prozent		20 bis 30 Prozent		10 bis 20 Prozent	
Luxemburg	49%	Frankreich	25%	Großbritannien	19%
Liechtenstein	46%	Belgien	24%	Niederlande	18%
Australien	42%	*Deutschland*	22%	Österreich	16%
Neuseeland	37%	Schweden	21%	Dänemark	14%
Schweiz	37%	USA	20%	Norwegen	11%
Kanada	31%			Griechenland	11%
Bei den übrigen 15 PISA-Ländern liegt der betreffende Anteil unter 10 Prozent.					

einzelnen Schularten? Die Migrantenkinder sind, wie schon angedeutet, im Durchschnitt in ihren Bildungschancen gegenüber der einheimischen Bevölkerung benachteiligt. Entsprechend besucht hier ein großer Teil die Haupt- oder Berufsschule, während die Teilnahme an weiterführenden Bildungsgängen seltener ist – im Unterschied zu den einheimischen Jugendlichen, die überwiegend auf die Realschule und das Gymnasium gehen (Abbildung 5.3).

Abbildung 5.3: Verteilung der Schüler[6] mit Migrationshintergrund auf Schultypen in Prozent (Baumert/Schümer 2002: 195)

	Haupt- oder Berufsschule	Realschule	Gymnasium	Integrierte Gesamtschule	$\sum$ (%)
Migranten[7]	44	26	20	10	100
Deutsche[8]	24	35	32	8	100

Wie nun die folgende Abbildung (5.4, unten) zeigt, führt diese Aufteilung auf die Schularten gerade in der Haupt- bzw. Berufsschule und in den Integrierten Gesamtschulen zu besonders hohen Anteilen von Schülern mit Migrationshintergrund. Besonders hoch sind die jeweiligen Anteile in den Großstädten und dort speziell in Stadtteilen mit hoher Zuzugsrate von MigrantInnen, ziemlich niedrig dagegen in den Neuen Ländern.

Sehr hoch ist der Anteil von Migrantenkindern zudem in Sonderschulen, insbesondere in Sonderschulen für Lernbehinderte. Dorthin werden sie vielfach überwiesen, wenn sie im normalen, lehrerzentrierten Unterricht an Grund- und

---

6   Jahrgang der 15-jährigen Schüler, ausgenommen Sonderschüler.
7   Mindestens ein Elternteil nicht in Deutschland geboren.
8   Beide Eltern in Deutschland geboren.

Hauptschulen 'nicht mitkommen'. Da die Sonderschulen in der PISA-Studie nicht erfasst sind, muss hier auf die offizielle Statistik mit ihrem problematischen staatsrechtlichen Ausländerbegriff zurückgegriffen werden. Demnach war im Jahr 2000 die Sonderschulquote der "ausländischen" Kinder mit 6,6 Prozent deutlich höher als die Sonderschulquote der deutschen Kinder, die 4,0 Prozent betrug – bei dem wichtigsten Sonderschultyp, dem Zweig für "lernbehinderte" Kinder, war sie sogar mehr als doppelt so hoch (4,4% zu 2,1%). Entsprechend sind die "Ausländerkinder" an Sonderschulen auch überproportional repräsentiert. Während ihr Anteil an allen Schulen etwa 10 Prozent beträgt, liegt er in den Sonderschulen bei 15 Prozent (KMK 2002: 23 und 41).

Abbildung 5.4: Anteil der Schüler mit Migrationshintergrund in den verschiedenen Schultypen in Deutschland (Eigene Berechnungen nach Baumert/Schümer 2002: 190 und 197)

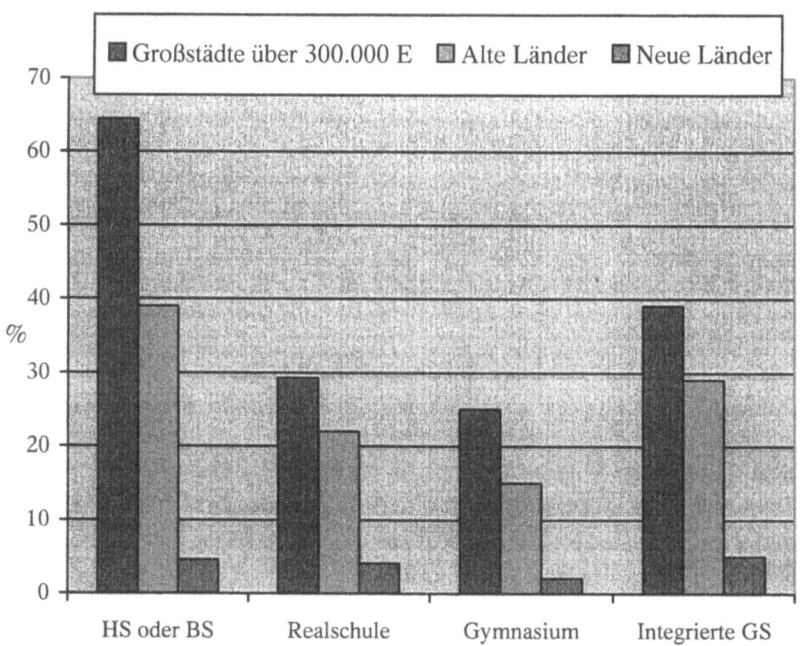

Wer heute Lehrerin wird, gleichgültig an welcher Schule, ist also unabweisbar mit Einwanderern und der entsprechenden Integrationsproblematik konfrontiert.

5.4 Fremdenfeindlichkeit und Migrationspolitik

Bisher begegnete Deutschland den Einwanderern, zumal wenn sie nicht
'deutsch' waren, mit zumindest latenter Fremdenfeindlichkeit und einer entsprechend restriktiven Migrationspolitik. Dabei ist die Abwehr des Fremden und der
Fremden nicht spezifisch deutsch – grundsätzlich gab und gibt es Fremdenfeindlichkeit überall und zu allen Zeiten. Allerdings ist sie nicht in allen Gebieten und in allen sozialen Schichten gleich stark ausgeprägt. Stellen wir uns zwei
Fragen. Die erste lautet: Wo wird die Fremdenfeindlichkeit deutlicher, dort wo
es viele Fremde gibt oder dort wo es wenige sind? Drei Sekunden Bedenkzeit
....(eine Sekunde) .... (zweite Sekunde) ....(noch eine Sekunde) .... – merken Sie
sich bitte Ihre Antwort. Nun die zweite Frage: Ist sie stärker in der Stadt oder
auf dem Land ausgeprägt? Ihre Antwort vermutlich: Natürlich auf dem Land!
Und Ihre Antwort auf meine erste Frage lautete – ich rate aufgrund meiner Erfahrungen in Vorlesungen: Dort wo es mehr Fremde gibt! Also gibt es, so müsste man hier schließen, auf dem Land mehr Fremde als in der Stadt? Letzteres ist
nicht der Fall, also muss mindestens eine der geläufigen Antworten falsch sein –
oder vielleicht sind doch beide richtig, aber jeweils nur halb?

Fragen wir uns zunächst nach den sozialpsychologischen Ursachen von
Fremdenfeindlichkeit, also der Irritation durch einen Fremden oder eine Fremde
– beziehungsweise das Fremde an ihm oder ihr. Das kulturell Fremde irritiert
unsere alltäglichen Erwartungen und Gewohnheiten – welche Hautfarbe unsere
Mitmenschen haben, wie sie gekleidet sind, wie sie sich benehmen, welche
Sprache sie sprechen, wie sie riechen, was sie essen. Ähnliche und zum Teil
noch viel stärkere Irritationen ergeben sich im Kontakt mit dem körperlich,
geistig oder psychisch Andersartigen und Fremden – das wir im Allgemeinen
als Entstellung, Behinderung oder Geisteskrankheit bezeichnen. Wir sind
verunsichert in unserem "ontologischen Vertrauen", dass die Welt und vor allem
unser Alltag so ist, wie wir ihn kennen und in unseren Wahrnehmungskatego-
rien geordnet haben – dass es immer so weiter geht wie gehabt und keine
Überraschungen auftreten (Giddens 1988; Schütz/Luckmann 1979).

Vielleicht sind wir von diesem Fremden magisch angezogen, weil wir hoffen, das es interessante und lustvolle Überraschungen bereit hält. Vielfach sind
wir aber nur verstört, und wenn wir uns diese Verstörung nicht eingestehen und
aushalten können, reagieren wir mit Flucht oder Aggression – je nachdem ob
wir uns selbst im Ausland oder Inland befinden (Beck 1999; Keupp 1999).

Allerdings setzen auch Gewöhnungseffekte ein: Das Fremde, dem wir täglich begegnen, ist uns natürlich mit der Zeit nicht mehr fremd. Wir bilden dann

eben eine neue Wahrnehmungsschublade dafür aus und wissen, mit was wir zu rechnen haben. Je mehr wir mit Fremdem aller Art konfrontiert werden, umso mehr entsteht in uns auch eine allgemeine Kategorie für das Fremde schlechthin – wir lernen, wie wir einerseits uns selbst und andererseits das Fremde auf Distanz halten können und so die Irritationen vermeiden, die sich bei ungeübter und spontaner Begegnung ergeben. So wird auch verständlich, warum die Fremdenfeindlichkeit in der Großstadt im Allgemeinen weniger stark ist. Es gibt dort mehr Fremde und entsprechend ist man den Umgang mit Fremden auch stärker gewohnt. Hinzu kommt, dass sich in der Großstadt ohnehin alle Bewohner wechselseitig fremd sind. Daher hat sich hier eine spezielle soziale Institution, ein Set von Verhaltenskonventionen ausgebildet, die man als "höfliche Unaufmerksamkeit" bezeichnet (Goffman 1971). Zum Beispiel starren wir auf dem Trottoir die unmittelbar Vorübergehenden nicht an, sondern wenden den Blick zur Seite oder zu Boden – was diese ebenso tun. Wir sprechen uns im Allgemeinen nicht an und vermeiden auch sonst alle Gesten, die in den unsichtbaren Schutzraum des anderen eindringen oder ihn provozieren könnten, unseren eigenen Schutzraum zu verletzen. Insofern ist es dann fast gleichgültig, ob jemand schon seit 50 Jahren in dieser Stadt wohnt oder bis jetzt im entferntesten Winkel der Welt gelebt hat, ob er eine Behinderung hat, blau gefärbte Haare trägt oder im Schlafanzug einkaufen geht.

Anders verhät es sich auf dem Dorf und überhaupt in Gebieten, wo Fremde eher selten auftauchen. Zum Einen haben die Leute dort weniger Erfahrungen mit Fremden – sie gaffen sie entgeistert und mit einer Mischung aus Faszination und Entsetzen an. Zum Zweiten kennen sich die Einheimischen untereinander recht gut und sind es entsprechend gewohnt, sich auf der Straße, im Wirtshaus und auch überall sonst entsprechend vertraut zu begegnen. Diese Umgangsformen werden durch Fremde in viel höherem Maße gestört als die "höfliche Unaufmerksamkeit" in der Großstadt, die sich ohnehin durch fast niemanden und nichts irritieren lässt.

Fast am wenigsten irritiert uns der Fremde in der Fremde. Als Touristen fahren wir gerne dorthin, das Fremde erscheint uns anziehend, solange wir auf Distanz bleiben und uns jederzeit zurückziehen können. Der Fremde kommt dann in die Wahrnehmungsschublade mit der Aufschrift "exotischer Fremder – edler Wilder" (Kohl 1986) – eine Kategorie, die wir seit dem Zeitalter der Aufklärung zunehmend entwickelt haben. Am allerwenigsten irritiert uns der Fremde, der überhaupt nicht mehr fremd, also vollständig assimiliert ist. Für ihn brauchen wir gar keine eigene Schublade mehr, weil wir gar nicht mehr merken, dass er einmal fremd war. Vielleicht erzählt er es uns, und dann wissen wir es, aber das Nachempfinden der Erzählung ist genauso wenig bedrohlich wie ein Abenteuerroman – das Fremde ist damit in sichere Distanz entrückt. Extrem irritierend und verstörend ist dagegen der Fremde, der irgendwo zwischen diesen beiden Polen unterwegs ist – der aus der Fremde zu uns kommt, hier vielleicht bleibt oder zurückkehrt, vielleicht auch weiterzieht oder einfach unstet zwischen verschiedenen Orten pendelt (vgl. Simmel 1992: 764ff.; Bauman 1995). Irritierend ist nicht so sehr der Schwarze, der sich in jeder Hinsicht so verhält, wie wir das von den Insassen in unserem Vorurteilskästchen mit dem Etikett "Schwarze" erwarten. Irritierend ist der Schwarze, der uns unerwartet auf bayrisch anspricht und damit unsere Wahrnehmungskästchen durcheinander bringt. Es ist der hybride Fremde, der unstet kreuz und quer durch unsere Wahrnehmungsschubladen springt und den wir nicht zu fassen bekommen. Wir wissen nicht, was er tut und im Schilde führt, mit welchen Ideen er bei uns herumschleicht und uns infiltriert. Ihn verdächtigen wir, dass er uns heimlich beobachtet und andernorts schlecht von uns spricht – vielleicht ist er gar ein Spion. Und sicher pickt er sich überall die Rosinen heraus, macht ein charmantes Gesicht und verführt unschuldige Frauen und Kinder. Wenn man ihn dafür zur Verantwortung ziehen will, kriegt man ihn nicht zu fassen.

Oder abstrakter und systematischer ausgedrückt: Wir haben unsere Ordnung, unsere Kultur, die uns selbstverständlich ist. Es fällt uns zwar schwer, mit anderen Ordnungen beziehungsweise Kulturen umzugehen, aber als gebildete und weitgereiste Menschen haben wir wahrscheinlich gelernt, dass andere Kulturen, bloß weil wir sie nicht auf Anhieb verstehen, deswegen noch längst nicht als 'Barbarei' aufzufassen sind, sondern auch ihre Ordnung haben, die eben nach anderen Regeln funktioniert, und mit der die anderen mindestens ebenso zufrieden sind wie wir mit der unseren. Deswegen halten wir uns auch für aufgeklärt und tolerant. Tatsächlich, wir sind dann nicht mehr feindlich gegenüber den Fremden in der Fremde. Aber zur Weißglut bringen uns dann trotzdem immer noch diejenigen, von denen wir argwöhnen, dass sie die Ordnungen durchkreuzen – eventuell sogar, indem sie überall ganz gezielt die Rechte nutzen und sich vor den Pflichten drücken. Erst wenn wir lernen, auch mit dem hybriden und unsteten Fremden vorurteilslos umzugehen, überwinden wir die Feindlichkeit gegenüber MigrantInnen – gegenüber den Fremden, die zu uns kommen, um wahrscheinlich zu bleiben, und dabei gar nicht anders können, als im Prozess der allmählichen Integration zwischen den Kulturen und Ordnungen zu leben.

Fremdenfeindlichkeit ist also zunächst und vor allem ein sozialpsychologisches und soziokulturelles Phänomen. In bestimmten Konstellationen beruht Fremdenfeindlichkeit zusätzlich auch auf vermehrter Konkurrenz, ist also insoweit auch eine sozioökonomische Erscheinung (Esser 1980). Wenn Arbeitskräfte gesucht werden, nimmt man Fremde lieber auf, als wenn der Arbeitsmarkt schon mit den Einheimischen überfüllt ist. "Die Ausländer nehmen uns die Arbeitsplätze weg" – sagt also der fremdenfeindliche Volksmund. "Die Ausländer besetzen die Arbeitsplätze, die die Deutschen sowieso nicht mehr wollen" – hält die aufgeklärte Öffentlichkeit dagegen (vgl. Geißler 2002: 302). Nun, beides ist verkürzt, also falsch und richtig zugleich. Nehmen wir als Beispiel den "Beelitzer Spargel", der in Brandenburg nahe der Polnischen Grenze angebaut wird. Bekanntermaßen sind in Ostdeutschland viele Menschen arbeitslos und zur Erntezeit benötigen die Spargelbauern vorübergehend eine Menge Arbeitskräfte. Also schickt das Arbeitsamt Arbeitslose zum Spargelstechen. Damit sind aber weder die Arbeitslosen noch die Spargelbauern glücklich. Für die Arbeitslosen ist das ein 'Knochenjob', bei dem sie für kurze Zeit Mindestlohn erhalten, also kaum mehr verdienen als das Arbeitslosengeld. Vor allem aber kriegen sie damit keine Beschäftigungssicherheit, keine soziale Perspektive, keine Qualifikation. Man kann verstehen, dass sie nicht allzu motiviert sind und sich viele nach ein, zwei Tagen krank melden. Oder polemisch ausgedrückt: "Sie sind sich zu fein für diese Arbeit".

Die Spargelbauern würden ihrerseits viel lieber polnische Saisonarbeiter beschäftigen. Denn die sind landwirtschaftliche Arbeit noch gewohnt, sie arbeiten schneller und stechen nicht so viel Spargel kaputt – sind also viel produktiver. Sie sind mit dem gleichen Lohn sehr viel zufriedener als ihre deutschen Kollegen, denn daheim, über der Grenze, hat die deutsche Währung eine hohe Kaufkraft im Verhältnis zu den dortigen Lebenshaltungskosten. Für sie ist das Spargelstechen also ein guter Zusatzverdienst, für den sie hochmotiviert zu Werke gehen. Aber damit unterbieten sie die Marktlöhne in Deutschland – wenn diese höher wären, würden auch Deutsche sich für diese Arbeit interessieren und motivieren lassen. Insofern ist es auch nicht ganz falsch: Wenn die Grenzen sowohl für Arbeitsmigranten als auch für Warenimporte – etwa die Einfuhr von griechischem Spargel – völlig dicht wären, würde diese Arbeit so ausgestaltet werden müssen, dass sie den hießigen sozialen Mindesterwartungen an einen Arbeitsplatz entsprechen.

Aber mit geschlossenen Grenzen würde sich der 'Exportweltmeister Deutschland' metertief ins eigene Fleisch schneiden. Gesamtwirtschaftlich gesehen sind daher Rechnungen zu den Arbeitsplatzeffekten von Einwanderung weitaus komplexer – im Allgemeinen kommt man zu dem Schluss, dass sie insgesamt positiv sind (Heilemann/von Loeffelholz 1998). Dennoch wird verständlich, dass gerade in den Unterschichten Konkurrenzsituationen zwischen

Einheimischen und Einwanderern entstehen – nicht nur auf dem Arbeitsmarkt, sondern auch auf dem Wohnungsmarkt, dem Heiratsmarkt etc. (Elias/Scotson 1990). In Wettbewerbssituationen entsteht ein ganz natürlicher Zorn auf die Konkurrenten – aber auch die Einheimischen sind ja untereinander Konkurrenten. Es muss also immer auch das sozialpsychologische Motiv der Fremdenfeindlichkeit hinzukommen, dass dieser Zorn dann gerade auf die Fremden gerichtet wird.

Manchmal werden diese Konkurrenzen auch bloß imaginiert – zum Beispiel wird in Ostdeutschland vielfach behauptet, dass die Arbeitslosigkeit so hoch sei "wegen der Ausländer", nur gibt es dort, wie wir gesehen haben, fast gar keine MigrantInnen. Eine Konkurrenz besteht mit den Westdeutschen, die sich als "Besserwessis" besonders begehrte Stellen und auch sonst das eine oder andere 'Filetstück' unter den Nagel gerissen haben. Und es gibt große Enttäuschungen, weil die Landschaften nicht so blühen, wie in den Schicksalswahlen vom "Kanzler der Einheit" (Helmut Kohl) 1990 versprochen. So sind es oft diejenigen, die sich – im übertragenen Sinne – getreten und geschlagen *fühlen*, die dann andere treten und schlagen möchten. "Die Ausländer" geraten hier in die Rolle des Sündenbocks, an dem man – eben aufgrund der verbreiteten Fremdenfeindlichkeit – alle Frustrationen ablässt.

Für die politischen Parteien ist es immer verführerisch, die in der Bevölkerung mehr oder weniger weit verbreitete Fremdenfeindlichkeit zu kanalisieren und damit Wählerstimmen einzusammeln. Andererseits sieht man sich aus außenpolitischen, wirtschaftlichen und demografischen Gründen oft genötigt, Einwanderung zuzulassen. Daraus ergibt sich ein breites Spektrum an politischen Optionen, mit Migration umzugehen. Am einen Ende steht die vollständige Abriegelung, also der Ausschluss vom Territorium. Ihm durchaus nahe kommt auch der Einschluss auf dem Territorium – also die Zuweisung von Ghettos, Reservaten, Hometowns und ähnlichem. Anstelle einer räumlichen Beschränkung kann auch die zeitliche Befristung treten, wie zum Beispiel damals bei den "Gastarbeitern" oder heute bei den 'Saisonarbeitern' – hier möchte man zwar die Arbeitskraft ins Land lassen, aber erstens nur solange sie gebraucht wird und zweitens möglichst ohne die Familie, die Schule, die Religion und den übrigen kulturellen und sozialen Kontext. Wenn die Einwanderung aus demografischen Gründen erwünscht ist, verzichtet man natürlich auf diese Maßnahmen. Aber vielfach verlangt man von den Fremden dann immer noch, dass sie sich den einheimischen Sitten und Vorstellungen möglichst schnell und vollständig anpassen, sich 'assimilieren'. Anders ausgedrückt: Man möchte zwar die Fremden, aber möglichst ohne ihre Fremdheit, also gewissermaßen als bloßes

Übersicht 5.2: Fremdenfeindlichkeit und staatliche Einwanderungspolitik

Fremdenfeindlichkeit aufgrund kultureller Verunsicherung

* Besonders stark in kleinen Dörfern, wo man einen relativ vertrauten Umgang miteinander pflegt – schwächer in Großstädten, wo sowieso alles anonym bleibt.
* Besonders stark dort, wo es wenig Fremde gibt und man an Fremde entsprechend kaum gewöhnt ist.
* Besonders stark bei größeren kulturellen Distanzen (oder anderen Abweichungen vom 'Normalen').
* Besonders stark bei Mischformen ('Bastarden'), die unsere kulturellen Stereotype durcheinander bringen.

Fremdenfeindlichkeit aufgrund von sozioökonomischer Konkurrenz

* Besonders stark in den davon tatsächlich betroffenen Gruppen – in Westdeutschland besonders stark in der Unterschicht, weil seit dem Zweiten Weltkrieg v.a. niedrig qualifizierte Einwanderung stattfindet.
* Teilweise ist die Konkurrenz aber auch bloß imaginiert. Ursachen für Arbeitslosigkeit in Ostdeutschland liegen zum Beispiel ganz woanders, aber "Ausländer" werden zu Sündenböcken, weil sie sich am wenigsten wehren können.

Optionen staatlicher Einwanderungspolitik

* Abwehr der fremden Menschen: Abschreckung/Rückschiebung/Ghettoisierung.
* Aufnahme der fremden Menschen, aber schnellstmögliche Beseitigung ihrer Fremdartigkeit: Assimilationspolitik.
* Aufnahmebereitschaft gegenüber der Fremdheit der Fremden: Multikulturalismus – als passive Akzeptanz oder aktive Auseinandersetzung mit dem Fremden.

'Menschenmaterial', in das so schnell wie möglich die heimische Kultur 'eingeschrieben' werden soll. Liberaler ist hier eine missverständlicherweise oft als "Multikulturalismus" bezeichnete Laisser-faire-Politik, die alle kulturellen Eigenheiten möglichst weitgehend zulässt – möge eben "jeder nach seiner Façon selig werden" (vgl. Schulte 1990). Aber selbst darin steckt noch eine subtile Form der Abwehr gegen das Fremde: Man weicht dem Fremden aus, indem man nur gelegentlich eine flüchtige folkloristische Neugier zeigt und sich ansonsten nicht weiter damit auseinandersetzt und einfach wegguckt – also gewissermaßen die "höfliche Nichtbeachtung" des Großstädters praktiziert. Abgeschlossen wird das Spektrum dann zum anderen Ende hin durch eine wirklich

akzeptierende Politik, die die kulturellen Eigenheiten der Einwanderer als Be-
reicherung begrüßt und die Integration als *wechselseitige* Aufgabe versteht, also
als wechselseitige Aufnahme und Annäherung von Kulturelementen im Sinne
eines *aktiven* Multikulturalismus, der Auseinandersetzung und Streit keineswegs
ausschließt. Vgl. oben, Übersicht 5.2.

5.5   Integrationsperspektiven der MigrantInnen

Bis jetzt haben wir nur die Haltung seitens der Aufnahmegesellschaft bespro-
chen, die andere Seite, also die Perspektive der MigrantInnen aber noch nicht
betrachtet. Es gibt im Wesentlichen vier Entwicklungsmöglichkeiten, nachdem
die Migrantin von zu Hause aufgebrochen ist:

1) **Sie kehrt dauerhaft nach Hause zurück**, sei es, weil sie im potentiellen
   Aufnahmeland unakzetable Lebensbedingungen vorfindet oder ausgewiesen
   wird, sei es, weil sie nun genug Geld angespart hat, oder die Diktatur im
   Herkunftsland gestürzt wurde, oder weil die Familie sie zurückruft.
   Es kann aber auch sein, dass die Person nicht nach Hause zurückkehrt, son-
   dern weiterwandert. Der erste Migrationsort ist dann gewissermaßen das
   'Sprungbrett' zu einem weiteren Ort – so sind zum Beispiel im 19. Jahrhun-
   dert und frühen 20. Jahrhundert viele osteuropäische Einwanderer in
   Deutschland irgendwann weitergezogen in die Vereinigten Staaten.

2) **Die Migrantin pendelt zwischen den beiden Ländern** und den entsprechenden Verwandtschaftsnetzen hin und her, wobei die Frequenz der Pen-
   delbewegungen natürlich auch von den Reisekosten und den Aufenthaltsbestimmungen abhängig ist. Solche Pendelbewegung ergeben sich insbesondere dann, wenn dadurch das wirtschaftliche Gefälle zwischen zwei Ökonomien gut genutzt werden kann. Es ensteht oft eine grenzüberschreitende So-
   zialsphäre, in der sich die Menschen bewegen – man spricht hier in der
   Fachliteratur auch von Transmigration (Pries 1997).

3) Die Migrantin bleibt zwar auf unbegrenzte Zeit im Aufnahmeland, lebt dort
   aber in einer von Landsleuten gebildeten 'Parallelgesellschaft'. Man spricht
   dann von **ethnischer Segregation**. Diese ergibt sich entweder aus der Abwehr und Diskriminierung im Aufnahmeland oder aus dem strikten Festhalten an kulturellen Eigenheiten auf Seiten der Einwanderer, oft aus einem
   komplizierten Wechselspiel zwischen diesen beiden Haltungen.

4) **Die Migrantin integriert sich** trotz mehr oder weniger großer Widerstände
   in die Aufnahmegesellschaft. Spätestens ihre Enkelkinder sind von Einhei-

mischen wahrscheinlich kaum noch zu unterscheiden. Der fremde Ursprung wird vielleicht noch als eine Art folkloristisches Andenken bewahrt, vielleicht gerät er aber auch ganz in Vergessenheit.

Diese Entwicklungsmöglichkeiten sind hier als Idealtypen skizziert – es gibt auch alle möglichen Zwischenformen. Die Entwicklungsmöglichkeiten können einen Dauerzustand darstellen, sie können aber auch in bestimmten Kombinationen im Lebenslauf beziehungsweise in der Generationenfolge als Phasen durchlaufen werden – in der Reihenfolge 2-3-4 oder 3-2-4 mit der 'Endstation' Integration, oder in der Reihenfolge 2-3-1 oder 3-2-1 mit der 'Endstation' Rückkehr, oder auch in der Folge 3-2 oder 2-3, also mit Pendelbewegung oder ethnischer Segregation als Dauerzustand.

Wie sich die Migrationskarriere im Einzelnen gestaltet, ist von einer Migrantengruppe zur anderen, von einer Aufnahmeregion zu anderen, und von jeder Person zu jeder anderen Person ganz verschieden. Es gibt so viele unterschiedliche Migrationskarrieren wie es MigrantInnen gibt. Trotzdem lassen sich einige Faktoren benennen, die in unterschiedlicher Kombination und Stärke ganz wesentlich über das Wanderungsschicksal bestimmen (vgl. Massey et al. 1993):

• **Aufnahmebereitschaft im potentiellen Einwanderungsland:** Gemeint sind damit die Einreise- und Aufenthaltsbestimmungen, institutionelle Erleichterungen wie etwa Sprachkurse, und das allgemeine 'Klima' – also Gastfreundlichkeit oder Fremdenfeindlichkeit. Wie oben schon angedeutet, haben restriktive Bestimmungen – wie etwa der 1973 erlassene Anwerbestopp für Gastarbeiter – nicht nur den intendierten Effekt, Einwanderung abzuweisen. Sie können dazu führen, dass die bereits eingewanderten Personen nun erst recht bleiben, weil sie ja ansonsten nicht mehr wiederkommen können; oder dass sie in die Illegalität abtauchen. Zudem führen sie zur Stigmatisierung der Gruppen, deren Freizügigkeit eingeschränkt wird. Insgesamt trägt ein fremdenfeindliches Klima dazu bei, dass sich Tendenzen zur Etablierung von Parallelgesellschaften oder zur Pendelmigration verstärken. Durch Restriktion und Unfreundlichkeit werden Migranten wahrscheinlich nur in den seltensten Fällen zur Integration ermuntert.

• **Politische Relationen zwischen Herkunfts- und Aufnahmeland:** Viele MigrantInnen sind Flüchtlinge oder Exilanten, die ein Aufnahmeland suchen, das ihrer politischen und religiösen Gesinnung oder ihren ethnischen Merkmalen gegenüber aufgeschlossen und tolerant ist. Wenn sich im Herkunftsland die Lebensbedingungen verbessern – zum Beispiel das repressive Regime stürzt – werden sie eventuell zurückkehren. So sind viele griechische und spanische "Gastarbeiter" – die eigentlich Exilanten waren – in ihre Heimatländer zurückgekehrt, nachdem 1974 in Griechenland die Militärdiktatur zusammenbrach und Spanien nach dem Tode Francos 1975 wieder zur Republik wurde (Tränhardt 1999). Allerdings können sich auch die Bedingungen im Aufnahmeland verschlechtern, zum Beispiel indem dieses von einem repressiven Regime okkupiert wird, so wie Frankreich 1940 durch die Nazis – die dortigen deutschen Exilanten versuchten dann vor allem in Amerika Aufnahme zu finden.

• **Wirtschaftliche Relationen zwischen Herkunfts- und Aufnahmeland:** Unter industriellen wie auch unter postindustriellen Bedingungen ziehen prosperierende Wirtschaftszonen Arbeitskräfte an aus Regionen, in denen die Einkommen niedrig sind oder die Arbeitslosigkeit hoch ist. Dieses wirtschaftliche Gefälle muss nicht zu dauerhafter Einwanderung führen, sondern kann von Gastarbeitern und Pendelmigranten auch dazu genutzt werden, Arbeit und Leben aufzuspalten, das heißt im Aufnahmeland den Arbeitseinsatz möglichst zu intensivieren und die Lebenshaltungskosten möglichst gering zu halten, um auf der Grundlage von niedrigeren Lebenshaltungskosten im Herkunftsland den Unterhalt der Familie und Verwandtschaft zu verbessern und damit den eigenen sozialen Status dort anzuheben, den Urlaub und den Lebensabend dort zu verbringen, und eventuell für sich selbst oder andere Familienmitglieder eine neue wirtschaftliche Existenz aufzubauen. Nur auf der Basis dieses Kalküls wird es überhaupt verständlich, warum sich so viele Migranten den oft miserablen und entwürdigenden Arbeitsbedingungen und Lebensverhältnissen im Aufnahmeland unterziehen. Je nachdem, wie sich das für den jeweiligen Migranten spezifische Verhältnis von Einkommen und Lebenshaltungskosten im Aufnahme- und Herkunftsland entwickelt, kann sich die Tendenz zur dauerhaften Ein- oder Rückwanderung verschieben und die Pendelbewegung damit abbrechen.

Darüber hinaus sind auch andere grenzüberschreitende Wirtschaftsbeziehungen wie Warenexporte und die Gründung von ausländischen Tochterunternehmen fast immer mit einer breiten Palette von Arbeitswanderungen verbunden – Manager gründen Zweigunternehmen, Ingenieure begleiten den Technologietransfer, Diplomaten pflegen politische Beziehungen und den Kulturaustausch etc. Auch diese Beziehungen ergeben sich aus den Relationen der wirtschaftlichen Entwickung im Herkunfts- und Aufnahmeland – wenn etwa der Markt für deutsche Luxuslimousinen in China irgendwann gesättigt sein wird, weil die Chinesen diese dann selber und günstiger herstellen können, ziehen die deutschen Manager und Ingenieure wieder ab. Schließlich ist auch noch die Marktentwicklung in Drittländern zu berücksichtigen – wenn die indischen Informatiker in den USA bessere Löhne erhalten, kommen sie nicht nach Deutschland.

• **Kulturelle Distanz zwischen Herkunfts- und Aufnahmeregion:** Gemeint sind damit die Unterschiede in der Sprache, der Religion, dem Reichtumsniveau und den sonstigen Lebensformen. Je größer die kulturelle Distanz, umso aufreibender ist es für die MigrantIn, in der Aufnahmeregion Fuß zu fassen, weil es dann schwerer fällt, die Sprache zu lernen und die dortigen Sitten und Verhältnisse zu akzeptieren. Mit der kulturellen Distanz verstärkt sich umgekehrt oft auch die Fremdenfeindlichkeit, mit der die Einheimischen den MigrantInnen begegnen. So besehen kann eine starke kulturelle Distanz Einwanderung abschrecken. Vielfach gehen aber – gerade zwischen reichen und armen Regionen – große kulturelle Distanzen mit einem starken wirtschaftlichen Gefälle, also einer hohen Anziehungskraft, fast systematisch einher. Dann trägt die kulturelle Distanz eher dazu bei, dass sich die Einwanderer in Parallelgesellschaften oder durch Pendelmigration vor der ständigen kulturellen Konfrontation mit den Einheimischen schützen. Je gebildeter MigrantInnen sind, umso leichter fällt es ihnen im Allgemeinen, kulturelle Distanzen zu überwinden, also insbesondere die Sprache des Aufnahmelandes und die Sitten und Gebräuche zu verstehen. Allerdings werden sie dadurch sensibler auch gegenüber den subtileren Diskriminierungen, die ihnen im fremdenfeindlichen Alltag des Aufnahmelandes begegnen.

• **Familiensituation:** Die Wanderungsentscheidungen von MigrantInnen werden selten individuell, sondern meist im Familienzusammenhang getroffen. Vielfach gibt es in ihren Herkunftsländern – anders als in West- und Nordeuropa (vgl. Kap. 3) – auch komplexe Familiennetzwerke mit relativ starkem Zusammenhalt. Innerhalb dieser Familiennetzwerke, die sich gelegentlich auch über mehrere Länder erstrecken können, wird über die Opportunitäten des Aufenthaltsorts der verschiedenen Mitglieder disponiert – soweit und solange diese sich das gefallen lassen. Gerade jüngere Kinder werden dann oft zumindest für einige Jahre ins Herkunftsland zurückgeschickt, damit sie sich von ihrer Herkunftskultur nicht zu weit entfremden – man will sich eben die Option der Rückkehr offen halten. Meist sind es in der engeren Familie die Ehemänner, die zurückkehren wollen – sie erwerben nämlich durch die Erfahrungen der Wanderung, das damit verbundene Geld und Know-how im Herkunftsland einen höheren sozialen Status, den sie dann genießen wollen. Demgegenüber drängen die Ehefrauen und Kinder tendenziell zum dauerhaften Aufenthalt und zur Integration im Aufnahmeland – die Frauen und Kinder, weil sie aufgrund der emanzipierteren Verhältnisse weniger unterdrückt sind, die Kinder speziell, weil sie über die Schule und die Spielkameraden in das neue Land hineinwachsen und mit dem Herkunftsland, das sie oft nur vom Urlaub kennen, kaum noch etwas

anzufangen wissen und dort oft umgekehrt als Fremde diskriminiert werden.
Kinder von Deutschtürken zum Beispiel werden in der Türkei als "almanci", als
"Deutschländer" verspottet (vgl. insgesamt Mecheril 2003).[9]
• **Zahl und Organisation der Migranten vor Ort:** Aus- und Einwanderung
findet im Allgemeinen in Form von Kettenmigration statt. Man wandert üblicherweise nicht aufs Geratewohl irgendwo hin, sondern dorthin, wo man schon
jemanden kennt, der einen mit Informationen versorgt und weiterhelfen kann.
Man wandert also im Familien- oder Nachbarschaftsnetzwerk. So kommt es
auch, das oft halbe Dörfer mit der Zeit von einem Land ins andere gewissermaßen umgesetzt werden – also etwa ein bestimmtes Dorf in Anatolien in eine
bestimmte Straße in Berlin-Kreuzberg. Mit der Zahl der Mitglieder einer ethnischen Minderheit vor Ort wachsen auch die Möglichkeiten zur Etablierung einer
Parallelgesellschaft. Aber die Organisierung der Migranten muss nicht notwendigerweise auf das Herkunftsland bezogen bleiben und den kulturellen Austausch mit der Aufnahmegesellschaft verhindern. Zusammenschlüsse von
MigrantInnen können auch der Integration dienen, indem sie selbstbewusst
gegenüber der Aufnahmegesellschaft um eine Erleichterung der Aufenthaltsbe-
dingungen ringen, Diskriminierungen bekämpfen, bessere Förderung insbesondere in der Schule einklagen und so die Integrationsbedingungen verbessern –
dies ist auch einer der Gründe, warum Kinder spanischer und griechischer Herkunft in der Schule gegenüber Kindern deutscher Herkunft kaum benachteiligt
sind und diese Migrantengruppen sich auch insgesamt wenig abschotten (Tränhardt 1999).

Um es nochmal zu wiederholen: Keiner der genannten Faktoren entscheidet
alleine über die Entwicklung des Migrationsverlaufs, bei jeder Migrantin und
jedem Migrant gibt es eine unterschiedliche Faktorenkonstellation, die sich mit
der Zeit auch verändert. Zudem können manche Faktoren auch interagieren.
Besonders häufig ist die Interaktion zwischen fremdenfeindlicher Diskriminierung vonseiten der Einheimischen und **reaktiver ethnischer oder religiöser
Identifizierung** seitens der Einwanderer. Nehmen wir zum Beispiel den Streit
um das Kopftuch bei Lehrerinnen, die sich zum Islam bekennen. Von deutscher
Seite aus wird das 'Kopftuch' vielfach als fremd und nicht-christlich angesehen
– das ist die ganz simple fremdenfeindliche Kreuzzugsmentalität, die einen

---

9   Interessant ist in diesem Zusammenhang, dass heute zunehmend mehr Frauen unmittelbar von
     der Arbeitsmigration erfasst werden – bedingt durch den Strukturwandel von der Industriear-
     beit zu den Dienstleistungstätigkeiten in den postindustriellen Ländern. Entsprechend kommt
     es dann auch häufiger vor, dass nicht die Frauen, sondern die Männer im Zuge des Familien-
     nachzugs ins Land kommen.

autoritären Katholizismus oder Protestantismus sehr wohl gutheißen mag und dessen Insignien, z.B. Kruzifixe in Klassenzimmern, auch propagiert. Es gibt von deutscher Seite aber auch die subtilere Argumentation, die das Kopftuch als Symbol und Element der autoritären Unterdrückung von Frauen und Mädchen durch Ehemänner, Väter und Brüder betrachtet: Die Frau wird vor dem Blick anderer Männer verhüllt, weil sie weder sich selbst noch anderen, sondern nur ihrem (zukünftigen) Besitzer gehören soll. Tatsächlich kann das Tragen des Kopftuches durch Musliminnen aber noch mindestens drei andere mögliche Sinngehalte haben:

- Viele Frauen, die in ihrer Heimat traditionell aufgewachsen und erst kürzlich nach Deutschland gekommen sind, tragen das Kopftuch einfach aus Gewohnheit, ohne damit etwas bestimmtes ausdrücken zu wollen.
- Vielfach wird das Kopftuch auch einfach als Modeattribut getragen, so wie von deutschen Frauen in den 1950er- und 1960er-Jahren.
- Manche Mädchen, die zumeist in Deutschland geboren sind, müssen von zuhause aus das Kopftuch tragen, um sie damit vor dem zu schützen, was von vielen Einwanderern – im Übrigen auch von konservativen Christen und einigen FeministInnen – gleichsam als Viehmarkt begriffen wird, nämlich die offene Zurschaustellung körperlicher Reize, wie sie hierzulande auch erst seit den 1970er-Jahren geduldet wird.[10] Das Kopftuch ist dann eine Reaktion auf die kulturelle Irritation der Eltern durch die Aufnahmegesellschaft – sie haben Angst, ihre Tochter an diese Kultur zu verlieren.
- Viele Mädchen und Frauen tragen das Kopftuch freiwillig und selbstbewusst. Sie sehen darin keineswegs die Insignie eines männlichen Besitzers – eines Vaters, Bruders oder Ehemanns –, sondern ein Abzeichen, dass sie zu einer diskriminierten und unterdrückten Gruppe gehören, die nun kollektiv und öffentlich für ihre Rechte eintritt.

Gerade dieser letzte Sinngehalt ist heute immer häufiger unter den Kindern von Migranten anzutreffen, die in vieler Hinsicht schon sehr stark akkulturiert sind, d.h. die Sprache perfekt sprechen, die individualistischen Umgangsformen westlicher Kulturen längst als selbstverständlich nehmen, sich von ihrer Familie kaum Vorschriften machen lassen und keine Rückkehrabsichten mehr hegen, aber trotzdem immer noch diskriminiert werden (Zaimoglu 1999). Vom Herkunftsland ihrer Eltern sind sie längst entfremdet, in der Aufnahmegesellschaft werden sie benachteiligt und ausgegrenzt. Gerade die religiöse Identifikation

---

10 Dahinter steckt auch ein kulturelles Missverständnis – Nacktheit in der Öffentlichkeit wird mit sexueller Zugriffsaufforderung und Anarchie gleichgesetzt, während sie in Wirklichkeit ihre TrägerInnen mit einer Aura der Unnahbarkeit umgibt (Kaufmann 1996).

bietet dann eine Möglichkeit, den verletzten Stolz kollektiv aufzurichten und eine neue ideelle Heimat zu finden, die vom Herkunftsland und dessen nationaler Kultur weitgehend unabhängig ist (Ilhan 1996; Tietze 1997). Kopftuchverbote und ähnliche Maßnahmen bewirken in diesem Kontext das genaue Gegenteil von dem, was sie intendieren: Sie stärken den Fundamentalismus, weil sie als Zeichen der Diskriminierung und Fremdenfeindlichkeit aufgefasst werden.

5.6   Warum sind viele Migrantenkinder in der Schule benachteiligt?

Fremdenfeindlichkeit und eine unsichere Integrationsperspektive tragen mit dazu bei, dass Kinder von Migranten in der Schule in Deutschland benachteiligt sind. Weil sie in der Schule benachteiligt sind, finden sie nur schwer eine halbwegs erträgliche und sichere Beschäftigung. Entsprechend leiden ihre Integrationsaussichten. Hier erwächst ein Teufelskreis, der zu dauerhafter ethnischer Segregation führen kann.

Allein schon um Vorurteilen – auch gut gemeinten Vorurteilen – vorzubauen, müssen wir allerdings zunächst einmal fragen: Sind Migrantenkinder *per se, also aufgrund der Migration,* so schlecht in der Schule? Hier zeigt sich, jedenfalls in der PISA-Studie, dass der Sozialstatus der Familie viel gravierender ist als die fremdländische Herkunft. Der Unterschied in der Lesekompetenz zwischen Kindern aus der obersten und der untersten Sozialschicht beträgt 106 Punkte, die Differenz zwischen Migrantenkindern und einheimischen Kindern, die statistisch besehen aus der gleichen Sozialschicht stammen, beträgt lediglich 52 Punkte (PISA 2001: 361 und 378f.). Dass viele Migrantenkinder in der Schule tatsächlich schlecht abschneiden, liegt weniger am Migrationsstatus *als solchem,* sondern eher daran, dass sie aus sozial benachteiligten Schichten kommen, ihre Eltern über eine nur geringe Bildung verfügen und vorwiegend un- und angelernte Tätigkeiten ausüben. Viele sind, wie wir oben gesehen haben, nach Deutschland gekommen, um hier unterprivilegierte Arbeiten zu übernehmen. Mithin gilt für viele Migrantenkinder zunächst all das, was wir im letzten Kapitel über den Zusammenhang von Bildung und sozialer Herkunft bereits diskutiert haben.

Darüber hinaus ergeben sich aus der Migrationssituation aber auch spezifische Benachteiligungen, die mit dem Spracherwerb, den Kenntnissen der örtlichen Kultur und der Aufenthaltsperspektive zusammenhängen (Seifert 1992; Alba et al. 1994; Tränhardt 1999; PISA 2001: 372ff.; Baumert/Schümer 2002; Kristen 2003; Stanat 2003). Manche Kinder sind noch nicht sehr lange in

Deutschland, weil ihre Familie erst kürzlich eingewandert ist. Andere werden von ihren Eltern zeitweise in das Herkunftsland zurückgeschickt, damit sie den Anschluss an die dortige Kultur nicht verlieren oder weil sie dort bei Verwandten leichter versorgt werden können. Hinzu kommt, dass viele Familien sich im Alltag der Sprache der Herkunftsregion und nicht des Deutschen bedienen, sei es, weil die Eltern kaum Deutsch sprechen können oder weil sie aus Gründen der kulturellen Identität kein Deutsch sprechen wollen. Diese für die hiesige Schulintegration hinderlichen Verhaltensweisen sind aus der Lebenssituation vieler Migranten heraus sehr gut nachvollziehbar – wie oben festgestellt, haben viele ja aus ausländerrechtlichen, fremdenfeindlichen, politischen und wirtschaftlichen Gründen in Deutschland keine gut erträgliche Lebenssituation und keine verlässliche Integrationsperspektive. Verständlich ist auch, wenn die Eltern mit der ersehnten oder erzwungenen Rückkehr im Kopf wenig Energie in den hiesigen Schulerfolg ihrer Kinder investieren, zumal wenn die hier erworbenen Bildungstitel in der Heimat keinen hohen Gebrauchswert haben.

Diese Bemerkungen gelten vor allem für Migranten mit tendenziell niedrigem Sozialstatus. Migranten mit tendenziell hohem Sozialstatus, etwa Manager oder ProfessorInnen, die mit ihren Familien für ein paar Jahre nach Deutschland kommen, nutzen diesen Aufenthalt, damit ihre Kinder die Sprache lernen und durch Fremdsprachenerwerb und frühe Auslandserfahrung bessere Karrierechancen erhalten. Kinder aus West- und Nordeuropa, also aus Ländern, aus denen keine "Gastarbeiter" oder Flüchtlinge kamen, besuchen daher sogar häufiger als deutsche Kinder freie Waldorfschulen und das Gymnasium (KMK 2002: 35 und 40). Deutschland hat allerdings das Problem, dass der Sozialstatus 'seiner' Migranten im Durchschnitt besonders niedrig ist (PISA 2001: 346ff.).[11] Besonders benachteiligt sind – den verschiedenen Studien zufolge – die Kinder der 'ehemaligen' Gastarbeiter, also von Türken, Jugoslawen und Südeuropäern, insbesondere von Italienern.

In Abbildung 5.5 (unten) sind Einwanderungszeitpunkt, Umgangssprache in der Familie, Sozialstatus, sowie die Bildungsbeteiligung in weiterführenden Schulen – also Realschule aufwärts – angegeben. Deutlich wird hier, dass es erhebliche Unterschiede zwischen den Herkunftsgruppen gibt – und umso mehr

---

11 Dies hat drei Gründe: Deutschland betreibt, anders als insbesondere die traditionellen Einwanderungsländer, keine gezielte Förderung der Einwanderung von besonders qualifizierten Personen. Es ist vergleichsweise restriktiv bei der Vergabe von Aufenthaltsberechtigungen. Und schließlich haben die englischsprachigen Länder einen besonderen Vorteil, weil Englisch Weltsprache ist, die von den Eliten in vielen Herkunftsländern, wie zum Beispiel Indien, mühelos beherrscht wird.

Abbildung 5.5:   Anteil der Kinder auf höheren Schulen (Realschule aufwärts)
in Abhängigkeit vom Zeitpunkt der Zuwanderung vor der Einschulung, Deutsch als Umgangssprache in der Familie, und
dem Sozialstatus der Familie (Daten aus PISA 2001: 343f. und
Baumert/Schümer 2002: 196)

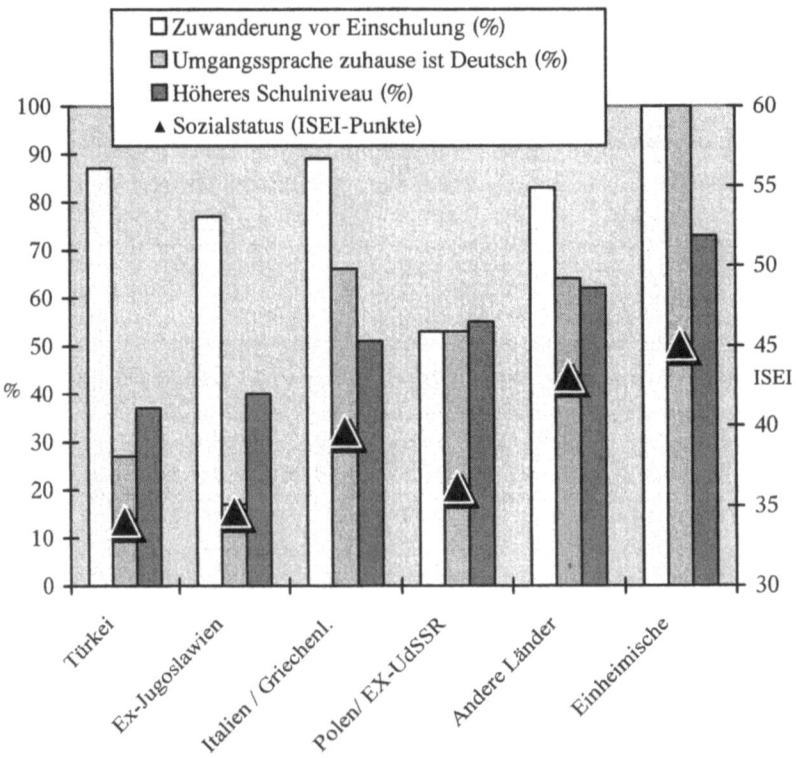

Die Grafik ist wie folgt zu lesen: Von den Kindern mit türkischen Eltern gehen
37 Prozent auf höhere Schulen, 87 Prozent der türkischen Kinder sind schon vor
dem Zeitpunktz der Einschulung in Deutschland gewesen, in 27 Prozent der
türkischen Familien ist die Umgangsprache zuhause Deutsch, der Sozialstatus
der Familien ist mit durchschnittlich 34 Punkten vergleichsweise niedrig (ISEI
ist eine internationale Form der Klassifizierung des sozialen Status entsprechend
Ausbildung und Beruf). Entsprechendes gilt für die anderen Gruppen ...

natürlich zwischen jedem einzelnen Migrantenkind.[12] Die soziale und die ethnische Herkunft sind aber nicht die einzigen Faktoren, die die – durchschnittliche – Benachteiligung von Migrantenkindern in der Schule ausmachen. Verstärkend wirken institutionelle Faktoren des Schulsystems. Auch hier gilt wiederum all das, was wir schon im letzten Kapitel in Bezug auf soziale Benachteiligung in Deutschland ganz allgemein festgestellt haben: Die frühe Selektion im dreigliedrigen Schulsystem, das Sitzenbleiben, sowie der lehrerzentrierte Unterricht, der diese Homogenisierungsmaßnahmen überhaupt erst erforderlich macht, sind tendenziell schädlich (Prengel 1995, 1996). Es fehlt die Förderung durch Vorschulen und Ganztagsschulen. Aber darüber hinaus gibt es auch hier wieder migrationsspezifische Zusatzfaktoren.

Zunächst gibt es das Problem, dass sich der Anteil der Migrantenkinder mit Sprachproblemen nicht gleichmäßig über alle Schulen im Land verteilt, sondern in Großstädten und bestimmten Stadtvierteln stark erhöht sein kann. Da der Spracherwerb nicht nur über den Unterricht erfolgt, sondern in wahrscheinlich noch stärkerem Maße über den alltäglichen Kontakt mit anderen Kindern, ist in Klassen mit hohem Migrantenanteil schon rein rechnerisch die Chance geringer, dass sich entsprechende Beziehungen zwischen Migrantenkindern und einheimischen Schülern ergeben (Kristen 2003). Dieses Phänomen kann sich noch verstärken, wenn die Migrantenkinder aus derselben Region stammen und sich dann untereinander auf die entsprechende Regionalsprache zurückziehen können. Allerdings scheint dieser Effekt nicht linear zu sein, er steigt an bis zu einem Anteil von circa 20 Prozent von Jugendlichen, die zu Hause nicht Deutsch sprechen. Ein weiterer Anstieg führt dann nicht mehr zur Verschärfung der Problematik – vielleicht weil dann (und erst dann) verstärkt Fördermaßnahmen einsetzen (Stanat 2003).

Entsprechend bemühen sich viele Schulen, den Anteil von Schülern mit fremdländischer Herkunft möglichst gering zu halten. Das Stigma, als "Ausländerschule" gebrandmarkt zu sein, kann tatsächlich auch einen Teufelskreis in Gang setzen – die Schule wird dann von Eltern mit hohem Bildungsanspruch

---

12 Auffällig ist, dass die Gruppe der Spätaussiedler (Polen/Ex-UdSSR) im Vergleich zur Gruppe der Griechen und Italiener relativ gut abschneidet, obwohl die Zuwanderung später erfolgte, man nur in circa der Hälfte der Familien zuhause Deutsch spricht und auch der Sozialstatus niedriger ist – eventuell macht die eindeutige Integrationsperspektive bei den Spätaussiedlern doch einen Unterschied bei der Bildungsmotivation aus, während bei den Kindern (süd-)italienischer Herkunft die Pendelmigration für die Bildungsbeteiligung in Deutschland wahrscheinlich nicht sehr förderlich ist. Zudem könnte sich bemerkbar machen, dass in den Ländern des ehemaligen Ostblocks das Bildungssystem gerade auch für Arbeiter- und Bauernkinder schon geöffnet wurde und dadurch eine Kultur höherer Allgemeinbildung früher und stärker als in Südeuropa verbreitet wurde.

möglichst gemieden, die mobileren Lehrer lassen sich eventuell an eine andere
Schule versetzen, so dass sich schließlich schwache Schüler und frustrierte
Lehrer in einem Strudel nach unten ziehen. Um solche Effekte zu vermeiden,
werden dann insbesondere fremdländische, aber auch generell sozial benachteiligte Schüler auf andere Schulen abgeschoben. Natürlich müssen die Schüler
mit fremdländischer Herkunft trotzdem irgendwo bleiben. In einer Regionalstu-
die wird berichtet, dass sie in Großstädten bevorzugt von denjenigen Schulen
aufgenommen werden, die damit eine drohende Schließung aufgrund generell
sinkender Schülerzahlen abzuwenden versuchen (Gomolla/Radtke 2002). Auf
diese Weise entstehen dann nolens volens "Ausländerschulen" mit den entsprechenden Segregationseffekten.[13]

Irritierend – vielleicht muss man auch sagen: skandalös – sind diesbezüglich
auch die hohen Sonderschulquoten mit "Förderschwerpunkt Lernen", allen
voran in Baden-Württemberg, Niedersachsen und dem Saarland. Sogar die
Kultusministerkonferenz bemerkt, dass "Schüler derselben nichtdeutschen
Staatsangehörigkeit" diese Art von Sonderschulen "in den einzelnen Ländern in
höchst unterschiedlichem Maße" besuchen (KMK 2002: 44; vgl. Arbeitsgruppe
Bildungsbericht 1994: 375). Damit wird angedeutet, dass die Maßnahme will-
kürlich ist, weil sich eine höhere Sonderschulquote zwar teilweise mit dem
Herkunftsgebiet erklären lässt – z.B. ist die Quote bei Flüchtlingskindern aus
dem Jugoslawienkrieg besonders hoch – aber kaum mit dem Aufnahmeland.
Die Tatsache, dass man Sonderschulen neuerdings Förderschulen nennt, ändert
nichts daran, dass auch gutgemeinte Aussonderungsmaßnahmen für die Integration der Migrantenkinder problematisch sind.

Zwiespältig sind die Erfahrungen mit anderen Fördermaßnahmen. Anfangs
hatte man, in Erwartung ihrer Rückführung, die Kinder der "Gastarbeiter" teilweise in separate Klassen eingeschult, wo sie in der Sprache des Herkunftslandes ihrer Eltern unterrichtet wurden. Dies war mit Blick auf die Reintegration-
schancen im Herkunftsland sicherlich eine sinnvolle Maßnahme, erwies sich

---

13 In den USA hat man zur Vermeidung solcher Segregationseffekte in den 1960er-Jahren damit
    begonnen, Maßnahmen gegen die 'Rassentrennung' zu ergreifen. Zunächst wurden 'weiße'
    Schulen gezwungen, auch schwarze Schüler aufzunehmen – in den Südstaaten hatten das viele
    Schulen bis dahin verweigert. Der nächste Schritt bestand darin, die freie Wahl der Schule zu
    unterbinden und die Schüler entsprechend dem Wohnviertel bzw. der Wohnregion der nächst-
    gelegenen Schule zuzuweisen. Da sich dadurch aber gerade in Großstädten mit 'schwarzen'
    und 'weißen' Wohnvierteln kaum nennenswerte Mischeffekte einstellten, wurden in den
    1970er-Jahren Schulbus-Systeme eingerichtet, die die schwarzen Kinder gleichmäßig auf die
    Schulen im Umkreis verteilen. Zugleich begann man auch, mit 'Magnet-Schulen' zu experi-
    mentieren – Schulen in 'schwarzen' Wohngebieten wurden besonders gut ausgestattet, um wei-
    ße Eltern zu bewegen, ihre Kinder gezielt dorthin zu schicken (Douglas 1994; Rossell 1990).

aber unter der Bedingung zunehmend ungewisser werdender Rückkehrperspektiven als Aussonderung und Benachteiligung im Einwanderungsland. Entsprechend wurden sie weitgehend aufgegeben und durch zusätzlichen Sprachunterricht ersetzt.

Dabei hat es sich vielfach als sinnvoll erwiesen, die Kinder auch in der Sprache des Herkunftslandes zu unterrichten, also gezielt ihre Bilingualität zu fördern (Luchtenberg 1998). Der Unterricht in der Herkunftssprache dient zum Ersten dem Aufbau grammatischer und syntaktischer Strukturen, die als Voraussetzung elaborierter Denkvorgänge gelten und generell das Lernen von weiteren Sprachen erleichtern. Zum Zweiten werden damit die Lebensperspektiven erweitert – zweisprachige Personen besitzen das Potential, als Brückenpersonen zwischen den beiden Kulturen aufzutreten. Und drittens kann der Unterricht in der Herkunftssprache ein Zeichen der Anerkennung darstellen – das Einwanderungsland bezeugt damit, dass es die Herkunftskultur seiner Migrantinnen als wertvoll erachtet. Allerdings ist es nicht eben leicht, bilingualen Unterricht möglichst weitgehend in den normalen Unterricht zu integrieren – am besten mit dem Ziel, dass auch die einheimischen Kinder daran teilhaben und entsprechend niemand mehr benachteiligt wäre, sondern alle den Vorteil (und das Problem) hätten, zwei Sprachen zu lernen (GEW 2002). In praktischer Hinsicht ist die Etablierung von bilingualem Unterricht besonders aufwändig, wenn die Migranten in einer Schule aus vielen verschiedenen Sprachregionen kommen. Zudem konkurriert ein an den Herkunftsländern der Migrantenkinder ausgerichteter zweisprachiger Unterricht mit der Einführung des Englischunterrichts in Grund- und Vorschulen. Insofern ist fraglich, ob die interessanten und erfolgversprechenden Pilotversuche an Eliteschulen ohne weiteres in die Breite übertragbar sein werden.

Wichtig ist es sicherlich, dass Lehrkräfte lernen, mit Heterogenität in der Klasse umzugehen – sei es körperliche, soziale, geschlechtliche oder eben ethnische Heterogenität (Prengel 1995; Ratzki 2002). Denn man wird zum einen aus rein praktischen Gründen nie für das ganze weite Spektrum an Unterschieden – und den jeweiligen Mischungen von Unterschieden – besondere Förderungsmaßnahmen organisieren können, und zum anderen sind alle Förderungsmaßnahmen immer auch mit der Gefahr behaftet, dass sie stigmatisierend und segregierend wirken, zumal dann, wenn sie auf umfassender organisatorischer Aussonderung beruhen – wie etwa die Überweisung auf Sonderschulen.

Neben diesen Strukturen *institutioneller Diskriminierung* gibt es dann aber auch Diskriminierung, die offensichtlich auf persönlichen, wenn auch wahrscheinlich unbewußten Vorurteilen von Lehrkräften beruht. LehrerInnen bemü-

hen sich im Allgemeinen, nicht fremdenfeindlich zu erscheinen (Auernheimer et
al. 2001). Wie aber die IGLU-Studie gezeigt hat, werden Migrantenkinder – bei
gleicher Lesekompetenz! – 2,11-mal seltener für das Gymnasium empfohlen als
die Kinder von Einheimischen (IGLU 2004: 27).[14]

Übersicht 5.3: Benachteiligung von Migrantenkindern in der Schule

Benachteiligung aufgrund der sozialen Lage
• Benachteiligung aufgrund sozialer Ungleichheit ist wirksamer als Benachteiligung aufgrund von ethnisch-kultureller Verschiedenheit
• Viele Migrantenkinder sind besonders benachteiligt, weil sie aus sozial eher schwachen Elternhäusern stammen.
• Insofern gilt hier zunächst auch all das, was schon im vorigen Kapitel über soziale Benachteiligung ganz allgemein gesagt wurde (vgl. Übersicht 4.2)
Benachteiligung aufgrund der Migrationssituation
• Mangelnde Sprachkompetenz und fehlende Kenntnis der Ortskultur
• Umgangssprache in der Familie ist nicht deutsch
• Kurze Schuldauer in Deutschland abhängig vom Zeitpunkt der Einwanderung (oder von Pendelwanderungen)
• Aufenthalts- und Integrationsperspektive der Eltern und Kinder ungewiss – entweder aufgrund eines unsicheren bzw. beschränkten Aufenthaltsstatus oder aufgrund von Rückkehrabsichten
Benachteiligung aufgrund der Schulsituation
• Bei hohen Anteilen von Migrantenkindern in der Klasse wird der spontane Sprachkontakt mit einheimischen Kindern seltener.
• Durch ethnische Segregation und Selbstsegregation entstehen "Ausländerschulen", die von Eltern mit höheren Bildungsaspirationen und von mobileren Lehrern gemieden werden.
• Viele Schulen versuchen den Anteil von Migrantenkindern niedrig zu halten und schieben diese im Zweifelsfall schnell wegen "Lernschwäche" an 'niedrigere' Bildungsgänge ab (also insbesondere auf Integrierte Gesamtschulen, Hauptschulen und Sonderschulen).
• Fördermaßnahmen können mit Stigmatisierung und Aussonderung verbunden sein.
• (Unbewusste) Diskriminierung durch Lehrkräfte.

---

14 Hier macht sich auch die schon in Kapitel 4 erwähnte soziale Diskriminierung mit bemerkbar. Ohne den sozialen Diskriminierungeffekt werden Migrantenkinder 1,66-mal seltener als einheimische Kinder derselben Lesekompetenz fürs Gymnasium empfohlen (ebd.).

5.7 Warum sind Einwanderung und Integration für Deutschland wichtig?

Deutschland ist mindestens seit dem Zweiten Weltkrieg Einwanderungsland. Wie fast alle entwickelten Länder hat Deutschland – gemäß dem Gesetz vom demografischen Übergang (vgl. Kap. 3) – einen Trend zu einer niedrigeren Geburtenrate, der nur kurz durch den Babyboom nach dem Krieg unterbrochen wurde und sich seit den 1970er-Jahren verstärkt fortsetzt. Ohne Einwanderung würde die Bevölkerungszahl schon heute um circa 30 Millionen geringer ausfallen und in Zukunft deutlich zurückgehen – auf circa 50 Millionen im Jahr 2050 und etwa 22 Millionen im Jahr 2100 (bei einer Fertilitätsrate von 1,25; vgl. Birg 1999: 23). Das hätte erhebliche Auswirkungen nicht nur im Hinblick auf die Finanzierung der Rentenversicherung. Weil die geburtenstarken Jahrgänge der Nachkriegszeit in den nächsten 10 bis 20 Jahren allmählich aus dem Berufsleben ausscheiden und nur noch geburtenschwache Jahrgänge nachrücken, wird für die Zukunft auch mit einer Trendwende am Arbeitsmarkt gerechnet – gerade in den qualifizierteren Berufen werden dann die Arbeitskräfte knapp. Insofern ist aller Voraussicht nach mit einer verstärkten Einwanderung zu rechnen. Deutschland wird dann nicht das einzige Land sein, das Bevölkerungsnachschub anwerben will – es wird zu erheblicher Konkurrenz zwischen den postindustriellen Einwanderungsländern um qualifizierte MigrantInnen kommen. Um dieser Herausforderung gewachsen zu sein, muss Deutschland nicht nur seine Aufnahmebedingungen erheblich freundlicher gestalten, sondern auch die Integration der bisherigen Einwanderer verbessern.

Eine ganz zentrale Institution, in der Integration stattfindet oder scheitert, ist die Schule. Zum einen weil die Schule, besonders in Deutschland, in sehr hohem Maße über die Zuteilung von Lebenschancen entscheidet – wenn Einwanderer hier systematisch benachteiligt werden, steigt die Wahrscheinlichkeit einer verfestigten ethnischen Segregation, also der dauerhaften Herausbildung einer ethnisch diskriminierten Minderheit. Zum Zweiten ist es die Schule, die bei den Einheimischen Verständnis und Einfühlungsvermögen gegenüber MigrantInnen fördern kann, aber in der Vergangenheit – in Deutschland besonders in der Zeit des Nationalsozialismus – zu übersteigertem Nationalgefühl, Rassismus und Antisemitismus erzogen hat.

Das zentrale Problem des deutschen Schulwesens im Umgang mit MigrantInnen ist heute allerdings nicht mehr eine *offene und gezielte* Fremdenfeindlichkeit – dergleichen ist bei LehrerInnen, Schulleitern und Minsterialbürokratie eher selten zu beobachten (vgl. Auernheimer et al. 2001). Zentral ist vielmehr das generelle Problem, dass Unterrichtsform, Klassenverband und Schulstruktur auf eine möglichst starke Homogenisierung im Klassenverband abzielen und deshalb *alle* Besonderheiten organisatorisch ausgesondert werden müssen – seien sie nun körperlicher, geistiger, verhaltensförmiger oder eben sprachlich-kultureller Art. Selbst Elitenförderung scheint in Deutschland wiederum nur im Wege der Errichtung von Sonderklassen und Sonderschulen denkbar zu sein. Das Schulwesen beruht daher seiner Struktur und seinem Geist nach auf Separation und nicht auf Integration – wie soll man also in dieser Schulform lernen, in Verschiedenheit zusammen zu leben und zusammen zu lernen?

Um die Verschiedenheit – zum Beispiel von MigrantInnen – sinnvoll zu integrieren, wird es darauf ankommen, diese Verschiedenheit nicht so sehr als Bürde zu begreifen, der man mit Aussonderung oder möglichst schneller Assimilierung begegnet. Die Verschiedenheit – gerade auch in ihrer bikulturellen Variante des Dazwischen-Lebens und Hin-und-her-Pendelns – stellt vielmehr eine Chance dar, unseren kulturellen Horizont zu erweitern, einseitige Perspektiven zu verlassen und Brücken zwischen den Kulturen und Lebensräumen zu bauen. Wer den Kulturaustausch dabei als Zweck an sich nicht sehr hoch schätzen mag, sei auf zwei 'handfestere' und egoistischere Gründe verwiesen: Wohlstand und Sicherheit in Deutschland sind im Zuge der Globalisierung in zunehmenden Maße von wirtschaftlichem Austausch und diplomatischer Verständigung abhängig geworden. MigrantInnen sollten daher als bikulturelle BotschafterInnen willkommen geheißen werden.

Literatur zum Weiterlesen:

Klaus Bade (1997) gibt einen guten Überblick über die Geschichte der Einwanderung in Deutschland. Werner Schiffauer (1991) beschreibt in einfühlsamen Portraits die Wanderung aus einem anatolischen Dorf nach Österreich und Deutschland. Hier werden die Motive und inneren Kämpfe anhand der Lebensgeschichte von einzelnen MigrantInnen sichtbar gemacht, zugleich wird deutlich, wie diese Lebensgeschichten in die sich wandelnden kulturellen und sozialen Strukturen eingebettet sind und auf diese reagieren. Feridun Zaimoglu (1999) beschreibt in sprachlich interessanter Weise die Weltsicht von Jugendlichen türkischer Herkunft, die in Deutschland aufgewachsen sind. Erkennbar wird hier, dass sich diese Jugendlichen weder als Türken noch als Deutsche empfinden können, selbst wenn sie das eine oder das andere wollen. Sie reagieren auf diese Situation aber auch ganz unterschiedlich, so dass sich sämtliche Klischées über "die Türken" verbieten.

Diese Literaturempfehlung bezieht sich beispielhaft auf die Gruppe der türkischen Einwanderer, man kann an ihr aber auch generell über Migration viel lernen. In dem Maße, wie man als Lehrerin mit anderen Migrationsgruppen zu tun hat, sollte man sich natürlich auch entsprechend über deren Weltsichten informieren.

Die Literatur zum Umgang mit Migration in der Schule ist bezeichnenderweise noch relativ dünn – Deutschland meinte eben lange Zeit, kein Einwanderungsland zu sein; erst in jüngerer Zeit ist zu diesem Thema eine systematischere und fundiertere Forschung in Gang gekommen. Die Beiträge in Auernheimer et al. (2001) untersuchen die Verhaltensweisen von Lehrern – erkennbar wird dabei, dass erhebliche Unsicherheiten bestehen, wie mit kulturell Fremdem und Konflikten zwischen Einheimischen und Migranten sinnvoll umzugehen ist. Gomolla/Radtke (2002) beschreiben die bürokratischen Mechanismen, die zur Stigmatisierung und Aussonderung von Migrantenkindern beitragen. Annedore Prengel (1995) plädiert eindrucksvoll für neue Unterrichtsformen, die biologische, soziale und kulturelle Heterogenitäten konstruktiv einbeziehen können und daher auf Aussonderung und Homogenisierung nicht mehr angewiesen sind. Damit wird auch deutlich, dass es gar nicht so sehr einer besonderen Migrantenpädagogik bedarf – auch Schüler deutscher Herkunft sind in vielen Hinsichten unterschiedlich, nämlich im Hinblick auf das Geschlecht, in Bezug auf ihre körperlichen und geistigen Fähigkeiten und Neigungen, hinsichtlich ihrer sozialen Herkunft und den damit verbundenen kulturellen Unterschieden. So könnte man sagen: Wir sind alle Ausländer, selbst im Inland – weil wir nämlich alle verschieden sind.

Kapitel 6: Wie verändert sich die Berufswelt?

Warum soll sich eine Lehrerin mit der Veränderung der Berufswelt befassen, zumal dann, wenn sie etwa an der Grundschule lehrt und Ihre Schüler insofern noch sehr weit vom Eintritt in die Berufswelt entfernt sind? Die Schule bereitet in einer Gesellschaft, die ihr Selbstverständnis und die Ehre ihrer Mitglieder ganz wesentlich auf Arbeit gründet, vor allem auf den Beruf vor. Das ist nicht ganz selbstverständlich: In der Vergangenheit waren es eher der Gottesdienst, Sport und Krieg, oder die Pflege von Familienbeziehungen und Freundschaften, die die Position und gesellschaftliche Anerkennung von Männern und Frauen ausmachten und ihre Bildungsziele bestimmten, jedenfalls sofern sie damals überhaupt in den Genuss von Bildung kamen. Erst mit der Einführung der Industriegesellschaft hat der Beruf eine zentrale Bedeutung für gesellschaftliche Positionierung und den Lebensplan der Individuen bekommen – wie es der Name 'industria' (lat.) = Fleiß, Mühe, Arbeit schon andeutet (Walther 1990; Meier 1998). Nun scheint auch in der *post*industriellen Gesellschaft die zentrale Bedeutung des Berufs keinesfalls – wie manchmal angekündigt (z.B. Gorz 2000) – zu schwinden, sondern sich mit der Einbeziehung des weiblichen Teils der Bevölkerung in die Erwerbsarbeit sogar eher noch zu verstärken und weiter auszubreiten. Trotz langfristig steigender Arbeitslosenzahlen und einem aufgrund der Arbeitszeitverkürzung sinkenden jährlichen Arbeitsvolumen kann von einem 'Ende der Erwerbsarbeit' nicht die Rede sein, weil paradoxerweise gleichzeitig die Zahl der Beschäftigten tendenziell steigt (vgl. unten, Abbildung 6.1). Auch die Erwerbsquote, das ist der Anteil der Erwerbspersonen an der Bevölkerung, bleibt weitgehend gleich (Franz 1998; Wanger 2003). Wichtiger noch als diese Zahlen ist die Beobachtung, dass allein Arbeit und Beruf soziale Sicherheit und Orientierung bieten, während herkömmliche Anker der Zugehörigkeit – wie die Familie, die Nation, die Religion und die Gemeinde – absehbar immer weniger Halt vermitteln (vgl. Kap. 3 und Kap. 7).

Daher kann es nicht verwundern, dass ArbeitgeberInnen und Bildungspolitiker, Eltern und Schüler das Schulsystem insgesamt, sogar die Grundschule und die Vorschule unter dem Blickwinkel betrachten, inwieweit sie, indirekt zumindest, auf die Berufsausbildung und Berufstätigkeit vorbereiten. Selbstständlich und berechtigterweise kann man gegen diese Sichtweise den Einwand vorbringen, dass Bildung nicht nur Ausbildung sei und Leben nicht in Erwerbsarbeit aufgehe – dieser Perspektive wollen wir im nächsten Kapitel den ihr gebührenden Raum geben. Hier aber wollen wir der Tatsache Rechnung tragen, dass Lebensplan und Lebenssinn der meisten Menschen in unserer Gesellschaft zum großen Teil auf die Erwerbsarbeit bezogen sind.

Abbildung 6.1: Veränderung der Zahl der Bevölkerung, der Erwerbstätigen und der Arbeitslosen (in Tausend) sowie des jährlichen Arbeitsvolumens (in Mio. Std.)

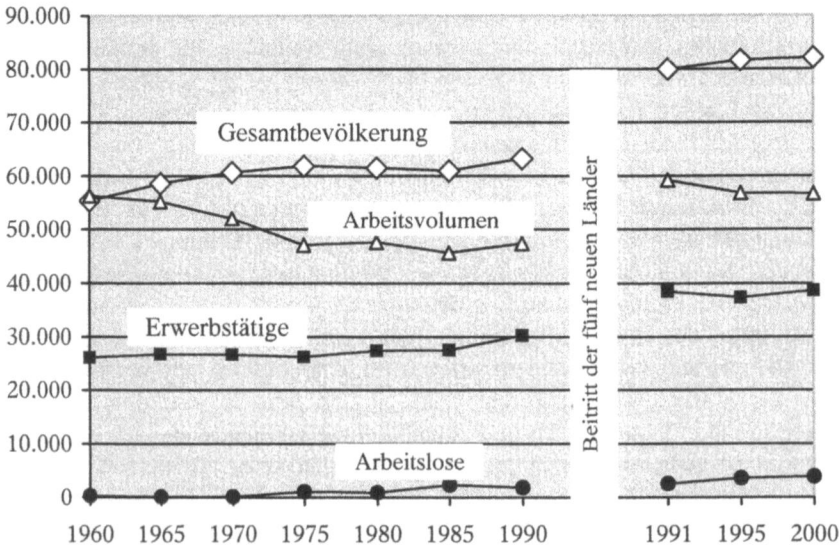

Quellen: BMA 2002: Nr 2.1, Nr. 2.4, Nr. 2.10, Nr. 4.8. Arbeitsvolumen und Zahl der Erwerbstätigen ab 1970 nach Wanger 2003: 53

Daher muss man, wenn man über Bildungspolitik und die Gestaltung von Schule kompetent mitreden will, den Zusammenhang von Bildung und Beruf im Auge behalten. Das bedeutet im Übrigen auch nicht, dass man damit eine rein wirtschaftlich und materiell orientierte Sichtweise einnimmt. Denn das deutsche Wort 'Beruf' kommt, wie wir noch näher sehen werden, von 'Berufung', trägt also eine viel umfassendere Bedeutung in sich als das amerikanische Wort 'job'

– der Beruf ist also nicht auf die die bloße Beschäftigung zu reduzieren, mit der man einfach nur Geld verdient.

Daher werden wir in diesem Kapitel im Wesentlichen zwei Fragen zu beantworten versuchen. Die erste Frage lautet: Lohnt sich Bildung überhaupt (noch)? Hier geht es also ganz allgemein um den Zusammenhang zwischen dem Ausbau des Bildungssystems und der Verwendbarkeit von Bildungsabschlüssen in der Arbeitswelt. Diese Frage lässt sich relativ leicht und schnell beantworten – die Antwort lautet kurz vorweggenommen: ja. Die zweite Frage ist komplexer und schwieriger: Wie verändert sich die Berufswelt und damit die Anforderungen für die Schule? Hier müssen wir uns zunächst vor Augen halten, was überhaupt ein 'Beruf' ist – denn der ist, wie schon angedeutet, mehr als eine bloße Beschäftigung. Auf der Basis dieses Vorverständnisses können wir die Frage verfolgen, wie sich Berufsformen und Berufsinhalte durch den postindustriellen Wandel der Arbeitswelt verändern – wesentlich scheint hier zu sein, dass enge und scharfe Grenzen der beruflichen Spezialisierung zunehmend aufgeweicht werden und einem flexibleren Berufsbild Platz machen. Abschließend werden wir dann kurz überlegen, wie sich die Schule ändern muss, um angemessen auf den Wandel in der Berufswelt vorzubereiten – über Schulreformen insgesamt gibt dann Kapitel 8.5 Auskunft.

6.1 Bildungsstatus und Berufserfolg. "Lohnt" sich Bildung überhaupt?

Die Investition in Bildung bedeutet die Verausgabung von Zeit und Geld – auf Seiten der einzelnen Familie, die den Lebensunterhalt der Schülerin bestreitet und zugleich auf deren Arbeitseinkommen verzichten muss, auf Seiten der öffentlichen Hand, die zumeist und weitgehend die Bestallung der Lehrerin und den Unterhalt der Schule finanziert. Lohnen sich diese Investitionen in 'Humankapital'? Werden nicht viel zu viele hohe Bildungsabschlüsse produziert, mit denen die Leute und die Wirtschaft dann doch nichts anfangen können? Gibt es nicht massenhaft überqualifizierte Personen, die unzufrieden sind und den Betriebsfrieden stören? Führen 'Studentenflut' und 'Akademikerschwemme' nicht zwangsläufig zu politischen Unruhen und staatsgefährdenden Umtrieben, weil die Leute mit ihren hohen Bildungsabschlüssen Ansprüche auf einen hohen gesellschaftlichen Status erwerben und dann maßlos enttäuscht sind (und gleichzeitig, anders als andere Arbeitslose, auf der Grundlage ihrer höheren Bildung besser in der Lage sind, sich politisch zu artikulieren)? Diese Ängste gibt es in Deutschland, seit man im 19. Jahrhundert die Schulpflicht einführte

Abbildung 6.2:   Schematische Darstellung des Zusammenhangs zwischen
Bildungsabschlüssen und Berufsposition

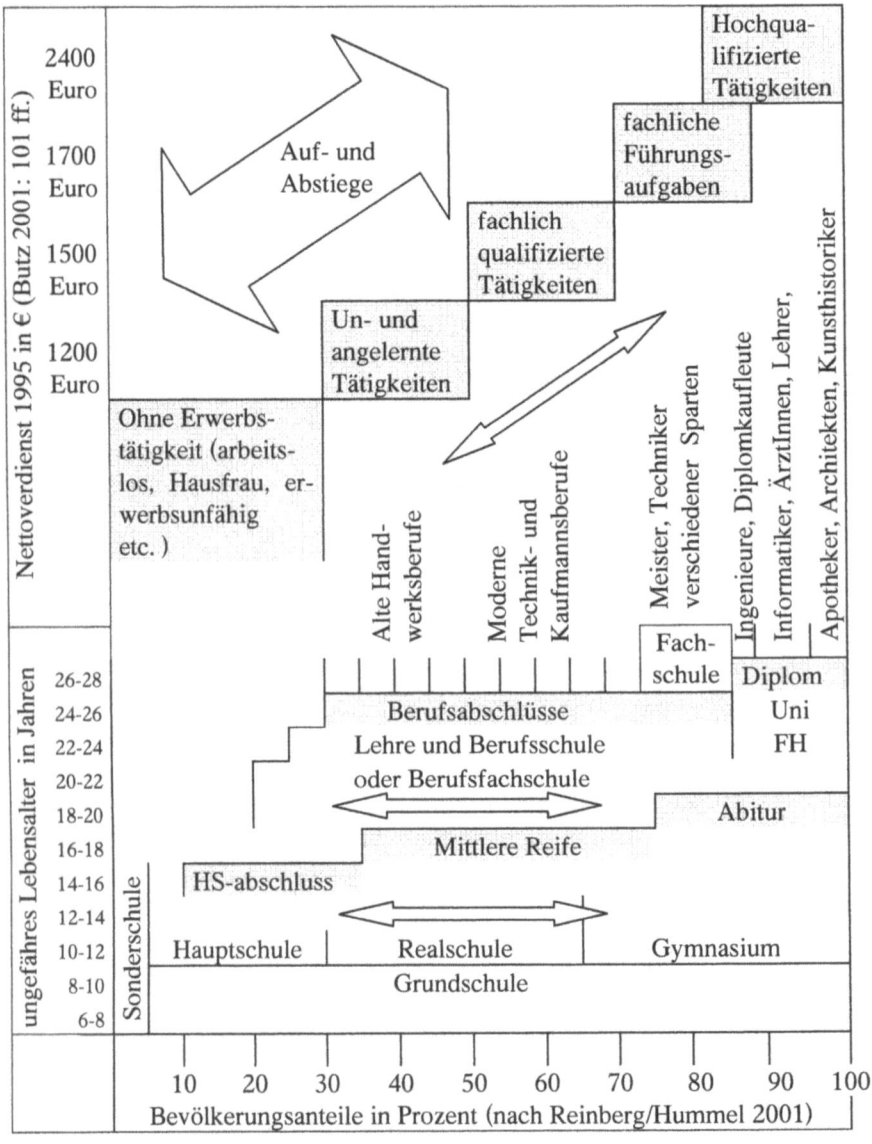

und das Bildungswesen auszubauen begann (Herrlitz et al. 2001).[1] Dahinter verbirgt sich die Angst der Etablierten, die ihre Kinder nun einer erhöhten Statuskonkurrenz ausgesetzt sehen und deren erhöhte Positionen zwangsläufig an Exklusivität verlieren, wenn sie von einer größeren Zahl von Menschen eingenommen werden. In der ersten Hälfte des 20. Jahrhunderts wurde zum Beispiel ein Gymnasiallehrer in Deutschland noch mit "Professor" angeredet und war eine allseits gefürchtete und hofierte Persönlichkeit – heute, da alle Lehrer akademisch gebildet sind und es viel mehr Gymnasiallehrer gibt, ist sein Status weit weniger elitär und herausgehoben (Enzelberger 2001).

Wenn wir die Frage nach der angemessenen Zahl von Bildungsabschlüssen nicht nach Maßgabe der Ansprüche und Ängste einer konservativen Elite beantworten wollen, müssen wir etwas systematischere Überlegungen anstellen über die 'Passung' zwischen dem Bildungssystem auf der einen Seite, das ein Angebot an Absolventen 'produziert' und dem Beschäftigungssystem auf der anderen Seite, das bestimmte Qualifikationen 'nachfragt'. Das Problem der Passung bezieht sich dabei nicht nur auf die 'vertikale' Dimension, also auf die in die Schule und Berufsausbildung investierte Zeit und die daraus sich ergebende 'Höhe' der Bildungsabschlüsse, sondern auch auf deren 'horizontale', das heißt inhaltliche Ausrichtung – ob also mehr Schreiner oder Bäcker, mehr Ärzte oder InformatikerInnen gebraucht werden (vgl. oben, Abbildung 6.2).

Theoretisch ist nun denkbar, dass zu wenig oder zu viele höhere Bildungsabschlüsse, zu wenig oder zu viele Berufsabschlüsse mit der einen oder der anderen inhaltlichen Ausrichtung 'produziert' werden. Wie wir wissen, ist nach dem Zweiten Weltkrieg das Bildungssystem erheblich ausgebaut worden (vgl. Kap. 4.2). Entsprechend ist die Zahl der höheren Abschlüsse mehr oder weniger stetig angestiegen und die Zahl der unqualifiziert Beschäftigten – trotz Zuwanderung – deutlich zurückgegangen (Reinberg/Hummel 2001: 29ff.).[2] Wenn tatsächlich zu viele höhere Abschlüsse produziert worden wären, müssten ihre Träger überwiegend und dauerhaft arbeitslos sein. Das ist tatsächlich nicht der Fall, im Gegenteil: Wie Abbildung 6.3 (unten) zeigt, ist das Risiko der Arbeitslosigkeit in etwa umgekehrt proportional zur Höhe des Bildungsabschlusses – ein Zusammenhang, der in den letzten 30 Jahren konstant geblieben ist und für das Gebiet der ehemaligen DDR ebenso gilt wie für Westdeutschland.

---

1 Zur 'Akademikerschwemme' in der Weimarer Zeit vgl. Windolf 1987.

2 Unberücksichtigt bleibt dabei natürlich die illegale Beschäftigung, weil sie statistisch nicht erfasst werden kann. Allerdings dürfte der Anteil der illegal – und fast ausschließlich unqualifiziert – Beschäftigten, der in Deutschland schätzungsweise ca. 1 Million ausmacht, den generellen Trend kaum verändern.

Überproportional gestiegen ist insbesondere das Risiko der Ungelernten, a-
ber auch Facharbeiter sind durchschnittlich öfter und länger arbeitslos als Absolventen von Fachhochschulen und Universitäten. Auch das Berufsprestige
und das Einkommen sind – im statistischen Durchschnitt – ganz deutlich an die
Höhe des Bildungsabschlusses gekoppelt (Müller 2001). Das durchschnittliche
Einkommen von UniversitätsabsolventInnen betrug 1995 etwa das 2,1-fache des
Einkommens von Hauptschulabgängern ohne Berufsabschluss; in absoluten
Zahlen: 2483 Euro gegenüber 1198 Euro monatliches Nettoeinkommen (Butz
2001: 101f.). In Deutschland ist dieser Effekt der engen Kopplung von Bil-
dungsabschluss und Berufsposition im Vergleich zu anderen, postindustriell
entwickelten Ländern besonders stark ausgeprägt (Müller/Shavit 1998).

Abbildung 6.3: Qualifikationsspezifische Arbeitslosenquoten 1998

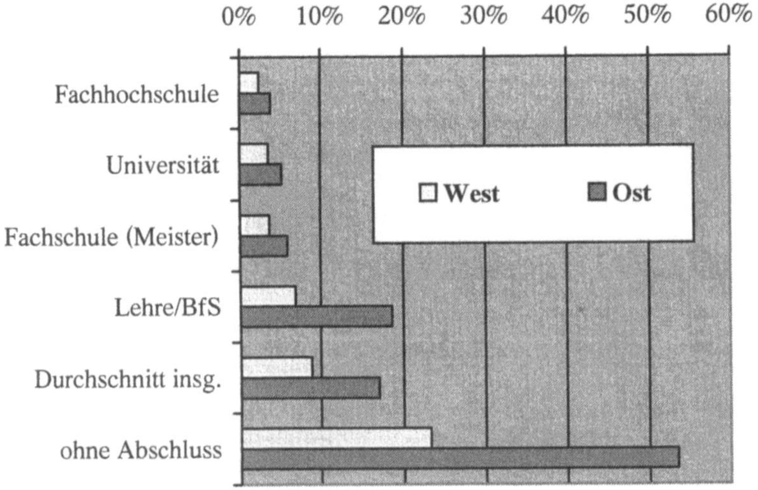

Quelle: Reinberg/Hummel 2001: 3

Das könnte daran liegen, dass Deutschland – aufgrund seiner tendenziell konservativen Bildungspolitik (vgl. Kap. 4.1) – noch eine relativ niedrige Quote
von akademischen Abschlüssen hat und Akademiker entsprechend stark nachgefragt und entsprechend hoch bezahlt wären (vgl. Abbildung 6.4). Doch auch
im internationalen Maßstab gilt, dass Bildung, insbesondere Hochschulbildung,
vor Arbeitslosigkeit schützt, zu erhöhter Erwerbsbeteiligung und zu angese-he-

neren Berufspositionen führt (Müller/Shavit 1998: 36f.). In einer Studie der OECD wird zudem gezeigt, dass viele Länder aufgrund höherer Bildungsquoten eine stärkere Wirtschaftskraft aufweisen (OECD 2003: 201ff.). Insofern könnte die momentane wirtschaftliche Stagnation in Deutschland auch auf den mangelnden Ausbau des Bildungssystems zurückzuführen sein. Theoretisch begründet wird dieser Zusammenhang mit der Theorie der Wissensgesellschaft, wonach das Wissen der Beschäftigten und der KonsumentInnen[3] – gegenüber den herkömmlichen Produktionsfaktoren Boden, Kapital und Arbeit – im Zuge der postindustriellen Entwicklung zum wichtigsten Produktionsfaktor aufsteigt (Stehr 1994; Hubig 2000; Fuchs 1968). Daher weisen Prognosen auch für Deutschland auf einen weiterhin steigenden Bedarf an AkademikerInnen und eine weitere Ausdünnung von Beschäftigungsmöglichkeiten für Personen ohne Berufsabschluss hin (Reinberg/Hummel 2001; Mayer 2003). Entsprechend ist

Abbildung 6.4: Quote der 25-34-Jährigen mit einem akademischen Abschluss in den wichtigsten OECD-Ländern im Jahr 2001

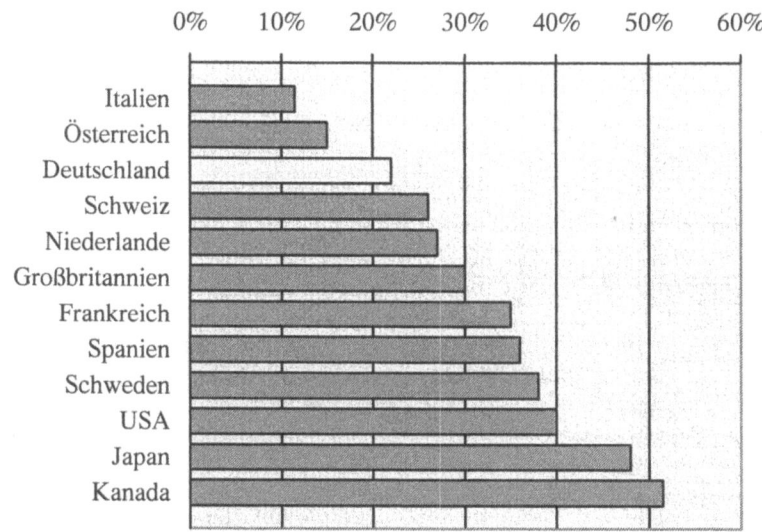

Quelle: OECD 2003: 58

---

3   Zum Beispiel braucht man Computerkenntnisse, um einen PC nutzen zu können – wer die Kenntnisse nicht hat, kann mit den entsprechenden Gebrauchsgegenständen oder Dienstleistungen nichts anfangen.

im Moment, Anfang der 2000er-Jahre, in Deutschland das Meinungsklima einem Ausbau des Bildungssystems eigentlich förderlich, sinkende Steuerein-
nahmen und die Forderung nach Abbau des Staatsdefizits hemmen allerdings
die Umsetzung dieser Überlegungen.

Wie ist nun zu erklären, dass der Arbeitsmarkt immer mehr Menschen mit
höheren Berufsqualifikationen aufnimmt, während Personen mit niedrigen Qualifikationen arbeitslos werden und nach und nach gänzlich vom Arbeitsmarkt
verdrängt werden? Hier gibt es zwei Mechanismen – den Mechanismus der
Nachfrage und den des Angebots –, die sich wechselseitig stützen und ergänzen.
Zum einen steigt die *Nachfrage* nach höheren Qualifikationen aufgrund der
zunehmenden Automatisierung gerade im Bereich industrieller Fertigung. Unqualifizierte und repetitive Tätigkeiten werden zunehmend ganz von Maschinen
übernommen oder in Niedriglohnländer ausgelagert (vgl. Schelsky 1961: 60ff.).
Es entsteht zugleich eine Nachfrage nach kreativeren und anspruchsvolleren
Produkten und Dienstleistungen (vgl. Fourastié 1954).

Zum Zweiten erzeugt der Bildungswettbewerb schon aus sich selbst heraus
einen Drang nach höheren Qualifikationen. Das wachsende *Angebot* höher
qualifizierter AbsolventInnen verdrängt dann die niedriger qualifizierten Bewerber und drückt die gänzlich Unqualifizierten unten aus dem Beschäftigungssystem heraus. Die höher qualifizierten Beschäftigten denken sich dann kreati-
vere und anspruchsvollere Produkte und Dienstleistungen aus und stimulieren
als Trendsetter in den Medien, dem Marketing und der Werbung auch die Nachfrage nach den von ihnen geschaffenen Angeboten (Stehr/Grundmann 2001).
Einige Studien zeigen zudem, dass entgegen dem landläufigen Vorurteil formal
'überqualifizierte' Beschäftigte ein stärkeres und kontinuierlicheres Engagement
in ihrer Tätigkeit zeigen und deshalb auch höher entlohnt werden als die 'normal
qualifzierte' Vergleichsgruppe (Büchel 2002).

Diese insgesamt positive Bilanz der Bildungsexpansion soll aber keineswegs
über die Schwierigkeiten hinwegtäuschen, die sich hier in jüngerer Zeit ergeben.
Mit der allgemein gestiegenen Arbeitslosigkeit und mit der rasch sich verän-
dernden Berufsstruktur sind die Übergänge vom Bildungs- zum Beschäftigungssystem problematischer geworden, und zwar auch für AbsolventInnen mit
Lehre/Fachschulabschluss (Konietzka/Seibert 2001) und für Hochschulabsol-
venten (Mayer 2003).[4] Dabei machen sich natürlich auch konjunkturelle Effekte

---

4   Turbulenzen und Umschichtungen beim Übergang von der Ausbildung in die Beschäftigung
    sind in anderen entwickelten Ländern, insbesondere in den wirtschaftsliberalen USA, schon
    immer relativ normal. In Deutschland und einigen anderen ständisch-konservativ geprägten
    Wirtschaftssystemen ist dagegen bisher die Vorstellung noch stark verbreitet, dass man mit
    Schulabschlüssen und anderen Bildungszertifikaten "Berechtigungsscheine", also einen le-

bemerkbar – einerseits in Bezug auf die Beschäftigungsmöglichkeiten insgesamt, zum anderen auch in Form spezifischer Fachkonjunkturen, etwa bei Ingenieuren, Lehrern etc. Gerade in Zeiten konjunktureller Flaute besteht die Tendenz, möglichst lange im Bildungssystem zu bleiben, um so in einem etwas angenehmeren Ambiente als den überfüllten Fluren des Arbeitsamtes auf bessere Zeiten zu warten und eventuell durch weitere Qualifikationen Vorteile gegenüber den MitbewerberInnen zu erringen.

Unbestreitbar sind auch die oftmals konstatierten Effekte einer 'Bildungsinflation' – TrägerInnen höherer Bildungsabschlüsse sind zwar nach wie vor in jeder Hinsicht privilegiert, aber sie sind eben nicht mehr so privilegiert wie früher (Müller/Shavit 1998: 40f.). Insofern sind die Widerstände von konservativen Eliten gegen den Ausbau des Bildungssystems vom Standpunkt ihres Partikularinteresses gesehen durchaus nachvollziehbar – allerdings weder aus der Perspektive wirtschaftlicher Prosperität noch vor der Norm der Chancengleichheit zu rechtfertigen.

6.2 Was ist ein Beruf?

Bis jetzt haben wir vor allem nach der Dauer bzw. der 'Höhe', also der vertikalen Dimension der Ausbildung gefragt. Nun wollen wir uns auch mit der horizontalen Dimension beschäftigen: Was heißt es, dass es auf der handwerklichen Ebene Gasinstallateure, Elektriker, Kaminfeger und auf der akademischen Ebene Ärzte, Notare, Architekten und so weiter gibt? Dass diese Frage nicht so trivial ist, wie sie auf den ersten Blick scheinen mag, wird erst klar, wenn wir uns vor Augen führen, dass diese Tätigkeiten nicht in allen Ländern und zu allen Zeiten *berufliche* Tätigkeiten sind oder waren (vgl. Freidson 1984; Abbott 1988; Siegrist 1988). Warum soll zum Beispiel 'LehrerIn' eine *berufliche* Tätigkeit sein, zu der man eine besondere, heute sogar eine akademische Ausbildung braucht und in der man besser bezahlt wird als eine Putzhilfe im Supermarkt? Warum darf nicht "Jedermann" und "Jedefrau" diese Tätigkeit ausüben, der und die selbst ein bisschen lesen, schreiben, rechnen und eine Kinderschar irgendwie bändigen kann? In der Tat war der Beruf des Volksschullehrers früher häufig eine schlecht bezahlte, schlecht angesehene und stark weisungsgebunde Tätigkeit (in Abhängigkeit meist vom Dorfpfarrer), zu der man keine besondere

benslangen Anspruch auf eine 'adäquate' Beschäftigung, erwirbt. Dadurch, dass in diesen Systemen auch die Schule schon sehr früh selektiert, wird also der weitere Lebensweg praktisch schon im Kindesalter festgelegt (vgl. Kap. 4.1).

Ausbildung brauchte und für die sich oft nur Leute fanden, die sonst im Leben keinen Platz mehr hatten oder den Job irgendwie nebenbei erledigten (Enzelberger 2001: 17ff.). In ähnlicher Weise heißt auch heute noch in Deutschland der Beruf der Elementarschullehrerin gar nicht "ElementarschullehrerIn", sondern "ErzieherIn" und früher sogar "KindergärtnerIn". Entsprechend setzt er keine akademische Berufsausbildung voraus, wie in den skandinavischen Ländern, weil man in Deutschland bisher dieser frühen Bildungsphase noch keine zentrale pädagogische Bedeutung beigemessen hat.[5]

Ein Beruf ist so besehen ein Bündel von exklusiven Kenntnissen und Fähigkeiten, die in einer mehr oder weniger langen Ausbildung erworben werden und die der Trägerin einen privilegierten Zugriff auf die entsprechenden Tätigkeiten verleihen (vgl. Übersicht 6.1). Die Ausbildungsordnung wird von der Berufsorganisation erlassen und regelt den Zugang zum Beruf. Zumindest bei 'gefahrengeneigten Berufen' wird der privilegierte Zugriff auch von Rechts wegen geschützt und zu einem garantierten Berufsmonopol ausgebaut – wer zum Beispiel ohne entsprechende Ausbildungszertifikate ('Approbation') als Arzt praktiziert, hat mit strafrechtlichen Konsequenzen zu rechnen. Gelehrt wird der Beruf meist von den Berufsträgern selbst, im Allgemeinen auf der Grundlage einer weiterführenden Zusatzausbildung wie etwa dem Meisterbrief bei handwerklichen und der Habilitation bei akademischen Berufen.

Ein Beruf ist aber nicht nur ein Bündel von exklusiven Kenntnissen und Fähigkeiten. Wie oben schon angedeutet, geht Beruf auf 'Berufung' zurück und impliziert somit, dass der Berufsträger seinem Beruf aus innerer Neigung – oder fachlich ausgedrückt: aus intrinsischen Motiven – nachgeht, und nicht nur, weil er dafür Geld oder andere äußerliche Vorteile erhält. Hier kommt das Berufsethos ins Spiel, das von der Berufsträgerin verlangt, dass sie sich an bestimmte moralische Spielregeln gebunden fühlt und im Übrigen auch den Eindruck vermittelt, dass sie wirklich besondere Anstrengungen unternimmt, ihren Beruf zum Wohl der Klienten und der Allgemeinheit auszuüben. Auf diese besondere Form von Vertrauen sind wir als Klienten von BerufsträgerInnen angewiesen, denn gerade weil und soweit sie ein exklusives Bündel von Kenntnissen und Fähigkeiten besitzen, können wir sie – im Unterschied zu unqualifizierten Tätigkeiten – selbst gar nicht kompetent beaufsichtigen. Umgekehrt ist auch die Berufsorganisation daran interessiert, das besondere Ansehen ihres Berufes

---

5   Allerdings ist, angestoßen auch durch PISA, mittlerweile auch in Deutschland die Diskussion
     über eine stärkere Professionalisierung der Elementarerziehung in Gang gekommen (Fthenakis
     2003).

aufrecht zu erhalten und wacht daher auch selbst – zu einem gewissen Grad – über die Einhaltung der berufsspezifischen Standards und Regeln.[6]

Bis hierher haben wir den Beruf aus einer allgemeinen gesellschaftlichen Perspektive betrachtet. Nun wollen wir uns aber auch überlegen, was es für den Einzelnen – und heute verstärkt auch: die Einzelne – bedeutet, einen Beruf innezuhaben. Wenn wir als Kinder, früher vor allem als Jungen, gefragt wurden: "Was willst Du einmal werden?", so haben wir im Allgemeinen nicht geantwortet: Zoobesucher, Ehemann, SPD-Mitglied. Denn diese Frage impliziert, dass wir nicht *irgendeine* zukünftige Tätigkeit oder Rolle, sondern einen – und zwar *nur einen* – Beruf nennen. Der Beruf ist nämlich in der industriellen Gesellschaft für die männliche – und in der postindustriellen Gesellschaft zunehmend auch für die weibliche – Biografie die Achse der Lebensplanung: Die Zeiten vor der Berufstätigkeit werden als Vorbereitung gesehen, die Zeiten nebenbei als Erholungspausen, und die Zeiten danach als Ruhestand. Der gesellschaftliche Status – und zwar bezeichnenderweise nicht nur des Berufstätigen selbst, sondern auch seines Ehepartners und seiner Kinder, sowie im Ruhestand – ist weitgehend durch den Beruf bestimmt. Selbst Leute, die zum Beispiel als Erben von ihrem Besitz leben können, fühlen sich im Allgemeinen geneigt oder genötigt, eine Berufstätigkeit anzugeben oder ihr auch tatsächlich nachzugehen, um eine klar bestimmbare soziale Position einzunehmen.

Als roter Faden der Lebensführung ist der Beruf dann auch mehr als die aktuelle Beschäftigung, mit der man sein Geld verdient. Er verleiht seiner Trägerin einen spezifischen Stellenwert auf dem Arbeitsmarkt in der Konkurrenz gegenüber anderen Bewerbern, er schützt sie – zumindest innerlich – gegen die Anforderungen der ArbeitgeberIn, die oft ausbildungsfremde Tätigkeiten verlangt, sowie gegen Konjunkturschwankungen, wenn sich vorübergehend keine berufsadäquate Beschäftigung finden lässt (Brater/Beck 1982). Eine ÄrztIn, die arbeitslos geworden ist, wird vom Arbeitsamt nicht (sofort) gezwungen, eine Putzstelle anzunehmen, wenn sie im Moment in ihrem Beruf keine Arbeit findet. Da der Berufsträger im Allgemeinen nicht sein Leben lang bei einem Arbeitgeber bleiben kann oder bleiben will, ist der Beruf immer die Leitschnur,

---

6   Zur Geschichte beispielsweise des Hippokratischen Eides und der ärztlichen Standesethik vgl. Frewer/Winau 1997. Das heißt natürlich nicht, dass sich alle Berufsträger immer an die Spielregeln halten. Aber wenn wir von einem Arzt sagen, er sei geldgierig, dann klingt das anders, als wenn wir dies von einem Kaufmann annehmen: Bei letzterem erstaunt uns das nicht besonders, bei ersterem eben schon. Aber selbst bei der Kauffrau erwarten wir, dass sie sich an die Regeln 'ehrlicher Kaufmannschaft' hält, also zum Beispiel die Ware nicht falsch deklariert, die Verträge einhält und auch sonst nicht betrügt.

mit der der Arbeitnehmer am Arbeitsplatz Prestige und Ehre zu wahren versucht,[7] seine Arbeitserfahrungen einordnet und verarbeitet, seine Weiterbildung
ausrichtet und seine Karriere und Weiterbeschäftigung plant. Insofern ist der
Beruf auch ein Widerlager subjektiven Eigensinns gegen die Schwankungen des
Arbeitsmarktes, gegen die Erfordernisse und Zumutungen des aktuellen 'Jobs',
sowie gegen die vollständige Integration und lebenslange Vereinnahmung durch
die 'Firma' – wobei diese besondere Betonung des Berufs, die sich aus der kon-
tinentaleuropäischen Handwerkerkultur entwickelt hat, in anderen Ländern, wie
zum Beispiel einerseits den USA und Großbritannien, andererseits in Japan,
nicht in diesem Maße zu finden ist (s.u.).

So wichtig der Beruf für die Identitätsbildung der Menschen ist und so sehr
er auch die Entmenschlichung der Person als 'Ware Arbeitskraft' (vgl. Polanyi
1971) zu begrenzen vermag, so hat er auch zwei gravierende Nachteile. Zum
einen behindert er die eigene Arbeitsmarktmobilität – wenn ich Grundschullehrer gelernt habe, kann ich nicht an einer Hauptschule arbeiten; wenn ich meine
Lehrbefähigung in Soziologie erworben habe, kann ich nicht in der Politikwissenschaft Professor werden. Eng damit verbunden ist auch der zweite Nachteil
der Beruflichkeit – sie stellt ein Hindernis bei der Entfaltung der Persönlichkeit
dar. Nicht ganz umsonst spricht man von der 'déformation professionelle' – im
Zuge der 'formation', also der Ausbildung, vollzieht sich immer auch eine
'déformation', also eine Vereinseitigung der Fähigkeiten, Beschränkung des
Blickwinkels und Überbetonung der Wichtigkeit der eigenen fachlichen Anliegen und Kompetenzen. Nicht nur, dass die solcherart herangezogen 'Fachidio-
ten' für die Arbeitsorganisationen problematisch und für ihre Mitmenschen oft
unerträglich sind – sie sind sich auch selbst im Wege, weil sie sich mit ihren
beruflichen Obsessionen gegenüber dem Reichtum möglicher Erfahrung ver-
schließen. Insofern gehört zu einer guten Ausbildung immer der Hinweis auf die
Beschränkung des fachlichen Könnens und die Vermittlung von Skepsis gegenüber den Anliegen des Faches. Eine Ingenieurin, eine Medizinerin, ein Pädago-
ge und ein Soziologe, die den Sinn ihres Faches nicht infrage stellen können,
sind nicht nur menschlich borniert, sondern im Allgemeinen auch schlechte
Fachleute.

Auch aus der Perspektive öffentlicher oder privatwirtschaftlicher Arbeitsorganisation bietet der Beruf eine Mischung aus Vorzügen und Beschränkungen. Um

---

7   Zum Beispiel, indem er/sie Jedermannstätigkeiten (zum Beispiel Kaffee kochen oder das Büro
    putzen) ablehnt, zumindest soweit diese nicht von beruflich gleichrangigen KollegInnen eben-
    falls übernommen werden.

uns die Funktionen des Berufs für die Arbeitsorganisation zu vergegenwärtigen, ist es wiederum sinnvoll, uns zunächst die möglichen Alternativen zur beruflichen Organisation der Arbeit vorzustellen. Eine Möglichkeit ist die starke 'Taylorisierung'[8] der Arbeit – hier wird die Arbeit vom Management minutiös durchgeplant und von *ungelernten* und praktisch jederzeit beliebig austauschbaren ArbeiterInnen verrichet (Mikl-Horke 1997; Piore/Sabel 1985). Die Taylorisierung setzt aber voraus, dass die Arbeitsabläufe tatsächlich in sehr hohem Maße voraussehbar und zerlegbar sind – das ist im allgemein nur bei standardisierter Massenware möglich und rentabel. Die Arbeitsorganisation ist hochgradig inflexibel und hat aufgrund der Stumpfsinnigkeit der Arbeitsabläufe mit Motivationsproblemen – Produktionsmängeln, Absentismus und Sabotage – zu kämpfen. Insofern waren der Taylorisierung der Arbeit schon immer Grenzen gesetzt, sie ist in den letzten beiden Jahrzehnten aber in postindustriellen Ländern auch deshalb seltener geworden, weil taylorisierbare Arbeit oft von Maschinen übernommen oder in Billiglohnländer transferiert werden kann. Wenn die Arbeit nicht taylorisierbar ist (aber auch nicht beruflich organisiert werden soll) bleibt nur das 'training on the job' – also das mehr oder weniger angeleitete Lernen aus der Erfahrung in der Praxis.

Da aber jede Praxis anders ist, ergibt sich nun das Problem, dass der Arbeitsmarkt aufgrund mangelnder Standardisierung der Qualifikationen wenig transparent ist. Dies ist zum Beispiel in den USA der Fall – hier muss der Arbeitgeber aufgrund langer Erfahrungsberichte und Zeugnisse des Bewerbers herausfinden, ob die erworbenen Qualifikationen mit den Erfordernissen irgendwie zusammenpassen werden. Auch die Lohneinstufung gestaltet sich schwierig, weil es keine klaren Regeln gibt. In dem marktliberalen, stark auf 'hire and fire' angelegten Arbeitssystem lohnt es sich für den Arbeitgeber auch kaum, in die Weiterbildung der Arbeitskräfte zu investieren und sie so zur theoretischen Reflexion ihrer Praxis anzuleiten. Deshalb sind diese Systeme einerseits relativ stark an den Taylorismus gefesselt und neigen entsprechend dazu, sich auf dem Weltmarkt auf das Angebot von standardisierbarer Massenware zu spezialisieren. Oder sie arbeiten gleich mit akademisch ausgebildetem Personal

---

8 Frederick W. Taylor lebte von 1856 bis 1915 in den USA und ist einer der Begründer der wissenschaftlichen Betriebsführung, bei der die planende und die ausführende Arbeit streng getrennt sind (='Taylorismus'). Er untersuchte komplexe handwerkliche Arbeitsvorgänge und überlegte, wie man sie in einfach zu lernende Einzelschritte aufteilen und dabei zugleich effizienter gestalten kann. Grundsätzlich wurde das Prinzip der sehr ins Detail gehenden Arbeitsteilung allerdings schon in den Manufakturen, den Vorläufern moderner Industriebetriebe, eingesetzt, die damit verbundene Produktivitätssteigerung ist schon bei Adam Smith, einem der Begründer der Volkswirtschaftslehre im 18. Jahrhundert, beschrieben.

und spezialisieren sich auf wissenschaftlich angeleitete Innovationen im sogenannten High-Tech-Bereich – zum Beispiel in der Informations- oder Biotechnologie. Das akademisch gebildete Personal wird möglichst frisch von den
Universitäten weg engagiert oder von anderen Firmen abgeworben, aber eventuell auch recht schnell wieder entlassen, wenn der Innovationszug in eine andere Richtung fährt. Für die Arbeitskräfte ist dieses System mit starken Statusun-
sicherheiten verbunden.

Diese Probleme – Marktintransparenz, mangelnde Weiterbildung, Status-
unsicherheit – lassen sich vermeiden, indem man die Arbeitskräfte möglichst
lebenslang bei derselben Arbeitsorganisation beschäftigt, wie dies zum Beispiel
in Japan oft der Fall ist. Der Arbeitgeber kennt dann die Arbeitskräfte genau
und er ist auch daran interessiert, in ihre Weiterbildung zu investieren. Die Arbeitskräfte sind in diesem System der innerbetrieblichen Karriere zudem sehr
viel motivierter, sich über angestammte Fachgrenzen hinweg weiterzubilden
und ihr Wissen über Fach- und Abteilungsgrenzen hinweg weiterzugeben, als
dies in einem System zwischenbetrieblicher und berufsorientierter Karrierewe-
ge, wie in Deutschland, der Fall ist (s.u.). Andererseits ist für den Arbeitgeber
aber mit dem Zwang zur möglichst dauerhaften Beschäftigung eine erhebliche
Inflexibilität verbunden. Konjunkturelle Schwankungen können nicht durch die
Anwerbung und Entlassung von Personal ausgeglichen werden. Gänzlich neue
Produktionen, die ein ganz anderes Personal erfordern würden, können nicht
(sofort) in Angriff genommen werden, weil man das angestammte Personal
nicht entlassen und daher Personal mit neuen Grundqualifikationen nur im
Rahmen altersbedingter Fluktuation einstellen kann. Außerdem findet kein
Transfer von Know-how zwischen den Betrieben auf dem Weg des Arbeitskräf-
teaustauschs statt.

Die *berufliche* Organisation der Arbeit bedeutet dagegen, dass der Arbeitgeber auf dem Arbeitsmarkt relativ standardisierte Bündel von Kompetenzen
'einkauft' und in der Arbeitsorganisation in geeigneter Weise zusammenbringt.
Er kann sich dann – im Unterschied zum taylorisierten Arbeitsablauf – auf die
relativ selbständige Erledigung der Arbeitsaufgaben verlassen. Die Arbeitskräfte sehen und wissen selbst, was zu tun ist, und sind daher weniger auf detaillierte Vorgaben vom Management angewiesen. Im Unterschied zu der auf innerbe-
trieblicher Erfahrungspraxis aufbauenden Arbeitsorganisation ist der Arbeitgeber mit einer relativ standardisierten und systematischen – eben beruflich gelernten – Ausführung von Arbeitsaufgaben konfrontiert. Der Zuschnitt der betrieblichen Arbeitsorganisation in Abteilungen und Zuständigkeiten ist dann fast
zwangsläufig mit dem Zuschnitt der Berufsgrenzen gekoppelt. Entsprechend

sind die Arbeitgeber in diesem verberuflichten System daran interessiert, auf die Berufsausbildung und Berufszertifizierung Einfluss zu nehmen, weil die Berufssozialisation hier Grundlage und Teil der Arbeitsorganisation selbst ist. Dieser Einfluss findet in Deutschland seinen Niederschlag nicht nur in der Ausbildung des 'Dualen Systems' – als der von Staat und Unternehmen gemeinsam organisierten Ausbildung in handwerklichen, kaufmännischen oder industriellen Lehrberufen. Er ist zum Teil auch bei den akademischen Berufen zu finden, etwa bei den Lehrern und Juristen, die in Deutschland Staatsexamina ablegen und eine Referendariatszeit – einer betrieblichen Ausbildung vergleichbar – durchlaufen.

Das berufliche Modell der Arbeitsorganisation steht also gewissermaßen dazwischen: Auf der einen Seite unterscheidet es sich vom marktliberalen Modell, das zumindest in den nicht-akademischen Beschäftigungen nur wenig Standardisierungen kennt und mit erheblichen Unsicherheiten auf beiden Seiten, aber besonders für den Arbeitnehmer, verbunden ist. Auf der anderen Seite unterscheidet es sich vom Modell lebenslanger betrieblicher Beschäftigung, in dem die fachliche Ausbildung ganz auf den Arbeitsplatz zugeschnitten ist, das aber beide Seiten fest aneinander bindet. Standardisierung und Selbständigkeit der beruflichen Organisation von Arbeit sind aber auch mit zwei gravierenden Nachteilen verbunden. Zum einen ist der Zuschnitt der Berufsausbildung relativ starr festgelegt und daher immer nur sehr langsam veränderbar. Zum anderen wirkt das am Beruf und am zwischenbetrieblichen Karrieremodell ausgerichtete Arbeitnehmerverhalten fast zwangsläufig als Hemmschuh, wenn aufgrund von organisatorischen oder technischen Innovationen eine Berufsgrenzen übergreifende Zusammenarbeit oder Weiterbildung erforderlich wird (Kern/Sabel 1994).

Mit diesen, vielleicht auf den ersten Blick etwas weitschweifigen Bemerkungen zum Beruf als Festlegung und Beschränkung von Innovationsmöglichkeiten, sollte ein Hintergrund zur aktuellen Diskussion über die Krise der (dualen) Berufsausbildung vermittelt werden (Baethge 2003; Bolder et al. 2001; Konietzka/Seibert 2001; Steinmann 2000). Diese Debatte ist nur zu verstehen, wenn man sich vergegenwärtigt, dass Deutschland aufgrund des jüngsten Globalisierungsschubs unter zunehmendem wirtschaftlichem Konkurrenzdruck steht, dem es nur durch permanente Innovation standhalten kann. Welches System der Arbeitsorganisation und Ausbildung – das US-amerikanische, das europäische, oder das japanische – am innovativsten ist, steht allerdings längst noch nicht fest. Entsprechend ist es auch keineswegs ausgemacht, dass die aus den angelsächsischen Ökonomien seit den 1980er in die Welt posaunte Forderung nach pauschaler Deregulierung – das 'neoliberale Mantra' – in dieser Hinsicht durchschlagend hilfreich ist. Daher ist in den nächsten Jahren noch mit heftigen

Turbulenzen und entsprechend vehement geführten Debatten um Bildung und Ausbildung zu rechnen – im Übrigen nicht nur in Deutschland, sondern in allen stark am Welthandel beteiligten Ländern. Mittelfristig wird sich aber wahrscheinlich die Lage wieder beruhigen, indem sich nämlich zeigen wird, dass jedes System aufgrund seiner jeweiligen Stärken und den damit *notwendigerweise* verbundenen Schwächen immer nur begrenzte Nischen im Weltmarkt erobern kann und sich damit die Frage nach Überlegenheit oder Unterlegenheit entsprechend relativiert.

Übersicht 6.1: Was ist ein Beruf?

Beruf aus Sicht der Gesellschaft
• Bündel exklusiver Kenntnisse und Fähigkeiten, erworben durch eine mehr oder weniger lange Ausbildung. • Ausbildung wird durch die Berufsorganisation geregelt und von den Berufsträgern selbst – meistens auf Grundlage von Zusatzqualifikationen – übernommen. Berufsorganisation definiert den Prüfungskanon und regelt den Zugang zum Beruf. • Berufsethos als Bündel berufsspezifischer moralischer Spielregeln. Berufsorganisation wacht über die Einhaltung dieser Regeln (Standesgerichtsbarkeit, Ethikkommissionen).
Beruf aus Sicht des Individuums
• Beruf ist in (post)industriellen Gesellschaften Richtschnur der Lebensplanung. • Beruf ist der wesentliche Faktor, der den gesellschaftlichen Status bestimmt. • Beruf verleiht seiner Trägerin Unabhängigkeit gegenüber dem aktuellen 'Job' und gegenüber der Vereinnahmung durch die 'Firma'.
Beruf aus Sicht der Arbeitsorganisation
• Höhere Arbeitsmarkttransparenz: Erleichterte Zuweisung von Qualifikationen und Beschäftigungen. Erleichterte Lohnfindung. • Relativ selbständige Berufsausübung der Arbeitnehmer. • Relative standardisierte Form der Aufgabenerfüllung. • Unternehmen müssen Einfluss auf die Berufsausbildung nehmen, weil die berufliche Sozialisation Grundlage der Arbeitsorganisation ist.

6.3 Die Entstehung des industriellen Berufskonzepts

Bevor wir den heutigen postindustriellen Wandel des Berufskonzepts betrachten, wollen wir zunächst kurz die historische Entwicklung vergegenwärtigen (vgl. Voß 2001). In der Agrargesellschaft gab es zunächst noch sehr wenig Spezialisierung. Die Gesellschaft war vor allem ständisch differenziert, das heißt vor allem in Adelige, Klerus und Bauern unterschieden, wobei es noch einmal erhebliche Rangunterschiede innerhalb der Gruppen gab – wie zum Beispiel Kurfürst, Herzog, Graf, Freiherr innerhalb des Adels. Für Adel und Klerus gab es zwar schon eine Art von Ausbildung, und natürlich kann man die Aufgliederung in die drei Stände auch schon als eine Art von Arbeitsteilung begreifen – die Bauern bildeten den Nährstand, der Adel den Wehrstand und der Klerus war für die geistig-moralische Orientierung des Lebens und Sterbens zuständig. Aber insgesamt war die Arbeitsteilung noch wenig vorangeschritten. Diese bildete sich dann allmählich in Handel und Handwerk im Zuge der mittelalterlichen Stadtgründungen aus, die insofern auch als Vorläufer und Vorboten der Industrialisierung angesehen werden können. Hier wurden dann auch die ersten Universitäten begründet, die sich zunächst auf vier Fakultäten – Theologie, Recht, Medizin und Philosophie – beschränkten.

Aber die Bauernfamilien auf dem Land wurden nur ganz langsam in diese Arbeitsteilung einbezogen – sie bauten sich in Nachbarschaftshilfe ihre Häuser und stellten sich Kleidung und Lebensmittel noch sehr lange Zeit selbst her (Lutz 1984). Grundlegend war lediglich die Teilung zwischen Männerarbeit und Frauenarbeit – entsprechend primitiv war insgesamt die Lebensweise. Vielfältig waren jedoch die Kenntnisse und Fähigkeiten, die jeder Mann und jede Frau erwerben musste. Die Jedermanns-Qualifikationen – und die Jedefrau-Qualifikationen – waren daher in praktischer Hinsicht sehr viel umfangreicher als heute. Allerdings konnten die meisten Leute weder lesen noch schreiben und wahrscheinlich nur in ganz rudimentärer Form rechnen, besaßen also kaum theoretische Kompetenzen.

In der Industriegesellschaft haben sich demgegenüber drei einigermaßen unterscheidbare Ebenen von arbeitsteiliger Erwerbsarbeit ausgebildet (wie üblich gibt es natürlich alle möglichen Zwischenstufen und generell schwer ins Schema passende Elemente). Das unterste Stratum bilden die un- und angelernten Tätigkeiten, wie sie innerhalb von recht kurzer Zeit auf der Basis der zur jeweiligen Zeit üblichen Jedermann-Qualifikationen erworben werden können (die also mit der Durchsetzung der Schulpflicht nun eventuell auch Lesen, Schreiben und die Grundrechenarten beinhalten). Das mittlere Stratum stellen die Lehrberufe dar, wie sie in Handwerk, Handel, Industrie und öffentlicher Verwaltung entstanden sind. Die entsprechende Ausbildung wird in Deutschland und den anderen deutschsprachigen Ländern heute meistens im Rahmen des Dualen Systems erworben – der praktische und zeitlich überwiegende Teil der Ausbildung findet im Betrieb statt, der theoretische und der allgemeinbildende Teil in einer überbetrieblichen und öffentlich finanzierten Berufsschule. Daneben haben sich aber – namentlich in den nicht-akademischen Gesundheits- und Erziehungsberufen – auch Berufsfachschulen etabliert, in denen die Ausbildung überwiegend schulisch organisiert ist und durch Berufspraktika ergänzt wird. Das oberste Stratum schließlich stellen die akademischen Berufe dar, die an Fachhochschulen und Universitäten vermittelt werden. Hier handelt es sich um überwiegend theoretische Ausbildungen, die sich zudem, vor allem an den Universitäten, durch einen mehr oder weniger hohen Grad von wissenschaftlicher Freiheit auszeichnen: Die Studierenden sollen nicht nur – wie in der Schule – einen theoretischen Kanon erwerben, sondern auch mithilfe der theoretischen Denkwerkzeuge umfassendere und komplexere Fragen und Probleme *selbständig* lösen lernen.

Diese drei Ebenen sind zunächst durch die Dauer von Schulzeit und Berufsausbildung voneinander unterschieden. Die Ausbildungsdauer wird landläufig mit einem 'Mehr an Wissen' assoziiert, entscheidend ist aber ein qualitatives Kriterium, nämlich der unterschiedliche Grad der Theoretisierung von Wissen und Fähigkeiten. Unter Theorie wollen wir hier ganz generell den Gebrauch von Zeichen – also Sprache, Schrift, mathematische Symbole und Bilder – verstehen, die anstelle der praktischen Gegenstände im Geiste hin und her bewegt werden. Nehmen wir als Beispiel den Umgang mit einer Bohrmaschine, den wir im Folgenden auf der Ebene der ungelernten Arbeit, der Facharbeit und der akademischen Arbeit durchspielen wollen:

• **Ungelernte Arbeit:** Bei der fast ausschließlich praktischen Instruktion werden mir einfach die Handgriffe vorgeführt, die ich zukünftig ausführen soll. Ich probiere es dann selbst unter Aufsicht, die Vorarbeiterin korrigiert meine Fehler und von da an bohre ich selbst Tag für Tag, Woche für Woche, Jahr um Jahr die immer gleichen Löcher an die immer gleiche Stelle in die immer gleichen Werkstücke. Im Unterschied zu den eher ganzheitlichen und abwechslungsreichen Jedermannstätigkeiten des Agrarzeitalters sind diese extrem arbeitsteiligen Tätigkeiten in der taylorisierten Industriearbeit ausgesprochen eintönig und mit sehr einseitigen Belastungen verbunden. Kreatives Denken ist hier weder erforderlich noch erwünscht – es würde den von oben, vom Management, durchgeplanten Betriebsablauf nur stören. Frederick Taylor, dessen Namen mit dieser Arbeitsform heute allgemein verbunden wird, hat einmal gesagt, man müsse die Arbeit so aufteilen, dass auch ein intelligenter Gorilla sie ausführen könne (Kieser 2001: 79). Ich muss hier nicht wissen, was eine Bohrmaschine grundsätzlich ist – ich muss nur wissen, wie man *die mir zugewiesene Bohrmaschine* bedient. Ich muss nicht Sinn und Verwendung der Werkstücke kennen, sondern nur wissen, wie man sie unter der Bohrmaschine festspannt usw. Die Instruktion kann daher gänzlich ohne den Gebrauch von Sprache erfolgen und sich auf Gesten, also auf sehr rudimentären Zeichengebrauch reduzieren – Vormachen, Fingerzeige, Kopfschütteln zur Verneinung, Kopfnicken zur Bestätigung. Daher können auf solchen Arbeitsplätzen auch Migranten eingesetzt werden, die der Sprache des Aufnahmelandes noch nicht mächtig sind. Die besondere Qualifikation für diese Art von Arbeit besteht darin, die geisttötende Monotonie geduldig zu ertragen und dabei gleichzeitig wach und aufmerksam genug zu bleiben, um Arbeitsunfälle und Fertigungsfehler zu vermeiden.

• **Gelernte Arbeit:** Wenn ich dagegen einen Metallberuf, sagen wir 'Schlosser', erlerne, wird mir das *Prinzip des Bohrens* sehr viel grundsätzlicher beigebracht. Ich lerne, dass Bohrmaschinen recht unterschiedlich aussehen können, dass es verschiedene Bohrer für verschiedene Materialien gibt. Insoweit hat die Ausbildung hier schon eine Reihe von theoretischen Elementen – ich muss zum Beispiel das Wort 'Bohrmaschine' sinnvoll verwenden können und Materialienklassen wie 'Stahl' (hart + elastisch), "Gusseisen' (hart + spröde), 'Kupfer' (weich + elastisch) und Gussaluminium (weich + spröde) unterscheiden lernen. Die Ausbildung ist daher auf Sprachbeherrschung und sonstigen Zeichengebrauch angewiesen und impliziert damit ein gewisses Abstraktionsvermögen: Ich muss mir bei dem Wort Bohrmaschine etwas mehr und etwas allgemeineres vorstellen können als der ungelernte Arbeiter, der eventuell nur die ihm zugewiesene Bohrmaschine damit assoziiert und über die ihm zugewiesenen Werkstücke nicht nachzudenken braucht. Ich soll nämlich durch meine Lehre in die Lage versetzt werden, in Zukunft *alle möglichen* Löcher in *alle möglichen* metallenen Werkstücke zu bohren und muss daher entscheiden können, um welches Material es sich handelt und welche Bohrtechnik dafür geeignet ist. Ich muss also in einem gewissen Spektrum von vorab unbekannten und ungewissen Situationen selbständig zurecht kommen und als Vorarbeiter Maschinen und Material den ungelernten Arbeitern zuweisen können.

- **Akademische Arbeit:** Wenn ich nun bei derselben Firma als Maschinen-
  bauingenieurin angestellt bin, werde ich analysieren, wie sich die Bohrvor-
  gänge grundsätzlich optimieren lassen, werde also bestimmen, welche Arten
  von Bohrern mit welchen Drehzahlen, welchen Schmierstoffen und welchem Vorschub eingesetzt werden sollen. Vielleicht überlege ich aber auch,
  dass man die Werkstücke lieber miteinander verschweißen sollte, statt sie
  mit Bolzen zu verbinden und schaffe dann den Vorgang des Bohrens ab.
  Oder ich komme zu dem Schluss, dass die Produkte zukünftig besser aus
  Kunststoffen hergestellt werden und damit alle Kenntnisse und Qualifikationen im Bereich der Metallverbindung überhaupt obsolet werden. Hier hat
  mich die im Studium erworbene Abstraktionsfähigkeit in die Lage versetzt,
  immer weiter vom Konkreten zum Allgemeinen fortzuschreiten – von der
  Systematik des Bohrens zur Systematik der Metallverbindung allgemein und
  von dort weiter zur Systematik der Werkstoffverwendung. Praktische Vorgänge wie das Bohren habe ich hingegen nur im Rahmen eines Betriebs-
  praktikums kennengelernt. Ich muss selbst auch gar nicht bohren können
  und habe das Betriebspraktikum nur absolviert, um zu lernen, dass der Vorgang des Bohrens in der Praxis auch noch andere Faktoren beinhaltet, als sie
  in der Theorie meiner Handbücher, Pflichtenhefte und Werkstofftabellen
  verzeichnet sind – zum Beispiel 'handwerkliches Geschick', das sich als 'im-
  plizites Wissen' theoretisch nicht vollständig erfassen lässt (Böhle/Rose
  1992).

Quer zu den durch den Grad der *Theoretisierung* unterschiedenen Ebenen hat
sich durch *Spezialisierung* der eigentliche Tätigkeits- oder Berufszuschnitt her-
ausgebildet. Am Beispiel unserer Firma also auf der Ebene der ungelernten
Tätigkeiten: Einer bohrt das Loch, ein anderer schiebt einen Bolzen durch, ein
dritter verschraubt den Bolzen etc. Bei den gelernten Tätigkeiten gibt es neben
dem Schlosser den Schreiner, den Elektriker und so weiter. Auf der Ebene der
akademischen Berufe gibt es neben dem Maschinenbauingenieur noch eine
Reihe anderer Ingenieure, Betriebswirte und Juristen, die die Geschicke der
Firma lenken. Interessant ist aber, dass der Grad der Spezialisierung der Tätigkeit von unten nach oben abnimmt: Die unterste Ebene ist zwar von der Ausbildung her gar nicht, aber von der Tätigkeit her extrem spezialisiert – gerade weil
es an Ausbildung mangelt, müssen eigentlich komplizierte Tätigkeiten in viele
einzelne Schritte zerlegt werden. Jede Arbeiterin vollzieht im Grenzfall nur
einen einzigen Handgriff, so dass in der Gesamtheit eines Landes sicherlich
hunderttausende verschiedener Tätigkeiten auftreten. Die mittlere Ebene ist
mittelstark spezialisiert – hier, auf dieser Ebene, hat man in besonderen Maße

Übersicht 6.2: Entwicklung des Berufskonzepts in der Industriegesellschaft

Arbeit in der Landwirtschaft und im agrarischen Selbstversorgungshaushalt
* Arbeitsteilung zwischen Mann und Frau; ansonsten noch keine ausgeprägte Spezialisierung.
* Starke körperliche Beanspruchung (Lasttiere, aber noch keine Maschinen).
* Keine schulische Bildung, aber sehr umfassende praktische Fähigkeiten erforderlich.

Ungelernte Industriearbeit
* Teilweise hohe oder extrem hohe Arbeitsteilung (Spezialisierung auf einzelne Handgriffe); sehr stark eingeschränkte Kompetenzen (Taylorismus).
* Einseitige Beanspruchung und hochgradige Monotonie.
* Keine Qualifikationserfordernisse – außer der Fähigkeit, Monotonie zu ertragen und dabei aufmerksam zu bleiben (gefährliche Maschinen).

Handwerkliche, industrielle und kaufmännische Lehrberufe
* Mittlerer Grad der Arbeitsteilung und Spezialisierung, relativ umfangreiche Kompetenzen.
* Relativ enge Kopplung von Lehre und beruflicher Beschäftigung.
* Planung und Ausführung liegen teilweise noch in einer Hand.
* Ausreichende Allgemeinbildung sowie theoretische und praktische Kenntnisse erforderlich (Ausbildung im 'Dualen System').

Akademische Berufe (Professionen)
* Relativ niedriger Grad der Arbeitsteilung, umfassende Kompetenzen.
* Relativ enge Kopplung von Studienfach und beruflicher Tätigkeit (gilt heute so nicht mehr).
* Konzeptionell planende und systematisch kontrollierende Tätigkeiten.
* Hohe Allgemeinbildung und umfassende theoretische Kenntnisse erforderlich.

versucht, den Zuwachs des Wissens und die Konkurrenz zwischen den Arbeitskräften durch Spezialisierung aufzufangen. So gab es in den 1970er-Jahren in der Bundesrepublik über 600 anerkannte Ausbildungsberufe (Baethge 2003: 577). Am wenigsten spezialisiert ist die akademische Ebene. Zwar tendiert die Wissenschaft ebenfalls aufgrund des Wissenszuwachses und des wachsenden Konkurrenzdrucks zu immer weiterer Differenzierung in einzelne Fachgebiete, aber die Zahl universitärer Abschlüsse – außerhalb der selten studierten 'Orchi-

deenfächer' – hält sich mit etwa 60-70 deutlich in Grenzen.[9] Diese nach oben
hin abnehmende Spezialisierung hat mit der höheren Allgemeinbildung und
dem insgesamt umfassenderen Kenntnisstand zu tun, der für Leitungspositionen
erforderlich ist – in diesen Positionen geht es vor allem darum, mit neuen und
unvorhersehbaren Situationen zurecht zu kommen, den allgemeinen Überblick
zu bewahren und die Spezialisten an die Einsatzorte zu dirigieren, wo ihre speziellen Fähigkeiten und Kenntnisse von Nutzen sind (Mayntz 1968). Vgl. oben,
Übersicht 6.2.

6.4 Postindustrieller Wandel des Berufskonzepts

Soweit also zur Systematik der industriegesellschaftlichen Tätigkeiten und Berufe. Worin besteht nun der postindustrielle Wandel? Die Veränderungen der
letzten drei Jahrzehnte und die gegenwärtigen Trends lassen sich in sechs Punkten zusammenfassen:

• **Sättigung des Massenkonsums:** Der enorme wirtschaftliche Aufschwung
   nach dem Zweiten Weltkrieg war vor allem der Ausweitung des Massenkonsums geschuldet. Breite Kreise der Bevölkerung wurden mit industriell hergestellten und relativ standardisierten Produkten ausgestattet. Paradigmati-
   sches Beispiel ist in Deutschland der Volkswagen, in den USA der Ford
   Modell T. Nachdem aber fast alle Haushalte ein Auto, einen Kühlschrank,
   einen Fernseher und dergleichen besitzen, entwickelt sich der Konsum in
   zwei Richtungen, zum einen in eine steigende Nachfrage nach Dienstleistungen (Fourastié 1954), zum anderen in eine enorme Differenzierung und
   schnelle Änderung industriell hergestellter Luxusprodukte (Harvey 1990).

• **Roboterisierung und Computerisierung:** Immer mehr einfache, gut standardisierbare körperliche und geistige Tätigkeiten werden von Maschinen
   übernommen. Zum Beispiel werden Autoteile von Robotern zusammengeschweißt, Banknoten von Geldautomaten ausgezahlt, Fahrkarten kann man
   per Internet bestellen und sich gleich selbst ausdrucken. Wie an diesen Bei-
   spielen erkennbar wird, sind also nicht nur Industrieprodukte, sondern – entgegen den ursprünglichen Erwartungen (Fourastié) – auch Dienstleistungen
   von diesem Vorgang betroffen. Mithilfe von computergestützten 'Experten-

---

9   Die Angaben beziehen sich auf die beiden Münchner Universitäten, also inklusive der Techni-
    schen Universität. Zahlen sind aber schwer abzuschätzen, weil erstens natürlich die Abgren-
    zung zu den 'Orchideenfächern' etwas schwierig ist und zweitens neuerdings die Modularisie-
    rung die Grenzen zwischen den Studiengängen unscharf macht.

systemen' – zum Beispiel Diagnosecomputer für Ärzte oder anstelle von Ärzten – versucht man auch akademische Dienstleistungen zu unterstützen und eventuell zu ersetzen.

• **Mediatisierung:** Durch Einführung von Massenmedien sowie Ton- und Bildkonserven werden künstlerische Dienstleistungen schon seit einiger Zeit sehr weitgehend rationalisiert (Scharpf 1986). Früher wurde ein Konzert zu einem bestimmten Zeitpunkt an einem bestimmten Ort aufgeführt, heute kann man es überall hin übertragen und auf Tonträger aufnehmen, um es danach zu jedem beliebigen Zeitpunkt nochmal abzuspielen. Entsprechende Versuche mit Fernunterricht, Lehrfilmen und Lernsoftware – die geeignet sein könnten, die Dienstleistungen von Lehrern überflüssig zu machen – waren dagegen nur in Maßen erfolgreich.

• **Transnationalisierung der Unternehmen:** Diese oft unter dem Schlagwort 'Globalisierung' angesprochene Entwicklung bedeutet zum einen, dass die einzelnen Arbeitsschritte einer Produktion auf die Länder mit den günstigsten 'Standortfaktoren' – wie Lohnstückkosten, Infrastruktur, Unternehmensbesteuerung, Zoll- und Bilanzierungsvorschriften, Marktzugang etc. – aufgeteilt werden. Zum Zweiten versucht man, die eigenen Produkte in möglichst vielen Ländern abzusetzen. Zur Erschließung der ausländischen Märkte werden dort vielfach Niederlassungen gegründet, die Produkte an den lokalen Geschmack angepasst und teilweise auch Produktionsschritte dorthin verlagert.

• **Flexibilisierung der Unternehmensorganisation:** Nach dem Zweiten Weltkrieg waren Unternehmen sehr bürokratisch und schwerfällig organisiert – aufgrund der nationalstaatlichen Steuerung der Wirtschaft und der stetigen Nachfrage nach standardisierten Massenprodukten war die Entwicklung der Märkte absehbar. Mit der Globalisierung, der Marktsättigung und der zunehmenden Umstellung auf Luxusprodukte müssen sich die Unternehmen hingegen auf stark schwankende Bedingungen und teilweise verschärfte Konkurrenz einstellen.

• **Innere und äußere Tertiarisierung:** Aufgrund der fortgesetzten Rationalisierung der Industrieproduktion und der tendenziell stagnierenden Nachfrage nach Industrieprodukten war es möglich, zunehmend Dienstleistungen zu produzieren, die sich – zunächst jedenfalls – nicht so schnell rationalisieren lassen. Auf diese Weise wurde zum Beispiel in den 1960er- und 70er-Jahren die Bildungsexpansion, das heißt die Einstellung von vielen neuen Lehrern, möglich. Hier handelt es sich um eine äußere Tertiarisierung, indem nämlich Arbeitsplätze in Industrieunternehmen (sekundärer Sektor) abgebaut wurden und in Dienstleistungsunternehmen, wie eben zum Beispiel Schulen (tertiärer Sektor), neu entstanden sind (vgl. Kap. 2.5). Unter innerer Tertiarisierung versteht man hingegen, dass in den Industriebetrieben selbst der Anteil der Dienstleistungstätigkeiten erhöht, der Anteil der Fertigungstätigkeiten dagegen gesenkt wird. So bleiben bei einem transnationalen Unternehmen typischerweise Forschung und Entwicklung, Leitung sowie Marketing und Verkauf in den postindustriellen Ländern, während die eigentliche Produktion in Niedriglohnländern abgewickelt oder automatisiert wird (Deutschmann 2002).

Wie wirkt sich nun dieser postindustrielle Wandel auf Konzept und Zuschnitt der Berufe aus? Hier ist es sinnvoll, die Entwicklung zunächst für die drei oben skizzierten Ebenen der unglernten, der gelernten und der akademischen Arbeit wiederum getrennt zu betrachten:

• **Ungelernte Arbeit:** Taylorisierte Tätigkeiten im Industriebetrieb werden, wie mehrfach schon erwähnt, zunehmend durch Maschinen ersetzt oder in Niedriglohnländer verlagert. Sie fallen nur noch dort an, wo sich aufgrund kleiner, beziehungsweise noch kaum absehbarer Stückzahlen die Automatisierung oder Verlagerung noch nicht lohnt. Allerdings gibt es im Dienstleistungsbereich nach wie vor viele Tätigkeiten, die keine besonderen beruflichen Qualifikationen erfordern – zum Beispiel in den Bereichen Verkauf, Reinigung, Transport, Bewachung und Bedienung. Sie werden jedoch – anders als Tätigkeiten in großen Industrieunternehmen – meistens ausgesprochen schlecht bezahlt.[10] Dies ist einer der Gründe, warum ungelernte Industriearbeiter, die arbeitslos werden, kaum bereit sind, ungelernte Dienstleistungsarbeiten anzunehmen. Nur Personen, für die diese Tätigkeiten einen *Zusatz*erwerb erbringen (Schüler, Hausfrauen, Rentner), oder Pendelmigranten, die aufgrund des Kaufkraftgefälles in ihrem Herkunftsland niedrigere Lebenshaltungskosten haben, sind willens und in der Lage, diese Tätigkeiten zu übernehmen. Die Qualifikationserfordernisse für ungelernte Dienstleistungsarbeiten bestehen vor allem in kommunikativer Kompetenz, Vertrauenswürdigkeit und einer gewissen allgemeinen Umsichtigkeit – sind also insofern nicht so weit von ganzheitlichen Jederfrauähigkeiten entfremdet wie bei der taylorisierten Industriearbeit. Allerdings setzen sie vielfach auch Fä-

---

10 Anders als Industriearbeit ist Dienstleistungsarbeit aufgrund oft fehlender Rationalisierungsmöglichkeiten nicht mit hohen Produktivitätssteigerungen verbunden – Lohnerhöhungen sind also für die Unternehmen schwer zu finanzieren (Baumol 1967, 1993). Zudem mangelt es der ungelernten Dienstleistungsarbeit recht weitgehend an gewerkschaftlicher Organisierung.

higkeiten im Lesen, Schreiben und Rechnen voraus, die bei hochgradig tay-
lorisierter Industriearbeit nicht erforderlich sind.

• **Gelernte Arbeit:** Über die Vorzüge und Probleme des spezifisch deutschen
Berufskonzepts und des Dualen Ausbildungssystems gibt es eine sehr umfangreiche Debatte, die wir hier nur in gröberen und allgemeineren Konturen nachzeichnen wollen (vgl. Baethge 2003; Boulder et al. 2001). Mit dem
tendenziellen Ende der taylorisierten Massenproduktion und des bürokratischen Betriebskonzepts mit seinen festgefügten Hierarchien und funktionalen Unterteilungen ist es zu einer Krise der Spezialisierung gekommen. Spezialisierung – wir haben es oben schon angedeutet – macht ja nur Sinn,
wenn absehbar immer ähnliche Aufgaben abgearbeitet werden müssen, und
zwar in so großer Zahl, dass man mindestens eine Arbeitsstelle mit einer
Klasse von ähnlichen Aufgaben vollständig beschäftigen kann. Das Problem
der *beruflichen* Spezialisierung – im Unterschied zur bloß betrieblichen
Spezialisierung im Sinne des *Training on the job* – besteht nun außerdem
darin, dass hier ausgesprochen längerfristige Festlegungen stattfinden, weil
Arbeitskräfte von ihrer Ausbildung bis zu ihrem regulären Ausscheiden 40
bis 50 Jahre beschäftigt sind. Ein weiterer Punkt ist die zunehmende Automatisierung und Computerisierung, die von den Arbeitskräften ein höheres
Abstraktionsvermögen verlangt. Der gelernte Schlosser in unserem oben genannten Beispiel wird heute nicht mehr selber bohren, er wird auch keine
andere Person dazu anleiten, sondern eine Werkzeugmaschine am Bild-
schirm so programmieren, dass sie die Aufgabe übernimmt (nachdem sie
vorher noch ganz viele andere Dinge getan hat). Er muss außerdem in einem
Projektteam zur 'ständigen Verbesserung' mitarbeiten, in dem auch Akademiker und Beschäftigte aus anderen Abteilungen beteiligt sind – er muss also über Standes- und Berufsgrenzen hinweg selbständig kooperieren. Und er
ist teilweise direkt in die Kundenbetreuung involviert, weil die Firma eben
nicht mehr Massenware, sondern genau dem Kundenbedarf angepasste 'Ge-
samtlösungspakete' anbietet, Dienstleistung also direkt mit Fertigung kombiniert wird. Die Bankkauffrau – um ein Beispiel aus einem traditionellen
Dienstleistungsbereich zu nehmen – wird dem Kunden nicht mehr das Spar-
buch ausfüllen, sondern ihn nur noch bei wirklich komplizierten Transaktio-
nen beraten.

Das hat eine Reihe eng ineinander verzahnte Konsequenzen: Offensichtlich
ist zunächst eine deutliche Entspezialisierung des Berufszuschnitts, um die
Flexibilität und Weite des möglichen Einsatzfeldes zu erhöhen. Die Zahl der
in der Bundesrepublik anerkannten Ausbildungsberufe ist von 608 im Jahr

1971 auf 276 im Jahr 1992 gesunken und in der Tendenz weiter fallend –
trotz der Kreation neuer Berufe, wie zum Beispiel "Informationstechnik-
Systemkauffrau". Für viele und gerade die 'zukunftsträchtigeren' Lehrberufe
wird eine immer höhere Allgemeinbildung zur Voraussetzung – zum Beispiel für die Banklehre vielfach das Abitur. Die Berufsausbildung wird immer anspruchsvoller und findet auf einem immer höheren theoretischen Ni-
veau statt – das hat seinerseits wiederum zur Folge, dass sich nur noch wenige Betriebe entsprechend qualifizierte Ausbilder und entsprechend auf-
wändige Lehrwerkstätten leisten wollen, zumal die Lehrlinge in den entsprechenden Branchen auch kaum mehr als 'billige Arbeitskräfte' einzusetzen
sind. Über Bedarf ausgebildet wird dagegen vielfach in traditionellen Hand-
werksberufen, mit der Folge, dass in der Summe zu wenige und wenn, dann
vor allem Lehrstellen mit eher geringen Zukunftschancen angeboten werden.
Die früher relativ enge Kopplung von Ausbildung und Beschäftigung ist
tendenziell in Auflösung begriffen: Die einen bilden (mit niedrigen Ansprüchen) aus, ohne die Ausgebildeten beschäftigen zu können. Den anderen –
die höhere Ansprüche haben – ist die Ausbildung zu teuer. Weil es daher bei
einigen gelernten Berufen einen Fachkräftemangel gibt, weil Akademiker
ohnehin eine höhere Allgemeinbildung, mehr Schlüsselkompetenzen und
bessere Voraussetzungen für das lebenslange Lernen zu haben scheinen, und
weil sie derzeit zu relativ niedrigen Einstiegsgehältern angeworben werden
können, greifen viele Industriebetriebe und Dienstleistungsunternehmen
gleich auf (Fach)HochschulabsolventInnen zurück.

• **Akademische Arbeit:** Angesichts der steigenden Nachfrage nach akademisch gebildeten Arbeitskräften könnte man annehmen, dass deren Berufs-
konzept nicht vom postindustriellen Wandel betroffen ist.[11] Tatsächlich sind
aber auch hier Tendenzen der Entberuflichung festzustellen, in dem Sinne,
dass eine lebenslange Bindung an einen relativ klar umgrenzten Bereich von
Kenntnissen und Fähigkeiten erodiert.

Früher galt im hohen Maße die Vorstellung von einer Kopplung zwischen
Studium und Profession – zum Beispiel bei Ärzten, Apothekern, Architekten, Juristen, Ingenieuren und Lehrern. Heute gibt es sehr viele AbsolventInnen in den Geistes-, Sozial- und Naturwissenschaften, bei denen es im
Allgemeinen kein festgelegtes und eng umgrenztes Berufsbild gibt. Was ist

---

11 Dabei ist zu berücksichtigen, dass natürlich nicht nur die Nachfrage, sondern dank der Bildungsexpansion auch das Arbeitskräfteangebot deutlich gestiegen ist. Nach wie vor haben vor
allem Berufseinsteiger durchaus Schwierigkeiten eine adäquate Position zu finden. Die Aka-
demikerarbeitslosigkeit ist seit ihrem Nachkriegs-Höhepunkt im Jahr 1988 von 5 Prozent auf
3,5 Prozent im Jahr 1998 gefallen (Reinberg/Hummel 2001: 3).

der *Beruf* einer Philosophin, eines Soziologen, einer Biologin – diese Frage ist offenbar nur schwer und ganz ungefähr zu beantworten. Aber auch die im Einzugsbereich von Professionen ausgebildeten Akademiker finden ihre Beschäftigung nicht mehr unbedingt in den angestammten Berufsfeldern. Was macht ein Lehrer, wenn er in der staatlichen Schule keine Anstellung findet? Er wird in der Fort- und Weiterbildung, im Medienbereich, in der Tourismus-, Sport- und Reha-Branche, und generell in der EDV, im Personalwesen, Vertrieb, Marketing und der Kundenberatung von Industriebetrieben tätig (IAB 1998: 71ff.). So erklärt es sich auch, dass sich der Einstieg in das Berufsleben für viele Universitätsabsolventen durchaus schwierig gestaltet und dass – abhängig natürlich von der jeweiligen Arbeitsmarktsituation – gerade in den ersten Jahren befristete und unsichere Beschäftigungsverhältnisse fast die Regel geworden sind (Willke 1999; IAB 1998; Mayer 2003). Zudem ist festzustellen, dass die einmal erworbenen Kenntnisse kaum für das ganze Berufsleben ausreichen. Besonders drastisch wird das zum Beispiel an der Tatsache erkennbar, dass es Ende der 1990er-Jahre in Deutschland einen Mangel an HochschulabsolventInnen der Informatik gab und gleichzeitig nicht wenige Informatiker arbeitslos waren. Der Großteil der arbeitslosen Akademiker (wie der Arbeitslosen überhaupt) ist in der Gruppe der über 50-Jährigen anzutreffen (Mayer 2003). Dafür gibt es offenbar nicht nur gesundheitliche Gründe – auch im Bereich der akademischen Tätigkeiten ist die Notwendigkeit lebenslanger Weiterbildung von Arbeitgebern und Arbeitnehmern noch wenig begriffen.

Bemerkbar macht sich zudem der Einfluss von computerbasierten Expertensystemen und automatisierten Untersuchungsmethoden. Nehmen wir als Beispiel die Humangenetik: Untersuchungen, die früher noch von FachärztInnen oder Biologen vorgenommen wurden, können heute an Automaten und an Hilfspersonal delegiert werden. Was über die Befunde mit Gewissheit zu sagen ist, können die heute dank der Bildungsexpansion zunehmend gebildeten KlientInnen im Lexikon oder im Internet auch selber nachlesen. Oder ein Diagnosecomputer könnte ihnen den Befund ausstellen. Wozu braucht man dann noch HumangenetikerInnen? Früher haben Wissenschaftler und Ärzte auf ihr sicheres Wissen gepocht – das ist mittlerweile mit viel größerer Präzision und Detailliertheit im Computer gespeichert. Interessant ist, dass Humangenetiker heute eher die Unsicherheit und Widersprüchlichkeit der Diagnosen herausstellen und damit auf notwendigen Beratungsbedarf hinweisen – der nur von Humangenetikern adäquat zu gewährleisten ist (May/Holzinger 2003).

Außerdem macht sich auch in der akademischen Arbeit vielfach die Auflösung von bürokratischen Abteilungsstrukturen und festen Zuständigkeiten
bemerkbar – sie werden durch flexible Projektteams ersetzt, in denen man in
wechselnder Zusammensetzung über Fach- und Standesgrenzen hinweg zusammenarbeiten muss, wobei zudem häufig die angestammten Hierarchien
und Sozialstrukturen aufgelöst werden.

Insofern werden auch in der akademischen Arbeit soziale Schlüsselqualifikationen, Dienstleistungsorientierung, transdisziplinäre Kooperation,
Wissensmanagement und lebenslanges Lernen immer wichtiger.

Zusammenfassend lässt sich also feststellen, dass die Anforderungen an die
theoretische Allgemeinbildung immer weiter steigen und dass das Berufskon-
zept im Zuge des postindustriellen Wandels entspezialisiert und flexibilisiert
wird. Damit sind erkennbar eine Reihe von Zumutungen, Belastungen und
Verwerfungen verbunden. Zum Teil führt der Trend zur allgemeinen Höherbil-
dung und der Zwang zum 'lebenslänglichen Lernen' (sic!) dazu, dass diejenigen,
die sich aus irgendwelchen Gründen als lernresistent erweisen, abgehängt und
arbeitslos werden (vgl. Kap. 4 und Kap. 5). Das ist nicht so sehr ein materielles
Problem – die materiellen Folgen der Arbeitslosigkeit lassen sich mildern, wenn
man das politisch will. Das tiefer liegende Problem ist der quasi-religiöse Wert,
den Arbeit und Beruf in unserer Gesellschaft besitzen – wer arbeitslos ist, verliert seine soziale Position. Auf die Frage "Was machst Du?" kann er nichts
antworten und wird dadurch gleichsam gesichtslos.[12] Aber auch für diejenigen,
die Arbeit haben, stellt sich das Problem, dass sie nicht mehr diese feste Leitschnur durchs Leben haben, die der Beruf in der Industriegesellschaft dargestellt hat (Sennett 2000). Andererseits scheinen damit die Zeiten vorüber zu
gehen, in denen der Beruf ziemlich monoton war und zu starker physischer und
kognitiver Vereinseitigung führte.

Das soll nicht heißen, dass sich Berufe deshalb vollständig auflösen, etwa in
dem Sinne, dass wir in Zukunft alle das Fach 'Schlüsselqualifikationen' studieren oder lehren. Tatsächlich wird es wohl immer gewisse Unterschiede in den

---

12 Viele Arbeitslose ziehen sich auch tatsächlich von ihren Freunden und Bekannten und in ihre
vier Wände zurück und geraten in sich selbstverstärkende depressive Stimmungen. Jugendliche Arbeitslose wehren sich im Allgemeinen stärker gegen die gesellschaftliche Bedeutungs-
losigkeit und bauen dann Subkulturen auf, die ihnen auch ohne Arbeit Würde und Wert zuweisen – zum Beispiel über Kriminalität, politischen Radikalismus, sektenförmige Religiösität,
Drogenexperimente und andere extravagante Abenteuer. Beide Reaktionsweisen sind nicht
unbedingt geeignet, die psychischen und sozialen Kompetenzen aufrecht zu erhalten, die für
die Arbeitssuche und die Arbeitsaufnahme erforderlich sind.

Grundqualifikationen geben, zudem lernt man Schlüsselqualifikationen meistens nicht als solche, sondern eher beiläufig, indem man sich einer Berufsausbildung unterzieht. Man lernt zum Beispiel im Fach Soziologie anhand universitärer 'Hausarbeiten', wissenschaftliche Berichte zu schreiben. Aber man muss die Berichte ja schließlich über Etwas, am besten über etwas interessantes schreiben – also schreibt man sie über eine soziologische Fragestellung, wohl wissend, dass in späteren Beschäftigungen ganz andere Fragestellungen auftauchen können. Insofern wird der Beruf nach wie vor eine Leitschnur sein – eben mit der Elastizität eines Gummibands. Und man wird eventuell, wie allerdings auch schon in der Vergangenheit, gelegentlich die Schnur und die Seilschaft wechseln müssen. Vgl. Übersicht 6.3.

Übersicht 6.3: Postindustrieller Wandel des Berufskonzepts

Konsequenzen für die ungelernte Arbeit
• Umfang der Tätigkeiten verringert sich vor allem im Bereich industrieller Fertigung.
• Ungelernte Tätigkeiten im Dienstleistungsbereich sind ziemlich schlecht bezahlt.
• Qualifikationserfordernisse: Kommunikative Kompetenzen, Vertrauenswürdigkeit, Umsicht, etwas Allgemeinbildung.
Konsequenzen für die gelernte Arbeit
• Spezialisierungsgrad in der Tendenz fallend; breiterer und flexiblerer Kompetenzzuschnitt der Berufe.
• Enge Kopplung zwischen Lehre und beruflicher Beschäftigung löst sich tendenziell auf.
• Stärker planende Tätigkeiten (Ausführung durch Maschinen).
• Mehr Theorie in der Ausbildung. Höhere Anforderungen an die Allgemeinbildung. Forderung nach lebenslanger Weiterbildung.
• Zusammenarbeit über Berufs- und Standesgrenzen hinweg. Mehr Dienstleistungsanteile. Erweiterte Sozialkompetenzen erforderlich.
Konsequenzen für die akademische Arbeit
• Vermehrt Abschlüsse in Studienfächern, die keinen unmittelbaren Bezug zu einer akademischen Profession haben.
• Wissensmangement: Nicht die Menge des Wissens ist entscheidend, sondern die Fähigkeit, Wissen schnell zu besorgen, es kontextadäquat zu interpretieren und mit verbleibender Ungewissheit umgehen zu können.
• Forderung nach lebenslanger Weiterbildung.
• Schlüsselqualifikationen rücken stärker in den Vordergrund.

6.5 Maschinenführer und TänzerInnen – postindustrieller Wandel der Berufsinhalte

Bisher haben wird davon gesprochen, wie sich die Berufs*form* verändert, aber was sind nun die neuen, die veränderten Berufs*inhalte?* Auf einer sehr einfachen, schematischen Ebene kann man zunächst sagen, dass sich im Lauf der Zeit der Tätigkeitsgegenstand deutlich verschiebt (vgl. Bell 1985):

Agrargesellschaft	–	Umgang mit der Natur (Boden, Pflanzen, Tiere, Wetter)
Industriegesellschaft	–	Umgang mit Technik und technisch bearbeiteten Vorprodukten
Wissensgesellschaft	–	Geistiger Umgang mit Maschinen und kommunikativer Umgang mit Menschen

Die Menschen arbeiten also nicht mehr *wie* Maschinen – das war das Arbeitsideal des Industriezeitalters. Aber sie arbeiten – anders als in der Literatur zur postindustriellen Wissensgesellschaft manchmal behauptet (Bell 1985) – nicht nur mit Menschen, sondern durchaus auch noch *mit* Maschinen, allerdings eben mit weitgehend automatisierten Maschinen, die die repetitiven und standardisierbaren Tätigkeitsanteile ziemlich weitgehend übernehmen und kaum noch körperlichen Einsatz erfordern. Die Erfindung, Planung, Koordination und Kontrolle des Technikeinsatzes bleibt aber weiterhin in Menschenhand, soweit haben sich die Maschinen noch nicht verselbständigt und werden es wohl auch nicht tun. Da aber nun in der Produktion nicht mehr so viele Arbeitskräfte erforderlich sind, kann sich der Schwerpunkt der Tätigkeiten tatsächlich auf den Umgang mit Menschen verschieben. Das bedeutet also nicht, dass Industriebetriebe überflüssig werden: Mengenmäßig betrachtet stellen sie nach wie vor und sogar mehr denn je einen riesigen Berg an Gütern her. Sie beschäftigen auch nach wie vor eine ganze Menge von Arbeitskräften, allerdings nicht mehr in der Produktion selbst, sondern in den früher eher als peripher angesehenen Abteilungen: In der Forschung und Entwicklung, bei der Planung und Kontrolle sowie im Marketing und der Kundenbetreuung. Eine auf Tätigkeitsmerkmale abzielende Prognose – vgl. Abbildung 6.5 – kommt zu dem Ergebnis, dass bis im Jahr 2010 die direkt herstellenden Tätigkeiten auf weniger als 13 % zurückgehen und sich die noch verbleibenden Arbeitsaufgaben in der Industrie vor allem auf das Einrichten und Reparieren von Maschinen verlagern werden. Allerdings sind auch diese Tätigkeiten absehbar rückläufig, so dass Industrietätigkeiten insgesamt auf 24% sinken werden. Der Anteil der primären, nicht-akademischen Dienstleistungen steigt insgesamt kaum an, stellt allerdings mit insgesamt knapp 45% weiterhin den größten Teil der Tätigkeiten dar. Eine deutliche Ausweitung gibt es bei den sekundären, das heißt akademischen Dienstleistungen – insbesondere der Unterbereich Betreuen, Beraten, Lehren, Publizieren scheint hier dynamisch zuzulegen.

Abbildung 6.5: Erwerbstätige nach Tätigkeitsfeldern 1991 bis 2010 in Deutschland (in Prozent) - nach Reinberg/Hummel 2001: 9.

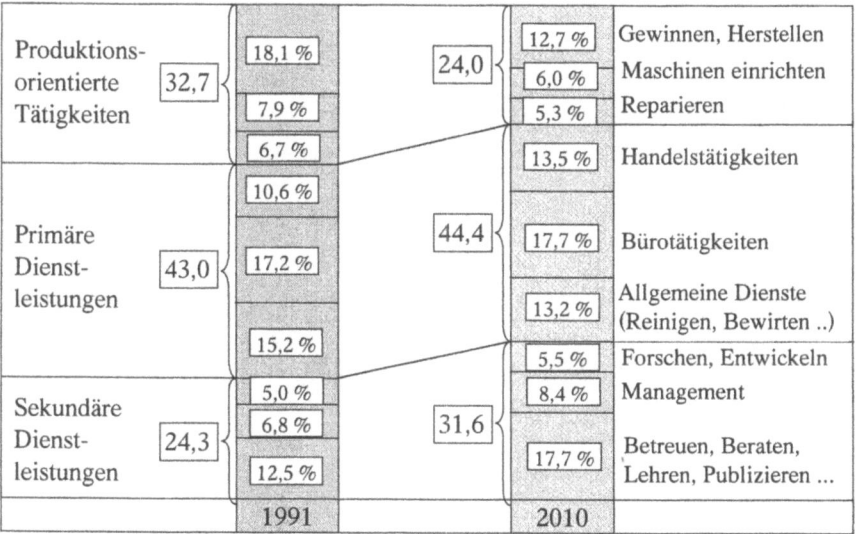

Eine Aufschlüsselung nach Branchen ergibt ein in der Tendenz ähnliches Bild (vgl. unten, Abbildung 6.6): Sehr stark rückläufig ist die Beschäftigung in der Rohstoffgewinnung, also in Landwirtschaft, Forsten, Fischerei und Bergbau. Ebenfalls deutlich rückläufig ist die Beschäftigung bei den verarbeitenden Gewerben (also der Industrie im engeren Sinne), wobei hier aufgrund des 1970 noch hohen Anfangsniveaus die Arbeitsplatzverluste besonders deutlich ausfallen. Unklar ist jedoch, inwieweit es sich hier um tatsächliche Rückgänge oder aber um Verlagerungen handelt, nämlich auf die stark wachsende Branche "Dienstleister für Unternehmen" – viele Arbeiten, wie etwa Gebäudereinigung, Wachschutz, Buchhaltung etc., die Industrieunternehmen früher noch durch eigene Angestellte ausgeführt haben, wurden in den letzten Jahrzehnten 'outgesourct', also auf Betriebe verlagert, die in der Branchenstatistik in einer anderen Rubrik erscheinen. Die Beschäftigung in dieser Rubrik hat besonders schnell zugenommen. Deutliche Beschäftigungszuwächse sind außerdem im Gesundheits- und Sozialwesen, bei Unterricht und Erziehung, bei Kultur, Sport und Interessensverbänden zu verzeichnen.

Abbildung 6.6: Veränderung der Beschäftigung in den verschiedenen Sektoren und Branchen in Deutschland (bis 1990 Westdeutschland)

	1970	1980	1990	2000
Land-und Forstwirtschaft	8,7	5,3	3,6	2,5
Industrie insgesamt	46,4	41,1	36,7	29,1
Bergbau, Steine und Erden	1,2	0,9	0,7	0,3
verarbeitendes Gewerbe	35,7	31,3	28,4	20,9
Energie- und Wasserversorgung	0,9	1,0	1,0	0,8
Baugewerbe	8,6	8,0	6,7	7,1
Dienstleistungen insgesamt	44,9	53,6	59,7	68,4
Kfz (Handel + Wartung)	2,1	2,1	2,1	2,3
Großhandel	5,0	4,9	4,7	4,4
Einzelhandel	7,1	7,8	8,3	8,9
Gastgewerbe	2,4	2,7	3,5	4,4
Verkehr + Kommunikation	5,5	6,0	6,0	5,4
Banken + Versicherungen	2,6	3,2	3,5	3,3
Dienste für Unternehmen u.a.	3,5	4,7	6,6	11,4
Verwaltung + Verteidigung	7,1	8,5	8,3	7,1
Erziehung + Unterricht	2,8	3,9	4,1	5,1
Gesundheits- und Sozialwesen	3,7	5,7	7,3	9,7
Kultur, Sport, Verbände	2,6	3,4	4,2	5,0
häusliche Dienste	0,6	0,7	1,1	1,3
alle Wirtschaftsbereiche	100 %	100 %	100 %	100 %

Quelle: Stat. Bundesamt, Zeitreihen 7729, 7862; eigene Berechnungen

Wenn man hier nun abschließend fragt, welche Berufsqualifikationen und welches Berufsethos zukünftig 'gefragt' sein werden, so lässt sich keine ganz einheitliche und eindeutige Richtung angeben. Es wird also – in Zukunft eventuell noch mehr als heute – darauf ankommen, verschiedene Begabungen zu entfalten und zu kultivieren:

- Tendenzen zur Wissens- und Informationsgesellschaft: Mathematisch-technische Qualifikationen, um Maschinen zu entwickeln, zu kontrollieren und zu reparieren.
- Tendenzen zur globalen Marktgesellschaft: Strategische kaufmännische und juristische Qualifikationen. Erschließung globaler Allianzen und Märkte.
- Tendenzen zur Betreuungs- und Therapiegesellschaft: Kinder- und Altenpflege, Gesundheitswesen, Sozialpädagogik, Psychologische Beratung.
- Tendenzen zur Dienstbotengesellschaft (USA): Bereitstellung niedrigqualifizierter Haushaltsdienste.
- Tendenzen zur Bildungsgesellschaft: Bildungsexpansion in Schule, Fort- und Weiterbildung, Erwachsenenbildung, Bereitstellung entsprechender Medien.
- Tendenzen zur Erlebnisgesellschaft: Unterhaltungsindustrie, Marketing, Tourismus.

Es sind also auch in einer *post*industriellen Wissensgesellschaft nach wie vor kognitiv-instrumentelle Qualifikationen erforderlich, und unter den gegenwärtigen Marktbedingungen erzielen diese Berufe sehr hohe Einkommen. Daneben spielen aber emotional-moralische, und expressiv-ästhetische Qualifikationen eine zunehmend wichtiger werdende Rolle.

6.6 Von Hierarchien zu Märkten und Netzwerken – Postindustrieller Wandel der Arbeitsorganisation

Hierarchien sind sehr gut geeignet, um Routineaufgaben präzise und gleichmäßig zu erledigen. Sie eignen sich als Organisationstyp besonders für die industrielle Massenproduktion und für nationalstaatliche Bürokratien, wenn es darum geht, einheitliche Standards landesweit durchzusetzen (vgl. Kap. 7). Sie sind daher auch häufig mit Maschinen verglichen worden, weil sie gleich einem Räderwerk Aufgaben maschinenförmig erledigen. Der Einzelne, zumindest in den niedrigeren Rängen der Hierarchie, ist dann 'ein kleines Rädchen im Getriebe', das seine Aufgaben gehorsam und zuverlässig erfüllen muss. Diese Aufgaben verschwinden zwar in der Wissensgesellschaft nicht, sie werden nun aber tatsächlich immer häufiger von Maschinen erledigt und binden insofern immer weniger Arbeitskräfte. Übrig bleiben die Arbeitsaufgaben, die sich nicht standardisieren lassen – für deren Erledigung Eigeninitiative, Flexibilität, Umsicht und Einfühlungsvermögen erforderlich sind. Eigeninitiative, Flexibilität, Um-

sicht und Einfühlungsvermögen lassen sich aber nicht anordnen – deswegen
zeigen Hierarchien bei der Koordination und Kontrolle solcher Aufgaben deutliche Schwächen.

An die Stelle von hierarchischer Koordination und Kontrolle treten daher
häufig Märkte und Netzwerke – der Einzelne wird dadurch in gewisser Weise
zum 'Arbeitskraftunternehmer', der seine Arbeitsumgebung selbständig gestaltet
und aus eigener Initiative tätig wird (Pongratz/Voß 2003; Sennett 2000; Brown/
Lauders 1998; Hage/Powers 1992). Diese 'Arbeitskraftunternehmer' sind natürlich nicht alle im formalen oder substantiellen Sinn 'Selbständige', sondern arbeiten vielfach weiterhin in großen Unternehmen oder eben für große Unternehmen, die ihre Hauptkunden sind. Aber hierarchische Mechanismen treten
eben stärker in den Hintergrund und werden von den neuen Steuerungsmecha-
nismen überlagt, die sich vielfach noch im Experimentalstadium befinden. Auf
diese Weise werden die Grenzen der Betriebe zunehmend durchlässig – es ist
nie genau zu sagen, was jetzt noch von der herkömmlichen Hierarchie bestimmt
wird, oder wo und wann die inner- und zwischenbetrieblichen Netzwerke regie-
ren, und wann und wie schließlich inner- und zwischenbetriebliche Märkte
wirksam werden.

Während in einer Hierarchie vor allem die buchstabengetreue Aufgabener-
füllung und ein gutes Verhältnis zu den Vorgesetzten und unmittelbaren Abtei-
lungskollegen entscheidend sind, werden nun neue soziale Qualifikationen
erforderlich – eben zum Beispiel das Knüpfen von Kontakten und Vertrauens-
beziehungen über Abteilungsgrenzen hinweg (Netzwerke), sowie die Fähigkeit,
sich selbst und die eigenen Arbeitsergebnisse und Produkte auch in flüchtigen
Kontakten gut präsentieren zu können (Märkte).

6.7 Konsequenzen für die Schule

Abschließend wollen wir nun fragen, was diese Veränderungen in der Berufswelt für die Schule insgesamt bedeuten. Dabei müssen wir uns natürlich von der
oftmals gepflegten Vorstellung lösen, dass die Schule die genauen inhaltlichen
Anforderungen der späteren Beschäftigungen vermitteln könnte und sollte. Das
kann sie nicht und das ist auch nicht ihre Aufgabe – natürlich umso weniger,
wie sie als Grund- und Vorschule zeitlich und entwicklungspsychologisch ohnehin noch sehr weit weg ist von der späteren Berufspraxis der Schüler. Insofern ist die Vorbereitung immer indirekt – aber das macht sie deswegen keineswegs unwichtig.

Die Qualifikationen, die im oben geschilderten postindustriellen Wandel der Arbeitswelt erforderlich werden, lassen sich wie folgt zusammenfassen:

- **Höhere Bildung und lebenslanges Lernen:** Es ist eine anthropologische Tatsache, dass Menschen nur eine beschränkte Intelligenz und Merkfähigkeit besitzen – das war zu allen Zeiten so und wird sich absehbar auch nicht ändern. Trotz dieser individuellen Beschränkungen ist ein kollektiver Zuwachs des Wissens und der Erfahrung möglich. In der Industriegesellschaft wurde er im Wege einfacher Spezialisierung bewältigt: Der eine weiß und kann dies, der andere das. Diese Vorgehensweise stößt aber zunehmend auf Grenzen – einerseits, weil ein solches System schon von selbst mit fortlaufender Differenzierung immer rigider wird und zum anderen, weil durch die Sättigung des Massenkonsums und die Globalisierung neue Flexibilitätserfordernisse auftauchen. Wissenszuwachs plus Flexibilisierung erfordern dann eine neue Spezialisierungsform, die auf einer höheren Grundbildung und lebenslangem Lernen beruht. Flexible Spezialisierung bedeutet entsprechend, dass die Grundbildung vor dem Berufseintritt vor allem Schlüsselqualifikationen wie zum Beispiel Neugier und Lernfreude sowie einen allgemeinen Überblick über ein relativ breites Wissensgebiet zu vermitteln hat, während das erforderliche Detailwissen immer erneut im Laufe des Berufslebens erworben wird.

- **Neue kognitive und emotionale Fähigkeiten:** Das Ideal der Industriegesellschaft bestand darin, Eindeutigkeit, Planbarkeit und Berechenbarkeit herzustellen. Das ist ihr auch in weiten Bereichen gelungen, allerdings sind hier auch Grenzen deutlich geworden, die zum einen in der Natur der Sachen, zum anderen in den kulturellen Präferenzen der Menschen liegen. Manche Zusammenhänge lassen sich selbst oder gerade mit den größten Anstrengungen nicht berechenbar machen (Perrow 1989). Zudem macht Berechenbarkeit das Leben nicht nur bequem, sondern auch langweilig und unfrei, weshalb allzu rigide Planung und Kontrolle seit den 1970er-Jahren zunehmend auf kulturellen Vorbehalt treffen (Gill 2003). Daher treten heute immer mehr Arbeitsaufgaben in den Vordergrund, bei denen es darauf ankommt, mit kognitiver Ungewissheit und emotionaler und moralischer Ambivalenz fertig zu werden. Das bedeutet nun nicht, dass Eindeutigkeiten und Berechenbarkeit plötzlich völlig verschwinden würden, wie in postmodernen Theorien vielfach behauptet. Aber sie treten als Selbstverständlichkeiten und als maschinell beherrschte Routinen in den Hintergrund der Aufmerksamkeit. Die Anforderung an die Individuen ist dann eine doppelte oder dreifache: Einerseits im Modus der Uneindeutigkeit, andererseits aber nach wie vor im Modus der Eindeutigkeit angemessen handeln und reagieren zu können. Und schließlich eben die Grenzen und Übergänge zwischen beiden Modi zu erahnen und zu handhaben.

- **Eigeninitiative, Selbständigkeit und Selbstdisziplin:** Während es in Hierarchien vor allem auf Duldsamkeit und Gehorsam ankommt, sind auf Märkten und in Netzwerken Eigeniniative und Selbständigkeit gefragt, die aber letztlich doch zu angemessenen Ergebnissen führen müssen – es gibt keine Vorschriften im Detail, die die Arbeitskräfte einengen oder anleiten, aber die Endkontrollen sind dafür oft umso rücksichtsloser und strenger. Aus Disziplin muss dann entsprechend Selbstdisziplin werden – früher waren die Arbeitskräfte fleißig, wenn der Vorgesetzte sie beobachet hat, heute müssen sie sich selbst beobachten. Wir stehen nicht an den Toren zum Schlaraffenland.

Wenn wir diese Veränderungen einer postindustriellen Arbeitswelt noch einmal in einem einzigen Punkt zusammenziehen wollen, dann lässt sich folgender Unterschied konstatieren (vgl. Übersicht 6.4): In der industriellen Arbeitswelt arbeiteten die Menschen *wie Maschinen* – entsprechend war es Aufgabe der Schule, maschinenähnliche Fähigkeiten von klein an einzuüben, vor allem Disziplin, Ordnung, Gehorsam, Fleiß, Pünktlichkeit, Sauberkeit und Schnelligkeit. In der postindustriellen Arbeitswelt konkurrieren Menschen dagegen mit Ma-

Übersicht 6.4: Industrielle versus postindustrielle Arbeitstugenden

Industrielle Arbeitstugenden: Menschen müssen als Anhängsel und wie Maschinen arbeiten.	Postindustrielle Arbeitstugenden: Wo Menschen den Maschinen auf absehbare Zeit überlegen sind.
Genau definierbare und häufig vorkommende Routineaufgaben	Nicht genau definierbare oder nur selten vorkommende Aufgaben
Präzision	Kreativität
Zuverlässigkeit	Eigeniniative
Kraft + Ausdauer	Flexibilität
Geschwindigkeit	Kontextsensibilität
Gehorsam	Einfühlungsvermögen

schinen und werden daher vielfach durch Maschinen ersetzt. Nur dort, wo der Mensch der Maschine prinzipiell überlegen ist, werden sich dauerhafte und stabile Beschäftigungsaussichten etablieren lassen. Unterlegen sind Menschen prinzipiell, wo – insbesondere bei genau definierten und immer wieder vorkommenden Routineaufgaben – Präzision, Zuverlässigkeit, Kraft und Geschwindigkeit erforderlich sind. Überlegen sind Menschen dagegen in nicht standardisierten Situationen, in denen Eigeniniative, Kreativität, Originalität, Flexibilität, Kontextsensibilität und menschliches Einfühlungsvermögen zum Zuge kommen. Darüber hinaus werden Menschen natürlich auch immer dann zum Einsatz kommen, wenn Arbeiten nur sporadisch und in kleinem Maßstab anfallen, so dass sich Entwicklung, Anschaffung und Einsatz von umfangreicherer Maschinerie einfach nicht lohnen.

Nehmen wir als Beispiel das Rechnen in der Schule. Solange es noch keine handlichen und billigen Rechenmaschinen gab – und das war vor 30 Jahren noch nicht der Fall –, wurde in der Grundschule und in den ersten Klassen der Sekundarstufe noch Kopfrechnen geübt oder eigentlich besser gesagt: gedrillt, zum Beispiel das Kleine und auch das Große Einmaleins. Bis zu einem gewissen Grad ist es vielleicht auch heute noch sinnvoll, einfachere Rechenaufgaben im Kopf bzw. mit Bleistift und Papier lösen zu können. Aber für größere Aufgaben gibt es natürlich Taschenrechner und Computer! Nun kommt es eben darauf an, den Taschenrechner und Computer sinnvoll einsetzen zu können, und das macht den Rechen- bzw. Mathematikunterricht entsprechend anspruchsvoller. Es geht nun darum, die zu berechnende Situation angemessen als Set von Variablen und Formeln zu definieren. Den Rest, auch die Eingabe der Zahlen, können dann Maschinen übernehmen – mit viel höherer Präzision, Geschwindigkeit und Zuverlässigkeit sowie mit viel niedrigeren Kosten.

Insofern sind die Anforderungen der alten, industriegesellschaftlichen Schule den Anforderungen der neuen, postindustriellen Schule vielfach fast diametral entgegengesetzt. Die alte Schule hat das eigenständige Denken eher abgetötet, denn die Wirksamkeit der hierarchisch organisierten Büro- und Fabrikarbeit beruhte – zumindest in den unteren Rängen – genau darauf, dass Neugierde und Kreativität ausgeschaltet wurden. Die neue Schule muss demgegenüber genau diese Fähigkeiten kultivieren. Nur durch Lernfreude und Neugier bleiben wir den von uns selbst geschaffenen Maschinen überlegen. Wir müssen ihnen immer einen Schritt voraus sein – das befreit uns zwar aus der Stupidität der Routine, zwingt uns aber auch zu ruheloser Anstrengung. Für diejenigen, die dem permanenten Zwang zur Weiterbildung – aus welchen Gründen auch immer – nicht gewachsen sind, ergibt sich hier ein durchaus tragischer Nebeneffekt: Sie werden vom Getriebe der Reichtumsmaschine an den Rand geschoben und überflüssig gemacht.

Literatur zum Weiterlesen

Arbeit besaß nicht immer den gesellschaftlichen Stellenwert, der ihr aufkommend mit dem Protestantismus und verstärkt seit Beginn der Industriellen Revolution zukommt (Walther 1990). Allerdings hatte sich Arbeit in agrargesellschaftlicher Zeit noch nicht mit Wissenschaft und Erfindungsreichtum verbunden, unter Arbeit verstand man daher auch nichts weiter als eintönige Tätigkeit zum materiellen Lebensunterhalt, im Gegensatz zur Muße, die sehr hoch bewertet war. Arbeit in diesem Sinne, aber auch das Scheffeln von Reichtum waren in vorkapitalistischer Zeit eher verachtete Tätigkeiten, deren sich etwa ein griechischer Bürger der Polis zu Gunsten von Sport, Krieg, Politik und Philosophie möglichst zu enthalten hatte. Mit diesem Kontrast wird die heutige, quasi-sakrale Rolle der Berufsarbeit im Leben der modernen Menschen erst richtig deutlich.

Der postindustrielle Wandel der Berufsarbeit wurde zum ersten Mal plastisch bei Fourastié (1954) kurz nach dem Zweiten Weltkrieg beschrieben. Das damals noch visionäre Werk ist auch heute noch informativ, zumal wirtschaftliche Zusammenhänge dort sehr einfach und für Laien verständlich beschrieben sind. Dem tut auch keinen Abbruch, dass manche Analysen im Detail fehlerhaft sind und er sich in manchen seiner Prognosen verschätzt hat. In der Zwischenzeit sind zu diesem Thema natürlich eine ganze Reihe von Büchern erschienen. Hervorzuheben ist einmal Stehr (1994), der den spezifischen Aspekt von Wissensarbeit und Wissensgesellschaft im Rahmen der postindustriellen Entwicklung betont. Der Aspekt der Dienstleistungsarbeit und Dienstleistungsgesellschaft ist ausgewogen und mit gutem Überblick bei Häußermann/Siebel (1995) dargestellt. Sennett (2000) beschreibt anschaulich die persönlichen Auswirkungen der Flexibilisierung, die uns durch eine neoliberal geprägte Deregulierung des Arbeitsmarkts und der Arbeitsorganisation drohen und die in den USA über weite Strecken schon Wirklichkeit sind.

Reinberg/Hummel (2001) geben einen statistisch fundierten und detailliert aufgeschlüsselten Überblick über den gegenwärtigen Zusammenhang von Bildung und Beschäftigung in Deutschland. Willke (1999) fasst leicht verständlich und anschaulich zusammen, wie sich die Erwerbsarbeit in der Zeit nach dem Zweiten Weltkrieg verändert hat und sich absehbar weiter verändern wird. In Baethge (2003) findet sich eine ausgewogene und fundierte Zusammenfassung der Diskussion über Wandel und Krise im Dualen System der Berufsausbildung. Eine ähnlich gründliche Diskussion der akademischen Berufsbildung ist nicht zu finden, aber Mayer (2003) gibt einen brauchbaren Überblick über das konfuse Reformgeplänkel an den Universitäten.

Kapitel 7: Persönlichkeitsbildung und gesellschaftliche Integration

Im letzten Kapitel hatten wir von der offensichtlichsten und am meisten diskutierten Funktion des Bildungswesens gesprochen – der Vorbereitung auf den Beruf. In diesem Kapitel geht es um eine eher verborgene und seltener bemerkte Funktion, nämlich die der gesellschaftlichen Integration. Schon in Kapitel 5 war grundsätzlich von Integration die Rede, nämlich von der Integration der Migranten. Hier soll nun überlegt werden, wie sich die ganze Gesellschaft und ihre Mitglieder im Übergang von der Agrar- zur Industrie- und zur Wissensgesellschaft entwickelt haben und gegenwärtig entwickeln: Wie ändert sich das Verhältnis von individueller Persönlichkeitsstruktur, Staat und Gesellschaft durch die Einführung der Schulpflicht und durch die Bildungsexpansion? Welche Entwicklungserfordernisse ergeben sich umgekehrt für das Bildungswesen aufgrund der Veränderungen von Persönlichkeit und Gesellschaft?

Integration meint also Vermittlung zwischen der Gesellschaft und der Person – im Laufe der Zeit ändern sich beide, und zwar in Abhängigkeit voneinander. Die einzelnen Menschen verändern ihre Persönlichkeit und ihren Habitus – früher waren sie an lokalen Traditionen orientiert und in kleine Kollektive fest eingebunden, heute bilden sie ihre Weltanschauung durch global expandierende Mediensysteme aus und knüpfen nun eher selbstgewählte Beziehungen innerhalb sehr viel größerer, teilweise weltumspannender gesellschaftlicher Gruppen. Existentielle Sicherheiten sind heute nicht mehr so sehr über familiäre Beziehungen, sondern eher über sozialstaatliche Garantien vermittelt. Aber auch das gehört eventuell im Zuge der Globalisierung bald der Vergangenheit an. Mit der Erweiterung der Gesellschaft vom Dorf über die Nation hin zu Europa und darüber hinaus ergibt sich eine Veränderung der Persönlichkeit, die man als Individualisierung bezeichnet. Der und die Einzelne tritt aus der sie umgebenden Gruppe heraus – er wird von den in immer weitere und abstraktere Ferne rückenden Institutionen direkt, das heißt ohne vermittelnde Zwischeninstanzen, angesprochen und ist nur noch vor sich selbst verantwortlich: Arbeit finden er und sie nicht mehr im väterlichen oder mütterlichen Betrieb, sondern über einen zunächst national und dann weltweit organisierten Arbeitsmarkt. Ehepartner und Freunde sind nicht mehr von der Verwandtschaft vorgegeben, sondern werden frei aus einem immer größer werdenden Kreis von Personen gewählt. Die Weltanschauung wird nicht mehr über das Gespräch im Dorf und den Pfarrer in der Kirche, sondern über globale Medien vermittelt. Der und zunehmend auch die Einzelne werden dadurch freier und haben mehr Wahlmöglichkeiten, aber damit sind er und sie zwangsläufig zugleich auch mit mehr Orientierungsschwierigkeiten, Entscheidungszwängen und existentiellen Risiken konfrontiert.

Das Bildungswesen spielt in diesem Prozess eine zweifache Rolle. Zum einen treibt es diesen Prozess voran, indem es unseren Gesichtskreis erweitert und damit eine Vielzahl von Handlungs- und Lebensweisen vor Augen führt, zwischen denen wir im Prinzip wählen können. Gebildete Menschen geben sich dann auch in der Regel nicht mit dem Tradierten und unmittelbar Vorhandenen zufrieden; sie fügen sich nicht so leicht in das ihnen angesonnene Schicksal und suchen eher anderswo nach Auswegen. Zugleich wird uns durch Schule und Ausbildung die Selbstwahrnehmung vermittelt, dass es auf uns und unsere eigene Anstrengung ankommt und nicht auf Geburt, Besitz oder Gruppenzugehörigkeit. Mit der Einschulung lernt das Kind, je nach Schulsystem früher oder später, schockhafter oder allmählich, dass ihm die Familie und die Freunde bei der Prüfung nicht helfen können. So geht vom Schulsystem und mit der Bildungsexpansion zunehmend die Botschaft aus: Du bist für Dich, Deinen Erfolg oder Dein Versagen selbst verantwortlich. Dass diese Botschaft teilweise ideologisch ist, hatten wir schon in Kapitel 4 vermerkt – das ändert aber nichts an ihrer gesellschaftlichen Wirksamkeit.

Zum Zweiten sind das Bildungswesen und seine Expansion notwendig in einer Welt, die sich immer mehr erweitert, in der die relevanten Instanzen in immer weitere Ferne rücken und immer abstrakter werden. Damit das Kind die Kühe melken und die Herde hüten lernte, brauchte es früher kein Bildungssystem. Wenn es etwas falsch machte, kriegte es Huftritte ab, und wenn es sich nicht kümmerte, bekam es ein paar Ohrfeigen. Um sich aber nun in einer Welt zurecht und dort Arbeit zu finden, in der das Wohlergehen der Kühe von BSE, der Interventionsquote der EU-Agrarverwaltung und dem Weltrindermarkt abhängen, muss es eben Lesen, Schreiben, Rechnen, Fremdsprachen und vor allem abstraktes Denken erlernen. Insofern ist das Bildungswesen nicht nur an der Erschaffung dieser abstrakten Welt beteiligt, es hilft uns auch, die damit erzeugten Probleme zu bewältigen.

Im Folgenden wollen wir zunächst betrachten, wie sich Staat und gesellschaftliche Integration im Industriezeitalter formiert haben (Kap. 7.1) und wie sie sich gegenwärtig, in der postindustriellen Zeit, verändern (Kap. 7.2). Sodann soll diskutiert werden, wie sich zur Staats- und Gesellschaftsform passende Persönlichkeitsstrukturen ausbilden. Den euphorischen Annahmen der Modernisierungstheorie, die davon ausgeht, dass Bildung ein diszipliniertes und aufgeschlossenes Individuum hervorbringt (7.3), werden drei kritische Einwände gegenübergestellt: Erstens sind kausale Zusammenhänge zwischen einzelnen Veränderungen der Sozialstruktur, wie zum Beispiel der Bildungsexpansion, und Persönlichkeitsmerkmalen empirisch nicht zweifelsfrei zu zeigen (7.4). Zweitens zeichnet die Modernisierungstheorie ein sehr einseitiges, betont harmonisches, schattenfreies Bild von der modernen Gesellschaft und vom modernen Menschen, das um seine dunklen Seiten ergänzt werden muss (7.5). Drittens bringen die Sozialisationswirkungen und Selektionseffekte des Bildungswesens keinen einheitlichen Charaktertypus hervor. Je nach Art und Inhalt des Bildungsprozesses formen und selektieren sich unterschiedliche Persönlichkeitsstrukturen (7.6). In einem abschließenden Ausblick wird zu fragen sein, wie die Schule auf die gegenwärtigen Veränderungen von gesellschaftlicher Integration und Persönlichkeitsformierung reagieren soll – denn umfassendere Reformen sind trotz des PISA-Schocks bisher noch nicht erkennbar.

7.1 Die Gründung der Nation und die Durchsetzung der Schulpflicht

"Die Täglich-Abgenützen.—Diesen jungen Männern fehlt es weder an Charakter, noch an Begabung, noch an Fleiss: aber man hat ihnen nie Zeit gelassen, sich selber eine Richtung zu geben, vielmehr sie von Kindesbeinen an gewöhnt, eine Richtung zu empfangen. Damals, als sie reif genug waren, um 'in die Wüste geschickt zu werden', that man etwas Anderes,—man benutzte sie, man entwendete sie sich selber, man erzog sie zu dem *täglich Abgenütztwerden,* man machte ihnen eine Pflichtenlehre daraus—und jetzt können sie es nicht mehr entbehren und wollen es nicht anders. Nur darf man diesen armen Zugthieren ihre 'Ferien' nicht versagen—wie man es nennt, diess Musse-Ideal eines überarbeiteten Jahrhunderts: wo man einmal nach Herzenslust faulenzen und blödsinnig und kindisch sein darf." F. Nietzsche, Morgenröthe, Buch 3: Aphorismus 178 [1881]

In der Agrargesellschaft lebten die meisten Menschen in Dörfern – ihr Gesichtskreis war der sprichwörtliche Kirchturmhorizont. Im Raum des eigenen

Sprengels kannte man die Leute, sprach die selbe Sprache, hatte die gleichen Sitten und Gebräuche und fühlte sich selbst zugehörig. Man konsumierte in erster Linie das, was man selbst herstellte oder im Dorf tauschte. Geldverkehr und Fernhandel waren noch kaum ausgeprägt. Jenseits dieser näheren Umgebung, die man durch eigene Anschauung und Erfahrung kannte, begann die Fremde. Die Schule spielte in diesem ländlichen Rahmen eine sehr untergeordnete Rolle;[1] sie war ein Anhängsel der Pfarrei, und der Unterricht beschränkte sich vor allem auf Moralerziehung, auf Singen und auf religiöse Rituale. Insofern sind diese Schulen – bei allen historischen und kulturellen Unterschieden – in gewisser Weise mit den heutigen Koranschulen vergleichbar.

In der Industriegesellschaft weitete sich der Gesichtskreis durch die Erleichterung von Transport und Verkehr – Eisenbahnen und Autos – und durch die Verbesserung der Nachrichtenübermittlung – Telefone, Radios, Zeitungen, Fernsehen und die Ausbreitung des Geldverkehrs. Damit einher ging die Gründung und Festigung der Nation und die Ausbildung von Nationalstaaten. Wesentliches Element war die Vereinheitlichung einer unübersehbaren Vielzahl von Dialekten zu einer einzigen Sprache, die Angleichung der Sitten und Gebräuche, die Einführung einer gemeinsamen Währung und die Herstellung eines neuen Zugehörigkeits-Gefühls: "Wir", das war nun nicht mehr nur die Dorfgemeinschaft, sondern eben die ganze Nation. Zum Beispiel: "Wir, die Deutschen" – "unsere Wirtschaft", "unsere Fußballelf", aber vor allem "unsere Armee". Durch das gemeinsame Blutopfer im Krieg gegen die Nachbarnationen wurde die Gemeinschaft zusammengeschweißt (Gill 2002). Dieser neue Gesichts- und Zugehörigkeitskreis wurde nicht allein, aber doch ganz wesentlich durch die Schule und die vom Nationalstaat durchgesetzte Schulpflicht gestützt. Die Schule schickte sich an, aus den in Tradition, Kirchturmhorizont, Religion und Volksaberglauben befangenen Bauern aufgeklärte Wirtschaftssubjekte und loyale Staatsbürger zu machen.

Insoweit sind es also zwei wesentliche Triebkräfte, die auf die Einführung der laizistischen, säkularen Schule drängten – die Bürger gleichsam 'von unten' und der Staat gleichsam 'von oben'. Die Bürger organisierten als Händler und Handwerker die Anfänge und Frühformen der Industrialisierung in den seit dem 13. Jahrhundert in Oberitalien, Frankreich, Holland, Südengland und allmählich auch in Deutschland wachsenden Städten (Elias 1976). Geldverkehr und Handel nahmen allmählich zu und im gleichen Maße, wie sich dadurch größere Absatz-

---

1   Die in dieser Zeit von Laien geführten Stadtschulen, die von Händlern und Handwerkern besucht wurden, sind als Vorformen der Schule des Industriezeitalters einzuordnen.

gebiete erschlossen, entwickelten sich Handwerksbetriebe, die besonders kunstfertig waren, und Manufakturen, die Waren in größeren Mengen und standardisierter Form herstellten. Mit dem allmählich zunehmenden Geld- und Schriftverkehr – also der Etablierung von raum- und zeitübergreifenden Medien (Giddens 1988) – wurden Rechnen, Lesen und Schreiben für Handwerk und Handel unerlässlich. Entsprechend wurde von den Bürgern in den Städten der Ausbau von Schulen forciert (Ehrenpreis 1999; Kuhlemann 1998). In diesem sozialen Umfeld entwickelten sich auch die geistigen Strömungen, die für die weiterführende Idee der modernen Schule grundlegend sind, nämlich die *Renaissance*, die *Reformation* und die *Aufklärung*.

In der *Renaissance* knüpfte man wieder an die geistige Welt des Altertums, besonders der Griechen und Römer an. Diese Welt war weniger stark als das Mittelalter von Gottesfürchtigkeit und Schicksalsgläubigkeit beherrscht, sondern versuchte den Menschen und die Potentiale menschlicher Entwicklung als Maß aller Dinge in den Mittelpunkt zu stellen. Deswegen spricht man hier auch vom Humanismus (von lateinisch homo = der Mensch).

Die *Reformation* wandte sich vor allem gegen die Hierarchie der Priester in der katholischen Kirche, die dort als Mittler zwischen Gott und den Menschen auftreten (Weber 1996; Campbell 1987). In der protestantischen Vorstellung, dass der Mensch unmittelbar mit seinem Gewissen vor Gott verantwortlich ist, können wir also schon Frühformen der Individualisierung erkennen: Das Allgemeine – nennen wir es Gott, das Heilige, die Gesellschaft oder wie auch immer (vgl. Durkheim 1998) – wird nicht mehr von konkreten Personen, Bildern, Statuen und Reliquien repräsentiert, sondern bleibt abstrakt. Jeder und jede ist hier selbst und unmittelbar vor Gott, das heißt dem eigenen Gewissen, verantwortlich – entsprechend gibt es auch keine Beichte, keinen Ablass und keine Absolution, die von einer Amtshierarchie als Vermittlungsinstanz erteilt werden könnte. Indem alle Menschen als in unmittelbarer Beziehung zu Gott stehend vorgestellt werden, gibt es auch keinen so ausgeprägten Unterschied mehr zwischen der religiösen Virtuosität der Priester und der bloß vermittelten Frömmigkeit der Laien. Volksfrömmigkeit drückt sich entsprechend weniger in äußerlichen Ritualen, als in der inneren Versenkung jedes und jeder Einzelnen aus. Die Kontemplation ist aber die Voraussetzung der Nachdenklichkeit, also von komplexeren Denkvorgängen und höheren Bildungsprozessen. Sie war natürlich schon bei den Mönchen der katholischen Kirche und bei den religiösen Virtuosen der anderen Hochreligionen ausgeprägt worden – diese waren auch schon immer die Träger der Bildung in vormoderner Zeit. Insofern haben Bildung und Wissenschaft ihre Wurzeln in der Betrachtung der inneren und äußeren Natur als der Schöpfung und Verkörperung Gottes (Duby 1999; Groh/Groh 1991). Historisch entscheidend ist nun, dass erstmals der Protestantismus *allen* Gläubigen die Fähigkeit zur Kontemplation zuschreibt und ihnen ihre Ausübung zumutet. Entsprechend wurde gerade das protestantische Bürgermilieu zum Träger der neuen Bildungsideen, besonders auch in Gestalt des Neuhumanismus (Ehrenpreis 1999: 171f.; Kluchert 1993: 49ff.; Merton 1970)

Die *Aufklärung*, wie sie vor allem von Frankreich und der Französischen Revolution ausging, aber auch in Deutschland starken Widerhall fand, formulierte eine ähnliche, aber in Nuancen doch unterschiedliche Vorstellung. Jeder Mensch, so fomulierte Immanuel Kant, solle lernen, sich seines eigenen Verstandes zu bedienen und so den Ausgang aus selbstverschuldeter Unmündigkeit zu suchen. Allerdings richtet sich hier die Suche nicht mehr so sehr auf das metaphysische Heil, als vielmehr auf die Erlösung im Diesseits durch die Fortschritte in der physischen Welt. Mit Wissenschaft und Technik sollen die Kräfte der Natur domestiziert und für menschliche Zwecke eingesetzt werden. Auch die Leidenschaften der menschlichen Natur sollen mit wissenschaftlichen Mitteln erforscht und gezügelt werden. Schließlich soll so auch die Gesellschaft im Ganzen berechenbar, steuerbar und planbar gemacht werden. Diese Denkrichtung wird dann zur Grundlage der Realschulbewegung, die vor allem die Vermittlung des nützlichen Wissens propagierte – also Mathematik, Naturwissenschaft und neuzeitliche Fremdsprachen – im Unterschied zum Neuhumanismus, der Bildung als Wert an sich ansieht und durch das Studium der alten Sprachen, der Geschichte des Altertums und der Philosophie das Denken und Lernen als solches vermitteln wollte (Kluchert 1993; Herrlitz et al. 2001).

Die zweite Triebkraft zur Durchsetzung des säkularen Schulwesens war, wie oben schon angedeutet, die Etablierung des modernen, bürokratischen Staates (Weber 1980; Elias 1976). Dieser beruht auf dem Konzept, dass die Dekrete und Gesetze des Souveräns – zunächst des Königs, später dann der Regierung und des Parlaments als Repräsentanten des Volkes – überall im Territorium unmittelbar für alle Bürger in gleicher Weise gelten. Das erfordert allerdings den Aufbau eines Steuer- und Gewaltmonopols und die Ausschaltung oder Vereinnahmung aller Zwischeninstanzen, die bis dahin in den feudalen Reichen und den dynastischen Staaten die Herrschaft in der Tiefe des Raumes und fern der Hauptstadt sehr eigenständig ausübten. In früheren Zeiten war es den höheren Herren, den Fürsten, Königen und Kaisern, aufgrund der beschränkten Verkehrs- und Informationsmöglichkeiten und aufgrund des weitgehend fehlenden Geldverkehrs nämlich noch gar nicht möglich gewesen, ihre Untertanen unmittelbar zu erreichen und zu beherrschen. Daher bildeten sich Zwischeninstanzen aus, die von den Zentralherren nicht effektiv kontrolliert werden konnten. Zudem war man in starkem Maße von der ideologischen Unterstützung durch die Amtshierarchie der Kirche abhängig, der es bereits im Mittelalter gelungen war, relativ einheitliche Glaubensvorstellungen in weiten Teilen Europas zu verankern.

Um die Untertanen mit einer bürokratischen Verwaltung erreichen und um sie über Zeitungen und Flugschriften politisch mobilisieren zu können, war es hilfreich, wenn diese lesen und schreiben konnten. Aber über diesen technischen Aspekt hinaus hatten Schulpflicht und Alphabetisierung weniger sichtbare, aber viel wesentlichere Funktionen im entstehenden Nationalstaat. Der *National*staat gründet sich nämlich darauf, dass er die Bevölkerung in den Grenzen des Reiches in ein Volk umwandelt, welches ein Wir-Gefühl entwickelt und sich dem Staat verpflichtet fühlt – sogar soweit, sein Blut und seinen Besitz für diesen Staat zu opfern. Die Idee der Nation (von lateinisch *nascendere* = geboren werden) meint, dass die Bevölkerung schon immer eine gleichursprüngliche Geburt, also gemeinsame Herkunft besitze und daher zusammengehörig sei. Um diese Idee glaubhaft zu machen, bedarf es zunächst der Herstellung einer gemeinsamen Sprache und auf dieser Basis der Propagierung einer gemeinsamen Kultur und Geschichte (Rimmele 1996). Die Leute mögen sich zuvor als Katholiken oder Protestanten, als Bayern oder Preußen, als Bauern oder Adelige oder wie auch immer identifiziert haben – nun sollen sie sich alle in erster Linie als Deutsche fühlen. Das geschieht, indem man überall in den Schulen und Amtsstuben die deutsche Sprache einführt, den Kindern Märchen und Sagen in deutscher Sprache zu lesen gibt, über deutsche Kochbücher eine deutsche Küche propagiert, aus dem Gewirr der europäischen Adels-Dynastien und ihrer Abfolgen eine deutsche Geschichte herausdestilliert und damit auch Ansprüche auf ein deutsches Territorium postuliert.

Entsprechend forderte Kaiser Wilhelm II. im Jahr 1890 auf einer großen politischen Konferenz zur Reform des höheren Schulwesens, die alten Sprachen Griechisch und Latein als Zeichen gymnasialer Bildung in den Hintergrund zu rücken und den Schwerpunkt auf das Nationale zu richten: "Wir müssen als Grundlage für das Gymnasium das Deutsche nehmen; wir sollen nationale junge Deutsche erziehen und nicht Griechen und Römer" (zit. n. Kluchert 1993: 50). Neben dem deutschen Aufsatz solle das Nationale vor allem auch in Fragen der Geschichte, der Geografie und der Sage gefördert werden. Zudem solle das Gymnasium den Lesestoff verringern, damit die jungen Männer nicht zu sehr von 'des Geistes Blässe angekränkelt' werden: "Ich suche nach Soldaten, wir wollen eine kräftige Generation haben, die auch als geistige Führer und Beamte dem Vaterlande dienen. Diese Masse der Kurzsichtigen ist meist nicht zu brauchen, denn ein Mann, der seine Augen nicht brauchen kann, wie will der nachher viel leisten?" (zit. n. Kluchert 1993: 77). Im Zuge der nationalen und militärischen Formierung Deutschlands erhielt dann auch die 'Realbildung', also Mathematik und Naturwissenschaften, von staatsoffizieller Seite mehr Anerkennung, weil man sich davon eine schnellere Industrialisierung als technische und wirtschaftliche Basis von Aufrüstung erhoffte.

Entscheidender und bezeichnender als die Zurückdrängung von Griechisch und Latein ist der Unterschied zwischen Bildungsidee und Bildungspraxis, die sich mit diesen Stoffen verbindet (Kolbe 1994). Für die Neuhumanisten, für Bildungsreformer wie Wilhelm von Humboldt und Johann Wilhelm Süvern, hatte sich mit dem Griechischen und Lateinischen als Gegenstand gymnasialer Bildung die Vorstellung verbunden, dass man gerade an diesen, der alltäglichen Anschauung fremden Stoffen das abstrakte Denken und die Phantasie schulen und das Lernen lernen könne. Dabei geht es nicht um die praktische Beherrschung von Fremdsprachen. Am Studium alter Sprachen sollen die Schüler vielmehr lernen, wie Ideen und Empfindungen – das Humane! – in Sprache umgesetzt, wie sie sprachlich miteinander in Beziehung gesetzt werden können. Entsprechend war ihnen auch die Schule als hierarchisch gelenkte Maschine zuwider. In der Praxis jedoch wurden die Bildungsreformen bürokratisch und hierarchisch umgesetzt. Der Unterricht der alten Sprachen wurde als "Grammatikdrill und Latinitätsdressur" betrieben – es ging also nicht um die Erziehung des Geistes zu eigenständigem Denken, sondern um die disziplinierte Memorierung von Vokabeln und die zuverlässige Ausführung von grammatischen Standardoperationen (Kluchert 1993: 72). Und entgegen der neuhumanistischen Idee von der allgemeinen und standesübergreifenden Menschenbildung diente der Gebrauch von Versatzstücken und Floskeln aus den alten Sprachen dann vor allem der dünkelhaften Hervorhebung des eigenen Bildungsstatus und der Abgrenzung gegenüber anderen, weniger gebildeten Schichten.

Generell wurde die Schule, insbesondere aber das Gymnasium, im Verlauf des 19. Jahrhunderts immer stärker dem hierarchisch-autoritären Organisationsmodell von Bürokratie und Militär angepasst (Kluchert 1993: 28ff.; Kost 1985; Stübig 1994; Winterhager-Schmid 2001). Schulbänke sorgten für eine Vereinzelung der Schüler in Reih und Glied, wo sie still zu sitzen hatten. Durch die Klassenzimmer und die Schulbänke wurde der Raum, durch das Klingelzeichen und das Schuljahr wurde die Zeit in ein klar abgegrenztes und für alle einheitlich und äußerlich vorgegebenes Raster unterteilt. Die Gymnasiallehrer wandelten sich vom umfassend gebildeten Philologen zum fachlich stärker spezialisierten 'Unterrichtsbeamten', der nach staatlich minutiös festgelegten Lehrplänen das Pensum 'einpaukte'. Viele waren nun auch Reserveoffiziere, was sich unter anderem darin bemerkbar machte, dass gerade in den Gymnasien, die damals nur männliche Schüler aufnahmen, der Kasernenhofton normal wurde. Es erfolgte in dieser Zeit auch erstmals die Aufteilung in feste Jahrgangsklassen – zuvor gab es zwar in den Stadtschulen schon unterschiedliche Kompetenzniveaus, diese waren jedoch weder an ein bestimmtes Alter noch mit einem sozialen Klassenverband gekoppelt. Durch die Einführung der Klassenverbände ergab sich auch erstmals systematisch das Degradierungsinstrument des 'Sitzenbleibens' – also der Ausschluss aus der Klassengemeinschaft und nach mehrmaligem Sitzenbleiben der Verweis von der höheren Schule. Das Sitzenbleiben wurde für das Gymnasium zur zentralen Disziplinierungsmaßnahme, weil Körperstrafen nur in der Volksschule erlaubt waren.

Die Volksschulen, besonders auf dem Lande, wurden erst allmählich von dieser Welle der staatlichen Disziplinierung und Bürokratisierung erfasst. Das lag zum einen daran, dass hier die Finanzmittel und zunächst auch spezifische Interessen fehlten, zentralstaatlich gelenkten Unterricht einzuführen. Für den Nationalstaat war der Zugriff auf die Gymnasien zunächst sehr viel wichtiger, weil sich über die Gymnasien die gesellschaftliche Elite und vor allem der Beamtenapparat rekrutierte, während 'das niedere Volk' erst allmählich mehr als formell in die Nation integriert wurde. Zum Zweiten gab es auch Widerstände seitens der Gutsherren und der Kirche, die an der Aufrechterhaltung herkömmlich-patriarchaler statt modern-bürokratischer Autoritätsformen interessiert waren. Gutsherren und Eltern widersetzten sich im Übrigen auch der Durchsetzung der Schulpflicht – zumindest in den Sommermonaten, wenn jede Hand gebraucht wurde und auf Kinderarbeit nicht zu verzichten war. Da der preußisch-deutsche Staat – nach kurzem 'Kulturkampf' gegen die katholische Kirche – zur Abwehr der Sozialdemokratie das Bündnis mit klerikalen und agrarischen Kräften eingegangen war, musste er noch lange Zeit auf eine konsequente Säkularisierung des Schulwesens verzichten. Noch in den 1960er-Jahren gab es in der "Volksschule" – diese hieß damals auch noch so – in einigen Bundesländern konfessionell getrennte Klassen. Trotzdem ist im Verlauf des 20. Jahrhunderts – besonders infolge des Sputnikschocks und der daraufhin einsetzenden Welle zur Verwissenschaftlichung des Unterrichts – auch das 'niedere' Schulwesen im Wesentlichen weltlich und staatlich geworden.

Man könnte nun denken, dass dieser Einsatz der Schulen zur Erziehung von ordentlichen und gehorsamen Staatsbürgern nur für Preußen-Deutschland ty-

Übersicht 7.1:   Bedeutung der Schule für die Formierung des Nationalstaates,
                 der Industrie und der bürgerlichen Gesellschaft

Ausgangspunkt und Vorgeschichte: Schule in der Agrargesellschaft
• Politik und Wirtschaft weitgehend lokal. Überlokale Bezüge nur durch die Religion, Schriftkenntnis = Bildung auf Priester beschränkt. • Schule wird von der Pfarrei und Gutsherrschaft organisiert. • Erziehungsziel der Schule: Duldsamkeit, Gottesfurcht und Gehorsam gegenüber patriarchaler, das heißt persönlich ausgeübter Autorität.
Entfaltung der Industrie und der Bürgerlichen Gesellschaft
• Produktion und Handel werden überlokal. Medienhandhabung – Schrift- und Geldverkehr – wird für alle erforderlich. • Protestantismus: Geistiger Individualisierungsschub – Menschen sind unmittelbar vor Gott, das heißt vor sich selbst verantwortlich. Kontemplation und Bildungserlebnis nicht nur für Priester, sondern auch für Laien. Humanistische und neuhumanistische Bildungsideen mit Bezug zur Antike. • Zeitalter der Aufklärung: Der Mensch soll mit Hilfe der Wissenschaft die äußere und innere Natur erforschen und sein innerweltliches Schicksal durch Technik selbst in die Hand nehmen. Ausbau der Realbildung – Geografie, Fremdsprachen, Mathematik, Naturwissenschaften.
Entfaltung des Nationalstaates
• Erzeugung eines einheitlichen Kulturraumes und eines nationalen Wir-Gefühls (Sprache, Geschichte, Sagen, Geografie, Nationalisierung des Geldverkehrs). • Staat stützt sich nicht mehr auf Adel, sondern auf Fachbeamte. Rekrutierung der Beamten über das höhere Schulwesen/Universität. • Staatliche Organisierung ersetzt oder überformt – allmählich – religiös-gutsherrschaftliche oder privat-bürgerliche Formen des Schulwesens. Schulzeugnisse werden standardisiert und damit zu Berechtigungstiteln. • Militarisierung, Bürokratisierung und Disziplinierung des Schulwesens: Einübung von systematischen und maschinenförmigen Denk- und Verhaltensweisen. Gehorsam gegenüber dem Gesetz und der Amtshierarchie.

pisch wäre, einem Land, das im Lauf der Geschichte durch eine besondere Staatsfixierung und einen besonders ausgeprägten Militarismus hervorgetreten ist. Tatsächlich galt aber das Erziehungs- und Bildungswesen in Preußen-Deutschland bis in die 1930er-Jahre hinein – also bis zur nationalsozialistischen Machtergreifung – als vorbildlich in der Welt. Zudem lässt sich nicht nur im Kulturkreis des Westens, sondern überall auf der Welt beobachten, dass die

Errichtung von Nationalstaaten mit der Etablierung eines nationalen Schulwesens und der Durchsetzung der Schulpflicht Hand in Hand gehen (Meyer et al. 1992). Durch die Verstaatlichung des Schulwesens und die Gründung des Staates auf schulisch erworbene Zertifikate formt sich ein einheitlicher Kulturraum, in den allmählich auch das Volk in seiner ganzen Breite hineingezogen wird. Erst durch die Schule wird der Mensch zum Bürger, das heißt zum Mitglied der Kulturgemeinschaft, auf die sich die Nation gründet. Und erst indem der Staat sich unmittelbar auf seine Bürger stützen kann – indem diese nicht nur seine Gesetze befolgen, sondern sogar für ihn in den Krieg ziehen – wird er zum Nationalstaat.[2] Vergleiche insgesamt Übersicht 7.1.

7.2 Offene Gesellschaft nach dem Zweiten Weltkrieg – Demokratie, Wohlfahrtsstaat und Globalisierung

Schon seit dem Zweiten Weltkrieg, verstärkt aber seit dem Fall der Berliner Mauer, erleben wir eine neue Weiterung des Gesichtskreises: Mit dem Flugzeug können wir immer schneller und billiger sehr ferne Länder erreichen und umgekehrt kommen Touristen oder MigrantInnen auf diesem Wege zu "uns". Der Güterverkehr hat erheblich zugenommen – berühmt wurde der Joghurt, der schon während der Herstellung von einer Produktionsstufe zur nächsten kreuz und quer durch Europa transportiert wird. Mit Interkontinentalraketen und Atomsprengköpfen kann man seit den 1960er-Jahren jeden Punkt auf der Erde innerhalb von wenigen Stunden zerstören. Mit dem Bau immer höherer Schornsteine, mit Giftmülltransporten und mit der Verlagerung entsprechender Industrien machen sich Umweltprobleme heute oft gar nicht mehr lokal, sondern eher global bemerkbar. Soweit zu den grenzüberschreitenden physischen Wirkungen.

Nun zu den begleitenden Informationsflüssen: Mit der Einführung des Fernsehens nach dem Zweiten Weltkrieg war der Gesichtskreis unserer Anschauung schon erheblich gewachsen, aber das Programm war noch "öffentlich-rechtlich", also national kontrolliert. Mit dem Satellitenfernsehen und dem Internet entsteht nun eine noch darüber hinauswachsende, von nationalen Programmkommissio-

---

2 Selbstverständlich gibt es Unterschiede, inwieweit das Schulwesen vom Staat standardisiert und durchorganisiert wird und in welchem Maße schulisch erworbene Zeugnisse als Berechtigungsscheine gelten. In liberalen Staaten, wie den USA und Großbritannien, gibt es ein umfängliches Privatschulwesen; zudem sind schulische Zeugnisse, zumal da sie weniger standardisiert sind, auch nicht so wichtig für Karrieren. Aber diese Unterschiede im Detail ändern nichts an dem grundlegenden Zusammenhang zwischen Nationalstaat, nationaler Kultur und staatlich kontrolliertem Schulwesen.

nen nicht mehr kontrollierte Informationsvielfalt und Bilderflut. Die MigrantInnen kommen nicht nur als Arbeitskräfte, sondern bringen fremde Lebensgeschichten, Sitten und Religionen mit und sind in grenzüberschreitende soziale und politische Netzwerke eingebunden. Auch die Erleichterung des transnationalen Telefonverkehrs und des grenzüberschreitenden Handels von Geld, Aktien und Unternehmensbeteiligungen trägt ihren Teil dazu bei, dass sich weltumspannende Wechselwirkungen schneller und stärker ausbreiten und dass Ereignisse jenseits der Grenzen 'unseres' Landes daher zunehmend wichtiger werden – wichtiger oft als das, was in unserer unmittelbaren Nachbarschaft passiert.

Mit den Erfahrungen zweier Weltkriege und aufgrund einer immer stärker zunehmenden Automatisierung der Waffen ist die Militarisierung der Gesellschaft allmählich schwächer geworden (Shaw 1991). Schon der Erste Weltkrieg brachte in seinem Verlauf eine erhebliche Ernüchterung der zuvor allenthalben – und nicht nur in Deutschland – anzutreffenden Kriegsbegeisterung. Auch das noch viel größere Blutvergießen des Zweiten Weltkrieges hat zu einer weiteren Entheroisierung des Krieges beigetragen, erkennbar zumindest bei den unterlegenen Staaten Deutschland und Japan. Entscheidender aber als die Kriegserfahrung ist wahrscheinlich die Waffenentwicklung in den wirtschaftlich fortgeschrittenen Staaten. Diese ist technologisch so weit gediehen, dass die Feuerkraft und Kampfstärke des Militärs heute kaum noch von der Zahl der Soldaten, sondern von ihrer Ausrüstung und Ausbildung abhängt. Mit dem technologischen Fortschritt ergibt sich nämlich nicht nur eine Steigerung der Produktivkraft in der Industrie, sondern auch ein Zuwachs an Destruktivkraft beim Waffenarsenal. Daher sind Wehrpflichtigenarmeen dysfunktional geworden – sie werden zunehmend durch relativ kleine, professionelle Armeen ersetzt. Entsprechend entfällt auch die Notwendigkeit der Massenmobilisierung. Krieg wird in der Breite der Bevölkerung nur mehr als eine Art 'Zuschauersport' wahrgenommen (Mann 2000).

Wohlfahrtsstaat, Wirtschaftsaufschwung und Massenkonsum traten nun zunehmend als Integrationsinstrument an die Stelle der nationalen und kriegerischen Mission. Damit einher ging eine erkennbare Liberalisierung und Demokratisierung. Entsprechend werden Hierarchien bestenfalls noch als notwendiges Übel, aber keineswegs mehr als zivilisatorische Errungenschaft angesehen. Demokratisierung bedeutet in diesem Zusammenhang, dass die Bürger selbst unmittelbar und individuell entscheiden wollen – die Mitgliedschaft und Folgebereitschaft in Parteien ab- und die Zahl der Wechselwähler entsprechend zunimmt (Greven 1997). Unter diesen Bedingungen findet auch ein Verhaltenswandel in den staatlichen Bürokratien statt. Diese können nun nicht mehr so leicht mit obrigkeitsstaatlichem Gestus auftreten, sondern werden als Dienstleistungsagenturen aufgefasst, die auf die Wünsche und Interessen der Wähler und Steuerzahler etwas individueller eingehen oder sich zumindest eines argumentativen Tons befleißigen müssen. Zudem wird der Staat immer weniger als die Verkörperung eines Volkes und einer außeralltäglichen, gleichsam heiligen Mission wahrgenommen – die politischen Hoffnungen und Erwartungen sind deutlich gedämpft, bis hin zur 'Politikverdrossenheit'. Der Staat wird eher als nüchterne Verwaltungsapparatur aufgefasst, die für die Beleuchtung der Bürgersteige im Kleinen wie für Wohlstand und Sicherheit im Großen sorgen soll und deshalb von der Gemeinde und dem Bezirk bis hin zur EU und zur UNO reichen muss, also auch nicht mehr auf der nationalen Ebene fixiert sein kann.

Der Wirkungs- und der Gesichtskreis haben sich damit wiederum erweitert, diesmal über die Nation hinaus. Aber bis jetzt gibt es kein neues "Wir" – keine gemeinsame Sprache, kein weltumspannendes Zugehörigkeitsgefühl, keinen Weltstaat, der auf neu auftretende Probleme reagieren könnte. Die Europäische Integration und die Einführung des Euro sind vielleicht ein Schritt in diese Richtung, auch die Etablierung von Englisch in der Grundschule. Aber Europa ist nicht die Welt und selbst in Europa wird es auf absehbare Zeit kein Gemeinschaftsgefühl geben, das dem des Nationalstaates vergleichbar wäre. Ein Weltstaat, der seine Mitglieder umfassend binden und zu gemeinsamem Handeln verpflichten könnte, ist entsprechend noch viel weniger denkbar: Die sozialen und kulturellen Unterschiede sind hier noch viel größer, die Zahl der Bürger wäre extrem, und vor allem gäbe es kein Außen mehr, das für die Entstehung von Staaten bisher noch stets konstitutiv war.

Daher ist die globale Welt, in die wir absehbar hineinwachsen, auch nicht einfach als Projektion des Nationalstaats ins Große zu verstehen. Die offene und dezentrierte Situation ist alles andere als unproblematisch, denn sie führt zum Verlust von sozialer Solidarität und kultureller Orientierung. Damit mögen die wohlhabenden und gebildeten Kosmopoliten gut zurecht kommen, für die, die vom Welthandel, von Arbeit und Bildung verunsichert, degradiert oder ausgeschlossen werden, ist es ein Desaster. Für sie ergibt sich ein großes und wiedererstarktes Bedürfnis nach Zugehörigkeit und Sicherheit – es wird ihnen von rechtspopulistischen Parteien ebenso versprochen wie vom religiösen Fundamentalismus christlicher, islamischer oder jüdischer Prägung.

Wie reagiert nun die Schule oder wie sollte sie reagieren? Die Entwicklung zum Wohlfahrtstaat und die Globalisierung sind von einem Ausbau des Schul- und Hochschulwesens begleitet (vgl. Kap. 4.2). Der stärkeren globalen Verflechtung wird durch eine breitere Etablierung des Fremdsprachenunterrichts

Übersicht 7.2:   Veränderung von Staat und Gesellschaft nach 1945

• Identifikation mit Volk und Nation spielen im Gefühlshaushalt der Menschen keine besonders starke Rolle mehr. • Entmilitarisierung, Liberalisierung und Demokratisierung von Staat und Gesellschaft. • Massenkonsum, Wohlfahrtsstaat und Bildungsexpansion als neue Integrationsinstrumente – unter den Bedingungen neoliberaler Globalisierung aber neuerdings gefährdet. • Individualisierung *ohne* nachhaltige Rezentrierung auf neue Institutionen und ein neues Wir-Gefühl. • Schulwesen hat bisher auf die postindustrielle und postnationale Konstellation noch wenig reagiert, zumindest in Deutschland.

Rechnung getragen. In den Klassenzimmern wurde der Kasernenhofton durch einen zivileren Umgangston ersetzt. In der Oberstufe des Gymnasiums wurde der Bildungskanon durch verstärkte Wahlmöglichkeiten zeitweilig etwas aufgelockert. Auch die Lehrpläne wurden inhaltlich renoviert. Es gibt Computer in den Schulen, mit denen viele Lehrer aber wenig anzufangen wissen. Die Realität von Migration und Einwanderung wird vielleicht allmählich, wenn auch sehr zögerlich, zur Kenntnis genommen (vgl. Kap. 5). Soweit hat sich die Schule durchaus parallel zur übrigen Gesellschaft verändert. Aber grundlegendere Reformen im Hinblick auf Bildungsidee, Schulstruktur und Unterrichtsform haben bisher nicht stattgefunden, jedenfalls nicht in Deutschland. Auch die wissenschaftliche Literaturlage zu dieser Frage ist bisher sehr dünn gesät und wenig gehaltvoll.[3] Vergleiche Übersicht 7.2.

7.3 Schulwesen und moderne Persönlichkeitsstruktur – die euphorischen Annahmen der Modernisierungstheorie[4]

Wie verändern nun Schulen, oder allgemeiner: formale Bildungsprozesse den Menschen? Die Antwort scheint auf der Hand zu liegen: Er oder sie weiß mehr

---

3   Sie bezieht sich vor allem auf das ohnehin Offensichtliche (z.B. Naval et al. 2002). Die viel tiefer greifenderen strukturellen Fragen werden aber nicht gestellt.

4   Genau genommen handelt es sich um die "strukturfunktionalistische Moderniserungstheorie" – das ist aber zugleich die bekannteste und dominante Modernisierungstheorie. Zur Einordnung im Rahmen verschiedener Modernisierungstheorien und Modernisierungskritiken vgl. Alexander 1994; Berger 1988; Wehling 1992.

von der Welt. Aber wie Sie schon ahnen, ist diese Antwort erstens zu oberflächlich und zweitens falsch. Die Menschen werden nämlich durch Bildung nicht unbedingt klüger. Wie an anderer Stelle (Kap. 6.3) schon angemerkt, wussten die Menschen in Kulturen, die auf Arbeitsteilung und formale Bildungsprozesse noch weitgehend verzichteten, eine ganze Menge, was heutige Menschen üblicherweise gar nicht mehr wissen und auch nicht zu wissen brauchen. Traditionelle Menschen lernen eine ganze Menge, aber sie abstrahieren und systematisieren nicht. Was sie lernen, halten sie entspechend für selbstverständlich: Die kleine Welt, die sie meist sehr im Detail kennen, ist wie sie ist. Formale Bildungsprozesse bewirken vielmehr – wenn sie gelingen – die geistige Herauslösung aus dem Traditionellen, Lokalen und Selbstverständlichen. Indem wir lernen, nach welchen Regeln und Gesetzen die Zeichen und Verhältnisse kombiniert sind, wird uns klar, wie sie grundsätzlich auch *anders* kombiniert werden können.

Was passiert, wenn ein Kind in die Schule geht? Was auf dem offiziellen Lehrplan steht, welche Inhalte gelernt werden sollen, ist eher zweitrangig. Das sozialisatorische Schlüsselerlebnis ergibt sich vielmehr aus dem Schulbesuch selbst, also daraus, dass sich die Umgangsformen in der Schule deutlich von den Umgangsformen in der Familie unterscheiden – ausgeprägter freilich in den oberen Klassen als im Elementarbereich. Auf diese Weise wächst das Kind – entsprechend den Vorstellungen der strukturfunktionalistischen Modernisierungstheorie – allmählich in eine andere, neue, moderne Welt hinein (Parsons 1968; Dreeben 1980). Die moderne Welt der Schule unterscheidet sich demzufolge in folgenden Merkmalen spezifisch von der traditionellen Welt der Familie:

- **Eigene Leistung versus vorgegebene Eigenschaften und Bedürfnisse:** Mit der Zeit und spätestens in höheren Klassen lernen die Kinder und Jugendlichen, dass sie als SchülerInnen unter anderen SchülerInnen entsprechend ihrer fachspezifischen Leistungen beurteilt werden, während man in der Familie auf die ganze Person, vor allem auf ihre Bedürfnisse, ihr Geschlecht und andere vorgegebene Eigenschaften reagiert.
- **Universelle versus partikulare Gültigkeit von Normen und Wissen:** Entsprechend ist das Kind damit konfrontiert, dass Normen prinzipiell für alle gelten und dass niemand Sonderrechte und Privilegien genießt. In der Familie ist das zwangsläufig anders, weil die älteren Geschwister und die Eltern sowieso andere Rechte und Pflichten haben. Ebenso lernt das Kind in der Schule die nationale Hochsprache und ein Wissen, welches prinzipiell überall – in der nationalen Kultur zumindest – Gültigkeit beansprucht, wäh-

rend in der Familie und im Dorf Dialekt gesprochen wird und Geschichten erzählt werden, die nur für die Angehörigen dieser partikularen Welt verständlich und interessant sind.

- **Individuelle Unabhängigkeit versus kollektive Eingebundenheit:** Schon dadurch, dass das Kind überhaupt zur Schule geht, lernt es eine Welt kennen, die unabhängig von der Familie existiert und anderen Regeln unterliegt. In den höheren Klassen gibt es dann auch mehr Wahlfreiheit zwischen verschiedenen Kursen – auf diese Weise löst sich der Klassenverband und die Schülerin ist mit einem größeren Kreis wechselnder Personen und Rollen konfrontiert. Zudem werden die Schüler zumeist einzeln – und nicht als Kollektiv – nach ihrer Leistung und ihrem Betragen beurteilt. So lernen sie also, selbständig und für sich selbst verantwortlich zu werden. In der Familie dagegen ist kollektive Einbindung selbstverständlich; auch die Rollenverhältnisse bleiben immer gleich ("die Eltern sind immer die Eltern").
- **Affektkontrolle versus Spontanität:** Mit zunehmender Abstraktheit und Komplexität sind die Lerngegenstände – aufgrund fehlender Sinnlichkeit – nicht mehr unmittelbar anregend. Sie erscheinen als 'trocken'. Daher muss von den Lernenden immer mehr Vorwissen investiert und entsprechend Geduld aufgebracht werden, um schließlich – im günstigeren Fall – Begeisterung für die Sache zu entwickeln. In intimisierten Familienbeziehungen ist Spontanität demgegenüber nicht nur erlaubt, sondern wird vielfach auch verlangt.
- **Spezifität versus Ganzheitlichkeit der Lebens- und Gegenstandsbezüge:** Zumindest in den höheren Klassen werden die Lerngegenstände immer mehr in Form verschiedener 'Fächer' präsentiert, die dann auch von spezialisierten Fachlehrern vermittelt werden. In der Familie gilt dagegen das Prinzip der Ganzheitlichkeit beziehungsweise 'Diffusität' – die Familienmitglieder sind untereinander prinzipiell für alles zuständig: das Heftpflaster auf die Schnittwunde, den Seelentrost, das zu reparierende Fahrrad etc.

Durch diese fünf Merkmale unterscheidet sich aber auch die 'moderne' Welt, zumindest die Welt der Industriegesellschaft, *generell* von der 'traditionellen' Welt der Agrargesellschaft: Hier zählt Leistung, dort Geburt und Herkunft. Hier sind alle gleich vor dem Gesetz, dort zählten Privilegien und schicksalhaft vorgegebene Besonderheiten. Hier beansprucht das Wissen Allgemeingültigkeit, dort kam es auf den lokalen, sozialen und situativen Kontext an. Hier ist jeder seines Glückes eigener Schmied, dort wurde er in ein Kollektiv hineingeboren, dem er sein Leben lang verpflichtet blieb. Hier dominieren nüchterne Sachlichkeit und emotionale Distanziertheit, dort gab es mehr Nähe zwischen den Menschen und Leidenschaften wurden offener zum Ausdruck gebracht. Hier ist alles in tausenderlei Fachzuständigkeiten aufgesplittert, dort machte jeder alles (aber entsprechend das meiste auch nicht so gut). Soweit also die fünf Merkmale der Moderne, die in der Fachsprache auch als 'pattern variables' (Parsons) bezeichnet werden.

Man kann es vielleicht auch noch anschaulicher formulieren: Hier die Lebensverhältnisse in der Großstadt als typisch moderne Lebensform, dort die Lebensverhältnisse auf dem Dorf als Lebensform der Vergangenheit. Hier der anonyme und flüchtige Verkehr in der Gesellschaft, dort der persönliche und umfassend verbindliche Umgang in der Gemeinschaft. Diese Entsprechung des Verhältnisses von Schule und Familie mit dem Verhältnis von Moderne und Tradition ist nicht ganz zufällig. Denn in gewisser Weise spiegelt die Schule die Prinzipien und sozialen Regeln der Moderne und der modernen Berufswelt, während die Familie, auch wenn sie sich im Lauf der Zeit wesentlich verändert hat, Restbestände der Grundprinzipien traditioneller Lebensweisen verkörpert. Ursprünglich ist nämlich die Familie inklusive der Verwandtschaft das allzuständige Prinzip der Vergesellschaftung – in Form des Familienbetriebs, der Familiendynastie, des Ahnenkults hat sie einstmals das ganze Leben bestimmt, nicht nur die Privatsphäre.

Auch bei der Untersuchung der Situation in Entwicklungsländern hat sich gezeigt, dass der Schulbesuch und die Arbeit in der Fabrik (statt traditioneller Landarbeit) mit der Entwicklung von 'modernen' Persönlichkeitsmerkmalen einhergeht. Der 'moderne, entwickelte Mensch' hätte demgemäß folgende Einstellungen und Überzeugungen (Inkeles 1984; Inkeles/Holsinger 1974):

- **Wirksamkeitsgefühl:** Der moderne Mensch ist davon überzeugt, dass er sein Leben durch seine Handlungen planen, kontrollieren und bestimmen kann. Entsprechend plant er seinen Bildungs- und Berufsweg, wählt seinen Ehepartner selbst aus, greift zu Mitteln der Geburtenkontrolle, bevorzugt Zeitplanung statt 'in-den-Tag-zu-leben', ist selbstdiszipliniert und ehrgeizig. Kurz: Der moderne Mensch erschafft sich selbst durch methodisch-rationale Lebensführung.
- **Soziale Neugierde und politisches Engagement:** Der moderne Mensch interessiert sich für die Vorgänge in der Gesellschaft und versucht sie durch politisches Engagement – zum Beispiel Wahlteilnahme – zu beeinflussen.
- **Überwindung des Partikularismus und Egozentrismus:** Der moderne Mensch kann sich leicht in andere Menschen hineinversetzen und entwickelt daher mehr Empathie für Menschen außerhalb seiner unmittelbaren Ver-

wandtschaft. Entsprechend bemüht er sich, schwächere Menschen und Untergebene nicht zu schikanieren und zu demütigen.

* **Kulturelle Aufgeschlossenheit und kognitive Flexibilität:** Der moderne Mensch ist neuen Entwicklungen und fremden Menschen gegenüber aufgeschlossen und begegnet ihnen nicht mit Vorurteilen.

Man könnte auch sagen: Der moderne Mensch ist einfach wunderbar und wenn wir die Welt nur ausreichend beschulen und modernisieren, verschwinden Not, Elend und Krieg bald im Handumdrehen! Solche euphorischen Vorstellungen, wie sie insbesondere vor dem Hintergrund des 'Wirtschaftswunders' nach dem Zweiten Weltkrieg gepflegt wurden, haben jedoch umfangreiche Kritik hervorgerufen, so dass wir diesen Entwurf vom Bild des modernen Menschen und den Wirkungen schulischer Bildung im Folgenden in mindestens dreierlei Weise korrigieren müssen: 1) Es ist schwer nachweisbar, inwieweit bestimmte Persönlichkeitsmerkmale tatsächlich von bestimmten Merkmalen der Sozialstruktur – zum Beispiel dem Schulbesuch – abhängen. 2) Es ist zweifelhaft, ob Bildung oder überhaupt die Moderne tatsächlich zu mehr Menschenliebe und Friedfertigkeit führen. 3) Es ist fraglich, ob die hier vorgestellten Persönlichkeitsmerkmale nicht in sich widersprüchlich sind. Es ist insofern auch nicht klar, welche eher der Industriegesellschaft und welche verstärkt vielleicht erst in der postindustriellen Wissensgesellschaft auftreten.

7.4 Einige methodische Zweifel

Die Zahl der Störche hat sich vermehrt und es sind mehr Kinder zur Welt gekommen: Folglich ist eindeutig bewiesen, dass der Klapperstorch die Kinder bringt! Oder? Wenn wir eine Gleichzeitigkeit zwischen zwei Phänomenen A und B beobachten – zum Beispiel: der Schulbesuch wird obligatorisch und die jungen Leute akzeptieren nicht mehr, dass die Eltern und die Verwandtschaft den zukünftigen Ehepartner aussuchen – dann unterstellen wir meist automatisch eine direkte kausale Verbindung vom Typus 'A bewirkt B' (oder 'B bewirkt A'). Aber die Gleichzeitigkeit, wenn sie nicht ohnehin rein zufällig ist, kann auch anders zustande kommen, nämlich über indirekte und komplexere kausale Verkettungen, wie zum Beispiel die Existenz eines Prozesses C, der sowohl das Phänomen A als auch das Phänomen B hervorruft. Zum Beispiel: Infolge von Industrialisierung (C) ist es möglich, seinen Lebensunterhalt unabhängig vom elterlichen Besitz zu verdienen. Also kann man auf die Wünsche der Eltern und der Verwandtschaft 'pfeifen' (B), was man auch in den Generationen zuvor gerne getan hätte, es sich aber kaum erlauben konnte. Zugleich steigt der Wohlstand, in der Industrie werden meist nur alphabetisierte Arbeitskräfte eingestellt, deshalb ist es möglich und nötig, die Kinder auf die Schule zu schicken (A). Also wäre die oben angeführte *direkte* Kausalitätsannahme irreführend, der Schulbesuch (A) bringe die Leute auf die Idee, den Heiratspartner selbst auszuwählen (B).

Abbildung 7.1: Befürwortung der "Abschiebung von Gastarbeitern bei Knappheit an Arbeitsplätzen" nach Schulabschluss und Altersgruppe. ALLBUS-Befragungen im Jahr 1980 und 1988

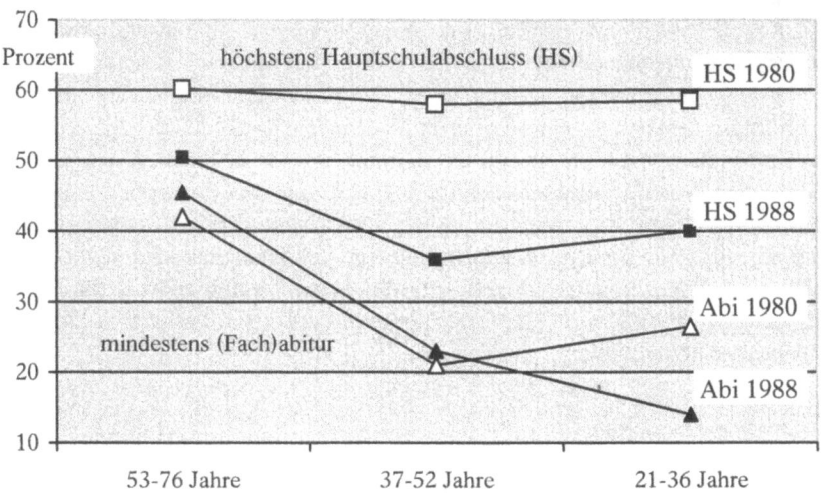

Quelle: Baumert 1991: 344

Nehmen wir ein anderes, aber verwandtes Beispiel. Man hat festgestellt, dass Menschen mit höherer Schulbildung aufgeschlossener gegenüber Einwanderern sind und seltener als Menschen mit niedrigerer Schulbildung fremdenfeindlichen Urteilen zustimmen (vgl. Abbildung 7.1). Daraus hat man geschlossen, dass hier ein direkter Kausalitätszusammenhang bestehe (Baumert 1991). Denn Bildung öffnet den Gesichtskreis und macht sichtbar, dass die Fremden oder die Einwanderer, die jenseits des Kirchturmhorizonts des Dorfes und der eigenen Tradition leben, oberflächlich besehen zwar anders sind, aber im Grunde genauso wie wir nachvollziehbaren sozialen Regeln gehorchen und deshalb nicht gefährlicher und nicht schlechter sind als wir selbst und die Einheimischen, die wir von klein auf kennen. Dies war ja auch eine Theorie, die wir in Kapitel 5.4 zur Erklärung der Akzeptanz oder Abwehr gegenüber Fremden vorgestellt hatten. Allerdings hatten wir dort auch eine zweite Theorie ins Feld geführt, derzufolge Fremdenfeindlichkeit vor allem aus Konkurrenz um knappe Ressourcen entsteht. Entsprechend kann man den Zusammenhang in der Abbildung 7.1 auch anders interpretieren: Die oberen Schichten, die im Allgemeinen über eine höhere Schulbildung verfügen, profitieren von den Einwanderern, die sich in Deutschland aus den bildungsfernen Schichten ihrer Herkunftsländer rekrutieren und hier die 'Drecksarbeiten' zu niedrigen Löhnen übernehmen. Die Hauptschüler hingegen werden durch diese Form der 'unterschichtenden' Immigration unter Konkurrenzdruck gesetzt – entsprechend würden sie abwehrend und ressentimentgeladen reagieren.

Welche Interpretation ist nun richtig? In diesem Fall können wir einer Beantwortung tatsächlich näher kommen, indem wir jüngere Daten heranziehen. Aus Abbildung 7.2 wird ersichtlich, dass in jüngerer Zeit und in der jüngeren Generation Fremdenfeindlichkeit nun verstärkt auch bei den höher Gebildeten auftritt (Leschinsky/Cortina 2003: 38ff.). Das könnte damit zusammenhängen, dass im Zuge der Diskussion um Sozialabbau und Globalisierung sich erstmals auch die gebildeten Mittelschichten verstärkt vom Abstieg bedroht fühlen, und insbesondere natürlich die jüngeren, die sich in der sozial unsicheren Phase des Berufseinstiegs befinden.

Insgesamt wird an der Grafik zugleich deutlich, dass es noch eine ganze Reihe weiterer, rätselhafter Effekte gibt: Offenbar sind die Angehörigen der älteren Generation – auch unabhängig von ihrer Bildung – im ganzen weniger aufgeschlossen als die Angehörigen jüngerer Generationen. Ist das ein Alterseffekt – wird man mit zunehmenden Alter automatisch verschlossener und abwehrender? Oder ist das ein Generationeneffekt? Die Theorie des Generationeneffekts unterstellt, dass Menschen gerade in ihrer Kindheit und Jugend besonders stark von ihrer Umwelt geprägt werden. Dementsprechend würde man hier annehmen, dass die Älteren, die ihre Kindheit und Jugend im Faschismus und in der konservativen und kargen Nachkriegszeit verbracht haben, weniger liberal und großzügig sind, als die Jüngeren, die im Wohlstand und nach der 'Kulturrevolution' von 1968 groß wurden. Insgesamt wird an den unterschiedlichen Reaktionen zu verschiedenen Befragungszeitpunkten auch sichtbar, dass es gesamtgesellschaftliche Stimmungslagen gibt, die sich bei allen Generationen und Bildungsschichten in ähnlicher Weise bemerkbar machen – 1988 und 1996 war die Stimmung insgesamt aufgeschlossener als 1980 und im Jahr 2000. Wir müssen also davon ausgehen, dass nicht nur der Schulbesuch und Bildungsstand, sondern eine ganze Reihe von anderen Einflüssen Akzeptanz oder Abwehr gegenüber Fremden bewirken. An diesem Beispiel wird somit deutlich, dass wir oft mit einem sehr komplexen Geflecht von Faktoren konfrontiert sind. Daher

Abbildung 7.2: Zustimmung zur Aussage "Ausländer sollen ihren Lebensstil dem der Deutschen besser anpassen" nach Schulabschluss und Altersgruppe. ALLBUS-Befragung im Jahr 2000

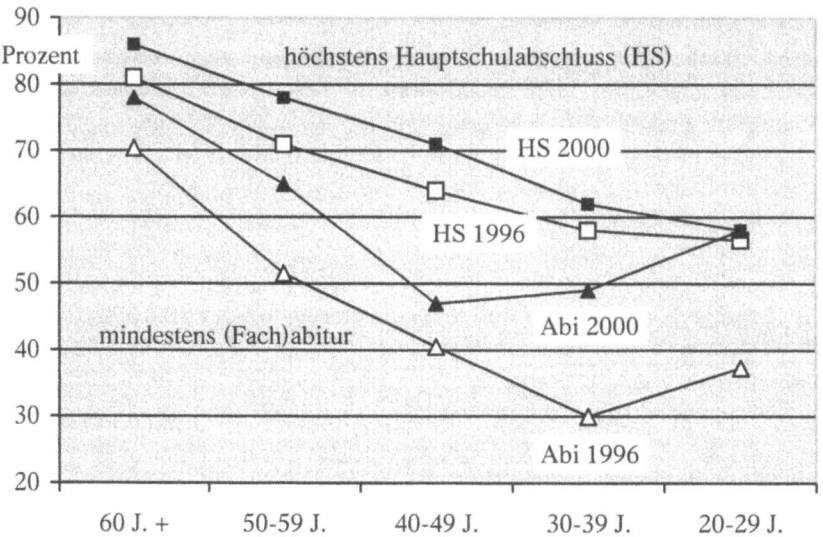

Quelle: Leschinsky/Cortina 2003: 43

ist es äußerst schwer, Zusammenhänge zwischen Sozialstrukturen, Sozialisationsprozess und Charaktermerkmalen schlüssig nachzuweisen (vgl. Timmermann/Melzer 1993).

Wir sind bis jetzt der Frage nachgegangen, ob Schulbesuch die heute allgemein positiv konnotierte Eigenschaft der Aufgeschlossenheit und Akzeptanz gegenüber Fremden erzeugt. Umgekehrt stellt sich nun die Frage, ob der Schulbesuch vielleicht auch negative Wirkungen hervorrufen kann. Erzieht die Schule vielleicht zu Duckmäusertum, vorauseilendem Gehorsam, und zu der Bereitschaft, stumpfsinnige und fremdbestimmte Arbeiten zu übernehmen? Ist die Sozialisationswirkung der Schule, ihr 'heimlicher Lehrplan', vielleicht in einem ganz anderen Sinne funktional, als von den Modernisierungstheoretikern unterstellt? Kritiker der Modernisierungstheorie behaupten, dass die verborgene Funktion, der 'heimliche Lehrplan' darin bestehe, durch scheinbar fairen Wettbewerb und permanente Frustration im Unterricht den Kindern der Unterschicht ein Unterlegenheitsgefühl anzuerziehen, das sie ihr Klassenschicksal klaglos hinnehmen lässt (Zinnecker 1975; Bourdieu/Passeron 1971).

Oder macht fortgesetzte Schulbildung vielleicht auch nur den Unterschied, dass man weiß, was 'sozial erwünscht' ist und auch bereit ist, die sozial erwünschte – also 'fremdenfreundliche' – Antwort zu geben? Haben vielleicht manche auch nur deshalb einen höheren Schulabschluss, weil sie generell von ihrer Charakterstruktur her eher als andere bereit sind, 'sozial erwünschte' Antworten zu geben, das heißt zu 'schleimen'? Die Modernisierungstheoretiker haben diese Fragen nach negativen oder ideologischen Wirkungen kaum gestellt, daher ist ihre Betrachtung einseitig. Deshalb müssen wir die gesellschaftlichen Wirkungen von Schulbesuch und Bildung im Folgenden noch einmal in einem breiteren Rahmen erörtern.

7.5 Bescheren uns Bildung und Modernisierung bessere Menschen?

Wir haben soeben festgestellt, dass sich die Wirkungen von Schulbildung auf die Lebensführung und die Form der gesellschaftlichen Integration gar nicht so leicht bestimmen lassen. Aber gehen wir jetzt trotzdem einmal davon aus, dass mit dem Schulbesuch Bildungsprozesse verbunden sind, die die Menschen aus der eingelebten, dörflichen und vom konkreten Augenschein her bekannten Welt der Agrargesellschaft herauslösen und ihnen einen weiteren Wahrnehmungshorizont eröffnen. Soweit ich sehen kann, bestreitet niemand diesen Effekt. Umstritten ist allerdings, ob dieser Effekt so einseitig und so positiv zu bewerten ist, wie von der Modernisierungstheorie behauptet.

Zunächst einmal können wir die oben aufgeführten Eigenschaften des modernen Menschen und des modernen Lebens in ein ganz anderes Licht setzen (vgl. van der Loo/van Reijen 1997):

• **Platzierung durch Leistung** (statt durch Geburt oder andere gegebene Eigenschaften): Das bedeutet, dass alle permanent unter Leistungsdruck stehen und gegeneinander konkurrieren. Zwar kann jeder aufsteigen, aber ebenso kann auch jeder von seinem Platz verdrängt werden und absteigen.

- **Universalität von Normen:** Es verschwinden zwar Sonderrechte und Privilegien, aber entsprechend können auch nicht mehr die Besonderheiten der historischen Situation und der durch gegebene Eigenschaften unterschiedlichen Ausgangslage berücksichtigt werden.
- **Universalität von Wissen(schaft):** Die ganze Welt soll dadurch transparent und in der Perspektive auch kontrollierbar werden. Aber dadurch verschwinden lokale Spezifitäten und Kulturbedeutungen, alle Vorstellungen und Praktiken werden vereinheitlicht. Die Welt wird entzaubert und in der Konsequenz langweilig.[5]
- **Individuelle Unabhängigkeit:** So wie ich frei bin, mich gemeinschaftlichen Bindungen zu entziehen, sind es auch die anderen – mit der Konsequenz für mich, dass ich mich auch nicht mehr auf Zuwendung und sichere Einbettung verlassen kann. Mit der Möglichkeit der Wahl ergibt sich zugleich der Zwang zu wählen – obwohl ich oft vielleicht gar nicht weiß, "was ich selbst will". Weil ich aber – formell zumindest – die Chance hatte zu wählen, muss ich mir in jedem Fall die Konsequenzen selbst zuschreiben lassen.
- **Affektkontrolle:** Es ist zwar ganz beruhigend zu wissen, dass man nicht allenthalben Gefahr läuft, ungefragt geküsst oder geschlagen zu werden. Aber dadurch entsteht vielfach eine kühle, distanzierte oder mit Gefühlskonserven künstlich präparierte Atmosphäre. So erfährt man nie genau, woran man mit seinen Mitmenschen ist. Zudem ist es nicht ganz einfach, die eigenen Leidenschaften permanent in Schach zu halten und sozial erwünschte Gefühle zu heucheln.
- **Spezifität:** Es ist wunderbar, dass ich in einem Schraubengeschäft ganz besondere Schrauben kaufen kann. Also stehe ich vor den Regalen und brauche eine Viertelstunde, bis ich eine Sorte wähle. Zuhause stelle ich fest, dass es doch nicht die richtigen sind, weil es in diesem Fall eine besondere Unterart sein muss ... . Spezialisierung führt zwar zur Vervielfältigung der Optionen und zur Leistungssteigerung im jeweiligen Teilbereich, aber auch zur Zersplitterung und Verselbständigung der Funktionsbereiche untereinander, zur Vereinseitigung und Fachidiotie der Betreiber, zur Schwerfälligkeit der Organisation, und zur Undurchschaubarkeit für den Klienten (vgl. Kap. 6.4).

---

5 Außerdem funktioniert das Programm auch nicht: Naturgesetze gelten nur unter Laborbedingungen. In der Realität macht sich doch der lokale Kontext mit seiner unüberschaubaren Zahl von Wechselbedingungen bemerkbar. Deswegen sind Technologien und ihre Umweltwirkungen auch nicht wirklich beherrschbar (Perrow 1989).

Insgesamt scheinen den Freiheitsgewinnen und den Sicherheitsgewinnen durch Modernisierung auch Freiheitsverluste und Sicherheitsverluste gegenüber zu stehen (Schroer 2000).

Max Weber hat zu Beginn des 20. Jahrhunderts die methodisch-rationale Lebensführung, die den Menschen zunächst durch den Protestantismus nahegebracht wurde, sich dann im Kapitalismus aber verselbständigte, als "ehernes Gehäuse der Hörigkeit" beschrieben. Die Menschen hätten sich angewöhnt und seien durch den Konkurrenzdruck auch gezwungen, in rast- und besinnungsloser Tätigkeit Leistung, Gewinn und Geld um ihrer selbst willen anzustreben. Und weiter donnerte er der Modernisierung entgegen: "Fachmenschen ohne Geist, Genußmenschen ohne Herz, dies Nichts bildet sich ein, eine nie vorher erreichte Stufe des Menschentums erstiegen zu haben" (Weber 1996: 154).

Theodor Adorno hat kurz nach dem Zweiten Weltkrieg im Rückgriff auf die psychoanalytische Theorie von Sigmund Freud den modernen Menschen als "autoritären Charakter" gebrandmarkt, der in großen und anonymen Hierarchien darauf getrimmt werde, fühl- und reibungslos zu funktionieren, sich dann aber für die Gefühls- und Triebunterdrückung an Schwächeren räche. Entsprechend hat er die moderne Zurichtung des Menschen für den Faschismus verantwortlich gemacht (Adorno 1995).

In jüngerer und äußerlich sehr viel liberalerer Zeit hat Michel Foucault deutlich gemacht, dass sogar radikale Emanzipationsbestrebungen, wie sie zum Beispiel in der 'Sexuellen Revolution' der 1968er-Jahre zum Ausdruck kamen, einem subtilen inneren Zwang unterliegen, durch permanente Analyse und Besprechung selbst der verborgensten Regungen den Sex und alle anderen Leidenschaften gerade auch in der Triebentladung berechenbar und kommerziell verwertbar zu machen (Foucault 1977).

So ist es dann in der Bilanz um die zivilisatorischen Leistungen des modernen Menschen nicht unbedingt zum Besten gestellt: Das 20. Jahrhundert hat zwar ganz erhebliche Verbesserungen der materiellen Lebensbedingungen gebracht, war aber, im Kontext der Weltgeschichte gesehen, das bislang blutigste Jahrhundert. Das liegt ironischerweise daran, dass beim modernen Menschen, ganz wie von den Modernisierungstheoretikern konstatiert, Empathie und Affektkontrolle aufs Erste gesehen recht gut funktionieren. Indem sich nämlich Mitgefühl und Solidaritätsbereitschaft nicht mehr nur auf die Familie und die Angehörigen des eigenen Standes, sondern auf die ganze Nation richten, können nun sehr viel größere Menschenmassen aus recht abstrakten Gründen gegeneinander mobilisiert und in Gewalttätigkeit versetzt werden. Zudem setzt der Betrieb und die Bedienung moderner Waffen mit ihrer vervielfachten Zerstörungswirkung technische Ausbildung und Affektkontrolle voraus: Der Pilot, der eine Atombombe abwirft, muss ein Flugzeug fliegen und den Bordcomputer mit den Zieldaten programmieren können – dazu darf und muss er sich nicht wie ein mittelalterlicher Schwertkämpfer in Raserei versetzen. Das typisch moderne Morden setzt keinen persönlich grausamen, enthemmten Täter voraus, sondern ist gerade deshalb so wirksam und unheimlich, weil es systematisch und distanziert vonstatten geht. Adolf Eichmann, der vom Schreibtisch aus den Holocaust organisierte, war selbstverständlich ein höflicher, zivilisierter und formal gebildeter Mensch – das gerade macht die schwer fassbare "Banalität des Bösen" in der bürokratisch gesteuerten Welt aus (Arendt 1964).

Man kann an dieser Stelle einwenden, die getrübte Bilanz bisheriger Modernisierung liege vor allem daran, dass Modernisierung eben noch nicht in ausreichendem Maße erfolgt, sondern immer auf halbem Wege, etwa im Nationalismus stecken geblieben sei. Wenn sich Empathie dagegen kosmopolitisch weitere, würde auch der Weltfrieden erreichbar sein (Beck 2002). Immerhin habe wenigstens in Europa nach dem Zweiten Weltkrieg das Kämpfen im Wesentlichen aufgehört. Wie in der Einleitung zu diesem Buch schon bemerkt: Wir sind zur Hoffnung verdammt. Aber ein wenig Skepsis ist dennoch angebracht. Denn die Kapazitäten der Menschen zum Mitgefühl sind ebenso wie ihre intellektuellen Fähigkeiten begrenzt und lassen sich selbst durch noch so umfangreiche Bildungsmaßnahmen nicht wesentlich erweitern. Unverkennbar ist zwar, dass wir heute auch jenseits des nationalen Horizonts "Fernstenliebe" walten lassen in Form von Spendenbereitschaft, Hilfsorganisationen und UNO-Blauhelmen – immer dort, wohin sich gerade der Fokus der Fernsehkameras für einen kurzen Augenblick lang richtet. Aber ob die vom Welthandel Ausgeschlossenen und durch das Fernsehen trotzdem an die Bilder von unserem Reichtum Angeschlossenen sich durch Almosen und humanitären Imperialismus besänftigen lassen, sei dahingestellt. Zudem ist unverkennbar, dass im gleichen Moment, wo die 'Liebe' so in die Ferne schweift, die soziale Ungleichheit in den reichen Nationen zunimmt. So ist zwar in der postnationalen Konstellation nicht mehr so sehr der Krieg zwischen hierarchisch organisierten Großgruppen – Staaten oder Bürgerkriegsparteien – zu befürchten. Aber spontane Gewalttätigkeit und sektenförmiger Terrorismus schaffen eine neue Bedrohungssituation, die zum einen weniger kalkulierbar und zum anderen beinahe genauso gefährlich ist, seit der wissenschaftlich-technische Fortschritt und die weltweite Bildungsexpansion Massenvernichtungsmittel auch in die Reichweite von kleineren Gruppen bringen. Die Täter des 11. September 2001 waren keineswegs ungebildet und sie hatten sich ironischerweise in den Ländern ausbilden lassen, deren kulturelle Wahrzeichen sie angriffen.

7.6   Disziplinierung der Lebensführung *oder* Öffnung des geistigen Horizonts?

Aber nicht nur für die gesellschaftliche Integration, auch im Hinblick auf die Lebensführung und Charakterstruktur der Menschen hat Bildung durchaus widersprüchliche und ambivalente Wirkungen. Zum einen bewirkt beziehungsweise selektiert sie eine Tendenz zu stärkerer innerer Steuerung, das heißt zu einer genaueren und kalkulierteren Selbstkontrolle im Rahmen eines erweiterten, die ganze Lebensspanne umfassenden Planungshorizonts. Zum anderen wird aber mit der Öffnung des geistigen Horizonts die Selbstkontrolle immer schwieriger, weil ein immer größeres Spektrum von Optionen sichtbar wird und sich die Kriterien der Selbstreflexion und Selbstevaluation vervielfältigen.

Im Rahmen des Kirchturmhorizonts und der Tradition ist die Lebensführung in vielerlei Hinsicht von außen vorgegeben und kontrolliert. Was zu erfolgen hat und wann es zu erfolgen hat, ist durch Vorbilder und Rituale recht weitgehend festgelegt. Da der und die Einzelne in einer festgefügten Gemeinschaft leben und sich eine Privatsphäre auch noch kaum ausgebildet hat, sind er und sie permanenter Beobachtung ausgesetzt und in ständiger Reichweite von Sanktionen. Allerdings scheinen die Vorschriften vielfach nicht besonders streng und die Überwachung recht lax gewesen zu sein (z.B. für die Sexualität: Ariès et al. 1995). So zielte die katholische Religion als Erziehungsprozess zunächst nur auf die Ausbildung eines Gewissens in negativer Absicht: Du sollst *nicht* töten, du sollst *nicht* ehebrechen etc.

Protestantische und weltliche Bildungsprozesse setzen die Einzelnen aus den traditionellen Vorschriften frei.[6] Sie geben ihnen aber vermehrt Mittel an die Hand, sich selbst verstärkt in positiver Absicht zu kontrollieren: *Du sollst* den Tag und dein Leben nutzen. Die neuerworbenen Fähigkeiten des Lesens, Schreibens und Rechnens bedeuten, dass die Menschen nun verstärkt Tagebücher und Haushaltsbücher führen und so ihre Lebensplanung und alltägliche Lebensführung selbst reflektieren und überwachen. Das neue Idol ist der bürgerliche Unternehmer, der durch asketische und rationale Lebensführung seine

---

6   Unter dem Druck der Konkurrenz durch den Protestantismus und aufgrund der Modernisierung
    der Lebensverhältnisse hat sich auch die katholische Kirche entsprechend gewandelt.

Bildung, seine Arbeitskraft und sein Geld mehrt, um damit sein Unternehmen auszubauen und Reichtum um des Reichtums willen zu schöpfen (Weber 1996). Der *Homo oeconomicus* berechnet die Welt und wird dadurch der Tendenz nach in seinem eigenen Verhalten berechenbar: Er sucht den höchstmöglichen Nutzen zu den niedrigsten Kosten. Wenn wir die Randbedingungen so wahrnehmen wie er, können wir – anders als bei einem Menschen, der irrationalen Leidenschaften folgt – im Prinzip vorhersagen, was er als nächstes tun wird (Hirschman 1980).

Bildung als Voraussetzung, Einübung und Ertrag von methodisch-rationaler Lebensführung scheint aber nicht nur zu Reichtum im Sinne vermehrter Geld- und Gütereinkommen zu führen. Beeindruckend ist auch ihr Beitrag zu einem medizinisch gesünderen und kontrollierteren Leben. Wie sich in vielen Ländern gezeigt hat, ist es vor allem der Bildungsstand der Frauen, der statistisch gesehen darüber entscheidet, ob diese die Zahl ihrer Geburten als schicksalhaft annehmen oder sie zu kontrollieren versuchen. In Abbildung 7.3 (unten) wird dieser Zusammenhang am Beispiel der Türkei deutlich gemacht. Erkennbar wird dabei, dass mit steigender Bildung auch die Säuglingssterblichkeit abnimmt: Frauen, die nicht lesen können, bekommen im Durchschnitt etwa sieben Kinder, von denen zwei als Säuglinge sterben. Frauen, die die Sekundarschule besucht haben, bekommen dagegen nur etwas mehr als 2 Kinder; die Säuglingssterblichkeit ist bei ihnen gegenüber den Analphabetinnen um das vierfache reduziert. Allerdings ist der Effekt der abnehmenden Säuglingssterblichkeit nur zum geringen Teil unmittelbar auf die Bildung zurückzuführen, sondern hängt wesentlich auch mit der besseren Ernährung und besseren medizinischen Versorgung zusammen, die für Familien verfügbar ist, die sich einen längeren Schulbesuch ihrer Töchter leisten können.

Menschen mit höherer Bildung sind gesünder und haben eine deutlich höhere Lebenserwartung (Becker 1998). Das liegt zunächst natürlich daran, dass sie im Allgemeinen die besseren Berufspositionen einnehmen, daher gesündere, weniger zermürbende Arbeitsbedingungen haben und sich mit mehr Geld eine günstigere Wohnumwelt schaffen können. Aber auch unabhängig von der Berufsposition und Klassenlage haben die Gebildeteren immer noch erhebliche Vorteile gegenüber den weniger Gebildeten. Zum Ersten sind sie eher in der Lage, sich medizinisches Wissen anzueignen und sich in Krisensituationen insgesamt mehr Auswege und Reaktionsmöglichkeiten zu erschließen. Zum Zweiten sind sie auch disziplinierter und konsequenter in ihrer Lebensführung – sei es, weil ihnen das im Bildungssystem tatsächlich antrainiert wurde, oder sei es, weil das Bildungssystem die Undisziplinierten und Inkonsequenten aussiebt und ihnen höhere Abschlüsse verweigert. Entsprechend pflegen sie einen maßvolleren Umgang mit Genussgiften wie Alkohol, Nikotin sowie fettem, süßem und salzigem 'Junkfood'.

Abbildung 7.3: Zusammengefasste Geburtenziffern türkischer Frauen in der Türkei - nach Bildungsniveau

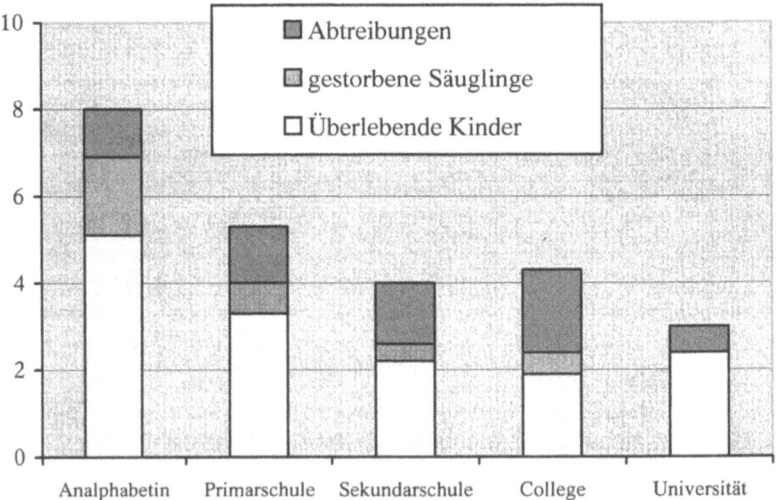

Quelle: Nauck 1997: 173 (nach Turkish Population Survey 1983)

Insgesamt scheinen die Gebildeten nicht so sehr von 'Action' und physischem 'Thrill' – schnellem Autofahren, ohrenbetäubender Musik etc. – abhängig zu sein. Aber das ist in vielen Fällen nicht nur als entsagungsvolle Askese zu verstehen: Gebildetere Menschen verfügen über eine besser trainierte Phantasie und dadurch über ein weiteres Spektrum subtilerer Befriedungsmöglichkeiten (Fine et al. 1996: 228; Campbell 1987; Schulze 1993). Entsprechend ist mit höherer Bildung auch der physische Alterungsprozess besser zu ertragen – mit wachsender Erfahrung treten dann verstärkt kulturelle Interessen an die Stelle von eher körperbetonten Lüsten (Baltes 2001).

Bildung geht aber nicht zwangsläufig mit methodisch-rationaler Lebensführung und konsequenter Lebensplanung einher. Die Erweiterung des geistigen Horizonts kann auch zu starken Orientierungsschwierigkeiten führen, weil ja nicht nur die Mittel, sondern auch die Ziele der Lebensführung infrage gestellt werden können, wenn man nicht einfach den eingelebten Vorbildern folgt: Welchen Beruf soll ich wählen? Welches Ehe- oder Partnerschaftsmodell soll ich anstreben? Welcher religiösen beziehungsweise politisch-moralischen Rechtfertigungslehre soll ich folgen? Welchen Lebensstil soll ich pflegen?

Gerade die *literarische* Bildung präsentiert hier einen extrem weiten Optionenraum und mit jedem weiteren Buch, das ich lese, kann die Qual der Wahl größer werden.[7] Aber es ist nicht nur die äußere Vielfalt von Angeboten. Denn ich frage mich in diesem Moment zugleich, wer 'ich' bin und welche der präsentierten Optionen dementsprechend 'mir gemäß' wäre. Doch auch das macht die Wahl keineswegs einfacher. Denn je kontemplativer ich bin und umso sensibler ich in mich hineinhorche, umso mehr wird mir auch meine innere Vielfalt, Widersprüchlichkeit und Unstetigkeit bewusst. Eine zusätzliche Komplikation ergibt sich dadurch, dass ich merke, dass das 'Ich', das in 'mich' hinein horcht, zu recht unterschiedlichen Ergebnissen kommt, je nachdem in welcher Stimmung es selbst sich gerade befindet. Und indem ich mich in immer weitere und abstraktere Schleifen der Reflexion und Metareflexion hineingrübele, verliere ich immer mehr den Handlungsimpuls und die Entschlusskraft und komme am Ende zu gar keiner Entscheidung. Entsprechend neigen viele Intellektuelle eher zur Melancholie als zu gradliniger Lebensführung und zu tatkräftigem Handeln (Lepenies 1998).

Gebildete Menschen suchen sich gebildete Ehepartner, was heute umso leichter fällt, als Frauen und Männer einen etwa gleichen Bildungsstand haben (Blossfeld/Timm 1997; Rüffer 2001). Galt früher in den gehobeneren Schichten – und in konservativen Haushalten bis heute – die Bildung der Ehefrau vor allem deswegen als wünschenswert, um die Kinder besser anzuleiten und eine repräsentable Gesellschafterin darstellen zu können, so ist sie heute vor allem Voraussetzung der Gesprächskultur zwischen den Eheleuten. Indem, wie wir in Kapitel 3.3 gesehen haben, Ehen und Partnerschaften nicht mehr auf der Basis von Nützlichkeit, sondern von emotionaler Nähe und Verbundenheit geschlossen werden, muss der Bildungsstand und der kulturelle Horizont einigermaßen

---

7   Menschen, die sich ausschließlich auf eine naturwissenschaftlich-technische Ausbildung konzentrieren, scheinen weniger stark den Herausforderungen und Verunsicherungen ausgesetzt, wie sie mit der literarischen und geisteswissenschaftlichen Bildung vielfach verbunden sind. Denn die naturwissenschaftlich-technische Bildung fragt im Allgemeinen nur nach den Mitteln, nicht nach den Zielen der Lebensführung. Der Ingenieur baut uns eine Brücke über den Fluss, aber er fragt wahrscheinlich nicht, warum sie hierhin oder dorthin führen wird, und erst recht nicht, ob sie überhaupt gebaut werden soll (Huber 1989). Aber auch Studierende der Naturwissenschaft und Technik haben mit Beziehungsschwierigkeiten und Entfremdungsgefühlen zu kämpfen (Brämer 1992). Sie enthalten sich auch nicht des politischen Protests, den sie aber zumeist systematischer und konsequenter angehen (Straub 1993).

ähnlich sein, um Erfahrungen und Erlebnisse in einem intimeren Sinn kommunizieren zu können. Freilich sind die auf komplementäre Nützlichkeit – 'Er' schafft das Geld ran, 'Sie' kümmert sich um den Haushalt und die Kinder – gegründeten Partnerschaften stabiler, weil die Eheleute, vor allem die Ehefrauen, stärker abhängig sind. Die auf 'Seelenverwandtschaft' gegründeten Partnerschaften sind zerbrechlicher, zum einen, weil der Gleichklang eventuell abhanden kommt, zum Zweiten, weil nun beide im praktischen Lebensvollzug nicht mehr so stark aufeinander angewiesen sind. Entsprechend ist die Scheidungsquote und die Verbreitung postkonventioneller Privatheitsformen – Singles, nicht-eheliche Lebensgemeinschaften, Patchworkfamilien etc. – in den gebildeten Schichten, vor allem aber bei gebildeten Frauen, höher als im Durchschnitt.

Indem ich nicht einfach der Tradition und irgendwelchen institutionellen Bahnen folge, sondern mich immer nach meinen jeweiligen Glückschancen, nach meiner 'Selbstverwirklichung' frage, werden auch meine persönlichen Beziehungen instabil (vgl. Kap. 3.3). Lebenslanges Lernen und häufiger Wechsel des Berufs weisen in eine ähnliche Richtung, alle drei Faktoren können wechselweise aufeinander Einfluss nehmen: Lernen legt den Wechsel des Berufs nahe oder der Jobverlust das Lernen. Mit dem Berufswechsel oder der Änderung des Denkhorizonts lerne ich andere Menschen kennen, wechsle die Stadt und vielleicht den Ehepartner. Oder umgekehrt: Änderungen in den sozialen Beziehungen können die Ursache für einen Wechsel der Beschäftigung sein, und so andere Denkhorizonte und Berufschancen eröffnen. Es ergibt sich also in der Folge die Entstandardisierung des Lebenslaufs, ein Phänomen, das man heute unter Gebildeten sehr viel häufiger antrifft als unter Ungebildeten (Müller 1998: 103). Wenn der Lebenslauf der mir nahe stehenden Menschen entstandardisiert ist, ist mein eigenes Leben kaum mehr planbar – oder nur in dem restriktiven Sinn, dass ich mit allem rechnen muss und mir selbst deswegen alle Optionen offen halte und daher auch nicht sehr viel in eine einzelne Option investiere (Goebel/Clermont 1997). Damit provoziere ich allerdings auch, dass meine Mitmenschen sich wahrscheinlich ebenfalls mit ihren Investitionen in die Beziehung zu mir zurückhalten. Es vermehren sich also nicht nur meine Glückschancen, sondern auch die Risiken, unglücklich zu werden.

7.7 Fazit und Ausblick: Was bedeutet Bildung in der postnationalen Konstellation?

Wenn wir den Argumentationsgang des Kapitels Revue passieren lassen, so können wir, zugespitzt und schematisch gesprochen, folgende Behauptung aufstellen (vgl. Übersicht 7.3): Nationalstaat und Industriegesellschaft haben – vermittelt auch über das Schulsystem – ein institutionalisiertes Individuum mit standardisiertem Lebenslauf hervorgebracht. Der aus den bäuerlich-dörflichen Traditionen herausgelöste Mensch wird hier im erweiterten Kreis durch nationale Institutionen aufgefangen und wieder eingebettet: durch den Bildungskanon der Schule, durch das Militär als 'Schule der Nation', durch die vor allem national formierte Wirtschaft, und durch Angebote der politischen Beteiligung in Gewerkschaften und Parteien, die vor allem auf das nationale Geschehen ausgerichtet sind. Die postnationale Konstellation und die postindustrielle Gesellschaft scheinen nun ein stärker subjektiviertes Individuum mit entstandardisiertem Lebenslauf hervorzubringen, das seinerseits mehr auf sich selbst gestellt ist. Es wird zwar wiederum aus dem Alten und Kleineren, diesmal den nationalen Institutionen, herausgelöst und ins Größere, ins Europäische und in einen weltweiten Horizont gestellt, findet dort aber – bisher jedenfalls – keine Wiedereinbettung, weil die ganze Welt – noch nicht oder vielleicht auch niemals – als kultureller, politischer und sozialer Zusammenhang begriffen werden kann. Das Schulwesen hingegen hält in Deutschland noch weitgehend an den aus dem 19. Jahrhundert überkommenen Strukturen fest. Es ist zu tiefgreifenden und umfassenden Reformschritten nicht bereit.

Die Rolle der Bildung in diesem Prozess ist im ersten Anlauf betrachtet unzweifelhaft: Sie erweitert den Gesichtskreis, löst das Denken vom Konkreten und Festgefügten und ermöglicht so Abstraktion, Flexibilität und Rekombination. Insofern ist sie ebenso Voraussetzung wie notwendige Reaktion auf Modernisierung und Globalisierung, also auf die durch Wissenschaft und Technologie vorangetriebene Erweiterung der sozialen und physischen Wirkungskreise, die sich zunächst vor allem im nationalen Raum erstreckte und heute vermehrt im transnationalen Rahmen stattfindet. Aber nicht nur der äußere Rahmen wird erweitert, grundsätzlich eröffnet sich so auch die Möglichkeit größerer innerer Freiheit, jedenfalls im Sinne des Abschüttelns herkömmlicher Bindungen und Kontrollen. Insofern sind Modernisierung, Bildung, Individualisierung und Globalisierung gleichsam ein Ensemble, dessen Bestandteile kaum allein auftreten können. Kontrovers ist allerdings die Bewertung dieses Modernisierungsprozesses: Ob er zur Zivilisierung der Gesellschaft führt oder als Fortsetzung

Übersicht 7.3:   Staat, Gesellschaft und Individuum in zwei Epochen

Nationalstaat und Industriegesellschaft	Postnationaler Staat und postindustrielle Wissensgesellschaft
Organisationen in Staat und Wirtschaft – Militär, Bürokratie, Fabrik – arbeiten wie Maschinen und setzen allmählich intern und extern standardisiertes Verhalten durch.	Es gibt Maschinen und standardisierte Prozesse als Selbstverständlichkeit. Deshalb Verhaltensanforderungen auf darüber hinausgehende Flexibilität, Kreativität und Empathie gerichtet.
Nationalstaat erzeugt für die Mehrheit – besonders im Krieg – Zugehörigkeit und Orientierung. Scharfe Abgrenzung gegen äußere 'Feinde'.	Postnationale Konstellation ist offen und unübersichtlich. Vielfache, überlappende und daher unscharfe Zugehörigkeiten und Ausschlüsse.
Nationaler Bildungskanon, bürokratisiertes Schulwesen, Homogenisierung der Schulklassen, disziplinierende und standardisierende Unterrichtsformen.	Mehr Wahlmöglichkeiten und liberalerer Umgangston, aber noch kein umfassendes und klares Reformkonzept für die Schule (vgl. Kap. 8 und 9).
Institutionalisierte Individuen mit standardisiertem Lebenslauf	Subjektivierte Individuen mit entstandardisiertem Lebenslauf
Bildung versucht methodische Lebensführung im Rahmen weitgehend vorgegebener Lebenswege zu vermitteln.	Bildung verbreitet den Horizont und konfrontiert mit einer Vielzahl möglicher Lebensziele.
Hierarchisch organisierte Gewalttätigkeit im Militär oder in einer politischen Partei (Krieg, Bürgerkrieg).	Spontane oder sektenförmige Gewalttätigkeit von kleinen Gruppen und Netzwerken (Randale, Terrorismus).
Ein klar abgegrenzter, spezialisierter Beruf fürs ganze Leben.	Viele Jobs oder ein allgemeiner gefasster Beruf und regelmäßige Fortbildung.
Konsum: relativ stabile und klar vorgegebene milieuspezifische Ausstattungs- und Besitzansprüche.	Wechselnde Moden und verwirrende Vielfalt von Imperativen der Erlebnissuche und Selbststilisierung.
Äußerlich stabile, weil auf komplementäre Rollen und wechselseitige Abhängigkeit gegründete Ehe.	Mehrere Lebensabschnittsgefährten und auf emotionalen Austausch gegründete Partnerschaften.

der Barbarei auf einer höheren Stufe verstanden werden muss, ob er eher aufgeschlossen-chaotische oder eher diszipliniert-autoritäre Persönlichkeitsstrukturen hervorbringt, ist im Ganzen umstritten und von Fall zu Fall unterschiedlich.

Vieles scheint heute in der postnationalen und postindustriellen Konstellation eher auf eine offene und chaotische Situation hinzudeuten. Was bedeutet es nun, wenn die Schule nicht mehr auf das Zentrum der Nation, entsprechend auch nicht mehr auf einen nationalen Bildungs- und Verhaltenskanon bezogen sein kann und es andererseits aber keine neuen Orientierungsmöglichkeiten durch einen inhaltlich gehaltvollen Begriff von Weltkultur und Weltbürgerschaft und einen entsprechenden globalen Bildungs- und Verhaltenskanon gibt? Wie können Schüler, wie Menschen generell, mit der daraus erwachsenden Unsicherheit zurechtkommen, dass man kaum von vornherein sagen kann, "was man im Leben wissen muss", weil es hier etwas anderes ist als dort, und heute nicht das gleiche wie morgen? Wie kann man Menschen die Zuversicht, die Hartnäckigkeit und die Neugierde vermitteln, dass sie *immer wieder von neuem* das lernen können, was jeweils gebraucht wird? Wie kann man ihnen aber zugleich auch klar machen, dass man umgekehrt nicht überheblich werden muss, wenn die anderen nicht auf Anhieb das wissen, was man selbst weiß – und zwar nicht bloß, weil das unhöflich wäre, sondern weil das eigene Wissen auch nur momentan und situativ brauchbar ist und eben nicht mehr einem ewig und überall gültigen Kanon entspringt, wie er in den Zeiten des Nationalismus und Kolonialismus noch imaginiert werden konnte (Said 1994; Bauman 1995). Die Dezentrierung in der postnationalen Situation scheint daher pädagogisch auf dasselbe hinzudeuten wie der beständige Wissenszuwachs und Wandel in der postindustriellen Berufswelt – auf lebenslanges Lernen (vgl. Kap. 6). Was das für die Schulen bedeuten *müsste,* davon wird in den folgenden Kapiteln noch im Einzelnen die Rede sein (vgl. Kap. 8 und 9).

Literatur zum Weiterlesen
Da in diesem Kapitel eine sehr umfassende Betrachtung erfolgt ist, wurden Materialien und Informationen aus den unterschiedlichsten Feldern zusammengezogen. Es fällt entsprechend nicht leicht, hier eine sinnvolle und vor allem beschränkte Auswahl zu treffen.

Ich konzentriere mich daher vor allem auf Werke, welche die Rolle von Schule und Bildung im Modernisierungsprozess beschreiben. Kluchert (1993) gibt eine umfassende historische Beschreibung des deutschen Schulwesens im 19. Jahrhundert, wobei er sehr sensibel die Zusammenhänge zwischen der Entwicklung in Staat und Gesellschaft und den Reformideen und Wandlungsprozessen in Gymnasien und Volkschulen nachzeichnet. Er zeigt, wie damals Bildunsgidee, Schulstruktur und Unterrichtsform des Industriezeitalters entworfen und etabliert wurden, die in vieler Hinsicht noch bis heute fortwirken. Dreeben

(1980) entwickelt in seinem 1968 erstmals erschienenen Buch in systematischer und gut verständlicher Form die modernisierungstheoretischen Vorstellungen von der heilsamen Sozialisationswirkung der Schule und der Hervorbringung des aufgeschlossen-disziplinierten Individuums. Kürzer und komprimierter findet sich ein Teil dieser Überlegungen auch in einem Aufsatz von Parsons (1968). Die von Zinnecker (1975) zusammengestellten kritischen Beiträge spüren dagegen den eher problematischen Wirkungen des 'heimlichen Lehrplans' nach. Leschinsky und Cortina (2003) führen in einem allgemeinverständlich gehaltenen Aufsatz die modernisierungstheoretischen Überlegungen mit Blick auf die Bildungsexpansion in Deutschland fort, geben ihnen aber, im Unterschied zur optimistischen Interpretation bei Baumert (1991), am Schluss eine skeptische Wendung.

In der Vielzahl der Werke zur Modernisierungstheorie und Modernisierungskritik ist das Buch (bzw. das erste Kapitel) von van der Loo und van Reijen (1997) besonders empfehlenswert, weil es eine leicht verständliche, aber trotzdem systematische, kritische und intellektuell anregende Einführung gibt. Schroer (2000) beschreibt in einem ebenfalls systematisch, verständlich und klar gehaltenen Buch (bzw. den zusammenfassenden Passagen) die unterschiedlichen Sichtweisen der Modernisierungstheorie und Modernisierungskritik auf das Individuum – oder anders ausgedrückt, der Chancen und Risiken der Individualisierung im Modernisierungsprozess. Evers (2001) gibt in einem Lehrbuchbeitrag einen einführenden und informativen Überblick über Vergangenheit und Gegenwart des Globalisierungsprozesses.

Kapitel 8: Schule und Lehrerberuf

Wir haben in den vorangegangenen Kapiteln über die Umwelt der Schule und des Lehrerberufs gesprochen – über die Lebensbedingungen, die soziale Herkunft, die berufliche und gesellschaftliche Zukunft der Schüler. Nun wollen wir – aus soziologischer Perspektive – von der Schule selbst sprechen. Dabei kann nicht so sehr, wie in den anderen Kapiteln, gefragt werden, was sich gegenwärtig – im Übergang von der Industriegesellschaft zur postindustriellen Wissensgesellschaft – verändert. In Deutschland verändert sich die Schule ja kaum, jedenfalls nicht in systematischer Weise. Zu beschreiben ist daher zunächst, wie Schule und Lehrtätigkeit in der Industriegesellschaft konzeptionell – als Organisation und Profession – zu verstehen sind. Historisch knüpfen wir dabei an die Ausführungen des vorigen Kapitels an, fragen jetzt aber nicht mehr nach den externen Wirkungen auf die Gesellschaft, sondern nach den internen Regelstrukturen, die die Schule ausmachen.

Was also hält die Schule in Deutschland in diesen – wie ich behaupte: veralteten – Regelstrukturen gefangen? Gibt es denn nicht Kontroversen und Reformen in der Schulpolitik? Es gibt sie zuhauf – aber in einer veralteten, unfruchtbaren Frontstellung. Zwischen Konservativen und Sozialdemokraten gibt es jede Menge Streit, aber in einem Punkt herrschte bis vor kurzem doch immer Konsens: Dass nämlich Schulen bürokratisch gelenkt werden könnten und gelenkt werden müssten und Reformen entsprechend auch 'von oben' einzuleiten wären. Gegen diese, für die Industriegesellschaft insgesamt typische Vorstellung, gibt es – vor allem im Ausland – Reformbestrebungen, die heute in Deutschland pauschal als 'progressiv' gelten. Bei näherem Hinsehen zeigt sich allerdings, dass es eigentlich zwei Gegenbewegungen sind, die in zwei sehr unterschiedliche Richtungen führen – einerseits neoliberale Reformvorschläge, die alles dem Markt und der Initiative der Einzelnen überlassen wollen; andererseits Vorschläge zur kommunalen Dezentralisierung, die zwar die Handlungsspielräume für die einzelnen Schulen erweitern wollen, aber zugleich die aktive Herstellung von sozialer Chancengleichheit ins Auge fassen.

8.1 Vorüberlegung: Bürokratisierte versus professionalisierte Arbeitsprozesse

Wenden wir uns also den Regelstrukturen der Schule und der Lehrtätigkeit zu. Zum einen ist die Schule eine bürokratische *Organisation*. Gemeint ist damit, dass die Lehrtätigkeit im Allgemeinen nicht von einzelnen Lehrern irgendwo, zum Beispiel zuhause bei den Schülern oder den Lehrern ausgeübt wird, sondern in Form eines umfassenden Lehrbetriebs, der nicht nur Lehrer und Schüler in einem Schulgebäude zusammenbringt, sondern darüber hinaus auch landesweit geregelt und zentral von der Kultusbehörde gesteuert wird. Zum Zweiten ist die Lehrtätigkeit eine – mehr oder weniger – *professionelle* Tätigkeit, die ihrerseits auf einer Ausbildung beruht und der Trägerin spezifische Kompetenzen, Privilegien und Pflichten verleiht (vgl. Kap. 6). Als Organisation bezeichnet man also die Regelstrukturen, die die Aufgabenverteilung und die Zusammenarbeit *zwischen* den Mitgliedern, hier den LehrerInnen, regeln. Als Professionalität dagegen sind die Regelstrukturen anzusehen, die *in* den Köpfen der einzelnen Lehrer infolge der Berufsausbildung und Berufssozialisation verankert sind.

Komplexe Tätigkeiten – und wir unterstellen hier, dass Lehrtätigkeit eine komplexe Tätigkeit ist – können entweder über Organisierung oder Professionalisierung ausgeübt werden. Die Herstellung eines Stuhles – auch das ist eine komplexe Tätigkeit – kann dadurch erfolgen, dass sie vom Management der Firma nach Maßgaben der Taylorisierung in viele Einzelschritte zerlegt wird (vgl. Kap. 6). Sie erfordert dann umfangreiche Organisation, aber wenig Professionalität von Seiten der Arbeiter. Man kann aber auch auf Arbeitsteilung und Organisation weitgehend verzichten, braucht dann aber gut ausgebildete, also professionelle Möbelschreiner, die alle Techniken beherrschen, die zur Herstellung eines Stuhles erforderlich sind. Was für den Umgang mit der Natur und die Herstellung von Dingen gilt, lässt sich im Prinzip auch auf soziale Situationen und Dienstleistungen anwenden. Bei hohem Grad der Regelung und Steuerung über das Organisationsprinzip spricht man hier allerdings nicht von Taylorisierung, sondern von Bürokratisierung: Eine zentrale Instanz gibt im Detail vor, wie alles im Einzelnen zu handhaben ist. Der Mitarbeiter einer Behörde, eine Lehrerin in der Schule, ein Arzt im Krankenhaus hätte dann fast keinen eigenen Entscheidungsspielraum, bräuchte aber für diese 'hirnlose' Ausführung von Dienstanweisungen und Befehlen auch keine professionelle Ausbildung. Bei hohem Grad der Regelung und Steuerung über das Professionalitätsprinzip haben dagegen die ausführenden DienstleisterInnen – Architekten, ApothekerInnen, Kindergärtner – einen hohen Entscheidungsspielraum, um auf der Grundlage ihres professionellen Wissens und ihres professionellen Ethos zu agieren.

Nun sind natürlich nicht alle komplexen Tätigkeiten geeignet, in beliebiger Weise entweder über das Organisationsprinzip oder das Professionalitätsprinzip geregelt zu werden (vgl. Übersicht 8.1). Tätigkeiten, bei denen die *Ausgangsbedingungen* in hohem Maße standardisierbar sind, eignen sich besser für Taylorisierung oder Bürokratisierung als Tätigkeiten, deren Ausgangsbedingungen ziemlich schwer vorhersehbar sind und deshalb in der Situation selbst flexible Reaktionen erfordern. Aber es gibt noch ein weiteres Kriterium: Tätigkeiten, deren *Ergebnisse* standardisiert und gleichförmig ausfallen sollen, erfordern ein hohes Maß von Taylorisierung, Maschinierung oder Bürokratisierung, um die Entscheidungsspielräume der Ausführenden möglichst weitgehend einzuschränken. Wenn man hundert möglichst gleiche Stühle haben will, dann beauftrage man nicht hundert kunstfertige Möbelschreiner, denn dann bekommt man hundert individuelle Einzelexemplare, eines schöner und origineller als das andere, sondern zerlege den Vorgang in hundert Schritte, gebe für jeden Schritt genaue Anweisungen und stelle am besten Arbeiter ein, die zwar handwerkliche Grundfertigkeiten besitzen, aber nicht von höherer Bildung und handwerklichem Berufsethos infiziert auf die Idee kommen, sich kreative Spielräume zu verschaffen.

Übersicht 8.1: Organisationale versus professionelle Steuerung komplexer Tätigkeiten

Organisationale Steuerung	Professionelle Steuerung
äußere Regeln	innere Regeln
wenig Ausbildung	umfassende Ausbildung
hochgradig spezialisierte Tätigkeit	weniger spezialisierte Tätigkeit
zentrale Entscheidung	dezentrale Entscheidung
genaue Arbeitsanweisungen	ungefähre Zieldefinitionen
standardisierte Bedingungen als Voraussetzung gegeben	wenig standardisierte Ausgangsbedingungen vorhanden
standardisierte Ergebnisse erzielbar und erwünscht	Ergebnisse variieren und sind oft nicht direkt vergleichbar

Was nun Schule und Lehrtätigkeit anbetrifft, so hat man in der Industriegesellschaft sowohl die Ausgangsbedingungen für einigermaßen standardisierbar gehalten als auch standardisierte Ergebnisse gewünscht. Man hat versucht, das 'Schülermaterial' (sic!) möglichst weitgehend zu homogenisieren, indem man es auf Schultypen und Klassen aufgeteilt hat. Und man wollte möglichst gleich-förmiges Verhalten und gleichförmige Kenntnisse, daher die Orientierung am Drill und an den von der Schulbehörde detailliert vorgegebenen Lehrplänen. Aber selbstverständlich war man sich letztlich doch im Klaren, dass es gewisse Unterschiede gibt zwischen Schülern und Stühlen und zwischen Lehrern und ungelernten Fabrikarbeitern. Daher ist die Schule als Organisation nur zur Hälf-te bürokratisiert, zur anderen Hälfte jedoch professionalisiert worden (Rolff 1992; Bühler-Niederberger 1992; Niederberger 1994). Dieses Ergebnis kommt dadurch zustande, dass man beide Prinzipien – Bürokratisierung und Professio-nalisierung – verfolgt hat und sie sich im Ergebnis die Waage gehalten haben.

8.2 Schule als bürokratische Organisation

Wenn wir das deutsche Schulwesen als bürokratische Organisation betrachten, müssen wir zwischen drei wesentlichen Steuerungsebenen unterscheiden (vgl. detaillierter Leschinsky 2003). Die oberste Ebene repräsentiert die Kultusbehör-de des jeweiligen Bundeslandes, die sich teilweise mit den Kultusbehörden der anderen Länder über die ständige Einrichtung der KMK, also der Kultusminis-terkonferenz, abstimmt. Auf der Ebene der Kultusbehörde wird die Struktur der regional verfügbaren Schulen geplant, wird der Fächermix vorgeben, werden die Lehrpläne für die Fächer detailliert ausgearbeitet, die Personalangelegenhei-ten im Wesentlichen entschieden und die Haushaltmittel zugeteilt (vgl. Über-sicht 8.2). Die mittlere Ebene stellen das Rektorat beziehungsweise die Lehrer-konferenz der einzelnen Schule dar. Allerdings ist diese mittlere Ebene gegen-wärtig kaum mit wesentlichen Befugnissen ausgestattet, sie ist vor allem für die Koordination der Stundenpläne und die Raumzuteilung zuständig, hat aber wenig eigene Gestaltungsspielräume, weil – wie soeben erwähnt – die Entschei-dungen über Stundentafeln[1], Lehrpläne, Personal und Haushalt andernorts ge-troffen werden. Die untere Ebene stellt die Klasse beziehungsweise der Fachun-terricht in der jeweilige Klasse dar. Hier hat die Lehrerin gegenwärtig recht erhebliche Spielräume und Freiheiten, weil sie allein vor oder in der Klasse steht und auch die Ergebnisse ihrer Lehr- und Erziehungstätigkeit – Ausnahme sind Gymnasien in Ländern mit Zentralabitur – kaum kontrolliert werden. Inso-

---

1   In den Stundentafeln wird vom Ministerium festgelegt, wieviele Schulstunden in den jeweili-
    gen Klassenstufen auf die einzelnen Fächer entfallen sollen.

fern handelt es sich um eine sehr merkwürdige Bürokratisierung – detaillierte Vorgaben zuhauf, aber sehr wenig Kontrollen, ob die Vorgaben auch befolgt werden und zu welchen Ergebnissen sie führen.

Solange der Lärm aus der Klasse nicht für andere Klassen direkt störend wird, solange sich die Eltern nicht bei der RektorIn, der Schulbehörde oder in der Lokalpresse beschweren, solange nicht der Krankenwagen auf dem Schulhof vorfährt, kann eine Lehrerin machen, was sie will oder was die SchülerInnen wollen. Aber das ist nur die halbe Wahrheit, denn es handelt sich hier teilweise um eine negative Freiheit: Vieles, was denkbar und sinnvoll wäre, kann nicht gemacht werden, weil es in der starren Struktur nicht möglich oder mit zu viel Aufwand verbunden ist. Wenn man irgendetwas in der Schule machen will, das die Grenzen des Klassenzimmers und des 45-Minuten-Takts überschreitet, kann das von einem eifersüchtigen oder ängstlichen Kollegen sofort mit Verweis auf eine der vielen ministeriellen Bestimmungen torpediert werden. Also zieht man sich ganz in das Schneckenhaus des eigenen Unterrichts zurück – für den gibt es zwar auch Berge von Erlassen und behördlichen Anordnungen, aber die kann und will dort niemand wirklich kontrollieren.

Überspitzt ausgedrückt: Von Amts wegen darf der Unterricht zwar fast beliebig schlecht sein, aber die Bürokratisierung des Schulwesens bewirkt immerhin recht zuverlässig, dass die industriellen Routinen zumindest äußerlich eingehalten werden – die Sortierung der Schüler auf die verschiedenen Produktionsstraßen (Schultypen) für einfache, mittlere und höhere Qualität sowie Sonder-Entsorgung; ihre Bündelung zu einzelnen Chargen (Klassenverband); ihre Bearbeitung im 45-Minuten-Takt mit Stanzmaschinen (Lehrer und Lehrerinnen) für verschiedene Sorten von Fachwissen. Garantiert ist damit auch, dass der Unterricht nicht zu gut oder jedenfalls nicht zu kooperativ wird.

Wie kommt diese – auf den ersten Blick betrachtet: irrationale – Organisationsstruktur zustande? Einerseits lassen sich Lehr- und Erziehungstätigkeiten kaum sinnvoll bürokratisieren und taylorisieren. Darauf haben die Lehrerverbände immer mit einigem Recht hingewiesen: Die soziale und individuelle Ausgangslage der Schüler ist zu verschieden; zudem geht es nicht nur oder gar nicht in erster Linie um die Aneignung von abprüfbarem 'Stoff', sondern um kognitive und soziale Fähigkeiten, die sich kaum zuverlässig von außen über standardisierte Tests beurteilen lassen. Natürlich hatten die Lehrerverbände in dieser Auseinandersetzung auch das Eigeninteresse, zumindest gewisse professionelle Spielräume zu wahren und nicht ganz zu Marionetten der Schulbehörde zu werden – aber deswegen sind ihre Argumente trotzdem nicht falsch.

Warum haben die Lehrer dann aber nicht andererseits die weitgehende Professionalisierung des Schulwesens durchsetzen können? Das liegt an der starken inhaltlichen Aufladung des Bildungs- und Erziehungsbegriffs, wie er in der Industriemoderne generell, insbesondere aber in Deutschland, erfolgt ist. Dort wurde die Vorstellung entwickelt, dass man durch Erziehungs- und Bildungsmaßnahmen Menschen gezielt formen könnte – insoweit ist die Pädagogik als ein Kind der Aufklärung im späten 18. Jahrhundert entstanden. Entsprechend ergab sich auch bald die Idee, dass sich die ganze Gesellschaft über das Bildungs- und Erziehungswesen eine spezifische Gestalt geben könnte. Diese Idee wurde in die verschiedensten politischen Richtungen verfolgt – sei es im Sinne des Nationalismus wie in Kapitel 7 beschrieben, oder im Sinne des Faschismus, oder im Sinne des Sozialismus. Jedesmal ging es darum, 'neue Menschen' für eine neue Gesellschaft zu schaffen. Entsprechend versuchte man, die Schulen in diesem Sinne politisch – also 'von oben' und bürokratisch – zu steuern.

Jedoch ist auch in einer demokratischen Gesellschaft kaum denkbar, dass eine kleine Gruppe von Fachleuten über die Gestalt der Gesellschaft entscheidet. Sollte die demokratische Mehrheit bereit sein, Bildungsinhalte und Erziehungsziele ganz den Lehrern zu überlassen? Das wäre so, wie wenn man den Juristen die Gesetzgebung in die Hand gäbe oder die Architekten bestimmen ließe, was und wo sie bauen wollen. Soweit geht die Autonomie von Professionen in keiner Gesellschaft – auch wenn manche Technokraten davon träumen mögen. In allen existierenden Gesellschaften gibt es eine Gewaltenteilung zwischen der Sphäre der Mittel und der Sphäre der Ziele: Die Profession hat das Fachwissen, *wie* – also mit welchen Mitteln – etwas getan werden kann, *was* aber getan werden soll, entscheiden die AuftraggeberInnen.

Solange man an einem inhaltlich aufgeladenen Bildungs- und Erziehungsbegriff festhält, wie das insbesondere in Deutschland und im deutschen pädagogischen Pathos der Fall ist,[2] muss auch in einer demokratischen Gesellschaft die Steuerungsillusion aufrechterhalten werden, dass der demokratisch gewählte Gesetzgeber die Bildungsinhalte und Erziehungsziele bestimmt und nicht eine Gruppe von ExpertInnen. Deshalb sind die von der Schulbehörde aufgeschaufelten Papierberge unvermeidlich – sie erzeugen in der Öffentlichkeit den Eindruck, die kulturelle Erneuerung der Gesellschaft wäre tatsächlich durch die demokratisch legitimierte Bildungspolitik steuerbar und gesteuert.[3]

---

2 Vgl. Naumann 2003; Wehnes 1994. Gerade auch die Reformpädagogik möchte ihre Zöglinge am liebsten gleich mit 'Haut und Haaren' erfassen – vgl. Ziehe 1998.

3 Diese Potemkinsche Fassade funktioniert recht gut als Projektionsfläche: Es wird über Bildungspolitik in der Öffentlichkeit immer sehr heftig gestritten, obwohl hinter der Fassade von dem Streit und den ganzen bürokratisch ausgeheckten Reformen nicht allzu viel ankommt

Insgesamt ist die Polemik von Lehrerverbänden und Schulforschern gegen die Bürokratisierung des Schulwesens also nicht unbegründet, aber zu kurzsichtig. Übersehen wird dabei zweierlei: Zum einen ist die Bürokratisierung nicht so durchgreifend und wirksam, wie oftmals behauptet. In letzter Konsequenz scheuen die Schulbehörden nämlich vielfach davor zurück, den Papieren auch Taten folgen zu lassen. Insofern kann die Polemik gegen die Bürokratisierung auch zum vermeintlich progressiven Vorwand werden, die eigene Lethargie und Melancholie zu bemänteln. Zum Zweiten ist die Bürokratisierung die logische und mehr oder weniger unvermeidliche Folge eines pathetischen, das heißt im Hinblick auf Gewaltenteilung unreflektierten Bildungs- und Erziehungsbegriffs.

Übersicht 8.2:   Ebenen der organisationalen Steuerung des deutschen Schulwesens

---

Zentrale Ebene: Kultusministerien und Schulbehörden

- Schulstruktur – Aufteilung in verschiedene Schultypen und Jahrgangsstufen
- Regionale Verteilung der Schultypen
- Fächermix und Stundentafeln für Schultypen und Jahrgangsstufen
- Detaillierte Lehrpläne für die einzelnen Fächer
- Personalzuweisung an die Schulen und Personalbeurteilung durch die Schulaufsicht
- Detaillierte Zuweisung von Sachhaushalten an die Schulen

Mittlere Ebene: Rektorat und LehrerInnenkollegium

- Stundenpläne und Raumbelegung nach Vorgaben 'von oben' und nach Wünschen der einzelnen LehrerInnen

Dezentrale Ebene: Unterricht der einzelnen LehrerIn

- Ausgestaltung der ministeriellen Vorgaben – allerdings wenig Kontrollen
- Abstimmung mit den Eltern

Konsequenz: Halbierte Bürokratisierung, halbierte Professionalisierung

---

Wer soll die Bildung steuern: der Staat, oder die Lehrer, oder die Eltern, oder die Schüler? Die Forderung nach Professionalisierung klingt zwar gut, ist aber

---

(Bühler-Niederberger 1992). Dass auch die Kultusbehörden wenig daran interessiert waren, hinter die Kulissen des eigenen Tuns zu schauen, hatten wir schon einmal in Kapitel 4 in Zusammenhang mit der PISA-Studie erwähnt – bis in die 1990er-Jahre haben in Deutschland sowohl die Schulbehörden als auch die Lehrerverbände die Teilnahme an internationalen Tests blockiert, um sich so in der Illusion wiegen zu können, dass das eigene Tun wirksam und Deutschland in Sachen Bildung sowieso Spitze sei (Ingenkamp 2002).

in ihrer unreflektierten Form ein platter Ermächtigungsanspruch und wird in einer demokratischen Gesellschaft aus gutem Grund zurückgewiesen. Wenn die LehrerInnen den Staat, also die Bürokratie, tatsächlich draußen halten wollten, müssten sie sich auf mehr Partizipation von Seiten der Eltern und Schüler einlassen. Erst wenn im Bildungs- und Erziehungsbegriff die Notwendigkeit der Gewaltenteilung reflektiert würde, wäre eine stärkere und konsequentere Professionalisierung möglich. Wenn sich LehrerInnen zum Beispiel dazu bescheiden könnten, Schülern die Fähigkeit zum Selbstlernen und zur Selbsterziehung beizubringen und die konkreten Inhalte ansonsten mit Eltern und Schülern vor Ort abzustimmen, würde die demokratische Öffentlichkeit das wahrscheinlich als eine fachlich delegierbare Aufgabe akzeptieren. Man hat gegen die Begriffe des Selbstlernens und der Selbsterziehung eingewandt, dass sie inhaltsleer seien – das ist in gewisser Hinsicht richtig, aber das genau macht ihren Vorzug aus.

8.3 Lehrtätigkeit als Profession

Die Professionalisierung der Lehrtätigkeit hat also notwendige Grenzen und solange diese nicht reflektiert werden, kann sie auch nicht weiter vorankommen. Es gibt aber noch einen zweiten, der Berufsgeschichte der Lehrer in Deutschland inhärenten Grund, warum die Professionalisierung auf halbem Wege stecken geblieben ist. Sie ist nämlich in ihrer Ausrichtung vorwiegend dem *fachwissenschaftlichen* und nicht dem *pädagogischen* Pfad gefolgt und konnte sich deshalb jenseits der Oberstufe des Gymnasium immer nur in miniaturisierter und abgeleiteter Form entfalten (Enzelberger 2001; Apel et al. 1999; Kluchert 1993).

Wie ist es dazu gekommen? Wie in Kapitel 7.1 schon angedeutet, hat die Professionalisierung des Schulwesens zunächst das Gymnasium erfasst. Wenn man noch weiter zurückgeht, zeigt sich, dass es im Mittelalter zuerst die Universitäten waren, in denen die Lehrtätigkeit in systematisierter und institutionalisierter Form dargeboten wurde. Die Gymnasien sind dann als verkleinerte Kopien der Universitäten und als Vorbereitungsanstalten für diese eingeführt worden. Die Gymnasiallehrer wurden an den Universitäten ausgebildet und haben selbst immer nach fachwissenschaftlichen Weihen gestrebt – in Deutschland wurden sie entsprechend auch noch bis in die erste Hälfte des 20. Jahrhunderts

"Professor" genannt.[4] Tatsächlich war das Amt eines Gymnasiallehrers für lange Zeit eine viel exklusivere Position als heute, da damals ja nur sehr wenige Kinder – meist aus begütertem Hause und anfangs nur Knaben – aufs Gymnasium gingen, der elitäre Nimbus ihrer Eltern aufs Gymnasium abfärbte und es entsprechend weniger Lehrerstellen dort gab.

Das 'niedere Schulwesen' blieb lange Zeit von einer säkularen Professionalisierung ausgespart. Als es dann im Laufe des 20. Jahrhunderts allmählich ebenfalls von der Modernisierung erfasst wurde, setzten hier zunächst genuin pädagogische Professionalisierungsbestrebungen an. Das hatte zum Teil politische Hintergründe, liegt aber auch in der allgemein üblichen Konzeption geistiger und charakterlicher Entwicklungsprozesse begründet: Kleinere Kinder sind im Hinblick auf die grundlegenden Strukturierungen von kognitiven und emotionalen Prozessen noch hochgradig formbar und verformbar, aber sie können in diesem Alter mit elaborierten Fachinhalten noch wenig anfangen. Mit zunehmendem Alter dreht sich diese Relation dann um. Ältere Kinder beziehungsweise Jugendliche kann man pädagogisch nicht mehr so leicht erreichen, dafür verlangen sie, wenn sie neugierig und lernwillig sind, nach immer anspruchsvolleren Aufgaben und Denkfiguren, die ihnen irgendwann nur noch Fachleute vermitteln können. Insofern ist in den Beruf der Lehrerin eine unvermeidliche Zweischneidigkeit eingebaut, die mehr zur einen oder zur anderen Seite ausgeprägt ist, je nachdem ob es sich eher um den Beruf der Vorschullehrerin oder eher den Beruf der Hochschullehrerin handelt.

Die Professionalisierung des Schulwesens für die jüngeren Kinder ist dann aber in vielerlei Hinsicht nicht pädagogischen Initiativen, sondern dem Vorbild des Gymnasiums gefolgt, das selbst schon, wie gezeigt, ein Abbild der Universität ist – wobei beide ihr jeweiliges Vorbild doch niemals erreichen. Volksschullehrer haben sich letztlich nicht über die Pädagogik emanzipiert, sondern dem Status und der fachwissenschaftlichen Ausrichtung der Gymnasiallehrer nachgeeifert. Besonders der Sputnik-Schock und die allgemeine Wissenschaftsbegeisterung haben in den 1960er- und 70er-Jahren zum Ruf nach Verwissenschaftlichung der Lehrerbildung und des Unterrichts beigetragen. Auf diese Weise konnte das "niedere Schulwesen" seinen Ruf beträchtlich anheben und wurde dann entsprechend auch anders benannt. Von den Sonderschullehrern

---

4   Vgl. zum Beispiel Heinrich Manns Roman "Professor Unrat", der von einem Gymnasiallehrer handelt, der sich als verklemmter Gelehrter und Junggeselle in ein Freudenmädchen verliebt und dann an der Spießigkeit und Repressivität des Schulmilieus zugrunde geht, zu der er bis dahin selbst nach Kräften beigetragen hatte. Der Stoff wurde später mit Gerd Fröbe in der Rolle des Professors und Marlene Dietrich in der Rolle des Freudenmädchen im "Blauen Engel" verfilmt.

abgesehen, sind alle anderen Nicht-Gymnasiallehrer auf diese Weise zu miniaturisierten Fachwissenschaftlern geworden: Sie studieren heute an der Universität – aber nicht Pädagogik, sondern einen wild zusammengemixten Fächer-Cocktail, dessen Logik sich weder ihnen selbst noch den beteiligten Fächern erschließt. Dazu durchlaufen sie ein abgekürztes, "nicht-vertieftes" Studium.[5] Die Erzieher – die in anderen Ländern Vorschullehrer heißen – sind hierzulande von der akademischen Professionalisierung noch gar nicht erfasst, sondern wurden bis vor kurzem sogar noch als "Kindergärtner" bezeichnet, den handwerklichen Charakter der Tätigkeit unterstreichend. Der fehlgerichteten deutschen Professionalisierungslogik folgend ist allerdings zu befürchten, dass auch sie zukünftig als nochmals miniaturisierte Ausgabe von Fachwissenschaftlern, aber nicht als Pädagogen ausgebildet würden.

Die Karikatur und Realsatire wäre dann perfekt: Schon für viele Universitätslehrer in Deutschland stellt sich das Problem, dass sie mit der Mehrzahl der Studierenden nichts anzufangen wissen und sie "für nicht studierfähig" halten. Hochschullehrer sind in einem Wissenschaftssystem sozialisiert und selektiert worden, das ihnen einen 'faustischen' Wissensdrang vermittelt – jeder glaubt, dass er dazu ausersehen sei, des "Pudels Kern" zu finden oder tut gar so, als ob er ihn gefunden hätte. Das Engagement in der Lehre und die pädagogische Motivation und Begabung dazu werden aber keineswegs gefördert. Die Gymnasiallehrer leiden erst recht daran, dass sie zumindest für die Eingangsklassen (Sekundarstufe I) fachlich überqualifiziert und pädagogisch-didaktisch unterqualifiziert sind und sie ihr wissenschaftlicher Anspruch nur frustrieren kann – im Rahmen eines Curriculums, das auf bloßes Lernwissen abstellt, und inmitten einer Schülerschar, die meistenteils weder von theoretischer Neugierde umgetrieben noch fürs bloße Lernen zu begeistern ist.

---

5   Grund- und Hauptschullehrer belegen zum Beispiel in Bayern neben den Fächern des Erziehungswissenschaftlichen Studiums und des Didaktischen Studiums ein sogenanntes "Unterrichtsfach". Namen und Anlage dieses Studienteils sind offensichtlich dem Studium der Gymnasial- und Realschullehrer nachempfunden, die zwei "Unterrichtsfächer" studieren, die sie tatsächlich später unterrichten. GrundschullehrerInnen studieren dann also Sozialkunde, Mathematik, Englisch, Musik etc. als "Unterrichtsfach". Dieser Studienteil kann durchaus Sinn machen, wenn man ihn als Vermittlung von wissenschaftlichen Schlüsselqualifikationen begreift – aber dann müsste das Fach "wissenschaftliches Fach" und nicht "Unterrichtsfach" heißen. Denn selbstverständlich werden die künftigen Grundschullehrer dieses Fach – zum Beispiel Mathematik – nie als Fach unterrichten und hoffentlich noch etwas anderes als eben dieses Fach unterrichten können. Einige fragen dann allen Ernstes, wozu sie "das im Unterricht brauchen". Hinter dieser Frage verbirgt sich zwar oft ein Mangel an Motivation und theoretischer Neugierde, aber sie wird auch nahe gelegt von einem System, das hier einen unmittelbaren Berufs- und Verwendungsbezug suggeriert.

Die verfehlte Ausrichtung der Professionalisierungsbemühungen an der Fachwissenschaft macht sich aber nicht nur in fehlenden pädagogischen Motivationen und Qualifikationen bemerkbar. Sie führt notwendigerweise dazu, dass alle Lehrtätigkeiten außerhalb der Universität automatisch abgewertet und heruntergestuft werden und deshalb alle Professionalisierungsbemühungen, die über die fachwissenschaftliche Schiene verlaufen, je nach Abstand zur Universität auf der Hälfte oder einem Viertel des Weges stecken bleiben müssen. Denn wie wollte man begründen, dass ein Elementarschullehrer zum Beispiel in Mathematik eine gleichrangige fachwissenschaftliche Ausbildung erhalten sollte wie eine UniversitätsprofessorIn? Entsprechend ergibt sich eine Abstufung in der Besoldung, die wir soziologisch als Spiegel gesellschaftlicher Wertschätzung lesen müssen: Am besten bezahlt werden die UniversitätsprofessorInnen, ihnen folgen die Professoren an Fachhochschulen, dann kommen die Studienräte an Gymnasien, es folgen die Lehrer an Realschulen, dann die Lehrer an Haupt- und Grundschulen und schließlich als nicht-akademische Gruppe mit erheblichem Abstand die Erzieher. Allerdings sollte man das Merkmal der Besoldung auch nicht überbewerten: In den meisten anderen Ländern werden LehrerInnen schlechter bezahlt, genießen aber vielfach, zum Beispiel in Skandinavien, ein deutlich höheres Prestige als hierzulande.

Der abgestufte professionelle Status macht sich auch darin bemerkbar, dass Lehrer an der Universität nicht von ihresgleichen ausgebildet und geprüft werden. Lehramtsstudierende bekommen das am eigenen Leibe unmittelbar zu spüren: Sie sind in keiner Fakultät richtig beheimatet und müssen zwischen den Fächern hin und her rennen. Überall werden sie wegen ihrer Halbkenntnisse und ihres Halbengagements bestenfalls mitleidig belächelt und niemand kümmert sich ernsthaft um sie. Aber die unklare Ausrichtung hat viel gravierendere Folgen, indem sie nämlich der Lehrtätigkeit in der Öffentlichkeit auch kein akademisches Ansehen verschaffen kann. Der Medizin ist die Professionalisierung vielleicht am vollständigsten gelungen: Sie hat ihre Praxis in Form der Hochschulkliniken und assoziierten Lehrkrankenhäuser in die Universitäten integriert, Mediziner werden entsprechend von Medizinern ausgebildet – die drei wesentlichen Funktionen einer Profession, nämlich technisches Können, Evaluation der Ergebnisse und Reflexion der Ziele sind dort alle versammelt und gehen Hand in Hand (Kühl/Tacke 2003). Entsprechend wäre auch denkbar, dass alle pädagogischen Fakultäten mit Laborschulen assoziiert wären, an denen mit Vermittlungstechniken experimentiert würde, die Lernergebnisse und ihre Beschränkungen zu analysieren wären und eine umfassende Diskussion der Erziehungsziele stattfände. Die Lehramtsausbildung an der Universität hat sehr we-

nig Praxisbezug, das Referendariat dagegen kann ihn nicht mehr wissenschaftlich reflektieren, mit dem Berufseintritt ist der Lehrer dann fern von fachlicher
Konsultation und Kontrolle ganz auf sich allein gestellt. Die Praxis profitiert
entsprechend wenig von der Wissenschaft und umgekehrt die Wissenschaft von
der Praxis. Dass auch der Zustand der universitären Pädagogik im Hinblick auf
die Lehramtsausbildung vielfach als beklagenswert gilt, braucht nicht zu verwundern.

Ein weiteres Moment der halbierten Professionalisierung kommt in der Per-
sonalführung und im Karriereverlauf zum Ausdruck. Es ist nicht allein der Beamtenstatus als solcher, sondern vor allem die Art, wie er bei den Lehrern ge-
handhabt wird. Zum einen gibt es wenig berufliche Mobilität in dem Sinne, wie
sie bei den meisten anderen Professionen üblich ist – dass man sich seinen Arbeitsplatz selbst sucht, sich mit den Kollegen vor Ort arrangiert und sich im
Falle des Scheiterns oder auch von Stagnationserlebnissen wieder nach einem
neuen Arbeitsplatz oder einem neuen Betätigungsfeld umsieht. Die Beförderung
nach oben hat wenig mit dem eigenen Engagement und der eigenen Leistung zu
tun. Fort- und Weiterbildung – also lebenslanges Lernen – haben keine größere
institutionelle Bedeutung und sind weitgehend ins Belieben der einzelnen Lehrer gestellt. Entsprechend eingeschränkt ist auch die innere Mobilität, also die
Möglichkeit, die Lehrformen, Lehrgebiete und Lehrinteressen weiterzuentwi-
ckeln.

Die gleichsam planwirtschaftliche Form der ministeriellen Stellenzuweisung
und die daraus resultierenden Beschränkungen der Berufsautonomie wird auf
der anderen Seite mit erheblichen Freiheitspielräumen und Privilegien im Hinblick auf die Wahl von Teilzeitstellen und langfristiger Beurlaubung kompen-
siert, die für Professionen gerade nicht üblich sind. Anders als bei einem Kas-
sierer im Supermarkt unterstellt man bei einem professionellen Beruf – zum
Beispiel bei einer Ärztin –, dass die Fähigkeiten und Kenntnisse nur durch voll-
zeitliche Betätigung erworben und auf dem Laufenden gehalten werden können
und dass sich die Person mit ihrem ganzen Engagement ihrem Beruf widmet.
Oder würden sie sich gerne von einer Hausfrau operieren lassen, die nebenbei
noch eine Viertel-Stelle als Chirurgin inne hat und in den letzten fünf Jahren
beurlaubt war? Diese Privilegien haben den zusätzlichen Effekt, dass die Selbst-
auswahl zum Lehramtsstudium nicht immer auf der intrinsischen Motivation für
einen anspruchsvollen Beruf beruht, sondern teilweise von der Aussicht auf
feste Bezahlung, auf nicht zu hohe fachliche Anforderungen und auf die Verwirklichung traditioneller Familienmuster mit Zuverdienstmöglichkeiten geprägt ist.

Diese Aussage mag auf den ersten Blick 'frauenfeindlich' oder 'familien-feindlich' erscheinen – aber so frauenfeindlich und familienfeindlich wäre dann die soziale Welt, nicht der Autor als Überbringer der Nachricht. Aber apropos 'frauenfeindlich': Die Aussage würde in gleicher Weise für Hausmänner als nebenberufliche Lehrer, Rechtsanwälte und Chirurgen gelten, wenn es diese denn (zahlreich) gäbe. Und apropos 'familienfeindlich': Die mangelnde Verein-barkeit von Familie und professioneller Berufstätigkeit in Deutschland hat sehr viel mit traditionellen Vorstellungen und den entsprechend fehlenden Kinder-betreuungseinrichtungen zu tun – das ist in den skandinavischen und angelsäch-sischen Ländern sowie in Frankreich anders geregelt.[6] Im Übrigen kann man natürlich auch darüber nachdenken, ob die 60-Stunden-Woche als Standard des professionelles Arbeitens sehr sinnvoll ist – aber solange dieser Standard in professionellen Berufen üblich ist, wird man das berufliche Ansehen einer Tä-tigkeit mit 20 oder noch weniger Wochenstunden kaum heben können. Insoweit hat also auch die lehrerspezifische Ausformung des Beamtenstatus dazu beige-tragen, dass der Lehrerberuf in Deutschland bisher nicht das volle Ansehen und den vollen Status einer akademischen Profession erwerben konnte.[7]

Viele der genannten Momente fehlender Professionalität bilden zusammen einen Teufelskreis, in dem sie Ursache und Wirkung zugleich sind (vgl. Über-sicht 8.3 mit weiteren Informationen). Die Lehrtätigkeit ist halbwegs unprofes-sionell, weil sie bürokratisch gegängelt wird, und sie wird bürokratisch gegän-gelt, weil sie halbwegs unprofessionell ist. Weil das Ansehen des Lehrerberufs nicht sehr hoch ist, werden nicht unbedingt die besten AbiturientInnen angezo-gen und weil nicht unbedingt die besten AbiturientInnen angezogen werden, ist das Ansehen des Lehrerberufs nicht sehr hoch usw.

Dieser Kreislauf kann nur durchbrochen werden, wenn man die Lehrtätig-keit und das Bildungssystem vom wissenschaftlichen Kopf auf die pädagogi-schen Füße stellt. Selbstverständlich muss eine Elementarschullehrerin nicht in einer Fachwissenschaft glänzen – aber könnte und müsste sie nicht eine glän-zende Pädagogin sein, damit auch Kinder aus bildungsfernen Haushalten früh-zeitig das Lernen lernen und sich für die weiterführenden Schulstufen dann vielleicht weniger pädagogische Probleme ergäben? Müsste man nicht viel mehr Aufmerksamkeit und Energie auf die ersten Jahre richten, in denen die Grund-lagen für die weitere Lernfähigkeit gelegt werden? Bisher ist das Bildungssys-

---

6 Es ist insofern auch kein Wunder, dass in Deutschland gerade unter AkademikerInnen die Familiengründung heute stark beschränkt ist.
7 Ob man den Beamtenstatus von Lehren und Hochschullehrern nicht ohnehin besser abschaffen sollte, steht auf einem anderen Blatt – das will ich hier nicht diskutieren.

Übersicht 8.3:   Besonderheiten des Lehrerberufs in Deutschland

Professionalitätskriterium Fachwissenschaft ⇒ Stufenweise eingeschränkte Professionalität für alle Ebenen unterhalb des Universitätslehrers. ⇒ Pädagogische Professionalisierung, die für die unteren Ebenen wichtiger wäre als für die oberen, nur beschränkt und unsystematisch ausgebaut.
• Nur die universitären Hochschullehrer kontrollieren selbständig ihren eigenen Berufszugang, alle anderen Lehrer absolvieren ein zwischen verschiedenen Fachbereichen aufgeteiltes und von den Fakultäten bestenfalls beiläufig betreutes Studium. • Extreme Zerstückelung des Arbeitsmarktes aufgrund sechs unterschiedlicher Schularten (GS, HS, BS, RS, GY, FS), verschiedener Unterrichtsfächer, und 16 Bundesländer, die die Abschlüsse untereinander nur mit Einschränkung anerkennen. Dadurch verstärkter Wechsel zwischen Lehrermangel und Lehrerarbeitslosigkeit in den einzelnen Kompartimenten des Arbeitsmarktes. • Eigentliche Prägung erst im Beruf: Praxisschock. Drei Phasen der Berufssozialisation: 1. "Wie überlebe ich diese Stunde?" 2. "Wie mache ich für die Klasse einen guten Unterricht?" 3. "Wie werde ich dem einzelnen Schüler in der Klasse gerecht?" (Terhart 1990). • Lehrerberuf in seinem Verlauf ansonsten nicht sehr dramatisch, wenig horizontale und vertikale Veränderungsmöglichkeiten. Fortbildung – lebenslanges Lernen für Lehrer – bisher nicht sehr ausgeprägt. Jeder 'wurschtelt' allein hinter verschlossenen Türen – wenig fachliche Konsultation und Kontrolle. • Planwirtschaftliche Form der ministeriellen Stellenbewirtschaftung und der großzügige Ausbau von Teilzeitstellen behindert tendenziell die Ausbildung und erfolgreiche Außendarstellung eines eigenen Berufsethos. • Burn-out: Relativ hohe Rate an Frühpensionierungen oder innerer Demissionierung (vgl. Bauer/Kanders 1998). Vermutete Gründe für Zunahme des Burn-out: Gestiegene Erwartungen aufgrund verstärkter Bildungskonkurrenz (vgl. Kap. 4). Widerspruch zwischen liberalen Umfeldern der Schule und überkommenen Lehrformen.

tem, aus historischen Gründen, umgekehrt organisiert – die meiste Aufmerksamkeit, das meiste Geld[8] und das meiste Ansehen kommen dem 'wissenschaft-

---

8   Selbstverständlich sind in allen Ländern die Ausgaben im Primarbereich niedriger als im Sekundarbereich und diese wiederum niedriger als im Tertiarbereich des Bildungssystems. Im internationalen Vergleich fällt allerdings auf, dass in Deutschland die Sekundarstufe II stark

lichen Kopf' zugute, aber die grundlegenden Fähigkeiten zum Selberlernen und zur Selbsterziehung werden nicht systematisch vermittelt, sondern dem Zufall beziehungsweise dem Glück einer bildungsbürgerlichen Herkunft überlassen. Insofern sind die Forderungen nach mehr Selektion, zum Beispiel beim Hochschulzugang, verständlich: Viele Studierende sind nicht (ausreichend) studierfähig. Aber sie ist auch in doppelter Weise kurzsichtig und reaktionär: Erstens brauchen wir mehr, und nicht weniger Studierende. Und zweitens tragen wir selbst die Schuld, dass viele Studierende nicht in ausreichendem Maße studierfähig sind. Ein schwergewichtiger Kopf steht auf dürren und überaus brüchigen Füßen und wundert sich, warum er immerzu schwankt und zu fallen droht.

8.4   Der PISA-Schock: Das relative Scheitern der konservativen und der sozialdemokratischen Bildungsideologie in Deutschland

Das bürokratisierte Schulwesen in Deutschland ist gescheitert – und zwar sowohl in seiner konservativen als auch in seiner sozialdemokratischen Steuerungsvariante. Wie PISA gezeigt hat, produziert es – im internationalen Vergleich betrachtet – keine besonders hohen Leistungen, erfüllt also nicht das Anliegen der Konservativen. Wie PISA ebenfalls zeigt, erfüllt es aber auch nicht das Anliegen der Sozialdemokraten – der soziale Ausgleich lässt sehr zu wünschen übrig (vgl. Kap. 4).

Wir müssen diesen generellen Befund zunächst auf Grundlage von PISA E differenzieren, also dem Erweiterungsteil der PISA-Studie, der die deutschen Bundesländer im Einzelnen betrachtet (vgl. Abbildung 8.1). Hier zeigt sich, dass die überwiegend konservativ geprägten Bundesländer, allen voran Bayern und Baden-Württemberg, tendenziell besser abschneiden, also höhere Kompetenzwerte erzielen, als viele stark sozialdemokratisch oder realsozialistisch geprägte Bundesländer wie zum Beispiel Bremen und Sachsen-Anhalt.[9] Diese Unterschiede sind sicherlich nicht allein von der Schulpolitik verursacht, sondern zum guten Teil auch von anderen Faktoren bedingt: Bremen etwa ist ein Stadtstaat mit entsprechend hohem Migrantenanteil und mit strukturbedingt sehr hoher Arbeitslosigkeit. Die Bundesländer im Osten leiden alle an einer hohen Arbeitslosigkeitsrate, an Abwanderung und Überalterung. Aber einen gewissen Anteil wird man auch der Schulpolitik und Schulkultur zuschreiben müssen,

---

überdurchschnittlich ausgestattet ist, während die Ausgaben für den Primarbereich sogar unter dem Durchschnitt der OECD-Länder liegen (OECD 2003: 215ff.; Schmidt 2003).

9   Zur Schulgeschichte der westdeutschen Bundesländer vgl. von Friedeburg 1989.

Abbildung 8.1: Mittlere Leseleistung in den Bundesländern im Vergleich zu ausgewählten OECD-Staaten (PISA E 2002: 63ff.)

Ausgewählte OECD-Staaten	Mittelwert Testpunkte	Länder der Bundesrepublik
Finnland (546)		
Kanada (534)	530	
Australien (528)		
Großbritannien (523)		
Japan (522)		
Schweden (516)		
	510	Bayern (510)
Österreich (507)		
Frankreich (505), USA (504)		
OECD-Durchschnitt (500)		Baden-Württemberg (500)
		Großstädte über 300.000 E. (494)
Schweiz (494)	490	Sachsen (491)
Italien (487)		Rheinland Pfalz (485)
Deutschland (484)		Saarland (484), Thüringen (482)
		Nordrhein-Westfalen (482)
		Schleswig-Holstein (478)
Portugal (470)	470	Hessen (476), Niedersachsen (474)
		Mecklenburg-Vorpommern (467)
		Brandenburg (459)
		Sachsen-Anhalt (455)
	450	
		Bremen (448)
Luxemburg (441)		
	430	

obwohl sich solche Einflüsse aufgrund der sehr komplexen Zusammenhänge statistisch weder eindeutig beweisen noch widerlegen lassen.

Betrachten wir also zunächst Bayern als innerdeutschen Spitzenreiter und deutlich konservativ geprägtes Bundesland. Die Schulpolitik setzt hier auf die Festlegung eines klassischen Bildungskanons mit der Betonung von Lernfächern; über die Vergabe von Kopfnoten will sie die Aufmerksamkeit auch auf erzieherische Disziplinierung gerichtet wissen; sie fördert die frühe und deutliche Selektion durch Notendruck, Sitzenbleiben und die Aufteilung in ein dreigliedriges Schulsystem; zudem versucht sie mit dem Zentralabitur den Leistungsstandard des Gymnasiums aufrecht zu erhalten. Der konservativen Ideologie der Elitenbildung zufolge müsste also in Bayern die Leistungsspitze der besonders guten Schüler deutlich ausgeprägt sein. Das trifft im innerdeutschen Vergleich auch weitgehend zu, relativiert sich aber im internationalen Maßstab, wo viele OECD-Staaten, die im Durchschnitt besser sind als Bayern, auch in der

Abbildung 8.2: Soziale Diskrepanzen – Unterschiede in der Lesekompetenz zwischen 15-Jährigen aus der Oberschicht und aus der Unterschicht

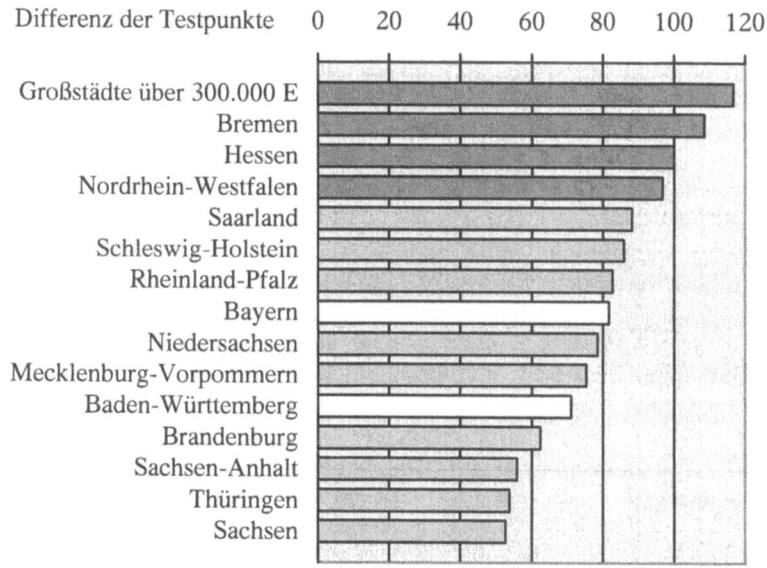

Quelle: PISA E, S.179

Spitze besser sind, obwohl sie teilweise, wie Finnland und Japan, eine dezidiert egalitäre Schulpolitik betreiben (PISA E 2002: 64, 103, 133). Überraschend ist allerdings, dass die schwächsten Schüler in Bayern recht gut abschneiden und Bayern überhaupt im innerdeutschen Vergleich – zusammen mit den ostdeutschen, also ehemals sozialistischen Ländern – die niedrigste Streuung der Leistungswerte aufweist, also in *dieser* Hinsicht ziemlich egalitär ist. Zudem sind die Kompetenzunterschiede zwischen den Kindern aus bildungsnahen und bildungsfernen Milieus nicht so hoch wie zu erwarten, sondern liegen im mittleren Bereich, und zwar deutlich niedriger als in den eher sozialdemokratisch geprägten Ländern Nordrhein-Westfalen, Hessen und Bremen (vgl. oben, Abbildung 8.2).

Dennoch ist Bayern das Land mit der deutlichsten Diskriminierung von Kindern aus bildungsfernen Milieus, wenn man nicht die getestete Kompetenz im Rahmen der PISA-Studie, sondern den Zugang zum Gymnasium und damit

Abbildung 8.3: Soziale Diskriminierung – Chancenvorteile für Kinder aus der Oberschicht gegenüber Kindern von Facharbeitern beim Gymnasialbesuch

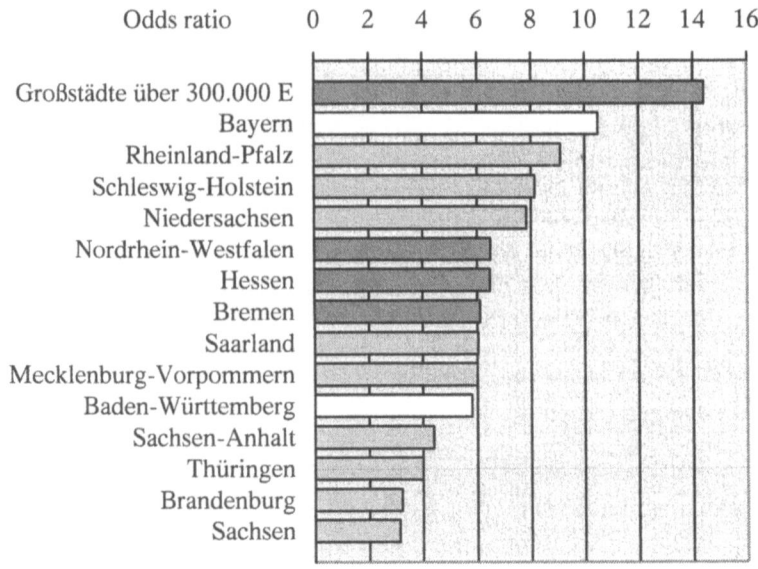

Quelle: PISA E, S.166

die Verteilung von sozialen Chancen 'im richtigen Leben' betrachtet. Zwar haben überall in der Bundesrepublik die Kinder aus bildungsnahen Milieus eine wesentlich höhere Chance, das Gymnasium zu besuchen, aber in Bayern, Rheinland-Pfalz und Schleswig-Holstein ist dieser Effekt – anders als im ebenfalls konservativen Baden-Württemberg – besonders deutlich ausgeprägt (vgl. oben, Abbildung 8.3). Anders ausgedrückt: In Bayern werden die leistungsschwächeren Jugendlichen und die Jugendlichen aus bildungsferneren Elternhäusern keineswegs so stark vernachlässigt, wie entsprechend der konservativen Rhetorik vielleicht zu erwarten wäre. Aber ihre Chancen, das Abitur zu machen, sind eben doch besonders stark reduziert. In dieser Hinsicht wird die Schulpolitik tatsächlich durchschlagend wirksam.

Betrachten wir nun die sozialdemokratisch geprägten Bundesländer Nordrhein-Westfalen, Hessen und Bremen und beziehen wir dabei auch die Großstädte mit ein, die fast alle mehrheitlich sozialliberal geprägt sind. Die sozialdemokratische Schulpolitik hat teilweise versucht, konservative Strukturen aufzubrechen, was zu erheblichen Polarisierungen in der Lehrerschaft geführt und Widerstände bei konservativ-elitären Elternhäusern hervorgerufen hat (Habel et al. 1992; Kahl 2002; Kirbach/Spiewak 2002). Das Ziel der sozialen Gleichheit sollte vor allem über integrierte Gesamtschulen, durch eine Abkehr vom Selektionsdruck und ein liberaleres Schulklima erreicht werden. Wie auch die Konservativen haben die deutschen Sozialdemokraten immer an der bürokratischen Steuerungsidee festgehalten, dass ihre politischen Ziele durch staatlichen Befehl zu verwirklichen seien. Gleichheit wurde entsprechend als 'von oben' zugeteilte und erzwungene Gleichheit konzipiert. Zugleich wollte man nach 1968 aber auch liberal sein – ohne ernsthaft zu reflektieren, dass soziale *und* liberale Bestrebungen kaum zusammenpassen. Herausgekommen ist ein fataler Kompromiss – bürokratische Rahmenbedingungen, Laisser-faire in der Personal- und Klassenführung.

Erwartungsgemäß sind die Schüler in Nordrhein-Westfalen, Hessen und Bremen im PISA-Test nicht so gut, weder in der Spitze noch im Durchschnitt. Gemessen an den eigenen Ansprüchen ist es allerdings geradezu katastrophal, wie schlecht die schwächeren Schüler im innerdeutschen wie auch im internationalen Vergleich abschneiden – das sind im Fall von Bremen schon fast 'brasilianische Verhältnisse'. Entsprechend weisen die sozialdemokratisch geprägten Länder und die Großstädte eine ziemlich hohe Streuung der Leistungswerte auf – von 'Gleichmacherei' kann also nicht Rede sein. Die Förderung versagt auf ganzer Linie, vor allem aber bei den schwächeren SchülerInnen. Auch die Kompensation sozialer Herkunft gelingt schlechter als in vielen konservativ

geprägten Bundesländern (vgl. oben, Abbildung 8.2). Nur beim Zugang zum
Gymnasium ist die soziale Diskriminierung nicht so ausgeprägt wie in den
meisten konservativen Bundesländern und in den Großstädten[10] (oben, Abbildung 8.3). Da die Förderung der Kompetenz nicht gelingt, erreicht man soziale
Angleichung offenbar nur dadurch und insoweit, als man für Kinder aus bildungsferneren Milieus bessere Zugangsmöglichkeiten zum Gymnasium schafft
und dort vielfach nicht so hohe Leistungsanforderungen stellt (Baumert et al.
2003).

Summa summarum: Die konservative Bildungspolitik scheitert vor allem an der
sozial gerechten Zuteilung von Bildungstiteln, aber längst nicht so sehr an der
Förderung der Kompetenzen von Jugendlichen aus bildungsfernen Elternhäusern und von schwächeren Schülern (was nicht *automatisch* dasselbe ist). Deshalb gelingt es auch, einen im internationalen Maßstab recht guten *Durchschnitt*
zu erzielen. Die sozialdemokratische Bildungspolitik versagt vollständig bei der
Kompetenzförderung, und zwar besonders bei den Jugendlichen aus bildungsfernen Elternhäusern und bei den schwächeren SchülerInnen. Damit es in der
Folge nicht zu Einbrüchen bei der Zahl der Bildungstitel kommt, hat man an
vielen Schulen die Anforderungen entsprechend abgesenkt.
  Wenn wir nun versuchen diese Befunde zu erklären, so muss man noch einmal wiederholen: Erstens sind hier auch Kontextfaktoren – wie zum Beispiel
Arbeitslosenraten – bedeutsam, auf die die Schulpolitik in diesem Fall[11] keinen
Einfluss hat. Zweitens sind die Unterschiede zwischen den einzelnen Schulen
innerhalb der jeweiligen Bundesländer ganz beträchtlich. So gibt es drittens ein
sehr komplexes Faktorengeflecht, das nur schwer zu entwirren ist (vgl. Bau-
mert/Artelt 2002). Entsprechend wissen wir auch nicht, was Ursache und was
Wirkung ist: Ob ein sozial besonders schwieriges Schulumfeld zu spezifischen
Haltungen bei Lehrerschaft und in der Schulpolitik führt, oder umgekehrt eine
spezifische Haltung der Lehrerschaft und Schulpolitik sich durch Selektion und
Selbstselektion der Schüler ein anderes Schulumfeld schafft. Trotzdem sollten
wir davon ausgehen, dass es nicht nur diese sozialstrukturellen Effekte sind, die
die Unterschiede ausmachen, sondern dass die politischen und kulturellen Fak-

---

10 Das dürfte bei den Großstädten über 300.000 Einwohner auf sozialstrukturelle Gründe zurück-
    zuführen sein – eine starke Segregation des Bildungsbürgertums auf der einen Seite und der
    MigrantInnen auf der anderen Seite.
11 Die hohe Arbeitslosigkeit erklärt sich in den ehemals stark industriell geprägten Ländern des
    Nordens vor allem aus dem postindustriellen Strukturwandel (Kap. 2.5), in den ostdeutschen
    Bundesländern vor allem aus dem Zusammenbruch der Wirtschaftsstrukturen des ehemaligen
    Ostblocks.

toren – Konservatismus hier, Sozialdemokratie da – doch einen gewissen Einfluss haben.

Im Fall Bayerns könnte man die starke soziale Diskriminierung beim Gymnasialzugang einfach auf die konservative Ideologie zurückführen, wäre da nicht Baden-Württemberg, wo der Diskriminierungseffekt deutlich schwächer ausgeprägt ist. Hier könnten auch unterschiedliche Bildungsaspirationen in den bildungsfernen Milieus eine wichtige Rolle spielen. Die Tatsache, dass die Eliteförderung nicht in sehr hohem Maße gelingt, dürfte mit dem generellen und ganz zentralen Problem des lehrerzentrierten und auf Homogenität ausgerichteten Unterrichts zusammenhängen, bei dem nicht nur die schwächeren Schüler 'unter die Räder kommen', sondern auch die SchülerInnen mit einer schnelleren Auffassungsgabe nicht ausreichend angesprochen werden können und sich deshalb langweilen. Sehr hohe Durchschnittswerte erreichen im internationalen Feld nur Systeme mit Gesamtschulen, die dezidiert auf Förderung auch der bildungsfernen Schichten abstellen, was im dreigliedrigen Bildungssystem gar nicht erst Programm ist.

Wie ist das Versagen der sozialdemokratisch geprägten Schulkultur zu erklären? Lassen wir dazu zunächst Reinhard Kahl, einen bekannten 'linken' Bildungspublizisten zu Wort kommen. In der Mitglieder-Zeitschrift der Gewerkschaft Erziehung und Wissenschaft (GEW), die lange Zeit mehr Geld und kleinere Klassen, die Gesamtschule, sowie die Liberalisierung des Unterrichts als Allheilmittel propagiert hatte, fragt er vorsichtig an: "Wenn es in den Schulen auf die Individuen ankommt, kann es dann sein, dass in Bayern die Person des Lehrers stärker ist und aus verschiedenen Gründen der Grad an »Normalverwahrlosung« geringer? Kann es sein, dass die etwas autoritäreren Systeme im Süden den Lehrern eher Selbstbewusstsein und auch eine höhere Selbstwertschätzung verschaffen? Ist nicht selbst ein autoritärer Kauz jenen Lehrern überlegen, die so tun, als wären sie gar nicht da, und deren subkutane Botschaft an die Schüler lautet: »Ich war es nicht, ich bin es nicht, so steht es im Lehrplan. Lasst uns den Vormittag hinter uns bringen«?" (Kahl 2002a)

Diese Deutung der sozialliberal geprägten Schulsituation als um sich greifende Verwahrlosung wird auch durch weitere PISA-Daten gestützt. Gefragt wurden die Jugendlichen dort, wie oft sie in den letzten zwei Wochen den Unterricht versäumt hätten – sei es aufgrund von Krankheit, Verspätung oder Schwänzen einzelner Stunden. Auch hier haben die Großstädte, sowie die Länder Bremen, Hessen, Niedersachsen und Nordrhein-Westfalen wieder die höchsten, Bayern dagegen zusammen mit den ostdeutschen Ländern die niedrigsten Werte (Abbildung 8.4, unten). Zudem sind in Bremen, Hessen, Nieder-

sachsen und Nordrhein-Westfalen recht viele, in Bayern, Sachsen und Thürin-
gen dagegen eher wenige Eltern zu finden, die die Anforderungen in der Schule
als zu niedrig einschätzen (PISA E 2002: 214).

Abbildung 8.4: Absentismus – Rate der Schüler, die angeben, in den letzten
zwei Wochen Unterricht versäumt zu haben.

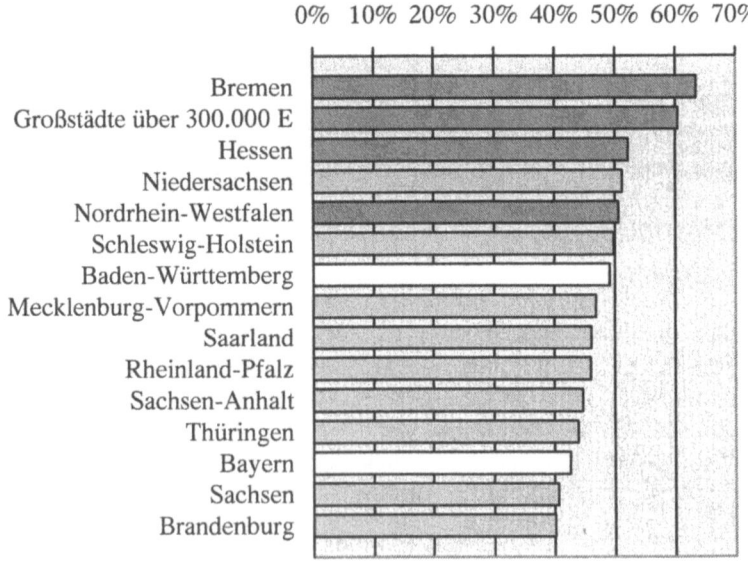

Quelle: PISA E, S.212

Interessant ist in diesem Zusammenhang, dass auch in den Neuen Ländern, die
von einer eher autoritären Tradition geprägt sind, die Absentismusquoten niedrig ausfallen, dort zugleich aber auch die Förderung von Kindern aus sozial
schwachen und bildungsfernen Elternhäusern noch am besten gelingt (vgl. o-
ben, Abbildung 8.2). Das scheint darauf hinzudeuten, dass das Laisser-faire im
Unterricht gerade diejenigen benachteiligt, denen es, der sozialliberalen Ideologie nach, angeblich zugute kommen soll. Sozialpsychologisch wäre das auch
einleuchtend: Bei fehlender intrinsischer Motivation und mit einer eher autoritären Erziehung im Hintergrund setzt das Laisser-faire bei Jugendlichen aus bildungsfernen Elternhäusern keineswegs eigene Anstrengungen frei, sondern
führt nur dazu, dass die Schule nicht ernst genommen wird. Wenn mangels

geeigneter Förderstrategien die Leistungsanforderungen immer weiter herunter-
geschraubt werden, führt das nicht zu einer Ermutigung der schwächeren Schüler, denen man auf diese Weise die Frustrationserlebnisse zu ersparen versucht,
sondern lediglich zur Absenkung des allgemeinen Leistungsniveaus (vgl. Baumert et al. 2003: 330f.). Im Endeffekt ist dann die Quote der 'Sitzenbleiber' in
Bremen sogar noch höher als in Bayern (PISA E 2002: 208).

Man muss also konstatieren, dass gute Intentionen zu schlechten Ergebnissen führen können. Die 1968er-Erziehungsideologie hat unterschiedslos und
ohne näheres Hinsehen alles das propagiert, was die konservative Erziehungs-
ideologie ablehnt: Liberales Laisser-faire, Egalitarismus und Partizipation. Es
wurde dabei übersehen, dass Laisser-faire, Egalitarismus und Partizipation in
einer dreifach widersprüchlichen Beziehung zueinander stehen:

- **Laisser-faire vs. Egalitarismus:** Liberalität heißt, dass jeder seinen Interessen folgen kann. Wie sollen aber bildungsferne Schichten an Bildung heran-
  geführt werden, wenn Bildung nicht zu ihren angestammten Interessen gehört? Egalitarismus beruht auf dezidierten *Anstrengungen* zur Förderung sozial benachteiligter und schwächerer Schüler und schließt Druck keineswegs
  aus, solange Druck *nicht* mit Selektion einhergeht.
- **Laisser-faire vs. Partizipation:** Einbeziehung von SchülerInnen bedeutet,
  dass diese selbständig Aufgaben übernehmen und Initiativen ergreifen können. Lernen werden sie dabei aber nur, wenn sie die Spielräume der Partizipation nicht einfach dazu nutzen (können), alle Anforderungen zu unterlaufen und den Konsequenzen der eigenen Fehler auszuweichen.
- **Bürokratischer vs. partizipativer Egalitarismus:** Egalitarismus gibt es in
  der Variante der gesamtgesellschaftlichen bürokratischen Zuteilung und des
  administrativen Zwangs. Es gibt Egalitarismus aber auch in der dezentralen
  und genossenschaftlichen Variante der Partizipation, die von gleichberech-
  tigten und wechselseitig verantwortlichen Formen des persönlichen Umgangs geprägt ist, aber dabei nicht notwendigerweise gesamtgesellschaftliche Gleichheit verfolgen oder erreichen muss.

Es ist offensichtlich, dass diese sehr verschiedenen Prinzipien nur unter günstigen Umständen und mit angemessenen Vorkehrungen sinnvoll miteinander
auszubalancieren sind. Das kann nur gelingen, wenn man diese Prinzipien nicht
schon deshalb reflexhaft und pauschal befürwortet, weil manche Konservative
diese noch immer ebenso reflexhaft und pauschal ablehnen. Davon wird im
Folgenden – und vor allem in Kapitel 9.2 – noch ausführlicher die Rede sein.
Vergleiche Übersicht 8.4.

Übersicht 8.4: Konservative versus sozialdemokratische Schulpolitik und ihre
              Wirkungen (gemäß der PISA-Studie)*

	Konservativ ge-prägte Länder	Sozialliberal ge-prägte Länder
Kompetenz in der Spitze	recht gut	mittelmäßig
Kompetenz im Durchschnitt	recht gut	ziemlich schlecht
Streuung der Kompetenz	mittel	hoch
Förderung leistungsschwacher Schüler	mittelmäßig	schlecht
Fehlen und Schulschwänzen*	eher selten	eher häufig
Förderung von Kindern aus bildungsfernen Haushalten*	mittelmäßig	schlecht
Abiturchancen von Kindern aus bildungsfernen Elternhäusern*	schlecht	mittelmäßig

*   Das Urteil bezieht sich bei den ersten vier Kategorien auf den internationalen, bei den übrigen
    Kategorien auf den nationalen Maßstab

8.5 Die gegenwärtigen Reformbestrebungen: Neoliberale oder sozial integrative Auswege aus der bürokratischen Starre?

Seit langem hat sich die Schulpolitik in Deutschland darauf versteift, hohe Leistung und sozialen Ausgleich als unvermeidlichen Widerspruch zu stilisieren. Entsprechend werden die PISA-Ergebnisse sehr selektiv wahrgenommen – jeder greift sich das heraus, was in sein Weltbild passt – und gerade durch PISA E, also den innerdeutschen Vergleich, kann sich jeder, der flüchtig genug schaut, bestätigt fühlen – die Bayern sind ehrgeizig und unsozial, die Bremer sozialer und deshalb nicht so ehrgeizig. Irritierender sind da die internationalen PISA-Daten, weil sie zeigen, dass es zwischen Leistung und sozialem Ausgleich keinen Widerspruch gibt. Entsprechend orientieren sich die interessanteren Reformvorschläge nicht an innerdeutschen Unterschieden, sondern an Schulsystemen im Ausland, die bei PISA gut abgeschnitten haben und anders als Japan und Korea Deutschland in kultureller Hinsicht relativ ähnlich sind. Eine Arbeitsgruppe am Deutschen Institut für Internationale Pädagogische Forschung hat sechs Länder näher betrachtet, in denen Schulreformen zur Anpassung an die Umstände der postindustriellen Wissensgesellschaft spätestens in den 1990er-Jahren begonnen haben (BMBF 2003): Kanada, England, Finnland, Frankreich, die Niederlande und Schweden – zu deren relativ erfolgreichem

Abschneiden bei PISA vergleiche Abbildung 8.1.[12] Folgende Reformelemente scheinen in der Zusammenschau richtungsweisend zu sein:

- Die Lehrer sind im **Umgang mit sozialer, kultureller und kognitiver Heterogenität besser geschult**, sie beherrschen differenzierende und individualisierende Lehrmethoden. Entsprechend gibt es bis zum 8. Schuljahr eine nur sehr schwach ausgeprägte institutionelle Selektion.
- Alle diese Länder haben bis zum 8. oder 9. Schuljahr **Gesamtschulsysteme**, sortieren also erst zur Sekundarstufe II zwischen Schülern mit unterschiedlichen Fähigkeiten und Neigungen. Allerdings setzt dann und später auch beim Übergang zu Universitäten und Fachhochschulen eine stark leistungsorientierte Selektion ein (der man sich schließlich im Berufsleben auch kaum entziehen kann).
- Die **Bedeutung der ersten Jahre** wird viel stärker betont: LehrerInnen in Vorschulen haben eine akademische Ausbildung, es gibt kaum Statusunterschiede zwischen Lehrern verschiedener Jahrgänge und Schulen, es wird mehr Geld und mehr Personal in die ersten (Vor)Schuljahre investiert und dafür weniger in die Sekundarstufe II.[13]
- Es gibt mehr **Unterstützung für MigrantInnen**: Wichtig ist hier, dass man kulturelle Vielfalt als Chance und nicht als Last ansieht. Die Kinder werden – außer in Frankreich – auch in ihrer Muttersprache unterrichtet, um die kognitive Entwicklung besser unterstützen zu können. Ansonsten findet aber keine Aussonderung in spezielle Klassen oder Schulzweige statt. Man bemüht sich um eine starke Einbindung der Eltern, um so die soziale Integration der gesamten Familie zu unterstützen.
- Es gibt mehr **Ganztagsangebote** und damit auch mehr Förderung für schwächere Schüler und für Schüler aus sozial benachteiligten Familien. Entsprechend ist Nachhilfeunterricht weniger stark verbreitet (den sich ja wiederum nur die 'betuchteren' Familien leisten können).
- Die Schulen haben eine recht weitgehende **organisatorische Autonomie** im Hinblick auf die Auslegung der Lehrpläne und Stundenvorgaben, die Personalauswahl und die Haushaltsbewirtschaftung. Entsprechend gibt es auch deutliche Bemühungen um ein professionelleres Schulmanagement.
- Die Schulen werden andererseits schärfer über **zentrale Abschlussprüfungen** und Leistungstests kontrolliert. Die Evaluation der Lehrtätigkeit ist zur

---

12 Die Niederlande haben sich bei PISA nicht beteiligt, gelten aber aus anderen Schulvergleichstests als ziemlich erfolgreich.

13 Lehrergehälter und Klassenstärken – das haben sowohl der innerdeutsche als auch der internationale Vergleich gezeigt – stehen in diesen sehr hoch entwickelten Ländern in keinem systematischen Zusammenhang mit der Leistungsfähigkeit der Schüler.

Selbstverständlichkeit geworden und ruft bei den LehrerInnen keine Abwehr
mehr hervor – sie soll zeigen, was besser gemacht werden kann und wo Beratung und Unterstützung seitens der Schulaufsicht vonnöten sind.

• Es gibt ein **professionelleres Profil des Lehrerberufs**: So gibt es relativ
  strenge und berufsspezifische Auswahlverfahren, wer zum Lehramtsstudium
  zugelassen wird. Die Ausbildung erfolgt organisatorisch aus einer Hand,
  Fachwissen wird nicht als solches, sondern im Hinblick auf seine fachdidak-
  tische Vermittlung gelehrt. Lehrerfortbildung erfolgt regelmäßig und ist systematisch in die Karriere der einzelnen Lehrerin und in die Schulentwicklung eingebunden.

• Wichtig ist aber auch die hohe **Leistungserwartung in der Gesellschaft**,
  die zum Ansehen und zur Unterstützung der Schule und des schulischen
  Lernens beiträgt.

Man muss also nicht, wie das in Deutschland immer noch geschieht, Leistung
gegen Lust ausspielen, sondern man kann auch darauf setzen, dass die Freiheit
zur Eigeninitiative Leistung und Lust miteinander verbindet. Dennoch gibt es
auch in den Reformländern Richtungsunterschiede, was auch kein Wunder ist,
da es sich bei England und Kanada eher um wirtschaftsliberal geprägte Länder,
bei Finnland und Schweden um sozialdemokratisch geprägte Länder handelt
(vgl. Esping-Andersen 1990; Brown/Lauders 1998).

In der neoliberalen Reformagenda soll bekanntlich der Markt alles, oder
doch zumindest vieles richten. Auch hierzulande hat Jürgen Kluge (2003), der
Chef von McKinsey Deutschland, die PISA-Diskussion zum Anlass genommen,
ein "Sanierungskonzept" vorzuschlagen, wie es McKinsey immer propagiert.
Entsprechend sollen hier Schulautonomie und die Veröffentlichung der Ergebnisse aus den Leistungstests zu einem Wettbewerb der Schulen und der LehrerInnen untereinander führen, von dem man sich insgesamt bessere Schulen und
bessere Leistungen verspricht. Wahrscheinlicher ist dann allerdings ein Effekt,
den man in großen Städten ohnehin beobachten kann: dass nämlich die wohlhabenderen und bildungsnäheren Elternhäuser ihre Kinder auf die besseren Schulen schicken, und diese Schulen ihre Ergebnisse dadurch verbessern, dass sie die
schwächeren Schüler durch hohe Anforderungen abschrecken. Verstärken kann
sich dieser Effekt zusätzlich noch, wenn staatliche Mittel oder private Schulgel-
der als Leistungsanreiz an die Schulen vergeben und Lehrergehälter frei verein-
bart werden. Die besseren Schulen werben dann überall die besseren Lehrer ab
und können so selbst immer noch besser werden – auf Kosten der anderen, die
dann immer noch weiter zurückfallen. Auf diese Weise bekommt man auch
ohne formale Dreigliedrigkeit und ohne aktive Aussonderung über den Effekt

der Selektion und Selbstselektion von Schülern und LehrerInnen ein stark strati-
fiziertes Schulsystem – und macht damit unter der Hand alle Integrationsgewin-
ne wieder zunichte, die man, der oben beschriebenen Agenda zufolge, doch
beabsichtigt.

Deshalb sind die Schulautonomie und die öffentliche Evaluierung, dort wo
sie eingeführt wurden, durchaus umstritten. In Ländern wie Schweden, Finnland
und den Niederlanden experimentiert man mit Formen, die stärker die soziale
Ausgangslage der Schule berücksichtigen sollen. Die Testergebnisse von Schulen in einem 'Problemviertel' werden entsprechend anders bewertet als bei Schulen in den Wohnvierteln des Bildungsbürgertums. Allerdings ist auch hier noch
unklar, mit welchen Anreiz-, Sanktions- und Beratungsinstrumenten man arbeiten soll, um den Nebeneffekt der Segregation zu vermeiden. Auch bei der nun
verstärkten Zusammenarbeit mit Eltern und Gemeinden ist nicht ausgemacht, ob
sie nicht zur Vertiefung von sozialen Disparitäten führen wird – weil nämlich
reiche Eltern und Gemeinden die Schulen unterstützen, während sozial schwache Familien und schlecht organisierte Gemeinden für die Schulen auch eine
zusätzliche Belastung darstellen können (vgl. Radtke/Weiß 2000).

An diesen Überlegungen wird deutlich, dass der 'Königsweg' zu besseren
Schulen auch in anderen Ländern längst nicht gefunden ist.

Literatur zum Weiterlesen

Es wird zwar gern und viel über die Schulbürokratie geschimpft; die akademische Schulpädagogik hat auch sehr viele Texte geschrieben, in denen eine größere Autonomie von Schulen gefordert wird (vgl. das laufende "Jahrbuch der
Schulentwicklung", hrsg. von H.E. Rolff et al.). Im Verhältnis dazu gibt es
allerdings gerade im deutschsprachigen Raum erstaunlich wenig Untersuchungen darüber, wie Schulen und Schulsysteme als Organisationen *tatsächlich*
funktionieren. Eine Ausnahme stellt hier die theoretisch anspruchsvolle und
zugleich an einem empirischen Beispiel illustrierte Studie von Bühler-Niederberger (1992) dar. Darin wird gezeigt, wie die Schulbehörde im Kanton Zürich
im Bereich der Sonderschulen zwischen den Gemeinden als Schulträgern, den
Eltern und den Professionalisierungsinitiativen der akademischen Sonderpäda-
gogik vermittelt. Interessant ist, dass die Schulbehörde jeweils das in Verord-
nungen gießt, was in der Praxis zwischenzeitlich ohnehin weitgehend Konsens
geworden ist, und dass sie Abweichungen von diesem Konsens stillschweigend
duldet – insofern also nach außen die bürokratische Steuerungsfiktion aufrecht
erhält, aber im Binnenverhältnis eher kollegial und pragmatisch verfährt. Niederberger (1994) gibt in einem Handbuch-Artikel einen systematischen, aller-

dings voraussetzungsreichen Überblick über die Organisationssoziologie der Schule.

Über die Professionalisierung der Lehrtätigkeit gibt es – im krassen Unterschied zu den seltenen Untersuchungen über ihre Organisierung – einen breiten Strom von Literatur. Enzelberger (2001) zeigt in ihrem Buch viele Facetten der Professionsgeschichte auf und macht auf diese Weise gut anschaulich, wie sich die Lehrtätigkeit an Schulen seit dem ausgehenden Mittelalter entwickelt hat, aus welchen sozialen Verhältnissen Lehrer – und insbesondere Lehrerinnen – stammen, aus welchen Motiven sie den Beruf wählen und wie sich das Sozialprestige der Lehrtätigkeit an den verschiedenen Schulen entwickelt hat. Einen knappen Überblick über die Professionalisierungsgeschichte des Lehramtes im Vergleich zu anderen akademischen Berufen gibt Lundgreen (1999). Berge von Papier werden bedruckt mit Überlegungen und Ideen zur Reform der LehrerInnenbildung. Es drängt sich der Eindruck auf, "daß in den Augen der an dieser Diskussion Beteiligten die Lehrerbildung eigentlich *nie gut* war und auch nie gut ist, aber *unendlich gut* werden kann – dies seit mindestens zweihundert Jahren." Terhart (2000: 249), von dem diese Bemerkung stammt, gibt dagegen zu bedenken, dass die Lehrerausbildung für die Berufspraxis keine unmittelbare Bedeutung hat und dass ohnehin alle Reformversuche, die an Lehrerausbildung ansetzen, nur mit erheblicher Zeitverzögerung wirksam werden können. Ein Überblick über die Literatur zur viel wichtigeren, aber in den meisten Debatten weitgehend vernachlässigten Sozialisation im Berufsverlauf findet sich bei Schaefers/Koch (2000) und bei Terhart (1990).

Zur Bildungspolitik in Deutschland gibt es tonnenweise Programmschriften, aber erst PISA E (2002) untersucht flächendeckend, was eigentlich in den Bundesländern dabei herauskommt. Wie oben schon angedeutet, ist es allerdings nicht ganz einfach, aus den PISA-Befunden zu den Kompetenzen der SchülerInnen genaue und belastbare Rückschlüsse auf die Wirkungen von Schulpolitiken und Schulreformen zu ziehen. Eine Artikelserie in der Zeitschrift "Pädagogik" (2002, Jg. 54, Heft 2 bis Heft 11) gibt einen Überblick über die Schulorganisation in anderen Ländern, die bei der internationalen PISA-Studie besser als Deutschland abgeschnitten haben. Ebenfalls lesenswert ist die Studie des Deutschen Instituts für Internationale Pädagogische Forschung (BMBF 2003), die versucht aus dem internationalen Ländervergleich eine Quintessenz für die deutsche Reformdebatte zu ziehen. Bei Brown/Lauders (1998) findet sich eine interessante, gesellschaftstheoretisch fundierte Diskussion über die politischen Alternativen der gegenwärtigen Bildungspolitik angesichts der wirtschaftlichen Globalisierung und der Entwicklung hin zur Wissensgesellschaft.

Kapitel 9: Reformen – wohin? Eine kurze Zusammenfassung und eine etwas grundsätzlichere Zielbestimmung.

Wir wollen nun in diesem abschließenden Kapitel die Darstellung und Argumentation des Buches zusammenfassend Revue passieren lassen und uns dann überlegen, welche Schlussfolgerungen zu ziehen sind.

Das heißt also, dass wir zunächst noch einmal überlegen, wie sich die Umwelt der Schule in der postindustriellen Wissensgesellschaft verändert hat und inwiefern die Schule auf diese Veränderungen noch keine passende Antworten gefunden hat. Es soll dann aber ausdrücklich *kein* abgeschlossener Reformvorschlag unterbreitet werden, den man dann, wenn man ihn denn für begründet und durchführbar hielte, gleichsam wie einen Bauplan oder eine Blaupause nur noch ausführen müsste. Das wäre zum einen vermessen, weil es mir als Soziologen an der dafür notwendigen Detailkenntnis über die Schule gebricht. Zum anderen würde es auch den Prinzipien widersprechen, die meines Erachtens Entwicklungsprozesse in der postindustriellen Welt ausmachen – dass sie nämlich eher dezentral als zentral in Gang gesetzt werden und sich als Suchbewegungen vollziehen, die ihrer Natur nach in ihren Ergebnissen zunächst ungewiss sind. Hier eine abgeschlossene Blaupause liefern zu wollen, entspräche dem alten bürokratischen Anspruch, alles im Voraus zu berechnen und dann von einer zentralen Instanz aus umzusetzen.

Nachdem im letzten Kapitel (Kap. 8.5) die gegenwärtigen Stoßrichtungen von Reformen schon angedeutet wurden, soll nun im abschließenden Kapitel noch einmal grundsätzlicher diskutiert werden, worin die Richtungsunterschiede zwischen verschiedenen Reformvorschlägen, ihre Schwierigkeiten und Grenzen liegen. Damit wird dann auch offenbar: Selbstverständlich müssen wir die Welt mit heftiger Kritik überziehen und sie mit dicken schwarzen Strichen malen, um uns aus unserem Alltagstrott herauszureißen und Reformen in Gang zu setzen – das habe ich im vorigen Kapitel auch selbst getan. Deswegen ist die Rede vom PISA-Desaster und die kollektive Aufregung darum ganz heilsam. Aber andererseits dürfen wir an unsere Krisenrhetorik selbst niemals vollständig glauben. Denn auch das unterscheidet die postindustrielle von der industriellen Welt – es gibt keine Hoffnung mehr auf innerweltliche Erlösung, weder Reformen noch

Revolutionen werden uns das Paradies auf Erden bescheren. Bei näherem Hinsehen stellen wir fest: Vergangenheit und Gegenwart waren und sind nicht *so* schlecht und die Zukunft wird auch nicht *so* rosig werden.

9.1 Die veränderte Umwelt der Schule

Wie haben sich nun die relevanten Institutionen im Umkreis der Schule verändert? Beginnen wir zunächst mit der **Familie**. Die agrargesellschaftliche Familie war ein ökonomischer Zweckverband und sie war die primäre Ordnungseinheit der Gesellschaft. Sie steht in deutlichem Kontrast zu den postindustriellen Familienformen, die wesentlich auf Intimität und emotionalen Beistand gegründet sind. Die industriegesellschaftliche Familie erscheint dagegen als Zwischenform, in mancher Hinsicht auch als eigenständiges Intermezzo: Eine Zwischenform insofern, als Intimität und ihre Grundvoraussetzung – Freiwilligkeit und Gleichberechtigung – hier zwar schon propagiert werden, aber die alten Abhängigkeiten zunächst faktisch weiter bestehen bleiben. Ein eigenständiges Intermezzo insoweit, als jenes bürgerliche Idyll vom trauten Heim und von der behüteten Kindheit, das als Gegenwelt zu einer als kalt und berechnend empfundenen Außenwelt stilisiert wird, eben das typische Leitbild dieser Zeit war und auch heute noch von manchen Konservativen nostalgisch beschworen wird, andererseits aber niemand genau sagen kann, inwieweit es tatsächlich existiert hat und mit welchen neurotischen Abgründen es gegebenenfalls versehen war. Zweifellos ergeben sich heute demgegenüber aus Freiwilligkeit und Gleichberechtigung die Instabilitäten der doppelten Kontingenz – Ego *und* Alter müssen *beide* ja sagen, damit etwas zustande kommt, und nur einer muss nein sagen, damit etwas zerbricht. Entsprechend sind familiäre Beziehungen in *dieser* Hinsicht unsicherer geworden, andererseits haben sich die Lebensverhältnisse durch ökonomische und sozialstaatliche Wohlfahrtsgewinne stark verbessert, so dass man in der Bilanz bisher kaum sagen, die Bedingungen für Kinder und Jugendliche seien heute instabiler als früher.

Was sich für Kinder und Jugendliche wirklich geändert hat, ist einerseits das Setting, anderseits der Stil der sie umgebenden Sozialisationsverhältnisse und Erziehungsagenturen. Das Setting ist offener geworden – während es früher tendenziell einen Schulterschluss und Konsens gab zwischen Eltern, Verwandtschaft, Schule, Medien und Kirche, haben sich heute verschiedene Welten ausdifferenziert, die mehr oder weniger unabhängig voneinander ihre eigenen Themen und Ziele verfolgen. Fast zwangsläufig sind dadurch die Umgangsformen und der Erziehungsstil liberaler und vertraulicher geworden, weil sich Kinder und Jugendliche einem autoritären Zugriff leichter entziehen können und Beziehungen deshalb nur dort eingehen, wo sie sich aufgehoben fühlen. Das birgt auf der einen Seite die Chance, dass die Charakterformung heute auf Erfahrung und Einsicht und nicht mehr nur auf bloßer Konditionierung beruht. Auf der anderen Seite besteht die Gefahr, dass Kinder und Jugendliche sich selbst oder den Marktverhältnissen überlassen, überhaupt keine festen Persönlichkeitsstrukturen mehr ausbilden, sondern orientierungslos vor sich hin dümpeln oder in Opportunismus, Oberflächlichkeit und Blasiertheit verfallen.

Die **Strukturen sozialer Ungleichheit** und die Bedeutung der Bildung für die Statuskonkurrenz waren früher dadurch gekennzeichnet, dass die überwiegende Mehrzahl der Menschen keine oder nur geringe formale Bildung besaß. Es war völlig normal, ungebildet zu sein – man war deshalb kein 'Versager'. Wer gebildet war, hob sich umgekehrt sehr weit aus der 'Masse des Volkes' heraus. Durch die Industrialisierung, die postindustrielle Entwicklung und die Expansion des Bildungsystems haben sich die Verhältnisse mittlerweile der Tendenz nach umgedreht. Es ist heute normal, einigermaßen gebildet zu sein – und zwar auch deshalb, weil in der postindustriellen Wissensgesellschaft ein Großteil der Erwerbsarbeit mit höheren Qualifikationserfordernissen verbunden ist.

Daraus ergeben sich dreierlei Folgen. Zum einen sind mit einer höheren Bildung keine besonders großen Distinktionsgewinne mehr verbunden und entsprechend besitzen die 'höheren Lehranstalten' – Gymnasium und Universität – kein sehr exklusives Prestige mehr (es sei denn, es handelt sich um Eliteeinrichtungen, also ganz besondere Gymnasien und Universitäten, wie sie in England, USA und Frankreich teilweise zur Absetzung der Elite in der Elite etabliert wurden). Die Selektionskämpfe um die höheren sozialen Ränge verlagern sich entsprechend immer weiter nach hinten – das heißt von den unteren zu den oberen Schulsstufen, von der Schule auf die Universität, vom Bildungssystem auf das Beschäftigungssystem. Zum Zweiten erzeugt die verstärkte Bildungskonkurrenz beinahe zwangsläufig mehr 'Versager' – und zwar nicht etwa deshalb, weil die Schulen schlechter und die Jugendlichen dümmer oder fauler geworden wären. Sondern im Gegenteil: Gerade weil heute die Jugendlichen im Durchschnitt besser, d.h. formal gebildeter, sind, fallen jetzt diejenigen auf, die hinter dem Durchschnitt zurückbleiben. Zum Dritten ist das in Deutschland herrschende konservative Bildungssystem dysfunktional geworden, weil es nicht nur zu wenig, sondern auch zu starre Qualifikationen, Berufseinstellungen und Laufbahnansprüche produziert. Der Strukturwandel hin zu einer postindustriellen und postfordistischen Wissensgesellschaft wird dadurch blockiert – mit der Folge einer niedrigen Beschäftigungsquote und hoher Arbeitslosigkeit. Ein Großteil der heute um die Bildungspolitik wechselseitig kursierenden Schuldzuweisungen und Kastrophenmeldungen – verwahrloste Elternhäuser, Einfluss von Werbung und Medien, Gewalt an Schulen, faule und ausgebrannte LehrerInnen, zu wenig Geld und zu viel Bürokratie für die Schulen, zu schlecht oder falsch ausgebildete Schüler – resultiert also nicht aus tatsächlichen Verschlechterungen, sondern aus veränderten Erwartungen und Anforderungen.

Das Phänomen der **Migration** ist grundsätzlich nicht neu, aber es ergibt sich hier, gerade in Deutschland, ein zunehmend verschärfter Problemdruck. Zum Ersten sind fast alle postindustriellen Länder auf verstärkte Einwanderung angewiesen, wenn sie ihre Bevölkerungszahl aufrechterhalten und die Alterung nicht noch weiter verstärken wollen. Zum Zweiten macht der allgemeine Druck zur Höherqualifikation heute vor den MigrantInnen nicht mehr Halt, zumindest wenn sie sich integrieren wollen (oder sollen). Denn die niedrig qualifizierten Beschäftigungsmöglichkeiten in der Industrie verschwinden zunehmend, während die Jobs mit niedrigen Qualifikationserfordernissen im Dienstleistungssektor teilweise illegal und so schlecht bezahlt sind, dass sie eine sozial integrierte Lebensweise kaum zulassen. In Deutschland steht dieses Problem heute auch deswegen zunehmend deutlicher vor Augen, weil wir allmählich gewahr werden, dass wir ein Einwanderungsland sind: Schon seit dem Ende des Zweiten Weltkriegs 'importieren' wir in beträchtlicher Zahl Einwanderer. Da sie aber in der Mehrzahl lange Zeit als 'deutsch' etikettiert werden konnten, wurden sie offiziell bis vor kurzem nicht als Fremde wahrgenommen. Erst heute wird uns allmählich klar, dass wir längst ein Einwanderungsland geworden sind.

Für die Schulen bedeutet das, dass sich im Hinblick auf die Kinder von MigrantInnen vielfach ähnliche Förderungsprobleme ergeben, wie sie allgemein bei sozial benachteiligten und bildungsfernen Haushalten bestehen. Diese Schwierigkeiten haben nichts mit der Migration als solcher oder der Kultur der Migranten zu tun – bei Kindern von ManagerInnen oder Professoren treten sie in aller Regel nicht auf, ganz gleich aus welchem Teil der Welt diese kommen mögen. Sie ergeben sich einfach deshalb, weil die Einwanderung – gerade in Deutschland – meistens in niedrig qualifizierte Beschäftigungen und aus bildungsfernen Haushalten erfolgt. Allerdings stellt auch die kulturelle Vielfalt der SchülerInnen die Schule vor neue Herausforderungen – nämlich verschiedene Verhaltensweisen, religiöse Vorstellungen und Alltagserfahrungen in wechselseitigem Respekt zu integrieren.

Wie schon angedeutet, haben sich die Anforderungen des **Beschäftigungs-systems** erheblich verändert. Der Übergang von der Industriegesellschaft zur postindustriellen und postnationalen Wissensgesellschaft besteht schließlich im Kern darin, dass unqualifizierte Routinetätigkeiten zunehmend von Maschinen übernommen oder in Niedriglohnländer ausgelagert werden. Zum Ersten bedeutet dies, dass die Qualifikationserfordernisse höher werden und sich häufig verändern. Daraus ergibt sich ein Trend zu längeren Ausbildungszeiten und zu lebenslangem Lernen. In jungen Jahren sollte also die Grundlage für ein höheres Maß an Abstraktionsfähigkeit gelegt und ein intrinsischer Lerneifer geweckt werden, damit die ständige Notwendigkeit der Weiterbildung nicht als Zumutung, sondern als Herausforderung begriffen wird. Zum Zweiten verschieben sich die kognitiven und emotionalen Anforderungen nicht nur quantitativ, sondern auch qualitativ. Während früher Präzision, Zuverlässigkeit, Kraft, Ausdauer, Geschwindigkeit und Gehorsam – also maschinengleiche Fähigkeiten – gefordert waren, sind heute eher Kreativität, Eigeninitiative, Flexibilität, Kontextsensibilität und Einfühlungsvermögen gefragt, also eben Fähigkeiten, mit denen wir uns als Menschen von Computern und Robotern unterscheiden. Aber Vorsicht: Die erstgenannten Fähigkeiten und die damit zu bewältigenden Routineprozeduren verschwinden nicht einfach, sie treten nur in den Hintergrund. Unser Wohlstand aber beruht weiterhin darauf, dass wir über diese Fähigkeiten und Prozeduren verfügen – eben, indem wir sie erfolgreich an Maschinen delegieren können, aber immer noch verstehen müssen, was die Maschinen tun (bzw. auch selbst gelegentlich einspringen müssen, wenn die Maschinen versagen).

Zum Dritten verändert sich dadurch auch die Kontrolle von Arbeitskräften. Die Durchführung von maschinengleichen Routineaufgaben wurde im Allgemeinen Schritt für Schritt in bürokratischen oder tayloristischen Organisationsformen kontrolliert. Dort aber, wo die menschliche Arbeitsaufgabe nun vor allem darin besteht, Uneindeutigkeit und Ungewissheit zu bewältigen, sind solche Überwachungssysteme unbrauchbar. Deshalb verlagern sich formale Kontrollen heute mehr auf die Endergebnisse, und man versucht durch kollegialere Arbeitsformen die informelle Kontrolle und Motivation der Arbeitskräfte zu erhöhen. Dies ist der Grund, warum heute vielfach ein viel höherer Grad an Selbstdisziplin sowie an Teamfähigkeit erforderlich wird.

Das **Verhältnis von Gesellschaft und Persönlichkeit** wird im Zuge der Modernisierung immer abstrakter. Im Dorf und im Rahmen des sprichwörtlichen Kirchturmhorizonts gab es hier noch sehr enge und konkrete Bezüge. Die sozialen Rollen waren weitgehend zugewiesen, die kulturellen Traditionen standen selbstverständlich vor Augen. Sie wurden beide in überschaubaren Räumen und in natürlichen zeitlichen Rythmen – des Tages, des Jahres und des Lebens – vollzogen und von der jüngeren Generation eingeübt. Mit der Verbesserung der Informationsmedien und der Transportsysteme kommt es allmählich zur Erweiterung, und heute schließlich zur Globalisierung der Herrschafts- und der Wirtschaftssysteme. Dadurch wird der enge und ehemals selbstverständliche Bezug von Gesellschaft und Persönlichkeit aufgesprengt. Die Funktionsbereiche – Wirtschaft, Wissenschaft, Politik, Recht, Kunst, Sport, Medien etc. – verselbständigen sich, um sich zunächst im nationalen Rahmen, später dann im Weltmaßstab zu organisieren. Komplementär kommt es zur Individualisierung der Persönlichkeit – wir können und müssen uns nun zunehmend zwischen verschiedenen Rollen und verschiedenen kulturellen Identifikationsangeboten entscheiden und wir sind für unser eigenes Schicksal zunehmend selbst verantwortlich.

Doch zunächst, in der Epoche der Industriegesellschaft, wurde diese Bewegung hinaus ins Offene im Nationalstaat, also gewissermaßen auf halbem Wege, aufgefangen und rezentriert. Formale Erziehung und Bildung waren durchaus erforderlich, weil sich Verhalten und Kenntnisse nicht mehr wie im Dorf durch Vorbild und alltägliche Einübung ergaben und die Wirkungsverhältnisse längst den Horizont der konkreten Anschauung überschritten hatten. Aber im geschlossenen Gefüge des Nationalstaates wurden nationale Traditionen, nationale Verhaltensstandards und ein nationaler Bildungskanon etabliert, die einen relativ festen Orientierungsrahmen boten und einigermaßen konkrete Vorgaben machten. Heute, in einer verstärkt postnationalen Konstellation, wird dieser Bezugsrahmen wieder brüchig. Wie man sich in einer bestimmten Situation konkret verhalten soll, was man da genau wissen muss, das kann man nicht mehr ein für alle Mal lernen. Es ist auch recht unwahrscheinlich, dass es in absehbarer Zeit einen überall auf der Welt gültigen kosmopolitischen Verhaltens- und Bildungskanon geben wird. Erziehung und Bildung werden also wiederum abstrakter: Wir müssen lernen und trainieren, dass es verschiedene Traditionen und Konstellationen gibt und dass wir – in einer offenen und ungewissen Welt – die konkreten Erfordernisse nur im jeweiligen Zusammenhang aushandeln oder bestimmen können. Insofern sind auch in Bezug auf die sich globalisierende Welt insgesamt – ähnlich wie schon im postindustriellen Berufsleben (s.o.) – Abstraktionsvermögen, der Umgang mit Ungewissheit, lebenslanges Lernen, Offenheit und Toleranz gefragt.

In diesem Ensemble veränderter gesellschaftlicher Umwelten – des Familienlebens, des Berufslebens und des politischen Lebens – wandelt sich auch der

Sozialisationsprozess. Konnte man Sozialisation früher und in traditionalen Gesellschaften zumal als einfache Übertragung der kulturellen Vorstellungen und Praktiken von der älteren auf die jüngere Generation verstehen, so sind die Zusammenhänge heute komplexer geworden. Denn es gibt nicht mehr 'die ältere Generation' als einen geschlossenen kulturellen Kontext, wie er insbesondere in der Agrargesellschaft noch bestanden hat, als Familie und wirtschaftlicher Betrieb ohnehin noch fast eins waren und das politische und religiöse Leben sich überwiegend im engen Raum zwischen Dorfgasthaus und Dorfkirche abspielte. Heute dagegen haben sich diese Kontexte erheblich pluralisiert. Das fängt schon bei den Familien untereinander an: Die eine Familie hat dieses religiöse Bekenntnis, die nächste ein anderes, eine dritte Familie glaubt an die erlösende Macht des Geldes, und eine vierte Familie ist zwar auch nicht religiös, aber politisch-moralisch engagiert. Entsprechend unterscheiden sich die Vorbilder, Erziehungsstile und Lebensweisen. Zugleich ist es durch die Bildungsexpansion und Migration wahrscheinlicher geworden, dass diese unterschiedlichen Familientypen im Kindergarten und in der Schule miteinander konfrontiert sind und ein Kind über seine FreundInnen entsprechend kontrastierende Einblicke gewinnt und Erfahrungen macht. Das Berufsleben ist heute vom Familienleben fast überall getrennt und selbstverständlich sind auch die Beschäftigungsverhältnisse untereinander sehr verschieden in ihren Anforderungen und Umgangsformen. Gleiches gilt auch für die übrigen Lebensbereiche – Medien, Politik und Religion sind voneinander entkoppelt und bieten jeweils eine breite Palette von mehr oder weniger kontrastierenden Angeboten, zwischen denen ein heranwachsender Mensch wählen kann und wählen muss.

Die Pluralisierung der Sozialisationskontexte hat zur Konsequenz, dass die einfache Übertragung nicht mehr (reibungslos) funktionieren kann. Zum einen geraten die Kontexte untereinander in einen Widerspruch zwischen den dort jeweils propagierten beziehungsweise verkörperten Normen und Werten. Entsprechend konfrontieren Kinder und Jugendliche die Erwachsenen mit den Werten aus anderen Kontexten und soweit die Erwachsenen ihrerseits neugierig und lernfähig geblieben sind, kommt es zur sogenannten retroaktiven Sozialisation. Zum Zweiten können die Kinder und Jugendlichen meist zwischen verschiedenen Angeboten im jeweiligen Lebensbereich wählen und sich daher auch entziehen, wenn sie bestimmte Anmutungen als inadäquat empfinden. Der Partei, der Kirche, dem Radiosender, dem Lehrberuf kommt dann der Nachwuchs abhanden. Entsprechend bleibt auch hier längerfristig gar nichts anderes übrig, als dass sich die Erwachsenen zumindest symbolisch nach den Jugendlichen richten – und nicht umgekehrt. Sozialisation ist zusammengenommen und zugespitzt nicht mehr als Übertragungsprozess von der ältereren auf die jüngere Generation, sondern als allgemeiner Anpassungsprozess zwischen verschiedenen gesellschaftlichen Bereichen zu verstehen, in dem die Spannungen zum Ausgleich gebracht werden, die sich aufgrund der Friktionen des kulturellen Wandels und der Differenz zwischen den verschiedenen Lebensbereichen ergeben.

Entsprechend schwindet der systematische Unterschied zwischen den Generationen sowie zwischen den verschiedenen Stadien des Lebenslaufs. Soweit wir alle – freiwillig oder gezwungen – am lebenslangen Lernen teilhaben, bleiben wir, die biologisch älteren Menschen, die wir ehemals als 'Erwachsene' oder 'Alte' bezeichnet wurden, im sozialen Sinne jugendlich, so wie umgekehrt die biologisch jungen Menschen mehr in das Leben der Erwachsenen involviert sind, und sich insofern für sie das Korsett aus Schutz- und Zwangsmaßnahmen lockert, das ihnen von den Erziehungsideologien des Industriezeitalters angesonnen war. In diesem Sinne kann man von einer Entstandardisierung des Lebenslaufs sprechen.

Die **Schule** selbst ist dagegen die gleiche geblieben – nicht so sehr in Umgangsformen und Bildungsinhalten, aber in ihren grundlegenden Strukturen und Vermittlungsformen. Die Struktur ergibt sich aus der bürokratischen Fiktion, dass man Schüler durch die Separation von Schultypen und Jahrgangsklassen in ihren kognitiven Voraussetzungen homogenisieren, und dass man ihnen auf der Grundlage dieser organisatorischen Vorkehrungen im 45-Minuten-Takt die vom nationalen oder landesspezifischen Lehrplan vorgegebenen Wissensportionen in die Köpfe 'einpauken' könnte. Entsprechend dieser Vorstellung von der dosierten Weitergabe von Fachwissen ist auch die Professionalitäts-Fiktion der Lehrtätigkeit konzipiert. Für die Tätigkeit an 'höheren Lehranstalten' – angefangen bei der Universität – müssen die Lehrkräfte viel Fachwissen in ihren Köpfen anhäufen und erlangen dadurch einen entsprechend hohen professionellen Status, für die 'niederen Lehranstalten' müssen sie weniger wissen und entsprechend mit einem niedrigeren Status vorlieb nehmen – hinab bis zum Erzieher ('Kinder*gärtner*'), dessen Tätigkeit als bloß handwerklich eingestuft ist.

Ausgehend vom Konzept der Homogenisierbarkeit der Schülerschar und der Standardisierbarkeit des Fachwissens hat sich der lehrerzentrierte Unterricht etabliert, der unter diesen fiktiven Voraussetzungen auch die logisch naheliegendste Vermittlungsform darstellen mag. Wenn wir uns erinnern, dass im Industriezeitalter Menschen *wie* Maschinen arbeiten sollten und deshalb Präzision, Zuverlässigkeit, Ausdauer, Geschwindigkeit und Gehorsam als Arbeitsbefähigungen zu vermitteln waren, dann war diese Schul- und Unterrichtsform eventuell sogar angemessen, das heißt für die Erreichung *dieser* Ziele funktional. Wenn heute aber maschin*un*gleiche Arbeitstugenden wie Kreativität, Eigeniniative, Flexibilität, Kontextsensibilität und Einfühlungsvermögen gefragt sind, wenn ein detaillierter und inhaltlich präzisierter Bildungs- und Verhaltenskanon in der Schulumwelt nicht mehr resonanzfähig ist, dann könnten sich andere Schul-, Lehr- und Lernformen als überlegen erweisen.

9.2   Wie sich Bildung und Erziehung grundsätzlich verändern könnten

Wie soll sich die Schule nun verändern? Wir haben im voranstehenden Kapitel (Kap. 8.5) die gegenwärtigen Reformvorschläge referiert und wollen sie hier nicht wiederholen. Alle allzu präzisen und konkretistischen Reformvorschläge haben den Nachteil, dass sie auf der bürokratischen Fiktion beruhen, die Wirklichkeit ließe sich von einem zentralen Punkt aus und nach einem vorgedachten Plan steuern. Da die Verhältnisse vor Ort und zum jeweiligen Zeitpunkt aber oft ganz anders sind, als von der Zentrale aus vorbedacht, ist die Durchführung des Reformplans dann entweder unangemessen oder unmöglich. Andererseits können auch einfache Patentrezepte wie der Ruf nach mehr Autonomie, mehr Freiheit und mehr Markt nicht wirklich helfen, weil die systemischen Wirkungen und Nebenwirkungen sehr komplex sind – die Verbesserung der einen Schule wird dann womöglich durch die Verschlechterung der anderen Schule erkauft.
Statt detaillierter Lösungsvorschläge oder pauschaler Richtungsvorgaben will ich hier etwas anderes anbieten, nämlich zwei theoretische Navigationsinstrumente, mit denen man den Raum vermessen kann, in dem man sich im Rahmen der eigenen Lehr- und Erziehungstätigkeit bewegt. Das erste Navigationsinstrument betrifft die Frage nach dem Erziehungs*ziel* oder dem Leitbild: Was ist, unter den gegenwärtigen gesellschaftlichen Umständen, eine angemessene Erziehung und Bildung? Wie können wir das erkennen? Das zweite Navigationsinstrument betrifft die Frage des *Weges*: Wie kommen wir dorthin, wie können wir eine angemessene Erziehung und Bildung vermitteln? Wie können wir 'gute' von 'schlechten' Maßnahmen zur Erziehung und Bildung unterscheiden?

Was macht also einen gebildeten und wohl erzogenen, mit anderen Worten einen kultivierten und zivilisierten Menschen heute aus? Früher war die Antwort auf den ersten Blick gesehen ganz einfach und auch heute noch scheint sie für manche Konservative klar zu sein: Möglichst viele der im Bildungskanon als relevant definierten Kenntnisse anhäufen, sich möglichst exakt entsprechend dem Verhaltenskanon der eigenen Klasse, Adel oder Bürgertum, zu verhalten – also zum Beispiel 'den Knigge' zu befolgen: zu wissen, wann der Herr der Dame vorausgeht, wann er hinter ihr zu gehen hat usw. Allerdings haben sich schon im 19. Jahrhundert manche Außenseiter wie Friedrich Nietzsche über die streberhaften 'Bildungsphilister' lustig gemacht, die die kanonisierten Stoffe pedantisch auswendig lernen und eifrig mit lateinischen oder griechischen Zitaten herumfuchteln, aber nie in den tieferen Sinn klassischer Bildung einzudringen vermögen. Und viele Beobachter mokierten sich über die steifen Manieren der Bürger und das manierierte Auftreten des Adels als bloße Äußerlichkeiten, während es doch beiden Gruppen an Herzensbildung als Grundlage zivilisierten Verhaltens durchaus zu fehlen schien.

Zu reflektierteren Zieldiskussionen gelangt man hier in der Auseinandersetzung mit der Zivilisationstheorie von Norbert Elias, gerade weil sie neben einer Vielzahl von klugen Beobachtungen und allzu einfachen Erklärungen, die wir hier nicht näher diskutieren können, eine für uns sehr instruktive Passage enthält, an die wir hier kritisch anknüpfen können. Sein Hauptwerk "Über den Prozeß der Zivilisation" ist in den 1930er-Jahren im Exil in London entstanden, wohin er vor den Nazis geflohen war (Elias 1976). Darin beschreibt Elias in einem großen Bogen vom ausgehenden Mittelalter bis zum Beginn des 20. Jahrhunderts eine Zivilisationsgeschichte, die sich durch eine immer stärkere Triebdämpfung auf Seiten des Individuums und eine immer weiter reichende soziale Verflechtung auf Seiten der Gesellschaft auszeichnen soll. Früher hat man mit den Fingern gegessen, heute nimmt man Messer und Gabel. Früher ging man unmittelbar handgreiflich und gewalttätig aufeinander los, heute bemüht man Recht und Gesetz und eventuell die Polizei, um Konflikte auszutragen. Spätestens in den 1980er-Jahren musste dann jedoch auffallen, dass sich zwischenzeitlich viele Sitten scheinbar 'gelockert' hatten – die Kleidung wurde legerer, die Anreden waren nun weniger förmlich, Nacktheit und Sexualität schienen weitgehend enttabuisiert. Wie war diese Entwicklung im Bereich der persönlichen Umgangsformen zu erklären, wo doch auf der anderen Seite die wirtschaftliche, politische und kulturelle Verflechtung, also der Ausbau immer umfassenderer Wirkungs- und Abhängigkeitsketten ständig voranschritt (heute nennen wir diesen Vorgang 'Globalisierung')?

Elias (1992) und deutlicher noch sein Schüler Cas Wouters (1979, 1986) haben die scheinbare Lockerung der Umgangsformen nun nicht als 'Sittenverfall', sondern als "Informalisierung" gedeutet. Durch die Demokratisierung in allen Lebensbereichen habe sich die Machtbalance zugunsten der ehemals Benachteiligten verschoben, entsprechend seien nun alle Beteiligten zur Antizipation der Reaktionen der anderen und zur Rücksichtnahme verpflichtet. Anstelle von Fremdzwängen, die das Verhalten äußerlich vorgeben, seien Selbstzwänge getreten – man müsse nun selbst entscheiden, was richtig und was falsch sei. Da sich Elias und seine Schüler nie mit Religion und Recht auseinandergesetzt haben und der Zivilisationsprozess für sie entsprechend erst mit der Entstehung des modernen Staates als Gewaltmonopol im späten Mittelalter beginnt, ist ihnen auch entgangen, dass Zivilisation schon immer auf Selbstzwang, das heißt der Verinnerlichung von sozialen Normen beruht und die Ausbildung einer Gewissensinstanz als Selbstkontrolle in Abwesenheit von Fremdkontrolle spätestens mit der Etablierung der Hochreligionen, also schon lange vor dem ausgehenden Mittelalter einsetzt.

Aber trotzdem liegt ihrer Analyse von Informalisierungsprozessen eine richtungsweisende Einsicht zugrunde, auch wenn die Begrifflichkeit missverständlich ist. In relativ stabilen und geschlossenen sozialen Umwelten können stark formalisierte und sehr elaborierte Verhaltensstandards ausgebildet werden, die dort als Kommunikationscode von jedermann und jederfrau verstanden werden. Das Erlernen dieses Kommunikationscodes kann in der relativ einfachen Gestalt der klassischen Konditionierung erfolgen – Verhalten wird als *reflexhafter Selbstzwang* antrainiert. In instabilen und offenen Umwelten kann ein elaborierter, komplexer Code dagegen weder ausgebildet noch tradiert werden, weil dazu eine lange Zeit und eine hohe Dichte an regelmäßigen Begegnungen erforderlich ist. Was macht man, wenn man einem Fremden begegnet (in instabilen und offenen sozialen Räumen sind wir uns alle mehr oder weniger fremd)? Spricht man ihn in der eigenen Hochsprache möglichst gestelzt, im achtfach verschachtelten Konjunktiv an, um zu demonstrieren, was für ein kultivierter Mensch man selbst doch ist? Dann wird er einen wahrscheinlich kaum verstehen. Oder benutzt man einfaches, floskelhaftes Englisch? Das verstehen sehr viele Menschen, so wahrscheinlich auch er. Welches Verhalten ist nun zivilisierter?

Wir können Wouters und Elias also darin folgen, dass Informalisierung keineswegs automatisch als Entzivilisierung und als Sittenverfall gedeutet werden muss, jedenfalls dann nicht, wenn sie nicht auf Achtlosigkeit, sondern gerade im Gegenteil auf einer erweiterten Verständigungsbereitschaft und Rücksichtnahme beruhen. Ein einfacher, unkomplizierter Verhaltens- und Sprachcode kann hier die Anerkennung und die Aufnahmebereitschaft anzeigen, die man dem Fremden entgegenbringt. Diese erweiterte Verständigungsbereitschaft und Rücksichtnahme setzt den Übergang *vom reflexhaften Selbstzwang zur reflektierten Selbststeuerung* voraus – ich muss überlegen und gegebenenfalls auch im jeweiligen Moment erst austarieren und aushandeln, welches Verhalten angemessen ist, weil ich in instabilen und offenen Umwelten immer wieder in Situationen gerate, wo das starre Festhalten an reflexhaft antrainierten Verhaltensformen bestenfalls zu kuriosen, schlimmstenfalls zu verhängnisvollen Missverständnissen führt.

Diese Überlegung lässt sich nun zwanglos auf den Umgang mit Bildung übertragen. Ein inhaltlich festgelegter Bildungskanon macht nur Sinn in einer relativ geschlossenen Gesellschaft, in der sich durch den Bezug auf einen relativ festgelegten Kreis von Texten und Bildern ein gemeinsamer Denkstil und ein gemeinsames Lebensgefühl herausbilden können und sich umgekehrt auf dieser Basis der Bezug zu bestimmten kanonischen Stoffen, in denen der gemeinsame Denkstil und das gemeinsame Lebensgefühl exemplarisch zum Ausdruck kommen, zwanglos ergibt. Es ist gut möglich, dass man sich im 18. und 19. Jahrhundert in den Salons der Gebildeten geistreicher und in gewisser Weise auch zwangloser unterhalten hat als heute auf einer Akademiker-Party, weil es damals mehr Gemeinsamkeiten gab, auf die man im Gespräch anspielen konnte. Aber die Welt des Wissens war damals auch viel kleiner – es gab einerseits nur wenig Gebildete, und andererseits war das Wissen noch nicht in so viele Fächer, Schulen und Fachorgane zersplittert wie heute, wo sich selbst der belesenste Mensch keinen hinreichenden Überblick mehr verschaffen kann. Ist jemand ungebildet, weil er ein bestimmtes Buch nicht kennt – bloß weil ich dieses Buch zufällig gelesen habe und wichtig finde? Muss ich als Deutscher Goethe und Schiller gelesen haben, oder kann ich meine Sensibilität auch an japanischen oder indischen Schriftstellern schulen? So wie es heute von Banausentum zeugt, auf die kulturelle Hochform des Verhaltens zu pochen, so kann man Borniertheit auch dadurch demonstrieren, dass man die Offenheit und Dezentrierheit der postnationalen Lebensweise nicht zur Kenntnis nimmt und sich selbst für den Nabel der Welt hält.

Bildung kann heute also nicht mehr – und konnte in Wirklichkeit noch nie – an der Menge des mehr oder weniger auswendig gelernten Stoffes gemessen werden. Die höhere Bildung zeigt sich vielmehr daran, ob eine Person theoretische Neugierde zeigt, ob sie kritische und kreative Fragen stellt, ob sie Gedankengänge folgerichtig entwickelt, ob sie sich prägnant auszudrücken versteht, ob sie mit der Vielstimmigkeit und Vielschichtigkeit von Wissen umgehen kann, ob sie sensibel auf Einwände reagiert, ob sie Abstraktion und Konkretion miteinander zu vermitteln weiß, und ob sie die Musik der Sprache oder die Eleganz der Mathematik zum Ausdruck zu bringen vermag. In diesem Sinne ist Bildung nicht ganz einfach zu messen und auch in keinem Lehrplan exakt festzulegen. Es handelt sich um Kompetenzen, die man an sehr unterschiedlichen Stoffen erwerben kann, wenn man sich intensiv mit ihnen auseinandersetzt. Auch hier können wir eine Figur beobachten, die dem Übergang vom reflexhaften Selbstzwang zur reflektierten Selbststeuerung vergleichbar ist. Es geht nicht mehr um reflexhaftes Abspulen eines für alle Zeiten (vermeintlich) gültigen Wissens, sondern darum, die eigene Lernfähigkeit zu schulen und reflektiert zum Einsatz zu bringen: Wie schaffe ich es, mich in ganz unterschiedliche Stoffe schnell und mit Interesse einzuarbeiten und dabei meine Fragestellungen konsequent zu verfolgen, aber gleichzeitig auch weitere Anregungen mit aufzunehmen?

Es sollte also deutlich geworden sein, dass im heutigen gesellschaftlichen Kontext informelle Verhaltens- und Bildungsformen vielfach angemessener sind als die formellen und kanonisierten Formen, die ehemals als Anzeichen zivilisierter und kultivierter Persönlichkeit galten. Allerdings sind sie nicht so leicht wie formelle Formen von unzivilisiertem und achtlosem Benehmen zu unterscheiden. Wer früher mit ein paar Klassiker-Zitaten um sich warf, konnte leicht als gebildeter Mensch erscheinen – heute muss man dagegen meist genauer hinhören um zu erkennen, ob jemand sensibel und differenziert auf die Welt reagiert. Wir brauchen also feinere Navigationsinstrumente als früher, um Bildung und Erziehung vom Gegenteil zu unterscheiden.

Diese informellen, postkanonischen Leitbilder von Erziehung und Bildung sind allerdings auch nicht mehr so leicht wie formelle Verhaltensweisen und Wissensinhalte zu vermitteln. Wir kommen also zur zweiten Frage, zu den Navigationsinstrumenten für den richtigen *Vermittlungsweg*. Es ist ein großer und verbreiteter Irrtum zu glauben, die postkanonischen Ziele könnten von Seiten der Erziehungs- und Bildungsinstitutionen durch einfaches Laisser-faire erreicht werden und kämen auf Seiten der Schüler und Studierenden ohne Anstrengungen und schmerzlichen Irritationen zustande, bloß weil sie im Ergebnis vielleicht 'lässig' aussehen (vgl. Kap. 8.4). Richtig ist nämlich zunächst nur, dass sie nicht mehr einfach durch Zwang und Drill 'eingebläut' und 'eingepaukt' werden können. Aber was sonst?

Auch hier sollten wir auf eine grundlegendere theoretische Überlegung zurückgreifen. Wie können Schüler und Studierende generell auf Bildungs- und Erziehungsversuche, auf Schulen und LehrerInnen reagieren? Albert O. Hirschman (1970) hat uns darauf aufmerksam gemacht, dass gegenüber einer Verhaltensaufforderung prinzipiell *drei* Reaktionsmöglichkeiten bestehen: Folgebereitschaft, Abwanderung oder Widerspruch – loyality, exit or voice heißt es im englischsprachigen Original. *Folgebereitschaft* bedeutet: Man kauft die angebotene Ware, man folgt den Dienstanweisungen des Vorgesetzten, man lernt die aufgegebenen Vokabeln und übt das Einmaleins. Man könnte stattdessen aber auch die *Abwanderungs*-Option wählen. Man kauft die feilgebotene Ware nicht, das ist in Marktsituationen ganz einfach, weil man dort auf andere Angebote zurückgreifen kann. Schwieriger und folgereicher ist es normalerweise in einem Betrieb oder überhaupt als Mitglied einer Organisation, die Exit-Option auszuüben und den Verhaltensaufforderungen nicht zu folgen. Man muss dann mit Sanktionen rechnen oder selbst kündigen, also auf alle sonstigen Vorteile der Mitgliedschaft verzichten. Früher war es auch recht folgenreich, in der Schule als Schüler von der Exit-Option Gebrauch zu machen und zum Beispiel dem Unterricht einfach fern zu bleiben oder ein anderes Fach zu wählen. Heute ist das, zumindest in den höheren Klassen, leichter möglich.

Es besteht aber drittens auch die Möglichkeit des *Widerspruchs beziehungsweise der Einmischung*: Ich gehe nicht einfach zum nächsten Händler, weil mir bei der ersten Händlerin der Preis zu hoch oder die Ware nicht tauglich erscheint. Sondern ich verlange einen günstigeren Preis oder kritisiere die Qualität der Ware – dann hat die Händlerin ihrerseits die Möglichkeit, mit dem Preis herunterzugehen oder die Qualität ihrer Waren zu verbessern. Ähnlich kann ich auch in einem Betrieb oder in der Schule den Verhaltensaufforderungen widersprechen – vielleicht sind die Dienstanweisungen ja tatsächlich kontraproduktiv und die Hausaufgaben unsinnig? 'Voice', wörtlich also Stimmrecht, bedeutet in Organisationen aber noch mehr. Die Angestellten im Betrieb und die Schüler in der Schule werden in die Entscheidungen mit einbezogen und können die Organisation mitgestalten. Im Unterschied zum Widerspruch auf dem Markt partizipieren sie dann aber auch an der Verantwortung, die sich aus der Entscheidung ergibt. Auf dem Markt kann es mir prinzipiell gleichgültig sein, ob ich die Händlerin durch meine Preissenkungsforderung ruiniere oder wie sie es schaffen kann, bessere Ware zu liefern. Als Mitglied einer Organisation steht mir diese sprichwörtlich gewordene 'Konsumentenhaltung' nicht offen, sondern ich muss mich auch an der Umsetzung der Entscheidung beteiligen und die Folgen mit ausbaden.

Solange und soweit es um kanonisierte und klassisch konditionierbare Bildungs- und Erziehungsziele geht, können Schulen logischerweise auf das Prinzip der Folgebereitschaft und des Gehorsams setzen. Das kann auch heute noch durchaus sinnvoll sein: Wer Englisch oder Französisch lernen will, sollte als Basis auch Vokabeln, Grammatik und idiomatische Formen pauken. Die postkanonischen, auf Selbststeuerung ausgelegten Ziele sind dagegen ebenso logisch nicht mit dem Prinzip der Folgebereitschaft zu erzielen. Wie aber dann? Wie schon angedeutet, hilft das pauschale Laisser-faire hier nicht weiter oder anders gesagt, es ist auf Seiten der Schüler und Studierenden mit extrem hohen *Drop-out*-Raten verbunden. Diejenigen, die zum Beispiel aufgrund einer bildungsbürgerlichen Herkunft sowieso schon über eine intrinsische Motivation und die Fähigkeit zur Selbststeuerung verfügen, kommen natürlich auch unter Laisser-faire-Bedingungen zurecht und haben hier vielleicht sogar bessere Entfaltungsmöglichkeiten. Aber für viele bedeutet es ganz einfach, dass sie sich vor allen Anstrengungen lange Zeit erfolgreich drücken und fast gar nichts lernen – wahrscheinlich sogar weniger als in einer gradlinig-konservativen Paukanstalt.

Besonders zugespitzt wird dieser Zusammenhang in einigen geistes- und sozialwissenschaftlichen Fächern an der Universität deutlich. Die Studierenden können hier frei zwischen diversen Veranstaltungen, Dozenten und damit Prüfern auswählen. Auch der Zeitpunkt steht ihnen frei, wann sie ihre formalisierten Studienleistungen erbringen – in den 'nicht-verschulten' Fächern sind das auch nicht allzu viele. Die DozentInnen können ihrerseits meist beinahe ebenso frei wählen, was sie als Veranstaltung anbieten und welche Anforderungen sie stellen. Dadurch ergibt sich eine breite und meist völlig beliebige Auswahl, zwischen der viele Studierende konsumfreudig aber planlos 'hin- und herzappen'.

Der unmotivierte Teil der Studierenden sammelt sich dann bei den Dozenten, die *scheinbar* niedrige Anforderungen stellen, und diese Dozenten halten sich diese Studierenden dadurch vom Leibe, dass sie auf formelle Kontrollen ganz verzichten, so dass die unmotivierten Studierenden in den Veranstaltungen nur selten auftauchen und am besten auch gleich vergessen, die Seminararbeit abzugeben. Wenn sich ein Unmotivierter aber doch einmal aufgerafft hat, sich eine Seminararbeit abzuringen, schaut man sich als Laisser-faire-Dozent diese langweilige oder ärgerliche oder irgendwo abgeschriebene oder neuerdings aus dem Internet 'heruntergeladene' Arbeit am liebsten nicht zu genau an, sondern gibt schnell einen Schein aus, um sich auf diese Weise den unmotivierten Studenten möglichst schnell vom Hals zu schaffen. Würde man den Schein verweigern, müsste man das nämlich begründen, müsste sich die Arbeit noch einmal vorlegen lassen etc. Mit anderen Worten: Alle Beteiligten folgen hier dem Prinzip der Exit-Option – die unmotivierten Studierenden weichen den Anforderungen aus und die Dozenten entziehen sich der Konfrontation, indem sie sie gewähren lassen.

Selbstverständlich haben wir als DozentInnen für diese Haltung pädagogisch und politisch wohlklingende Begründungen: Dass man keinen Leistungsdruck und keine Selektion ausüben wolle, dass die Studierenden selbständig eigene Interessen entwickeln und Selbstdisziplin lernen müssten. Mit der allseitigen und sanktionslosen Bereitstellung der Exit-Option wird die Universität zu einer höheren Form von Verwahrlosungsanstalt, in der schließlich aufgrund des allgemeinen Verfalls der Sitten und Leistungsstandards eventuell sogar die ursprünglich motivierten Studierenden heillos versumpfen. Bei Schulen würde die Verwahrlosung wahrscheinlich in noch viel stärkerem Maße um sich greifen, würde man in diesem Maße die Exit-Option bereitstellen.

Also doch die Rückkehr zur Paukschule und die Verschulung des Universitätsprogramms? Das wäre, nach allem was gesagt worden ist, die falsche, die regressive Alternative. Eine dritte Möglichkeit, die systematisch zu wenig bedacht wird, ist die Option der Einmischung und Einbeziehung. Nur indem SchülerInnen kollektiv und individuell zunächst kleinere und dann größere Projekte selbständig übernehmen, können sie lernen, ihre eigenen Fragestellungen und Ideen zu verfolgen. Nur indem sie eigene Projekte verfolgen, können sie die Erfahrung machen, warum es sinnvoll sein kann, bestimmte Stoffe, zum Beispiel Fremdsprachen, systematisch zu lernen. Allerdings muss man durch geeignete Leitplanken dafür sorgen, dass die Schüler und Studierenden bei Schwierigkeiten nicht einfach ausweichen. Freiheit meint im Sinne der Einbeziehung die Möglichkeit, unterschiedliche Lösungswege auszuprobieren, also *positive Freiheit* – nicht die negative Freiheit, von der Aufgabe einfach Abstand zu nehmen und stattdessen etwas anderes zu tun.

Natürlich muss man Schülern und Studierenden irgendwann auch größere Wahlmöglichkeiten eröffnen, damit sie ihre spezifischen Neigungen und Talente entdecken und sich auf die Spezialisierung des Berufslebens vorbereiten können. Aber erstens müssen sie dazu *zuvor* schon mehr Selbstdisziplin gelernt haben – was auf einer reinen Paukschule genausowenig geschieht wie auf einer reinen Laisser-faire-Schule –, so dass sie nicht mehr 'ausflippen', wenn sie nicht mehr mit zeitnahen und unmittelbar stoffbezogenen Leistungskontrollen konfrontiert sind. Und zweitens muss sichergestellt bleiben, dass sie auch dann noch in angemessenen Zeitabständen über Hürden springen müssen – weil andernfalls viele von ihnen nach Jahren des orientierungslosen Herumgammelns an der Universität bei der Abschlussprüfung gegen eine hohe Wand laufen.

Insofern käme es wohl bei der Vermittlung der postkanonischen Ziele auf eine fachgerechte und altersgemäße Balance an zwischen den drei Prinzipien – der Folgebereitschaft, der Abwahlmöglichkeit und des Engagements –, wobei die didaktischen und die organisatorischen Konsequenzen gerade des dritten Prinzips, des partizipatorischen Engagements der Schüler und Studierenden, erst noch systematisch zu entfalten wären. Der undifferenzierte Ruf nach 'Freiheit' ist jedenfalls kein Allheilmittel. Die Schüler und Studierenden von heute, die anders als die Generation der 1968er keine Erfahrung mehr haben mit der Enge und dem Muff der Adenauer-Ära, reagieren darauf nicht mehr mit entfesselter Eigeninitiative. Sondern sie fragen eher gelangweilt: "Müssen wir heute schon wieder tun, was wir wollen"? (vgl. Ziehe 1998).

9.3   Reformeifer *und* Gelassenheit!

So drängend die in Kapitel 8.5 und 9.2 angesprochenen Reformprinzipien und Leitbilder sind, so wichtig ist es auch sich klarzumachen, welche Probleme sich bei ihrer Umsetzung ergeben.

Das erste Problem besteht darin, dass man aus verständlichen Gründen – der Einfachheit und Anschlussfähigkeit – am liebsten auf Patentrezepte zurückgreift. Man versucht also einen einzigen Faktor auszumachen, der für alle wesentlichen Defizite verantwortlich sein soll, um dann mit einer einzigen Maßnahme das ganze Bildungswesen umzukrempeln. Früher war das zum Beispiel die Klage über die Dreigliedrigkeit und als patentes Gegenmittel die Integrierte Gesamtschule, heute ist das zum Beispiel die Klage über den 'Frontalunterricht'. Das Problem besteht darin, dass der jeweilige Faktor in ein ganzes Netz mit anderen Wirkungsfaktoren eingebunden ist, so dass sich eindeutige Kausalitäten und Veränderungsmöglichkeiten nicht bestimmen lassen. Die Integrierte Gesamtschule funktioniert in anderen Ländern ganz wunderbar, in Deutschland – in einem anderen Schulsystem, in einem anderen Kontext von Bildungstraditionen, Erziehungshaltungen und bildungspolitischen Ideologien – hat sie bisher jedoch wenig ausgerichtet. Wenn man in einer einzelnen Klasse den lehrerzentrierten Unterricht aufgibt und andere Vermittlungsmethoden einführt, wird man auch nicht unbedingt sofort Erfolg haben, weil die Schüler und Eltern eben andere Erfahrungen haben und das ganze System auf die traditionellen Vermittlungsformen ausgerichtet ist (vgl. Gruehn 2000; Lankes et al. 2000).

Wenn man dagegen versucht, statt einzelner Patentrezepte ganze Systementwürfe für ein von Grund auf neues Schulwesen zu implementieren, zum Beispiel nach dem Vorbild der derzeit erfolgreichen PISA-Länder, so stellt sich das Problem, dass man Systeme nie vollständig durchschaut und sie daher auch nicht vollständig beschreiben kann: Weder die Finnen selbst noch irgendwelche außenstehenden Beobachter können genau sagen, warum Finnland bei PISA so gut abgeschnitten hat oder das finnische Schulwesen allgemein vielfach als vorbildlich empfunden wird. Zudem ist das finnische Schulwesen auch ein Produkt der finnischen Gesellschaft, mit ganz spezifischen Eigenheiten, die in Deutschland (oder anderswo) so nicht gegeben sind. Um nur drei zu nennen: 1) Finnland ist ein sehr kleines Land; deshalb laufen im Fernsehen viele ausländischen Filme, die nicht synchronisiert sind; wer sie verstehen will, muss die Untertitel lesen – muss also auch beim 'Fernsehkonsum' *lesen*. 2) Finnland war bis vor kurzem ein relativ armes Land; vor dem Hintergrund dieser Erfahrung ist die Bereitschaft sich anzustrengen wahrscheinlich nahe liegender als in Ländern, in denen schon die Eltern diese Erfahrungen kaum noch selbst gemacht haben. 3) Finnland ist, ähnlich wie die anderen skandinavischen Länder, ein traditionell egalitäres Land; konservative und wirtschaftsliberale Bildungsideologien sind daher wenig verbreitet; entsprechend gibt es wenig Widerstände gegen die Förderung von sozial oder in ihren gegenwärtigen Bildungsfähigkeiten benachteiligten Kindern. Finnland ist also nicht Deutschland. Entsprechend kann man das finnische System nicht einfach kopieren und transplantieren. Man weiß erstens nicht, was man alles transplantieren soll, und zweitens würde das Transplantat als Fremdkörper abgestoßen.

Es macht aber auch wenig Sinn, Systemreformen am soziologischen oder schulpädagogischen Reißbrett zu entwerfen. Wir haben zwar in diesem Buch versucht, die geänderten Umwelten der Schule zu analysieren. Aber daraus lassen sich weder die Entwicklungsziele für die Schule einfach ableiten, noch kann man aufgrund veränderter Bedürfnisse, Einstellungen und Verfahrensweisen in den Schulumwelten bestimmen, wie andere Bildungs- und Erziehungsziele zu erreichen wären. Das Bildungs- und Erziehungswesen ist ein eigenständiges und eigensinniges System, das zwar den Leistungsanforderungen aus der Schulumwelt (die allerdings nicht nur aus der Wirtschaft besteht!) bis zu einem gewissen Grade entgegenkommen muss, *auf welche Weise* es aber diese Leistungserfordernisse erfüllen kann und soll, lässt sich nur aus dem Blickwinkel des Erziehungssystems selbst, nicht aus dem Blickwinkel der anderen Systeme bestimmen.

Zudem muss man damit rechnen, dass es selten oder nie Einigkeit über die Reformziele und die Wege dahin gibt. Wenn man warten wollte, bis sich alle geeinigt haben, wird man niemals beginnen können. Wenn man aber ohne Konsens startet, muss man damit rechnen, dass sich widersprüchliche Effekte ergeben. Nehmen wir zum Beispiel die Integrierte Gesamtschule: Diese ist in Deutschland gescheitert, weil sie nur halbherzig eingeführt worden war und von vielen Lehren und Eltern sabotiert wurde. Entsprechend wurde sie aufgrund von Segregationseffekten zum Sammelbecken für schwächere Schüler und hat damit (scheinbar) bestätigt, was ihre Gegner schon immer vermutet haben: Dass sie keine guten Leistungen hervorbringe.

Ich will damit selbstverständlich nicht gegen Reformen argumentieren. Aber man sollte sich im Klaren sein, dass alle Reformen notwendigerweise experimentellen Charakter haben. Man muss also im Erziehungssystem diskutieren und experimentieren. Man darf sich nicht wundern, wenn dabei nicht alles auf Anhieb klappt oder wenn sich unliebsame Nebeneffekte zeigen, die den Reformintentionen widersprechen. Mit anderen Worten: Man muss neben Reformeifer auch Gelassenheit, Augenmaß und Langmut aufbringen.

Betrachten wir in diesem Sinne auch die gegenwärtige Situation noch einmal nüchterner: Deutschland schneidet zwar bei TIMSS und PISA, das heißt beim Vergleich 15-jähriger Schüler, relativ schlecht ab, nicht aber bei der internationalen IGLU-Studie am Ende der Grundschulzeit und auch nicht beim internationalen Vergleich der Lesefähigkeit der Erwachsenen, dem IAL-Survey in den 1990er-Jahren, in denen Deutschland jeweils überdurchschnittliche Ergebnisse erzielte (IGLU 2003; OECD 1995). Kann es sein, dass das deutsche Schulwesen vielleicht nur ein Problem mit der Motivierung von 15-jährigen Pubertierenden hat? Oder kann es vielleicht sogar sein, dass die Probleme überhaupt nicht in der Schule zu finden sind, sondern in der Gesamtkonstellation, in der sich Deutschland derzeit befindet – zum Beispiel viel Wohlstand, aber schlechte Stimmung, wenig Ideale und wenig Zukunftsperspektiven (Jugendliche nehmen das sehr viel sensibler wahr als Erwachsene und Kinder)?

Generell stellt sich auch die Frage nach dem Sinn und den Grenzen des Bildungswettbewerbs, sowohl innerhalb der nationalen Gesellschaften wie auch auf der internationalen Bühne. Ein erstes Problem ergibt sich aus dem von vielen Bereichen her bekannten Ceiling-Effekt (auch als 'Grenznutzen' bezeichnet): Am Anfang, wenn noch fast alle Gesellschaftsmitglieder Analphabeten sind, lassen sich mit relativ geringen Investitionen große Fortschritte erzielen. Aber mit immer weiter fortschreitender Bildungsexpansion, das heißt auch mit immer größeren Investitionen, werden die zusätzlichen Fortschritte immer kleiner, indem sich schließlich eben doch Grenzen der Begabung und der Motivation auf individueller wie auch anthropologischer Ebene bemerkbar machen (vgl. Bell 1985: 299ff.). Auch die schlauesten Menschen haben Grenzen in ihrem geistigen Fassungsvermögen, auch die eifrigsten müssen sich gelegentlich entspannen und können nicht immer nur lernen, lernen und lernen. Das zweite Problem ergibt sich daraus, dass Bildungsexpansion, sei es als Ursache oder als Folge, mit allgemeinem Reichtumszuwachs einhergeht. Wie aber lassen sich in einer reichen Gesellschaft die Motivationen für hohe Anstrengungen aufrecht erhalten? Wozu der ganze materielle Reichtum, wenn man ihn nicht genießen darf oder genießen kann (das war ja auch die Frage, die die 1968er angesichts des 'Wirtschaftswunders' zu Recht ihren asketischen Eltern gestellt haben)?

Es gibt, mit anderen Worten, ein Problem der Bildungsökologie, oder anders ausgedrückt der "Grenzen des Wachstums": Mehr Anstrengungen, mehr Konkurrenz bringen uns dann irgendwann sowieso nicht mehr viel weiter; wir wollen die Früchte unserer Anstrengungen genießen. Die Nebenwirkungen verschärfen sich, indem nämlich diejenigen, die nicht mitkommen und zurückfallen, immer mehr zu Außenseitern und gleichsam Aussätzigen werden. Sollten wir da nicht lieber Abstand nehmen von der Idee der Konkurrenz – der individuellen Konkurrenz ebenso wie der Idee der Standort-Konkurrenz, wie sie durch Länder-Vergleiche gepflegt werden? Sollten wir nicht auch Abstand nehmen von der Idee, dass Bildung überhaupt mit materiellem Gewinn gekoppelt sein müsste?

Bildungsanstrengungen lassen sich nämlich auch anders begründen: Man muss sich nicht anstrengen, um besser zu sein als andere, sondern kann das auch tun, um Spaß zu haben. Wenn ich einen Berg besteige, geschieht das ja auch nicht notwenigerweise im Wettkampf gegen andere, sondern um meinen Körper zu spüren und die Aussicht zu genießen. Und ich tue das auch nicht, um daraus materiellen Nutzen zu ziehen. Man bildet sich also aus ideellen Gründen, um die Welt besser zu verstehen und um dadurch mehr Genuss an ihr zu haben, unabhängig davon, ob man dadurch im materiellen Sinne reich wird oder nicht (krasse Armut ist allerdings ein Bildungshindernis). Dann versteht man schließlich vielleicht auch, dass materieller Reichtum als individuelles Lebensziel ab einer gewissen Höhe unvernünftig ist – und schädlich für die biologische und soziale Tragfähigkeit des Planeten, also unsere kollektive Zukunft.

Literaturverzeichnis

Abbott, A., 1988: The System of Professions. An Essay on the Division of Labor, Chicago: Univ. of Chicago Press.

Adorno, T.W., 1995: Studien zum autoritären Charakter, Frankfurt/M.: Suhrkamp [Orig.: The Authoritarian Personality, 1950; zus. mit Frenkel-Brunswik, E./ Levinson, D.J./ Sanford, R.N.].

Alba, R.D./ Handl, J./ Müller, W., 1994: Ethnische Ungleichheit im deutschen Bildungssystem, in: Kölner Zeitschrift für Soziologie und Sozialpsychologie, Jg. 46, S. 209-237.

Alexander, J.: Modern, Anti, Post und Neo – How Social Theories Have Tried to Understand the 'New World' of 'Our Time', in: Zeitschrift für Soziologie, Jg. 23, 1994, S. 165-197.

Allmendinger, J., 1989: Career Mobility Dynamics. A Comparative Analysis of the United States, Norway and West Germany. Stuttgart: Klett-Cotta (Studien und Berichte 49 des MPI für Bildungsforschung, Berlin).

Altermann-Köster, M./ Lindau-Bank, D./ Zimmermann, P., 1992: Pluralisierung von Familienformen und neue Anforderungen an die öffentliche Erziehung, in: Jahrbuch der Schulentwicklung, Band 7, Weinheim: Juventa, S. 159-192.

Aly, G., 1979: "Wofür wirst du eigentlich bezahlt?" Möglichkeiten praktischer Erzieherarbeit zwischen Ausflippen und Anpassung, Berlin: Rotbuch.

Amery, C., 1982: Leb wohl, geliebtes Volk der Bayern. Ein Requiem, München: Goldmann.

Apel, H.J./ Horn, K.P./ Lundgreen, P./ Sandfuchs, U. (Hrsg.), 1999: Professionalisierung pädagogischer Berufe im historischen Prozess, Bad Heilbrunn: Klinkhardt.

Arbeitsgruppe Bildungsbericht am Max Planck Institut für Bildungsforschung, 1994: Das Bildungswesen in der Bundesrepublik Deutschland, Reinbek bei Hamburg: rororo.

Arendt, H., 1964: Eichmann in Jerusalem. Ein Bericht von der Banalität des Bösen, München: Piper.

Ariès, P., 1978: Geschichte der Kindheit, München: Hanser [1960].

Ariès, P./ Bottéro, J./ Chaussinand-Nogaret, G. (Hrsg.), 1995: Liebe und Sexualität, München: Boer.

Auernheimer, G./ van Dick, R./ Petzel, T./ Sommer, G./ Wagner, U. (Hrsg.), 2001: Interkulturalität im Arbeitsfeld Schule. Empirische Untersuchungen über Lehrer und Schüler, Opladen: Leske + Budrich.

Bade, K.J., 1997: Zuwanderung und Eingliederung in Deutschland seit dem Zweiten Weltkrieg, in: Ders. (Hrsg.): Fremde im Land: Zuwanderung und Eingliederung im Raum Niedersachsen seit dem Zweiten Weltkrieg. Osnabrück: Universitätsverlag Rasch, S. 9-44.

Baethge, M., 2003: Das berufliche Bildungswesen in Deutschland am Beginn des 21. Jahrhunderts, in: Cortina, K./ Baumert, J./ Leschinsky, A./ Mayer, K.U./ Trommer, L. (Hrsg.): Das Bildungswesen in der Bundesrepublik Deutschland, Reinbek bei Hamburg: rororo, Kap. 12 (S. 525-580).

Baltes, P.B., 2001: Das Zeitalter des permanent unfertigen Menschen. Lebenslanges Lernen non-stop?, in: Aus Politik und Zeitgeschichte (Beilage zu *Das Parlament*), B 36/2001, S. 24-32.

Bargel, T., 1996: Ergebnisse und Konsequenzen empirischer Forschungen zur Schulqualität und Schulstruktur, in: Melzer, W./ Sandfuchs, U.: Schulreform in der Mitte der 90er-Jahre. Strukturwandel und Debatten um die Entwicklung des Schulsystems in Ost- und Westdeutschland, Opladen: Leske + Budrich, S. 47-81.

Bauer, K.O./ Kanders, M., 1998: Burnout und Belastung von Lehrkräften, in: Rolff, H.G./ Bauer, K.O./ Klemm, K./ Pfeiffer, H. (Hrsg.): Jahrbuch der Schulentwicklung, Bd. 10, München: Juventa, S. 201-233.

Bauman, Z., 1995: Postmoderne Ethik, Hamburg: Hamburger Ed.

Bauman, Z., 1995: Moderne und Ambivalenz, Frankfurt/M.: Fischer [1991].

Baumert, J., 1991: Langfristige Auswirkungen der Bildungsexpansion, in: Unterrichtswissenschaft, Jg. 19, S. 333-349.

Baumert, J./ Artelt, C., 2002: Bereichsübergreifende Perspektiven, in: Deutsches PISA-Konsortium (Hrsg.): PISA 2000 – Die Länder der Bundesrepublik Deutschland im Vergleich, Opladen: Leske + Budrich, S. 219-236.

Baumert, J./ Schümer, G., 2002: Familiäre Lebensverhältnisse, Bildungsbeteiligung und Kompetenzerwerb im nationalen Vergleich, in: Deutsches PISA-Konsortium (Hrsg.): PISA 2000. Die Länder der Bundesrepublik Deutschland im Vergleich, Opladen: Leske + Budrich, S. 159-202.

Baumert, J./ Trautwein, U./ Artelt, C., 2003: Schulumwelten – institutionelle Bedingungen des Lehrens und Lernens, in: Deutsches PISA-Konsortium (Hrsg.): PISA 2000 – Ein differenzierter Blick auf die Länder der Bundesrepublik Deutschland, Opladen: Leske + Budrich, S. 261-332.

Baumol, W.J., 1967: Macroeconomics of Unbalanced Growth. The Anatomy of Urban Crisis, in: American Economic Review, vol. 57, pp. 415-426.

Baumol, W.J., 1993: Health care, education and the cost disease: A looming crisis for public choice, in: Public Choice, vol. 77, pp. 17-28.

Beck, U., 1986: Risikogesellschaft – Auf dem Weg in eine andere Moderne, Frankfurt/M.: Suhrkamp.

Beck, U., 1999: Fremde – Ambivalenz als Existenz. In: Rainer Münz et al., Fremde. Migration und Asyl. Erzabtei St. Ottilien: EOS, S. 47-65.

Beck, U., 2002: Macht und Gegenmacht im globalen Zeitalter, Frankfurt/M.: Suhrkamp.

Becker, R., 1998: Bildung und Lebenserwartung in Deutschland. Eine empirische Längsschnittuntersuchung aus der Lebenslaufperspektive, in: Zeitschrift für Soziologie, Jg. 27, S. 133-150.

Beck-Gernsheim, E., 1990: Alles aus Liebe zum Kind, in: Beck, U./ Beck-Gernsheim, E.: Das ganz normale Chaos der Liebe, Frankfurt/M.: Suhrkamp, S. 135-183.

Beck-Gernsheim, E., 1994: Auf dem Weg in die postfamiliale Familie – Von der Notgemeinschaft zur Wahlverwandtschaft, in: Beck, U./ Beck-Gernsheim, E. (Hrsg.): Riskante Freiheiten, Frankfurt/M.: Suhrkamp, S. 115-138.

Beck-Gernsheim, E., (Hrsg.), 1995: Welche Gesundheit wollen wir?, Frankfurt/M.: Suhrkamp.

Bell, D., 1985: Die nachindustrielle Gesellschaft, Frankfurt/M.: Campus [1973].

Berger, J.: Modernitätsbegriffe und Modernitätskritik in der Soziologie, in: Soziale Welt, Jg. 39, 1988, S. 224-236.

Berger, P.L./ Keller, H., 1965: Die Ehe und die Konstruktion der Wirklichkeit, in: Soziale Welt, Jg. 16, S. 220-235.

Bertram, H., 2000: Sozialisation. Stabilität und Wandel eines Forschungsgebiets, in: Soziologische Revue Sonderheft 5, S. 255-263.

Birg, H., 1999: Demographisches Wissen und politische Verantwortung, in: Dorbritz, J./ Otto, J. (Hrsg.): Demographie und Politik, Materialien zur Bevölkerungswissenschaft, Heft 91, S. 13-49.

Bittlingmayer, U., 2001: "Spätkapitalismus" oder "Wissensgesellschaft"? in: Aus Politik und Zeitgeschichte (Beilage zu Das Parlament), B 36, S. 15-23.

Blossfeld, H.P./ Timm, A., 1997: Der Einfluss des Bildungssystems auf den Heiratsmarkt. Eine Längsschnittanalyse der Wahl des ersten Ehepartners im Lebenslauf, in: Kölner Zeitschrift für Soziologie und Sozialpsychologie, Jg. 49, S. 440-476.

BMA 2002: Bundesministerium für Arbeit und Sozialordnung: Statistisches Taschenbuch 2002. Arbeits- und Sozialstatistik, Bonn.

BMBF 2003: Bundesministerium für Bildung und Forschung (Hrsg.): Vertiefender Vergleich der Schulsysteme ausgewählter PISA-Staaten, Bonn: BMBF (http:// www.bmbf.de/ pub/ pisa-vergleichsstudie.pdf).

Böhle, F./ Rose, H., 1992: Technik und Erfahrung, Frankfurt/M.: Campus.

Bohnenkamp, A., 1995: Fernsehen erschwert das Lesenlernen – erleichtert der Computer das Schreibenlernen?, in: Behnken, I./ Jaumann, O. (Hrsg.): Kindheit und Schule. Kinderleben im Blick von Grundschulpädagogik und Kindheitsforschung, Weinheim: Juventa, S. 99-111.

Bolder, A./ Heinz, W.R./ Kutscha, G. (Hrsg.), 2001: Deregulierung der Arbeit – Pluralisierung der Bildung? Jahrbuch Bildung und Arbeit 1999/ 2000, Opladen: Leske + Budrich.

Bolte, K.M./ Hradil, S., 1988: Strukturen sozialer Ungleichheit in der vorindustriellen Zeit; Entwicklungstendenzen von der Ständegesellschaft bis zur Gegenwart, in: Dies.: Soziale Ungleichheit in der Bundesrepublik Deutschland, Opladen: Leske + Budrich, S. 73-110.

Bourdieu, P., 1973: Kulturelle Reproduktion und soziale Reproduktion, in Bourdieu, P./ Passeron, J.C.: Grundlagen einer Theorie der symbolischen Gewalt, Frankfurt/M.: Suhrkamp, S. 88-139.

Bourdieu, P., 1992a: "Ökonomisches Kapital – Kulturelles Kapital – Soziales Kapital", in: Ders.: Die verborgenen Mechanismen der Macht. Schriften zu Politik & Kultur 1, Hamburg: VSA, S. 49-77.

Bourdieu, P., 1992b: "Sozialer Raum und Symbolische Macht", in: Ders.: Rede und Antwort, Frankfurt/M.: Suhrkamp.

Bourdieu, P./ Passeron, J.C., 1971: Die Illusion der Chancengleichheit. Untersuchung zur Soziologie des Bildungswesens am Beispiel Frankreichs, Stuttgart: Klett.

Brämer, R., 1992: Angst vor der Lust? – Über Veränderungen der naturwissenschaftlichen Fachsozialisation in den 80er-Jahren, in: Wechselwirkung Nr.53, S. 50-53.

Brater, M./ Beck, U., 1982: Berufe als Organisationsform menschlichen Arbeitsvermögens, in: Littek, W./ Rammert, W./ Wachtler, G. (Hrsg.): Einführung in die Arbeits- und Industriesoziologie, Frankfurt/M.: Campus, S. 208-224.

Brown, P./ Lauders, H., 1998: Post-Fordist Possibilities for Lifelong Learning, in: Walther, A./ Stauber, B. (Hrsg.): Lifelong Learning in Europe/ Lebenslanges Lernen in Europa, Band 1, Tübingen: Neuling, S. 57-74.

Brügelmann, H., 1995: Kultur und Kontext. Gesellschaftliche und situative Bedingungen der Medienwirkung, in: Behnken, I./ Jaumann, O. (Hrsg.): Kindheit und Schule. Kinderleben im Blick von Grundschulpädagogik und Kindheitsforschung, Weinheim: Juventa, S. 95-98.

Büchel, F., 2002: The effects of overeducation on productivity in Germany – the firms viewpoint, in: Economics of education review, 21, S. 263-275.

Buchmann, M./ Eisner, M., 1997: Selbstbilder und Beziehungsideale im 20. Jahrhundert. Individualisierungsprozesse im Spiegel von Bekanntschafts- und Heiratsinseraten, in: Hradil, S., (Hrsg.): Differenz und Integration. Die Zukunft moderner Gesellschaften. Verhandlungen des 28. Kongresses der Deutschen Gesellschaft für Soziologie in Dresden 1996, Frankfurt/M.: Campus, S. 343-357.

Bühler-Niederberger, D., 1992: Aus der Bürokratie wächst noch keine Pädagogik. Eine Analyse schulgesetzlicher Regelungen im Kanton Zürich, in: Zeitschrift für Sozialisationsforschung und Erziehungssoziologie, Jg. 12, S. 365-379.

Burkart, G., 1993: Individualisierung und Elternschaft – Das Beispiel USA, in: Zeitschrift für Soziologie (ZfS), Jg. 22, S. 159-177.

Butz, M., 2001: Lohnt sich Bildung noch? Ein Vergleich der bildungsspezifischen Nettoeinkommen 1982 und 1995, in: Berger, P./Konietzka, D. (Hrsg.): Die Erwerbsgesellschaft. Neue Ungleichheiten und Unsicherheiten, Opladen: Leske + Budrich, S. 95-118.

Campbell, C., 1987: The Romantic Ethic and the Spirit of Consumerism, Oxford: Basil Blackwell.

Chodorow, N., 1990: Das Erbe der Mütter. Psychoanalyse und Soziologie der Geschlechter, München: Frauenoffensive [1978].

Coleman, J.S., 1990: Schools and the Communities They Serve, in: Ders.: Equality and Achievement in Education, Boulder (Colorado), S. 315-324.

Coleman, J.S., 1995: Families and Schools, in: Zeitschrift für Sozialisationsforschung und Erziehungswissenschaft (ZSE), S. 362-374.

Dahrendorf, R., 1965: Bildung ist Bürgerrecht. Plädoyer für eine aktive Bildungspolitik, Bramsche/ Osnabrück: Nannen.

Deutschmann, C., 1999: Die Verheißung des absoluten Reichtums. Zur religiösen Natur des Kapitalismus, Frankfurt/M.: Campus.

Deutschmann, C., 2002: Postindustrielle Industriesoziologie. Theoretische Grundlagen, Arbeitsverhältnisse und soziale Identitäten, Weinheim: Juventa.

Di Trocchio, F., 1994: Der grosse Schwindel. Betrug und Fälschung in der Wissenschaft, Frankfurt/M.: Campus.

Ditton, H., 1992: Ungleichheit und Mobilität durch Bildung, Weinheim: Juventa.

Doering, H., 1979: Die wirtschaftliche und soziale Struktur der Drei-Generationen-Familie, in: Materialien zur Bevölkerungswissenschaft, Heft 14, Wiesbaden: Bundesinstitut für Bevölkerungswissenschaft.

Douglas, D., 1994: School busing. Constitutional and political developments, Bd. 1: The development of school busing as a desegregation remedy, New York: Garland.

Dreeben, R., 1980: Was wir in der Schule lernen, Frankfurt/M.: Suhrkamp [1968].

Drucker, P., 1994: Die postkapitalistische Gesellschaft, Düsseldorf: Econ, S. 9-76.

Du Bois-Reymond, M., 1995: Alte Kindheit im Übergang zu neuer Kindheit. Umgangsformen zwischen Kindern und Erwachsenen im Wandel dreier Generationen, in: Behnken, I./ Jaumann, O. (Hrsg.): Kindheit und Schule. Kinderleben im Blick von Grundschulpädagogik und Kindheitsforschung, Weinheim: Juventa, S. 145-158.

Du Bois-Reymond, M./ Büchner, P./ Krüger, H.H., 1994: Modernisierungstendenzen im heutigen Kinderleben: Ergebnisse und Ausblicke, in: Du Bois-Reymond, M./ Büchner, P./ Krüger, H.H./ Ecarius, J./ Fuhs, B.: Kinderleben. Modernisierung von Kindheit im interkulturellen Vergleich, Opladen: Leske + Budrich, S. 273-282.

Du Bois-Reymond, M./ Büchner, P./ Krüger, H.H./ Ecarius, J./ Fuhs, B., 1994: Kinderleben. Modernisierung von Kindheit im interkulturellen Vergleich, Opladen: Leske + Budrich.

Duby, G., 1999: Die Zeit der Kathedralen. Kunst und Gesellschaft 980-1420, Frankfurt/M.: Suhrkamp [1966-67].

Duby, G., 1999: Frauen im 12. Jahrhundert, Frankfurt/M.: Fischer [1995].

Durkheim, E., 1998: Die elementaren Formen des religiösen Lebens, Frankfurt/M.: Suhrkamp [1912].

Ehrenpreis, S., 1999: Sozialdisziplinierung durch Schulzucht? Bildungsnachfrage, konkurrierende Bildungssysteme und der "deutsche Schulstaat" des siebzehnten Jahrhunderts, in: Schilling, H. (Hrsg.): Institutionen, Instrumente und Akteure sozialer Kontrolle und Disziplinierung im frühneuzeitlichen Europa, Frankfurt/M.: Vittorio Klostermann, S. 167-185.

Elias, N., 1976: Über den Prozeß der Zivilisation. Soziogenetische und psychogenetische Untersuchungen, 2 Bände, Frankfurt/M.: Suhrkamp [1939].

Elias, N., 1992: Zivilisation und Informalisierung – Veränderung europäischer Verhaltensstandards im 20. Jahrhundert, in: Ders.: Studien über die Deutschen. Machtkämpfe und Habitusentwicklung im 19. und 20. Jahrhundert, Frankfurt/M.: Suhrkamp, S. 33-60.

Elias, N./ Scotson, J., 1990: Etablierte und Außenseiter, Frankfurt/M.: Suhrkamp [1965].

Elschenbroich, D., 1995: Voraussetzungen japanischer Schulanfänger, in: Behnken, I./ Jaumann, O. (Hrsg.): Kindheit und Schule. Kinderleben im Blick von Grundschulpädagogik und Kindheitsforschung, Weinheim: Juventa, S. 63-70.

Enzelberger, S., 2001: Sozialgeschichte des Lehrerberufs. Gesellschaftliche Stellung und Professionalisierung von Lehrerinnen und Lehrern von den Anfängen bis zur Gegenwart, Weinheim: Juventa.

Erikson, E., 1988: Der vollständige Lebenszyklus, Frankfurt/M.: Suhrkamp [1982].

Eser, A./ Bosch, J./ Alsalihi, D. (Hrsg.), 1988: Schwangerschaftsabbruch im internationalen Vergleich. Rechtliche Regelungen, soziale Rahmenbedingungen, empirische Grundlagen, 2 Bde., 1988/ 89, Baden-Baden: Nomos.

Esping-Andersen, G., 1990: The Three Worlds of Welfare Capitalism, Cambridge: Polity Press.

Esping-Andersen, G., 1999: Social Foundations of Postindustrial Economies, Oxford: Oxford Univ. Press.

Esser, H., 1980: Aspekte der Wanderungssoziologie. Assimilation und Integration von Wanderern, ethnischen Gruppen und Minderheiten. Eine handlungstheoretische Analyse. Darmstadt: Luchterhand.

Evers, H.D., 2001: Globale Integration und globale Ungleichheit, in: Joas, H. (Hrsg.): Lehrbuch der Soziologie, Frankfurt/ M: Campus, S. 447-476.

Faulstich-Wieland, H., 2001: Von der Fremd- zur Selbstsozialisation? Oder: Steigt der Einfluss Jugendlicher auf Eltern und Lehrkräfte?, in: Kramer, R.T./ Helsper, W./ Busse, S. (Hrsg.): Pädagogische Generationenbeziehungen. Jugendliche im Spannungsfeld von Schule und Familie, Opladen: Leske + Budrich, S. 275-292.

Faulstich-Wieland, H./ Nyssen, E., 1998: Geschlechterverhältnisse im Bildungssystem. Eine Zwischenbilanz, in: Rolff, H.G./ Bauer, K.O./ Klemm, K./ Pfeiffer, H. (Hrsg.): Jahrbuch der Schulentwicklung, Bd. 10, München: Juventa, S. 163-199.

Feldmann, K., 2005: Soziologie kompakt. Eine Einführung, Wiesbaden: VS Vlg., 3. Auflage.

Fend, H., 1990: Bilanz der empirischen Bildungsforschung, in: Zeitschrift für Pädagogik, Jg. 36, S. 687-709.

Fiedler, G., 1989: Jugend im Krieg. Bürgerliche Jugendbewegung, Erster Weltkrieg und Sozialer Wandel 1914-1923, Köln: Vlg. Wissenschaft und Politik.

Fine, B./ Heasman, M./ Wright, J., 1996: Consumption in the Age of Affluence. The World of Food, London: Routledge.

Fischer, A./ Münchmeier, R., 1997: Die gesellschaftliche Krise hat die Jugend erreicht. Zusammenfassung der zentralen Ergebnisse der 12. Shell Jugendstudie, in: Jugendwerk der Deutschen Shell (Hrsg.): Jugend '97. Zukunftsperspektiven. Gesellschaftliches Engagement. Politische Orientierungen, Opladen: Leske + Budrich, S. 11-23.

Foucault, M., 1977: Sexualität und Wahrheit. Der Wille zum Wissen, Frankfurt/M.: Suhrkamp.

Foucault, M., 1983: Sexualität und Wahrheit, Band 1: Der Wille zum Wissen, Frankfurt/M.: Suhrkamp.

Fourastié, J., 1954: Die große Hoffnung des zwanzigsten Jahrhunderts, Köln: Bund Vlg. [1949].

Franz, W., 1998: Arbeitslosigkeit, in: Schäfers, B./ Zapf, W. (Hrsg.): Handwörterbuch zur Gesellschaft Deutschlands, Bonn: Bundeszentrale für politische Bildung, S. 11-21.

Freidson, E., 1984: The changing nature of professional control, in: Annual Review of Sociology, 10, pp. 1-20.

Freud, S., 1991: Vorlesungen zur Einführung in die Psychoanalyse, Frankfurt/M.: Fischer [1917/ 18].

Frewer, A./ Winau, R., 1997 (Hrsg.): Geschichte und Theorie der Ethik in der Medizin, Erlangen: Palm & Enke.

Fthenakis, W.E. (Hrsg.), 2003: Elementarpädagogik nach PISA. Wie aus Kindertagesstätten Bildungseinrichtungen werden können, Freiburg: Herder.

Fuchs, V.R., 1968: The Service Economy, New York: Columbia Univ. Press.

Gambetta, D., 1987: Were they pushed or did they jump? Individual decision mechanisms in education, Cambridge: Cambridge Univ. Press.

Gartner, A./ Riessman, F., 1978: Der aktive Konsument in der Dienstleistungsgesellschaft. Zur politischen Ökonomie des tertiären Sektors, Frankfurt/M.: Suhrkamp [Orig. New York 1974].

Gaschke, S., 2001: Die Erziehungskatastrophe. Kinder brauchen starke Eltern, München: DVA.

Gehlen, A., 1962: Der Mensch. Seine Natur und seine Stellung in der Welt. Frankfurt/M.: Athenäum.

Geissler, B./ Oechsle, M., 1994: Lebensplanung als Konstruktion: Biographische Dilemmata und Lebenslauf-Entwürfe junger Frauen, in: Beck, U./ Beck-Gernsheim, E. (Hrsg.): Riskante Freiheiten, Frankfurt/M.: Suhrkamp, S. 139-167.

Geißler, R., 2000: Sozialer Wandel in Deutschland, Informationen zur politischen Bildung Nr.269, Bonn: Bundeszentrale für politische Bildung.

Geißler, R., 2002: Die Sozialstruktur Deutschlands. Die gesellschaftliche Entwicklung vor und nach der Vereinigung, 3. grundlegend überarbeitete Auflage, Wiesbaden: Westdeutscher Vlg.

Gerster, P./ Nürnberger, C., 2001: Der Erziehungsnotstand. Wie wir die Zukunft unserer Kinder retten, Berlin: Rowohlt.

Geulen, D., 1998: Die historische Entwicklung sozialisationstheoretischer Ansätze, in: Hurrelmann, K./ Ulich, D. (Hrsg.): Handbuch der Sozialisationsforschung, 5. Aufl., Weinheim: Beltz, S. 21-56.

Geulen, D., 1999: Subjekt-Begriff und Sozialisationstheorie, in: Leu, H.R./ Krappmann, L. (Hrsg.): Zwischen Autonomie und Verbundenheit. Bedingungen und Formen der Behauptung von Subjektivität, Frankfurt/M.: Suhrkamp, S. 21-48.

Geulen, D., 2001: Sozialisation, in: Joas, H. (Hrsg.): Lehrbuch der Soziologie, Frankfurt/M.: Campus, S. 123-144.

GEW 2002: Erzeihung und Wissenschaft, Zeitschrift der Bildungsgewerkschaft GEW Nr.2/ 2002, Schwerpunktheft zum mehrsprachigen Unterricht.

Giddens, A., 1988: Die Konstitution der Gesellschaft. Grundzüge einer Theorie der Strukturierung, Frankfurt/M.: Campus [1984].

Giddens, A., 1995: Soziologie, Graz: Nausner + Nausner.

Gill, B., 2002: Organisierte Gewalt als ,dunkle Seite' der Modernisierung: Vom nationalen Krieg zum transnationalen Terrorismus, in: Soziale Welt, Jg. 53, S. 49-65.

Gill, B., 2003: Streifall Natur. Weltbilder in Technik- und Umweltkonflikten, Wiesbaden: Westdeutscher Vlg.

Goebel, J./ Clermont, C., 1997:Tugend der Orientierungslosigkeit, Berlin:Volk & Welt.

Goffman, E., 1971: Verhalten in sozialen Situationen. Strukturen und Regeln der Interaktion im öffentlichen Raum, Gütersloh: Bertelsmann.

Gomolla, M./ Radtke, F.O., 2002: Institutionelle Diskriminierung. Die Herstellung ethnischer Differenz in der Schule, Opladen: Leske + Budrich.

Gorz, A., 2000: Arbeit zwischen Misere und Utopie, Frankfurt/M.: Suhrkamp [1991].

Gould, S.J., 1984: Darwin nach Darwin. Naturgeschichtliche Reflexionen, Frankfurt/M.: Ullstein.

Greven, M., 1997: Politisierung ohne Citoyens. Über die Kluft zwischen politischer Gesellschaft und gesellschaftlicher Individualisierung, in: Klein, A./ Schmalz-Bruns, R. (Hrsg.): Politische Beteiligung und Bürgerengagement in Deutschland, Bonn, Bundeszentrale für politische Bildung, S. 231-251.

Griese, H.M./ Mansel, J., 2003: Sozialwissenschaftliche Jugendforschung. Jugend, Jugendforschung und Jugenddiskurse. Ein Problemaufriss, in: Soziologie – Forum der Deutschen Gesellschaft für Soziologie, 2/ 2003, S. 23-54.

Groh, R./ Groh, D., 1991: Weltbild und Naturaneignung. Zur Kulturgeschichte der Natur, Frankfurt/M.: Suhrkamp.

Gruehn, S., 2000: Unterricht und schulisches Lernen. Schüler als Quellen der Unterrichtsbeschreibung, Münster: Waxmann.

Grundmann, R./ Stehr, N., 1997: Klima und Gesellschaft, soziologische Klassiker und Außenseiter, in: Soziale Welt, Jg. 47, S. 85-100.

Habel, W./ Hansen, R./ Krampe, C./ Portz, S./ Spies, W., 1992: Das Gymnasium zwischen Bildprogrammen und Realität, in: Rolff, H.G./ Bauer, K.O./ Klemm, K./ Pfeiffer, H. (Hrsg.): Jahrbuch der Schulentwicklung, Bd. 7, München: Juventa, S. 93-131.

Hage, J./ Powers, C.H., 1992: The Metamorphosis of Roles into Interpersonal Relationsships, chap. 7, in: Dies.: Postindustrial Lives. Roles and Relationsships in the 21st Century, Newbury Park: Sage.

Hajnal, J., 1983: Two kinds of pre-industrial household formation system, in: Wall, R./ Laslett, P. (Eds.): Family forms in historic Europe, Cambridge: Cambridge Univ. Press, S. 65-104.

Hammes, W., 1996: Ehescheidungen 1995, in: Stat. Bundesamt, Wirtschaft und Statistik 12/ 1996, S. 770-776.

Harvey, D., 1990: The Condition of Postmodernity. An Enquiry into the Origins of Cultural Change, Cambridge: Basil Blackwell.

Häsing, H./ Stubenrauch, H./ Ziehe, T., 1979: Narziß. Ein neuer Sozialisationstyp?, Bensheim: päd.-extra-Buchverlag.

Häußermann, H./ Siebel, W., 1995: Dienstleistungsgesellschaften, Frankfurt/M.: Suhrkamp.

Heilemann, U./ von Loeffelholz, D., 1998: Ökonomische und fiskalische Implikationen der Zuwanderung nach Deutschland, Essen, RWI-Papiere Nr.52 (http:/ / www.rwi-essen.de/).

Hennig, C., 1989.: Die Entfesselung der Seele. Romantischer Individualismus in den deutschen Alternativkulturen, Frankfurt/M.: Campus.

Herrlitz, H.G./ Hopf, W./ Titze, H., 2001: Deutsche Schulgeschichte von 1800 bis zur Gegenwart, Weinheim: Juventa [1981].

Herrnstein, R.J./ Murray, C., 1994: The bell curve. Intelligence and class structure in American life, New York: Free Press.

Herwartz-Emden, L., 1997: Erziehung und Sozialisation in Aussiedlerfamilien. Einwanderungssituation, familiäre Situation und elterliche Orientierung, in: Aus Politik und Zeitgeschichte (Beilage zu Das Parlament), Heft 7/ 8, S. 3-9.

Hill, P.B./ Kopp, J., 1995: Familiensoziologie. Grundlagen und theoretische Perspektiven, Teubner: Stuttgart.

Hirschman, A.O., 1970: Exit, Voice and Loyality, Cambridge (US): Univ. Press.

Hirschman, A.O., 1980: Leidenschaften und Interessen, Frankfurt/M.: Suhrkamp.

Höhn, C., 1989: Demographische Trends in Europa seit dem 2. Weltkrieg, in: Markefka, M./ Nave-Herz, R. (Hrsg.): Handbuch der Familien- und Jugendforschung, Band I: Familienforschung, Neuwied: Luchterhand, S. 195-209.

Huber, J., 1989: Technikbilder. Weltanschauliche Weichenstellungen der Technologie- und Umweltpolitik, Opladen: Westdeutscher Vlg.

Hubig, C. (Hrsg.), 2000: Unterwegs zur Wissensgesellschaft. Grundlagen – Trends – Probleme, Berlin: Ed. Sigma.

Huizinga, J., 1969: Herbst des Mittelalters. Studien über Lebens- und Geistesformen des 14. und 15. Jahrhunderts in Frankreich und in den Niederlanden, hrsg. von Kurt Köster, Stuttgart: Kröner [1923].

Hurrelmann, B., 1995: Fernsehen und Bücher – Medien im Familienalltag, in: Behnken, I./ Jaumann. O. (Hrsg.): Kindheit und Schule. Kinderleben im Blick von Grundschulpädagogik und Kindheitsforschung, Weinheim: Juventa, S. 83-93.

Hurrelmann, K./ Ulich, D. (Hrsg.), 1998: Handbuch der Sozialisationsforschung, Weinheim: Beltz [5. Aufl.].

IAB 1998: Institut für Arbeitsmarkt- und Berufsforschung der Bundesanstalt für Arbeit: Studium und Arbeitsmarkt im Überblick, Nürnberg: Bundesanstalt für Arbeit.

IGLU 2003: Bos, W./ Lankes, E.M./ Prenzel, M./ Schwippert, K./ Valtin, R./ Walther, G. (Hrsg.): Internationale Grundschul-Lese-Untersuchung. Schulleistungen am Ende der vierten Jahrgangsstufe im internationalen Vergleich. Zusammenfassung ausgewählter Ergebnisse, http:// www.erzwiss.uni-hamburg.de/ IGLU/ home.htm.

IGLU 2004: Bos, W./ Lankes, E.M./ Prenzel, M./ Schwippert, K./ Valtin, R./ Walther, G. (Hrsg.): Internationale Grundschul-Lese-Untersuchung. Einige Länder der Bundesrepublik Deutschland im nationalen und internationalen Vergleich. Zusammenfassung ausgewählter Ergebnisse, http:// www.erzwiss.uni-hamburg.de/ IGLU/ home.htm.

Ilhan, F.M. 1996: Islamische Religion als Brücke für eine neue Identität von Jugendlichen aus Immigrantenfamilien, in: Karpf, E./ Kiesel, D. (Hrsg.): Politische Kultur und politische Bildung Jugendlicher ausländischer Herkunft, Frankfurt/M.: Haag und Herchen, S. 61-66.

Imhof, A.E., 1983: Unterschiedliche Einstellungen zu Leib und Leben in der Neuzeit, in: Ders. (Hrsg.): Der Mensch und sein Körper. Von der Antike bis heute, München: Beck, S. 65-81.

Ingenkamp, K., 2002: Die veröffentlichte Reaktion auf PISA – ein deutsches Trauerspiel, in: Empirische Pädagogik, 16, S. 409-418.

Inkeles, A., 1984: Was heißt "individuelle Modernität"? , in: Schöfthaler, T./ Goldschmidt, D. (Hrsg.): Soziale Struktur und Vernunft. Jean Piagets entwickeltes Denken in der Diskussion kulturvergleichender Forschung, Frankfurt/M.: Suhrkamp, S. 351-378.

Inkeles, A./ Holsinger, D.B. (Eds.), 1974: Education and Individual Modernity in Developing Countries, Leiden: E.J.Brill.

Joas, H. (Hrsg.), 2001: Lehrbuch der Soziologie, Frankfurt/ M: Campus.

Kahl, R., 2002: Dreißig Jahre Krieg. Bildungspolitik ist in Deutschland ein Glaubenskampf., in: Die Zeit Nr.28 v. 4.7.2002, S. 30.

Kahl, R., 2002a: Die zweite Irritation, Gastkommentar zu den Ergebnissen von PISA E, in: Erziehung & Wissenschaft Nr.7-8/ 2002, S. 2.

Kaufmann, J.C., 1996: Frauenkörper – Männerblicke, Konstanz: UVK.

Kern, H./ Sabel C.F., 1994: Verblasste Tugenden. Zur Krise des deutschen Produktionsmodells, in: Beckenbach, N./ van Treek, W. (Hrsg.): Umbrüche gesellschaftlicher Arbeit, Göttingen: Schwartz (Soziale Welt, Sonderband 9), S. 605-624.

Keupp, H., 1999: Postmoderne Ambivalenzen oder: Ohne Angst verschieden sein können. In: Rainer Münz et al., Fremde. Migration und Asyl. Erzabtei St. Ottilien: EOS, S. 67-97.

Kieser, A., 2001: Organisationstheorien, 4. Auflage, Stuttgart: Kohlhammer Vlg.

Kirbach, R./ Spiewak, M., 2002: Das gestörte Kollegium. Ein Jahr nach der PISA-Studie – warum geht es in deutschen Schulen so langsam voran? Besuch in Bremer Klassenräumen und Lehrerzimmern, in: Die Zeit Nr. 49 v. 28.11.2002, S. 13ff.

Kleine-Brockhoff, T., 2003: Amerika, farbenblinde Nation?, in: Die Zeit Nr. 25 v. 12.06.2003.

Kluchert, G., 1993: Die Schule des Kaiserreichs, Kap. 1 in: Becker, H./ Kluchert, G.: Die Bildung der Nation. Schule, Gesellschaft und Politik vom Kaiserreich zur Weimarer Republik, Stuttgart: Klett-Cotta, S. 1-143.

Kluge, J., 2003: Schluss mit der Bildungsmisere. Ein Sanierungskonzept, Frankfurt/M.: Campus.

KMK 2002 = Sekretariat der Ständigen Konferenz der Kultusminister der Länder in der Bundesrepublik Deutschland: Ausländische Schüler und Schulabsolventen 1991 bis 2000, Statistische Veröffentlichungen der Kultusministerkonferenz Nr. 163, Bonn.

Kohl, K.H., 1986: Entzauberter Blick. Das Bild vom Guten Wilden, Frankfurt/M.: Suhrkamp.

Kohli, M., 1985: Die Institutionalisierung des Lebenslaufs. Historische Befunde und theoretische Argumente, in: Kölner Zeitschrift für Soziologie und Sozialpsychologie, Jg. 37, S. 1-29.

Kolbe, F.U., 1994: Strukturwandel schulischen Handeln. Untersuchungen zur Institutionalisierung von Bildung zwischen dem Anfang des 19. Jahrhunderts und den 1880er-Jahren, Weinheim: Deutscher Studienverlag.

Konietzka, D./ Seibert, H., 2001: Die Erosion eines Übergangsregimes? Arbeitslosigkeit nach der Berufsausbildung und ihre Folgen für den Berufseinstieg, in: Berger, P./Konietzka, D. (Hrsg.): Die Erwerbsgesellschaft. Neue Ungleichheiten und Unsicherheiten, Opladen: Leske + Budrich, S. 65 - 92.

Kost, F., 1985: Volksschule und Disziplin. Die Disziplinierung des inner- und außerschulischen Lebens durch die Volksschule, am Beispiel der Zürcher Schulgeschichte zwischen 1830 und 1930, Zürich: Limmat Vlg. Genossenschaft.

Kraemer, K., 1997: Entwertete Sicherheiten. Zum Bedeutungswandel des kulturellen Kapitals, in: Soziale Welt, 48, S. 361-378.

Krais, B., 1996: Bildungsexpansion und soziale Ungleichheit in der Bundesrepublik Deutschland, in: Bolder, A. et al. (Hrsg.): Die Wiederentdeckung der Ungleichheit. Jahrbuch '96 Bildung und Arbeit, Opladen: Leske + Budrich.

Kramer, R.T./ Helsper, W./ Busse, S. (Hrsg.), 1989: Pädagogische Generationenbeziehungen. Jugendliche im Spannungsfeld von Schule und Familie, Opladen: Leske + Budrich.

Krappmann, L./ Oswald, H., 1995: Alltag der Schulkinder. Beobachtungen und Analysen von Interaktionen und Sozialbeziehungen, Weinheim: Juventa.

Kreienbaum, M.A./ Metz-Göckel, S. (Hrsg.), 1992: Koedukation und Technikkompetenz von Mädchen. Der heimliche Lehrplan der Geschlechtererziehung und wie man ihn ändert, Weinheim: Juventa.

Krentz, S., 2002: Intergenerative Transmission von Erziehungseinstellungen bei Migranten aus der ehemaligen Sowjetunion in Deutschland und Israel, in: Zeitschrift für Soziologie der Erziehung und Sozialisation, Jg. 22, S. 79-99.

Kristen, C., 2003: Ethnische Unterschiede im deutschen Schulsystem, in: Aus Politik und Zeitgeschichte (Beilage zu Das Parlament), B21-22, S. 26-32.

Krüger, H.H. (Hrsg.), 1993: Handbuch der Jugendforschung, Opladen: Leske + Budrich.

Kühl, S./ Tacke, V., 2003: Als-ob-Professionalisierung in der Soziologie. Überlegungen zu einer 'nachhaltigen' Lehre am Beispiel der Organisationssoziologie, in: Soziologie (Forum der Deutschen Gesellllschaft für Soziologie), 2/ 2003, S. 5-22.

Kuhlemann, F.M., 1998: Das Kaiserreich als Erziehungsstaat? Möglichkeiten und Grenzen der politischen Erziehung in Deutschland 1871-1918, in: Benner, D./ Schriewer, J./ Tenorth, H.E. (Hrsg.): Erziehungsstaaten. Historisch-vergleichende Analysen ihrer Denktraditionen und nationalen Gestalten, S. 95-129.

Kuhn, T., 1967: Die Struktur wissenschaftlicher Revolutionen, Frankfurt/M.: Suhrkamp.

Lajios, K., 1998 (Hrsg.): Die ausländische Familie. Ihre Situation und Zukunft in Deutschland. Opladen: Leske + Budrich.

Lange, A., 2000: Aufwachsen in Zeiten der Unsicherheit. Kultur und Alltag im postmodernen Kinderleben, in: Lange, A./ Lauterbach, W. (Hrsg.): Kinder in Familie und Gesellschaft zu Beginn des 21sten Jahrhunderts, Stuttgart: Lucius & Lucius, S. 209-240.

Lange, A./ Lauterbach, W., 1998: Aufwachsen mit oder ohne Großeltern? Die gesellschaftliche Relevanz multilokaler Mehrgenerationsfamilien, in: Zeitschrift für Sozialisationsforschung und Erziehungssoziologie (ZSE), Jg. 18, S. 227-249.

Lankes, E.M./ Hartinger, A./ Marenbach, D./ Molfenter, J./ Fölling-Albers, M., 2000: Situierter Aufbau von Wissen bei Studierenden. Lohnt sich eine anwendungsorientierte Lehre im Lehramtsstudium?, in: Zeitschrift für Pädagogik, Jg. 46, S. 417-437.

Larmore, C., 1999: The Idea of a Life Plan, in: Social Philosophy & Policy, vol. 16, pp. 96-112.

Lauterbach, W./ Klein, T., 1997: Altern im Generationenzusammenhang. Die gemeinsame Lebenszeit von Eltern und Kindern, Großeltern und Enkeln, in: Mansel, J./ Rosenthal, G./ Tölke, A. (Hrsg.): Generationen-Beziehungen, Austausch und Tradierung, Opladen: Westdeutscher Vlg., S. 109-120.

Lehmann, R., 1999: Die Rechenfertigkeit deutscher Erwachsener im internationalen Vergleich – Voraussetzungen für die Arbeitswelt und Defizite, in: List, J. (Hrsg.): Mathematik, Naturwissenschaften und Technik. Basisqualifikationen für die Wissensgesellschaft, Köln: Dt. Instituts-Vlg., S. 40-59.

Lehmann, R./ Peek, R., 1997: Aspekte der Lernausgangslage von Schülerinnen und Schülern der fünften Klassen an Hamburger Schulen, Hamburg: Behörde für Schule, Jugend und Berufsbildung.

Leinberger, P./ Tucker, B., 1991: The New Individualists. The Generation After the Organization Man, New York: Harper Collins.

Leithäuser, T., 1979: Formen des Alltagsbewußtseins, Frankfurt: Campus.

Lenz, K., 1998: Romantische Liebe – Ende eines Beziehungsideals?, in: Hahn, K./ Burkart, G. (Hrsg.): Liebe am Ende des 20. Jahrhunderts. Studien zur Soziologie intimer Beziehungen, Opladen: Leske + Budrich, S. 65-85.

Lepenies, W., 1998: Melancholie und Gesellschaft, Frankfurt/M.: Suhrkamp [1969].

Leroi-Gourhan, A., 1988: Hand und Wort. Die Evolution von Technik, Sprache und Kunst. Frankfurt/M.: Suhrkamp.

Leschinsky, A., 2003: Der institutionelle Rahmen des Bildungswesens, in: Cortina, K./ Baumert, J./ Leschinsky, A./ Mayer, K.U./ Trommer, L. (Hrsg.): Das Bildungswesen in der Bundesrepublik Deutschland, Reinbek bei Hamburg: rororo, Kap. 3 (S. 148-213).

Leschinsky, A./ Cortina, K.S., 2003: Zur sozialen Einbettung bildungspolitischer Trends in der Bundesrepublik, in: Cortina, K./ Baumert, J./ Leschinsky, A./ Mayer, K.U./ Trommer, L. (Hrsg.): Das Bildungswesen in der Bundesrepublik Deutschland, Reinbek bei Hamburg: rororo, Kap. 1 (S. 20-51).

Levi, G./ Schmitt, J.C. (Hrsg.), 1997: Geschichte der Jugend. Band 2 – Von der Aufklärung bis zur Gegenwart, Frankfurt/M.: Fischer.

Lewis, C., 1995: Zum Aufbau von sozialer Kooperation bei japanischen Grundschulkindern, in: Behnken, I./ Jaumann. O. (Hrsg.): Kindheit und Schule. Kinderleben im Blick von Grundschulpädagogik und Kindheitsforschung, Weinheim: Juventa, S. 71-82.

Luchtenberg, S., 1998: Schulische und berufliche Situation der zweiten und dritten Ausländergeneration, in: Lajios, K. (Hrsg.): Die ausländische Familie. Ihre Situation und Zukunft in Deutschland, Opladen: Leske + Budrich, S. 71-91.

Luckmann, T., 1991: Die unsichtbare Religion, Frankfurt/M.: Suhrkamp.

Luhmann, N., 1983: Liebe als Passion. Zur Codierung von Intimität, Frankfurt/M.: Suhrkamp.

Lundgreen, P., 1999: Berufskonstruktion und Professionalisierung in historischer Perspektive, in: Apel, H.J./ Horn, K.P./ Lundgreen, P./ Sandfuchs, U. (Hrsg.): Professionalisierung pädagogischer Berufe im historischen Prozess, Bad Heilbrunn: Klinkhardt, S. 19-34.

Lutz, B., 1984: Der kurze Traum immerwährender Prosperität. Eine Neuinterpretation der industriell-kapitalistischen Entwicklung im Europa des 20. Jahrhunderts, Frankfurt/M.: Campus.

Maddison, A., 2001: The World Economy. A Millennial Perspective, Paris: OECD.

Mann, M., 2000: Krieg und Gesellschaftstheorie – Klassen, Nationen und Staaten auf dem Prüfstand, in: Knöbl, W./ Schmidt, G. (Hrsg.), Die Gegenwart des Krieges. Staatliche Gewalt in der Moderne, Frankfurt/M.: Fischer, S. 25-51.

Massey, D.S./ Arango, J./ Hugo, G./ Kouaouci, A./ Pellegrino, A./ Taylor, J.E., 1993: Theories of International Migration: A Review and Appraisal, in: Population and Development Review, Vol. 19/ 3, pp. 431-466.

May, S./ Holzinger, M., 2003: Autonomiekonflikte der Humangenetik, Opladen: Leske + Budrich.

Mayer, K.U., 2003: Das Hochschulwesen, in: Cortina, K./ Baumert, J./ Leschinsky, A./ Mayer, K.U./ Trommer, L. (Hrsg.): Das Bildungswesen in der Bundesrepublik Deutschland, Reinbek bei Hamburg: rororo, Kap. 13 (S. 581-624).

Mayntz, R. (Hrsg.), 1968: Bürokratische Organisation, Köln: Kiepenheuer & Witsch.

Mecheril, P., 2003: Prekäre Verhältnisse. Über natio-ethno-kulturelle (Mehrfach-) Zugehörigkeit, Münster: Waxmann.

Meier, C., 1998: Das Problem der Arbeit in seinen Zusammenhängen, in: Merkur – Zeitschrift für Europäisches Denken, Jg. 52, Heft 3, S. 202-214.

Meier, E., 1993: Neuköllner Saubermänner – Der Kampf gegen die Schmutz- und Schundliteratur, in: Radde, G./ Korthasse, W./ Rogler, R./ Gößwald, U. (Hrsg.): Schulreform – Kontinuitäten und Brüche. Das Versuchsfeld Berlin-Neukölln, Opladen: Leske + Budrich, S. 53-67.

Melzer, W., 2001: Zur Veränderung der Generationenbeziehungen in Familie und Schule, in: Kramer, R.T./ Helsper, W./ Busse, S. (Hrsg.): Pädagogische Generationenbeziehungen. Jugendliche im Spannungsfeld von Schule und Familie, Opladen: Leske + Budrich, S. 213-238.

Merton, R.K., 1970: Science, technology and society in seventeenth century England, New York: Fertig [1933].

Metzler, M., 2001: Abweichendes Schülerverhalten als Auslöser neuer pädagogischer Generationenverhältnisse. Der Fall Japan, in: Kramer, R.T./ Helsper, W./ Busse, S. (Hrsg.): Pädagogische Generationenbeziehungen. Jugendliche im Spannungsfeld von Schule und Familie, Opladen: Leske + Budrich, S. 194-212.

Meyer, J.W./ Ramirez, F.O./ Soysal, Y.N., 1992: World Expansion of Mass Education, 1870-1980, in: Sociology of Education, vol. 65, S. 128-149.

Meyer, T., 1993: Vom Teilsystem Familie zum Teilsystem privater Lebensformen, in: Kölner Zeitschrift für Soziologie und Sozialpsychologie, Jg. 45, S. 23-40.

Miegel, M., 1996: Erwerbstätigkeit und Arbeitslosigkeit in Deutschland, Band I: Entwicklung von Erwerbstätigkeit und Arbeitslosigkeit in Deutschland und anderen frühindustrialisierten Ländern, Bonn: Kommission für Zukunftsfragen der Freistaaten Bayern und Sachsen.

Mikl-Horke, G., 1997: Industrie- und Arbeitssoziologie, München: Oldenbourg.

Mitterauer, M., 1979: Grundtypen alteuropäischer Sozialformen. Haus und Gemeinde in vorindustriellen Gesellschaften, Stuttgart: Frommann-Holzboog.

Mitterauer, M., 1983: Ledige Mütter. Zur Geschichte illegitimer Geburten in Europa, München: Beck.

Mitterauer, M., 1984: Der Mythos von der vorindustriellen Großfamilie, in: Mitterauer, M./ Sieder, R. (Hrsg.): Vom Patriarchat zur Partnerschaft. Zum Strukturwandel der Familie, München: Beck, S. 38-63.

Mitterauer, M., 1986: Sozialgeschichte der Jugend, Frankfurt/M.: Suhrkamp.

Monihan, D.P., 1969 (Ed.): On Understanding Poverty. Perspectives from the Social Sciences, New York: Basic Books.

Müller, W., 1998: Erwartete und unerwartete Folgen der Bildungsexpansion, in: Friedrichs, J. (Hrsg.): Die Diagnosefähigkeit der Soziologie, Sonderheft Nr. 38 der Kölner Zeitschrift für Soziologie und Sozialpsychologie, S. 81-112.

Müller, W., 2001: Zum Verhältnis von Bildung und Beruf in Deutschland. Entkopplung oder zunehmende Strukturierung?, in: Berger, P./Konietzka, D. (Hrsg.): Die Erwerbsgesellschaft. Neue Ungleichheiten und Unsicherheiten, Opladen: Leske + Budrich, S. 29-64.

Müller, W./ Shavit, Y., 1998: The Institutional Embeddedness of the Stratification Process, in: Shavit, Y./ Müller, W. (Eds.): From School to Work. A Comparative Study of Educational Qualifications and Occupational Destinations, Oxford (New York): Clarendon, pp. 1-48.

Nassehi, A./ Schroer, M., 1999: Integration durch Staatsbürgerschaft? Einige gesellschaftstheoretische Zweifel, in: Leviathan, Jg. 27, S. 95-112.

Nauck, B., 1997: Sozialer Wandel, Migration und Familienbildung bei türkischen Frauen, in: Nauck, B./ Schönpflug, U. (Hrsg.): Familien in verschiedenen Kulturen, Stuttgart: Ferdinand Enke, S. 162-199.

Naumann, M., 2003: Bildung – eine deutsche Utopie. Wie ein Begriff der mittelalterlichen Mystik zum Generalthema der Pädagogik wurde und warum wir uns davon noch nicht erholt haben, in: Die Zeit Nr. 50 vom 4.12.2003, S. 45.

Naval, C./ Murray, P./ Veldhuis, R., 2002: Education for Democratic Citizenship in the New Europe: context and reform, in: European Journal of Education, vol. 37, pp. 107-128.

Nave-Herz, R./ Onnen-Isemann, C., 2001: Familie, Kap. 12 in: Joas, H. (Hrsg.): Lehrbuch der Soziologie, Frankfurt/M.: Campus, S. 289-310.

Niederberger, J.M., 1994: Organisationssoziologie und -psychologie von Bildungsinstitutionen, in: Roth, L. (Hrsg.): Pädagogik. Handbuch für Studium und Praxis, München: Ehrenwirth, S. 322-333.

Nunner-Winkler, G., 2001: Geschlecht und Gesellschaft, in: Joas, H. (Hrsg.): Lehrbuch der Soziologie, Frankfurt/M.: Campus, S. 265-288.

OECD 1995: Literacy, Economy and Society. Results of the First International Adult Literacy Survey, Paris: OECD.

OECD 2003: Bildung auf einen Blick. OECD-Indikatoren 2003, Paris: OECD Publications.

Oelkers, J., 1994: Theorien der Erziehung – Erziehung als historisches und aktuelles Problem, in: Roth, L. (Hrsg.): Pädagogik. Handbuch für Studium und Praxis, München: Ehrenwirth, S. 230-240.

Otte, G., 1998: Auf der Suche nach "neuen sozialen Formationen und Identitäten" – Soziale Integration durch Klassen oder Lebensstile?, in: Friedrichs, J. (Hrsg.): Die Individualisierungs-These, Opladen: Leske + Budrich, S. 181-215.

Packard, V., 1958: Die geheimen Verführer. Der Griff nach dem Unbewußten in jedermann, Düsseldorf: Econ [1957].

Parsons, T., 1968: Die Schulklasse als soziales System. Einige ihrer Funktionen in der amerikanischen Gesellschaft, Kap. VI. in: Ders.: Sozialstruktur und Persönlichkeit, Frankfurt/M.: Europäische Verlagsanstalt, S. 161-193 [1959].

Perrow, C., 1989: Normale Katastrophen – Die unvermeidbaren Risiken der Großtechnik, Frankfurt/M.: Campus.

Picht, G., 1964: Die deutsche Bildungskatastrophe. Analyse und Dokumentation, Olten: Walter.

Piore, M.J./ Sabel, C.F., 1985: Das Ende der Massenproduktion. Studie über die Requalifzierung der Arbeit und die Rückkehr der Ökonomie in die Gesellschaft, Berlin: Wagenbach [1984].

PISA 2001: Deutsches PISA-Konsortium (Hrsg.), 2001: PISA 2000. Basiskompetenzen von Schülerinnen und Schülern im internationalen Vergleich, Opladen: Leske + Budrich.

PISA 2002: Deutsches PISA-Konsortium (Hrsg.), 2002: PISA 2000 – Die Länder der Bundesrepublik Deutschland im Vergleich, Opladen: Leske + Budrich.

Piven, F./ Cloward, R., 1977: Regulierung der Armut. Die Politik der öffentlichen Wohlfahrt, Frankfurt/M.: Suhrkamp.

Plessner, H., 1965: Die Stufen des Organischen und der Mensch. Einleitung in die philosophische Anthropologie. Berlin: de Gruyter [1928].

Polanyi, K., 1971: The Great Transformation. Politische und ökonomische Ursprünge von Gesellschaften und Wirtschaftssystemen, Wien: Europaverlag [1944].

Pongratz, H.J./ Voß, G.G., 2003: Erwerbsorientierungen in entgrenzten Arbeitsformen, Berlin: edition sigma.

Popper, K., 1963: Conjectures and Refutations, London: Routhledge and Paul.

Prengel, A., 1995: Pädagogik der Vielfalt. Verschiedenheit und Gleichberechtigung in Interkultureller, Feministischer und Integrativer Pädagogik, Opladen: Leske + Budrich.

Prengel, A., 1996: Homogenität versus Heterogenität in der Schule. Integrative und interkulturelle Pädagogik am Beispiel des Anfangsunterrichts, in: Melzer, W./ Sandfuchs, U. (Hrsg.): Schulreform in der Mitte der 90er-Jahre. Strukturwandel und Debatten um die Entwicklung des Schulsystems in Ost- und Westdeutschland, Opladen: Leske + Budrich, S. 187-196.

Pries, L., 1997: Transnationale Migration, Sonderband 12 der Sozialen Welt, Baden-Baden: Nomos.

Radtke, F.O./ Weiß, M. (Hrsg.), 2000: Schulautonomie, Wohlfahrtsstaat und Chancengleichheit, Opladen: Leske + Budrich.

Ratzki, A., 2002: Herkunft muss nicht Bildungsschicksal sein. Wie andere europäische Länder Kinder aus sozial schwachen Familien und Migrantenkinder fördern, in: Pädagogik, Jg. 54, Nr.6, S. 50-52.

Reckwitz, A., 1997: Struktur. Zur sozialwissenschaftlichen Analyse von Regeln und Regelmäßigkeiten, Opladen: Westdeutscher Vlg.

Reich, R., 1993: Die neue Weltwirtschaft, Berlin: Ullstein.

Reinberg, A./ Hummel, M., 2001: Die Entwicklung im deutschen Bildungssystem vor dem Hintergrund des qualifikatorischen Strukturwandels auf dem Arbeitsmarkt, in: Reinberg, A. (Hrsg.): Arbeitsmarktrelevante Aspekte der Bildungspolitik, Nürnberg: Institut für Arbeitsmarkt- und Berufsforschung der Bundesanstalt für Arbeit, Reihe Beiträge zur Arbeitsmarkt- und Berufsforschung Nr. 245, S. 1-62.

Rimmele, E., 1996: Sprachenpolitik im Deutschen Kaiserreich vor 1914. Regierungspolitik und veröffentlichte Meinung in Elsaß-Lothringen und den östlichen Provinzen Preußens, Frankfurt/M.: Peter Lang.

Rolff, H.G., 1982: Kindheit im Wandel – Veränderungen der Bedingungen des Aufwachsens seit 1945, in: Jahrbuch der Schulentwicklung, Bd. 2, S. 207-235.

Rolff, H.G., 1992: Die Schule als besondere soziale Organisation. Eine komparative Analyse, in: Zeitschrift für Sozialisationsforschung und Erziehungssoziologie, Jg. 12, S. 306-324.

Rossell, C., 1990: The carrot or the stick for school desegregation policy. Magnet schools or forced busing, Philadelphia: Temple Univ. Press.

Roth, R./ Rucht, D. (Hrsg.), 2000: Jugendkulturen, Politik und Protest. Vom Widerstand zum Kommerz? Opladen: Leske + Budrich.

Rüffer, W., 2001: Bildungshomogamie im internationalen Vergleich. Die Bedeutung der Bildungsverteilung, in: Klein, T. (Hrsg.): Partnerwahl und Heiratsmuster, Opladen: Leske + Budrich, S. 99-131.

Said, E.W., 1994: Kultur und Imperialismus. Einbildungskraft und Politik im Zeitalter der Macht, Frankfurt/M.: Fischer.

Sassen, S., 1996: Migranten, Siedler, Flüchtlinge. Von der Massenauswanderung zur Festung Europa, Frankfurt/ M: Fischer.

Schaefers, C./ Koch, S., 2000: Neuere Veröffentlichungen zur Lehrerforschung. Eine Sammelrezension, in: Zeitschrift für Pädagogik, Jg. 46, S. 601-623.

Scharpf, F.W., 1986: Strukturen der postindustriellen Gesellschaft, oder: Verschwindet die Massenarbeitslosigkeit in der Dienstleistungs- und Informations-Ökonomie?, in: Soziale Welt, Jg. 37, S. 3-25.

Schelsky, H., 1961: Schule und Erziehung in der Industriellen Gesellschaft, Würzburg: Werkbund [1957].

Schelsky, H., 1965: Soziologie und Lehrerbildung, in: Ders.: Auf der Suche nach der Wirklichkeit, Gesammelte Aufsätze, Düsseldorf: Diederichs, S. 182-197.

Schiffauer, W., 1991: Die Migranten aus Subay. Türken in Deutschland: Eine Ethnografie, Stuttgart: Klett-Cotta.

Schindler, N., 1996: Die Hüter der Unordnung. Rituale der Jugendkultur in der frühen Neuzeit, in: Levi, G./ Schmitt, J.C. (Hrsg.): Geschichte der Jugend. Band 1 – Von der Antike bis zum Absolutismus, Frankfurt/M.: Fischer, S. 319-382.

Schmidt, M.G., 2003: Ausgaben für Bildung im internationalen Vergleich, in: Aus Politik und Zeitgeschichte (Beilage zu Das Parlament), B21-22, S. 6-11.

Schneewind, K.A., 2001: Persönlichkeits- und Familienentwicklung im Generationenvergleich, in: Zeitschrift für Sozialisationsforschung und Erziehungssoziologie (ZSE), Jg. 21, S. 23-44.

Schnell, R./ Kohler, U., 1998: Eine empirische Untersuchung einer Individualisierungshypothese am Beispiel der Parteipräferenz von 1953-1992, in: Friedrichs, J. (Hrsg.): Die Individualisierungs-These, Opladen: Leske + Budrich, S. 221-247.

Schroer, M., 2000: Das Individuum der Gesellschaft, Frankfurt/M.: Suhrkamp.

Schulte, A., 1990: Multikulturelle Gesellschaft: Chance, Ideologie oder Bedrohung? in: Aus Politik und Zeitgeschichte (Beilage zu *Das Parlament*), B 23-24, S. 3-15.

Schulze, G., 1993: Die Erlebnisgesellschaft. Kultursoziologie der Gegenwart, Frankfurt/M.: Campus.

Schütz, A./ Luckmann, T., 1979: Strukturen der Lebenswelt. Bd. 1+2, Frankfurt/M.: Suhrkamp.

Schwickert, E.M., 1990: Sind die Frauen das moralische Geschlecht? Feministische Vernunft- und Moralkritik, in: Gehlhaar, S. (Hrsg.): Ethik 1990, Cuxhaven: Junghans, S. 53-69.

Seifert, W., 1992: Die Zweite Ausländergeneration in der Bundesrepublik Deutschland. Längsschnittbeobachtungen in der Berufseinstiegsphase, in: Kölner Zeitschrift für Soziologie und Sozialpsychologie, Jg. 44, S. 677-696.

Seiffert, H., 1972: Einführung in die Wissenschaftstheorie, Bd. 1 + 2, München: Beck.

Sennett, R., 2000: Der flexible Mensch. Die Kultur des neuen Kapitalismus, München: Siedler.

Shaw, M., 1991: Post-Military Society. Militarism, Demilitarization and War at the End of the Twentieth Century, Cambridge: Polity Press.

Siegrist, H. (Hrsg.), 1988: Bürgerliche Berufe. Zur Sozialgeschichte der freien und akademischen Berufe im internationalen Vergleich, Göttingen: Vandenhoek & Ruprecht.

Simmel, G., 1901: Philosophie des Geldes, Bd.6 der Gesamtausgabe hrsg. von O. Rammstedt, Frankfurt/M.: Suhrkamp.

Simmel, G., 1992: Soziologie. Untersuchungen über die Formen der Vergesellschaftung, Gesamtausgabe Band 11, Frankfurt/M.: Suhrkamp [1908].

Soeffner, H.G., 1989: Alltagsverstand und Wissenschaft. Anmerkungen zu einem alltäglichen Mißverständnis von Wissenschaft, in: Ders.: Auslegung des Alltags – Der Alltag der Auslegung. Zur wissenssoziologischen Konzeption der sozialwissenschaftlichen Hermeneutik, Frankfurt/M.: Suhrkamp, S. 10-50.

Srivastava, S./ John, O.P./ Gosling, S.D./ Potter, J., 2003: Development of Personality in Early and Middle Aldulthood: Set Like Plaster or Persistent Change?, in: Journal of Personality and Social Psychology, vol. 84, pp. 1041-1053.

Stanat, P., 2003: Schulleistungen von Jugendlichen mit Migrationshintergrund. Differenzierung deskriptiver Befunde aus PISA und PISA E, in: Deutsches PISA-Konsortium (Hrsg.): PISA 2000 – Ein differenzierter Blick auf die Länder der Bundesrepublik Deutschland, Opladen: Leske + Budrich, S. 243-260.

Stanat, P./ Kunter, M., 2001: Geschlechterunterschiede in Basiskompetenzen, in: Deutsches PISA-Konsortium (Hrsg.): PISA 2000. Basiskompetenzen von Schülerinnen und Schülern im internationalen Vergleich, Opladen: Leske + Budrich, S. 251-270.

Stanat, P./ Kunter, M., 2003: Kompetenzerwerb, Bildungsbeteiligung und Schullaufbahn von Mädchen und Jungen im Ländervergleich, in: Deutsches PISA-Konsortium (Hrsg.): PISA 2000 – Ein differenzierter Blick auf die Länder der Bundesrepublik Deutschland, Opladen: Leske + Budrich, S. 211-242.

Stehr, N., 1994: Arbeit, Eigentum und Wissen. Zur Theorie von Wissensgesellschaften, Frankfurt/M.: Suhrkamp.

Stehr, N./ Grundmann, R., 2001: Die Arbeitswelt der Wissensgesellschaft, in: Kurtz, T., (Hrsg.): Aspekte des Berufs in der Moderne, Opladen: Leske + Budrich, S. 315-335.

Stein, G., 1986: The world is round. San Francisco: Arion Press [1939].

Steinmann, S., 2000: Bildung, Ausbildung und Arbeitsmarktchancen in Deutschland. Eine Studie zum Wandel der Übergänge von der Schule in das Erwerbsleben, Opladen: Leske + Budrich.

Straub, J., 1993: Geschichte, Biographie und friedenspolitisches Handeln, Opladen: Leske + Budrich.

Stübig, H., 1994: Bildung, Militär und Gesellschaft in Deutschland. Studien zur Entwicklung im 19. Jahrhundert, Köln: Böhlau.

Stürmer, W., 1975: Natur und Gesellschaft im Denken des Hoch- und Spätmittelalters, Stuttgart: Klett.

Terhart, E., 1990: Sozialwissenschaftliche Theorie- und Forschungsansätze zum Beruf des Lehrers 1970 -1990, in: Zeitschrift für Sozialisationsforschung und Erziehungssoziologie (ZSE), Jg. 10, S. 235-254.

Terhart, E., 2000: Reform der Lehrerausbildung, in: Klemm, K./ Rösner, E./ Frommelt, B., (Hrsg.): Schule am Ausgang des 20. Jahrhunderts, München: Juventa, S. 249-265.

Theweleit, K, 1980: Männerphantasien. Frauen, Fluten, Körper, Geschichte, 2 Bände, Reinbek bei Hamburg: Rororo.

Tietze, N., 1997: Moslemische Handlungsstrategien bei jungen Erwachsenen. Ein Vergleich zwischen einer deutschen und einer französischen Stadt, in: Häußermann, H./ Oswald, I. (Hrsg.): Zuwanderung und Stadtentwicklung, Sonderheft 17 des Leviathan: Westdeutscher Vlg, S. 365-385.

Tietze, W., 1989: Vom Kindergarten zur Oma und dann zur Nachbarin? Zum Betreuungsalltag von Kindern im Vorschulalter, in: Deutsches Jugendinstitut (Hrsg.): Kindsein heute. Zur Individualisierung von Jugend und Kindheit, Anhang zum Jahresbericht 1989, München: Deutsches Jugendinstitut, S. 169-183.

Tillmann, K.J., 1989: Sozialisationstheorien. Eine Einführung in den Zusammenhang von Gesellschaft, Institution und Subjektwerdung, Reinbek bei Hamburg: rororo.

Tillmann, K.J./ Meier, U., 2003: Familienstrukturen, Bildungslaufbahnen und Kompetenzerwerb, in: Deutsches PISA-Konsortium: PISA 2000 – Ein differenzierter Blick auf die Länder der Bundesrepublik Deutschland, Opladen: Leske + Budrich, S. 361-392.

Timmermann, D./ Melzer, W., 1993: Wandel von Kindheit und öffentliche Erziehung, in: Zentrum für Kindheits- und Jugendforschung: Wandlungen der Kindheit, Opladen: Leske + Budrich, S. 32-48.

Tränhardt, D., 1999: Einwandererkulturen und soziales Kapital. Eine komparative Analyse der Zuwanderungsnationalitäten und Bundesländer, in: Ders.: Texte zu Migration und Integration in Deutschland, Münster: Arbeitsstelle Interkulturelle Pädagogik, S. 6-44.

van der Loo, H./ van Reijen, W., 1997: Modernisierung. Projekt und Paradox, München: dtv.

von Friedeburg, L., 1989: Bildungsreform in Deutschland, Frankfurt/M.: Suhrkamp.

Walther, A./ Stauber, B. (Hrsg.), 1998: Lifelong Learning in Europe/ Lebenslanges Lernen in Europa, 2 Bände 1998/ 1999, Tübingen: Neuling.

Walther, R., 1990: Arbeit – ein begriffsgeschichtlicher Überblick von Aristoteles bis Ricardo. In: König, H./ von Greiff, B./ Schauer, H. (Hrsg.), Sozialphilosophie der industriellen Arbeit (Leviathan, Sonderheft 11/ 1990) Opladen: Westdeutscher Vlg., S. 322-345.

Wanger, S., 2003: Arbeitszeit und Arbeitsvolumen in der Bundesrepublik Deutschland 1970-1990, Beiträge zur Arbeitsmarkt- und Berufsforschung Nr. 274, Nürnberg: IAB der Bundesanstalt für Arbeit.

Weber, M., 1951: Die "Objektivität" sozialwissenschaftlicher und sozialpolitischer Erkenntnis, in: Ders.: Gesammelte Aufsätze zur Wissenschaftslehre, Tübingen: Mohr, S. 146-214.

Weber, M., 1980: Wirtschaft und Gesellschaft, Tübingen: Mohr [1921/ 22].

Weber, M., 1996: Die protestantische Ethik und der 'Geist' des Kapitalismus, Weinheim, Beltz [1904-5].

Wehling, P., 1992: Die Moderne als Sozialmythos, Frankfurt/M.: Campus.

Wehnes, F.J., 1994: Theorien der Bildung – Bildung als historisches und aktuelles Problem, in: Roth, L. (Hrsg.): Pädagogik. Handbuch für Studium und Praxis, München: Ehrenwirth, S. 256-270.

Weingart, P./ Kroll, J./ Bayertz, K., 1988: Rasse, Blut und Gene. Geschichte der Eugenik und Rassenhygiene in Deutschland, Frankfurt/M.: Suhrkamp.

Weise, P., 1989: Homo oeconomicus und homo sociologicus. Die Schreckensmänner der Sozialwissenschaften, in: Zeitschrift für Soziologie, Jg. 18, S. 148-161.

Weizenbaum, J., 1977: Die Macht der Computer und die Ohnmacht der Vernunft, Frankfurt/M.: Suhrkamp.

Weß, L., 1989: Die Träume der Genetik. Gentechnische Utopien von sozialem Fortschritt, Nördlingen: Greno.

Willis, P.E., 1979: Spass am Widerstand. Gegenkultur in der Arbeiterschule,Frankfurt/M.: Syndikat.

Willke, G., 1999: Die Zukunft unserer Arbeit, Frankfurt/M.: Campus.

Windolf, P., 1987: Bildungsexpansion und Wirtschaftskrise in der Weimarer Republik, in: Weymann, A. (Hrsg.): Bildung und Beschäftigung, Soziale Welt, Sonderband 5, S. 89-118.

Winterhager-Schmid, L., 2001: Der pädagogische Generationenvertrag. Wandlungen in den pädagogischen Generationsbeziehungen in Schule und Familie, in: Kramer, R.T./ Helsper, W./ Busse, S. (Hrsg.): Pädagogische Generationenbeziehungen. Jugendliche im Spannungsfeld von Schule und Familie, Opladen: Leske + Budrich, S. 239-255.

Wouters, C., 1979: Informalisierung und der Prozeß der Zivilisation, in: Gleichmann, P./ Goudsblom, J./ Korte, H. (Hrsg.): Materialien zu Norbert Elias' Zivilisationstheorie, Frankfurt/M.: Suhrkamp, S. 279-298.

Wouters, C., 1986: Informalisierung und Formalisierung der Geschlechterbeziehungen in den Niederlanden von 1930 bis 1985, in: Kölner Zeitschrift für Soziologie und Sozialpsychologie, Jg. 38, S. 510-528.

Zaimoglu, F., 1999: Koppstoff. Kanaka Sprak vom Rande der Gesellschaft, Hamburg: Rotbuch.

Zeiher, H., 1995: Öffentliche Freizeitorte und individuelle Freizeitdisposition, in: Behnken, I./ Jaumann. O. (Hrsg.): Kindheit und Schule. Kinderleben im Blick von Grundschulpädagogik und Kindheitsforschung, Weinheim: Juventa, S. 119-143.

Zeiher, H.J./ Zeiher, H., 1993: Organisation von Raum und Zeit im Kinderalltag, in: Markefka, M./ Nauck, B. (Hrsg.): Handbuch der Kindheitsforschung, Neuwied: Luchterhand, S. 389-401.

Ziehe, T., 1998: Die Modernisierung der Lernkultur, in: Walther, A./ Stauber, B. (Hrsg.): Lifelong Learning in Europe/ Lebenslanges Lernen in Europa, Band 1, Tübingen: Neuling, S. 124-132.

Zinnecker, J. (Hrsg.), 1975: Der heimliche Lehrplan. Untersuchungen zum Schulunterricht, Weinheim: Beltz.

Zinnecker, J., 1997: Metamorphosen im Zeitraffer. Jungsein in der zweiten Hälfte des 20. Jahrhunderts, in: Levi, G./ Schmitt, J.C. (Hrsg.): Geschichte der Jugend. Band 2 – Von der Aufklärung bis zur Gegenwart, Frankfurt/M.: Fischer, S. 460-505.

Zinnecker, J., 2001: Stadtkids. Kinderleben zwischen Straße und Schule, Weinheim: Juventa.

Zöpfl, H./ Gottfried, T., 1997: Veränderte Kindheit, veränderte Jugend – Verlust der Primärerfahrungen, in: Baacke, D./ Schnatmeyer, D. (Hrsg.): Neue Medien – Neue Gesellschaft? Schriften zur Medienpädagogik 25, Bielefeld: Gesellschaft für Medienpädagogik und Kommunikationskultur, S. 84-94.

Neu im Lehrbuch-Programm

Heinz Abels

Einführung in die Soziologie

Band 1: Der Blick auf die Gesellschaft
2., überarb. und erw. Aufl. 2004.
436 S. Br. EUR 19,90
ISBN 3-531-33610-X

Band 2: Die Individuen in ihrer Gesellschaft
2., überarb. und erw. Aufl. 2004.
463 S. Br. ca. EUR 19,90
ISBN 3-531-33611-8

Was ist Soziologie? Was sind zentrale Themen? Welche theoretischen Erklärungen haben sich zu bestimmten Fragen durchgesetzt? Auf diese Fragen will diese zweibändige Einführung in die Soziologie Antwort geben.
Die Sprache ist so gehalten, dass der Anfänger sicher auf abstrakte Themen und Theorien zugeführt wird und der Fortgeschrittene sein Wissen noch einmal in Ruhe rekonstruieren kann.

Paul B. Hill, Johannes Kopp

Familiensoziologie
Grundlagen und theoretische Perspektiven
3., überarb. Aufl. 2004. 358 S.
mit 8 Abb. Br. EUR 26,90
ISBN 3-531-43734-8

Der Band gibt einen fundierten Einblick in die Familiensoziologie. Dabei werden zunächst die historischen und ethnologischen Variationen der Formen familialen Lebens thematisiert und die wichtigsten Theorietraditionen der Familiensoziologie vorgestellt. Für die zentralen Gegenstandsbereiche – etwa Partnerwahl, Heiratsverhalten, innerfamiliale Interaktion, Fertilität, Familienformen sowie Trennung und Scheidung – wird der theoretische und empirische Stand der Forschung vorgestellt und diskutiert.

Michael Jäckel

Einführung in die Konsumsoziologie
Fragestellungen – Kontroversen –
Beispieltexte
2004. 292 S. Br. EUR 24,90
ISBN 3-531-14012-4

Die moderne Gesellschaft lässt sich als Konsumgesellschaft beschreiben. Mode, Geschmack, Stil sind ebenso prägend wie die mit der entstehenden Konsumgesellschaft einhergehende Konsumkritik. Dieses einführende Lehrbuch beschreibt daher die Entstehung und Entwicklung von Konsum und seine gesellschaftliche Bedeutung.

Erhältlich im Buchhandel oder beim Verlag.
Änderungen vorbehalten. Stand: Juli 2004.

www.vs-verlag.de

VS VERLAG FÜR SOZIALWISSENSCHAFTEN

Abraham-Lincoln-Straße 46
65189 Wiesbaden
Tel. 0611.7878-722
Fax 0611.7878-400